Law notes

法学笔记系列

法理学入门笔记

Jurisprudence in a Nutshell

主　编·周尚君

副主编·张善根　杨天江

法律出版社

LAW PRESS·CHINA

总　序

法学、神学与医学是人类最古老的知识体系,其知识谱系的演变体现了人类文明与法治的进步。在我国,法学教育对于建设法治国家具有基础性、根本性与前瞻性的作用,是全面实施依法治国伟大工程中的重要一环。改革开放以来,我国的法学教育发展取得了显著成绩,为社会主义法治国家建设提供了有力的支持与人才保障。目前,随着我国法治事业的不断发展与法律服务市场的变化,社会需要越来越多适应时代要求的法治人才,这对大学的法学教育提出了新要求。如何提高法律人才培养质量,满足社会需求,已成为我国法学教育改革所面临的重要课题与挑战。

法学教育的本质并非传授单一的知识点,而是培养一种综合的法律思维能力。法律是一种职业,一种技术含量非常高的专业化的职业,这个职业有不同的研究方法,也有多元的思维方式。我们应该培养像法律人那样思考问题、解决问题的能力。随着全球化、信息化时代的到来,法律制度发生了新的变化,法律现象呈现日益综合化的趋势。如何有效地分析和解决特定的法律问题,已经不能再局限于某一单一法学学科,而应以整体系统的法学教育为背景,通过综合的法律思维去分析、解决问题。因此,为适应社会需求,法科学生需要在短时间内系统地学习法学的理论精髓,并融会贯通。这也为法律人才培养提出了更高的要求。

在法学教育中,教师是教学的核心,尤其是青年教师,站在教学第一线。青年教师入职后面对的挑战可能不是科研,而是教学。青年教师历经数十年的寒窗苦读、精耕科研,如何以最短的时间从研究者转换为授业者,是每一位初登讲堂者须完成的必修课。教学大纲的设计、知识点的选取、典型案例的收集、寓理论于案例的深入浅出等均是作为“初学者”的青年教师需要攻克的难关。初登讲堂者往往都是学富五车的博士,但经历了漫长的学习生涯与科学研究过程,他们恐怕一时难以用通俗易懂的语言将法学的乐趣深入浅出地描绘给学生。

作为法学职业教育的共同体,我们须认识到,法学教育的目的是培养造就一批信念执着、品德优良、知识丰富、本领过硬的高素质法律人才，包括法学研究型人才、法律应用型人才、复合型法律人才等适应不同层次社会需求的法律人才。为了形成知识、能力和实践之间的融合，我们需要系统地学习法律知识，但是知识并不是最重要的，关键是通过法学知识的传授培养一种能力，用能力来解决法律实践中的具体问题。对于研究型人才，我们应训练其法学思维，启迪其独立研究和思考；对于应用型人才，我们也须培养其法律思维，将理论应用于实践；对于复合型人才，我们要培养其综合性应用思维，扩展其法律知识面。

法学教育的载体和纽带在于教材的编写和选用。无论是学生的学习，还是教师的讲授，都依赖于课程的教材。传统的法学教材，植根于各学科基础理论，汇集各家观点，力求完整、全面地为读者介绍本学科的基本情况，归纳本学科的基本理论体系，诠释本学科的基本法律规范。但对于正在接受系统法学教育洗礼的本科生乃至硕士生等群体而言，存在一种“瓶颈”性的困境。因缺乏系统的法学知识，在各家学说与艰深理论面前，法学初学者往往会“望而却步”，期待一种通俗易懂的教材。事实上，法学是美妙而充满魅力的科学，如果有一本教材能够让学生在轻松的阅读学习中，直观了解法学知识的初貌，培养学生对深入学习本学科法学理论的浓厚兴趣，逐步引导其对这门学科开展探索，这必将是法学初学者的一种幸事。

此外，在信息化时代，法学初学者又须防范迷失于信息量过大而难以取舍、信息良莠不齐而缺乏甄别能力、知识的碎片化而难以形成法律思维等困境之中。事实上，法学知识和法律知识载体的多样化、新型化也给法学教育工作者提出了新的课题。例如，如何为法学本科生的每门专业课选择正确、适量、重点突出、便于理解的教学素材，如何使得教学素材的载体既小又大，即教材的页码少但有用信息量大；如何使得教学素材的载体既简单又复合，即教材所载学科理论和法律知识的信息重点一目了然但功能多用，能够满足学科入门、理论体系的提炼、法律知识的串联、司法考试知识点等复合型功能需求。

可喜的是，法律出版社计划出版一套“法学笔记系列”教材，这套教材由我国青年法学学者编写，突出教材的“笔记”特色。丛书编委均是具有长期丰富一线教学经验的中青年法学才俊。当中国人民大学法学院竺效教授与我交流时提及这套新型法学教材后，我开始关注这套教材的出版进展，也浏览了由他主编的第一本教材《环境法入门笔记》。我认为，这套教材的新意在于，将目标集中于引领法学初学者进入各个法学学科领域，使法学入门者能对各学科理论有全面系统的了解，掌握其中重点，对各学科涉及的法律规定能在准确理解的基础上尝试应用，借助该套教材，激发读者深入研习法学的兴趣。同时，也有望这套教材能为初入讲堂的青年教师提供较为高效的“教学入门速成课”。甚至可能成为那些由于各种原因从其他专业转而从事法律实践的应用型、复合型人才，提供法学各学科法律实践的入门级“工具书”。

作为从事教学工作近三十年的法学教育者，看到这套新型教材的问世，感到欣慰与欣喜——欣慰于青年教师们能够想读者之所想，想后辈之所想，想学生之所想；欣喜于青年教师们青出于蓝而胜于蓝。希望日后有更多青年学者加入本套教材的编写，为本套教材的完善提出真知灼见，在从事学术研究的同时不忘初心，致力于我国法学教育事业的发展。

中国法学教育研究会常务副会长、
中国人民大学法学院教授、博士生导师
韩大元
2016 年 12 月 25 日

编写说明

在法学院的核心课程中，法理学属于基础理论课；在研究生入学考试和国家统一法律职业资格考试中，法理学属于必考科目。之所以受到如此重视，是因为法理学讲授的是法律的基本原理。这些原理是从各部门法学知识和社会生活中提取的“公因式”，掌握这些原理有助于今后部门法的学习和对法学的进一步深化研究。正因为如此，法理学的知识体系中不免会出现一些逻辑性强的概念、原理和技术，以便塑造学生的审慎思维品格，提升理性法律素养。

法理学的重要性虽然不言而喻，但是在学生当中，法理学却是法学院众多课程中经常被“吐槽”的课程。有的枯燥的法理学课堂被学生们描绘成“人鬼殊途”：老师负责讲课，学生负责睡觉，大家各行其是。这种形容虽然不免有些夸张，但它也确实刻画出学生与法理学之间的隔阂，以及实现法理学教学目标的现实阻力。究其原因，并非法理学知识属性使然。法律知识深深镶嵌在社会生活的日常行为之中，法理学是对这些知识的归纳演绎和抽象化。因此，看似逻辑性强的概念、原理和技术背后，实际上包含着经验的逻辑。当然，对于刚刚结束高中生活、跨入法学院的大学一年级新生而言，他们的生活阅历和社会经验相对不足，抽象的法理学知识无法在他们现有的生活经历中一一找到“对应点”。为了改善法理学课堂的氛围，不少老师在课堂上引入案例，尽力还原生活化情境，降低法理学在学生心中留下的陌生感；或者是在授课时的口语表达上，尽量使用诙谐幽默的语言，消除学生在面对艰涩抽象的法理学时“自动”产生的困意。这些努力确实在一定程度上打破了之前法理学课堂的沉闷，但是，当初学者们在课后被问及法理学课上学到了什么，他们的回忆和复述中大多是案例中的爱恨纠葛，或者是段子中的连珠妙语，至于老师们试图用案例或段子讲授的法理学知识，在很多人的大脑里依旧“雁过无痕”。引入案例和改善表达是讲授法理学知识的必然要求，但还需要升级优化。其中的关键是，让典型案例或生活化语言所营造的生活情境同法理学的知识逻辑紧密结合起来，让学生们参与到这些情景中来，让他们深切感受到“法之理”并非虚空的存在；相反,这些知识原本就是自己生活中的一个组成部分,只不过是用可能更加深刻的方式表达而已。

除了法理学的自身特点,要真正实现初学者从“听过”到“听懂”的飞跃,完成法理学教学方法与教学质量的优化升级,我们还面临着许多现实的束缚。法理学教材的编写者为了确保知识的系统性与完整性,使教材内容巨细靡遗。一位从事法律实务多年的朋友曾对我说道,他想巩固一下法学基础知识,强化一下自己的“内功”,但翻看了几本流行的法理学教材之后,他发现,这些教材最大的功效不是提升法律素养,而是治疗失眠。这固然是调侃,但却指出了现行法理学教材的不足。比如,追求知识的完整与全面,但忽视了知识的层次与特色;偏重于理论知识的传授,但忽视了理论与社会现实的紧密结合。教材编写者或许是把提炼特色、联系现实的任务交给了法理学任课教师。但是,国内大多数高校只在大学一年级开设法理学课程,课时相当有限。当老师们将时间和精力用于让学生尽可能地把所有法理学知识“听过”一遍,用于帮助学生真正“听懂”法理学的时间就变得非常少了。

面对法理学教学的现实难题,我们在脑海里萌生了一个想法:编写一本让初学者能够“听懂”的法理学教材。所谓“听懂”,首先是将教材由厚变薄,通过使用表格、图表等方式,让法理学教材中的知识变得层次分明,让初学者一目了然地理解法理学的知识体系与重点。同时,为重要的知识点提供知识索引与经典、热点案例,让初学者在了解相关法律理论的来龙去脉以及现实中的运用方法,从而真正懂得如何运用法理学知识,实现知识内化和生动化。我们的想法与中国人民大学的竺效教授、法律出版社谢清平编辑等同人不谋而合。我们进行了深入探讨,在法律出版社经由市场调研和专业分析后,由该社领导拍板决策,确定了本书的写作计划,同时开启了这部新型教材的编辑工作。

无论教学人员还是研习人员,我们希望这本书均能确保使用者得以快速了解、认知、掌握并理解应用相关的法学基础理论知识。本书将适用者定位于所有法理学入门者,包括首次接受法理学系统教学或系统研习的法学本科生、其他相关专业本科生、法律硕士研究生、律师、法官、检察官、公安案件侦办人员、各类备考人员(如司法考试备考人员、统一硕士生考试备考人员、法理学硕士与法理学博士备考人员),以及初登法理学讲台的各位急需尽快进入角色并通过提高教学效率,以期为研究和写作最大程度节省时间精力的青年教师们。

本书以知识点为核心,每一章节均围绕知识点细化教学目标,列举推荐参考资料、相关法条、案例或事例、延伸阅读推荐篇目,使不同读者根据自己的需求进行选择与阅读、学习。构成本书体例的各类具体“元素”设置的基本考虑如下：

教学目标，即对本章主要内容进行简介，并以“了解”“识记”“理解”“应用”四级对知识点的重要程度及需要掌握的深浅、难易程度进行说明。

推荐参考资料，即各章节编写所主要参考的教材书籍，也是学习各章节时，推荐各位读者分章节对应精读的教材与素材。

知识要点，即将已有教材的法理学知识内容进行了拆分重构，以知识要点的形式进行列举。知识要点文字精简，部分配以图表辅助理解，力求准确明确、反映新法、简单易懂、易于掌握。本书以四类星级对知识点进行标记，对应教学目标中的四级难易程度：“☆”为“了解”，“★”为“识记”，“★★”为“理解”，“★★★”为“应用”。

案例或事例，每节中均有1~2个案例或事例，以加深读者对本节知识点的感知，并为教学环节提供最起码的实证范例。每个案例后均结合所在章节的知识点，设有1~2个问题，并附有简要评论与知识要点概括，以与各章节前面所列的知识点有所衔接，使读者能自行检验对本章知识点的掌握程度。

延伸阅读，即与本节知识点相关的推荐深化理解或扩大知识面的阅读文献。对本节知识点有兴趣进行深入学习、研究的读者，可以根据延伸阅读推荐篇目的提示，查找相关文献，进行学习研究，也希望能为备考研究生等提供知识深化的一些帮助。

另外，本书附录为近年司法考试真题汇总表。本书编写人员对近年来的司考真题进行了解析，列明每道真题涉及的本书中解析的知识点，也相应地在各章的相关知识点后标记司考的年份与题号，以使司考真题与本书知识点相互链接，方便本科生等司法考试备考人员查阅。

本书由周尚君教授担任主编，由西南政法大学法学理论教研室副主任杨天江副教授、张善根副教授任副主编，各章及其编写者依次为：第1章法理学的历史（周尚君、曹庭）；第2章法律概念（周尚君、曹庭）；第3章法律渊源（郭忠、曹庭）；第4章法律结构（刘文会、宋维志）；第5章法律行为（周祖成、宋维志）；第6章法律责任（赵树坤、宋维志）；第7章法律价值（周尚君、曾钰涵）；第8章法律正义（陆幸福、曾钰涵）；第9章法律自由（朱学平、曾钰涵）；第10章法律平等（朱学平、安海祥）；第11章法律秩序（朱学平、安海祥）；第12章法律方法（杨天江、安海祥）；第13章法律解释（姚荣茂、高旷）；第14章法律推理（杜苏、刘祥超、高旷）；第15章法律论证（朱颖、高旷）；第16章法治理论（周尚君、郭晓雨）；第17章法律与经济（周尚君、郭晓雨）；第18章法律与政治（周祖成、郭晓雨）；第19章法律与社会（周尚君、何之以）；

第 20 章法律与文化（孟庆涛、何之以）；附录司法考试真题（曹庭）。全书由周尚君教授负责统稿。

本书在现有教材、法条、案例、文献基础上进行了整合汇编。特别感谢从事法理学教学研究的所有学者，尤其是本书所援引了大作的各位著者、编者，以及本书中所列延伸阅读资料的作者。

本书力争成为一种满足教学实践的新型教辅用书，旨在满足不同主体对法理学学习的基本需求。当然，这种类型教材的编写不仅需要对法理学知识的精准把握，还需要理论问题与实践经验的高度结合，由于编写者的学识和能力有限、编写任务和时间紧迫，本书还有很多不足，敬祈读者批评指正。

周尚君

西南政法大学敬业楼

2018 年 2 月

目　　录

第二编 法律价值论

第三编 法律方法论

第四编 法律社会论

第 1 章　法理学的历史

教学目标

了解法理学的研究内容；
了解中国法学历史的四个阶段；
了解西方法学发展的历史过程；
了解马克思主义法学诞生及其中国化的历史过程。

推荐参考资料

1. 付子堂主编:《法理学初阶》(第五版),法律出版社 2015 年版,第一章、第二章;
2. 周永坤:《法理学:全球视野》(第四版),法律出版社 2016 年版,第二章;
3. 朱景文主编:《法理学》(第三版),中国人民大学出版社 2015 年版,第二十八章、第二十九章、第三十章;
4. 张文显主编:《法理学》,高等教育出版社 2011 年版,第二章、第三章。

1.1　法理学简说

知识要点

☆ 法理学的研究内容

法理学研究法律为什么是这样的道理。

我们常常听到这种说法:世上万物都讲究个“理”字,物变而理不变。掌握了“理”,也就抓住了事物之根本。其实,法也是如此。法律现象千变万化,而法之“理”在一定意义上乃是具有恒久性的。法变而理不变。法科专业的学生不仅应当对法律知其然，而且还必须知其所以然，即要看到法背后更深层次的东西。正是这一点，决定了法理学较之部门法学具有更强的抽象性。

当然，由于人的认识水平不一，加之时代在不断发展，因此不同的人在不同的时期，对于法之理的揭示程度肯定存在差异。法理学的任务，就是尽可能准确、全面地把法之"理"揭示出来，以指导法律实践。法律落后，可以依法理加以改进，而法理学落后，则法律必有实质性的缺陷。

☆ 法理学与部门法学的关系

法理学与部门法学乃是一般与个别、普遍与特殊的关系。部门法学的任务在于研究和阐明各自领域中的特殊概念和特殊规律；法理学则是从总体上综合研究一切法律现象的基本概念和共同规律，它是一门总论性的法律学科。

☆ 法理学的研究对象与研究方向

法理学是以作为整体的法律的共同性问题和一般性问题为研究对象的理论法学，着重揭示法律的基本原理。在法学界，其研究方向涉及有关法哲学、法律社会学、法律经济学、法政治学、立法学、比较法学、法律解释学和行为法学等基本理论或总论性问题。

延伸阅读

1. [英]雷蒙德·瓦克斯：《读懂法理学》，杨天江译，广西师范大学出版社 2016 年版；
2. [日]长谷部恭男：《法律是什么？法哲学的思辨旅程》，郭怡青译，中国政法大学出版社 2015 年版；
3. 陈景辉：《法理论为什么是重要的——法学的知识框架及法理学在其中的位置》，载《法学》2014 年第 3 期；
4. 陈金钊：《中国法理学研究中的"身份"焦虑》，载《华东政法大学学报》2014 年第 4 期；
5. 石伟：《论中国法理学的实践转向——三十余年法律学学术史考察》，载《现代法学》2012 年第 4 期。

1.2 中国法学历史

知识要点

1.2.1 先秦时期法律思想概述

☆ 中国法学历史的四个阶段

中国历史自古就拥有深厚的法律文化。在传统法律文化熏陶下,中国法学历史发展大致经历了四个阶段:第一阶段是先秦时期;第二阶段是秦汉至清末;第三阶段是清末至中华民国;第四阶段是自中华人民共和国成立以后。

☆ 夏商周时代的法律思想

早在夏商周时代,中国的古籍中就出现了有关政治法律思想的论述,其核心是体现君王统治的神圣性,主要包括两点:王权神授、法由天定。如《尚书》上说,“有夏服天命”;[1]《诗经》上说,“有夏多罪,天命殛之”;[2]《左传》上说,“以德配天”;《尚书》中反思夏朝灭亡时指出,“惟乃丕显考文王,克明德慎刑。不敢侮鳏寡,庸庸,祗祗,威威,显民,用肇造我区夏,越我一、二邦以修我西土”。[3]

这一阶段的政治法律思想的主要目的在于宣扬君王及其所颁布的法律的神圣性,借之调和统治者和被统治者之间的矛盾并镇压被统治者的反抗,以维护当时社会的等级秩序和高压统治。但由于这一时期的社会关系相对单一,人们对社会现象和法律现象认识也有较大局限,因此不可能出现系统的法学理论知识。

☆ 春秋战国时代的法律思想

春秋战国时期是中国文化酝酿与确立的时期,文化呈现“百花齐放、百家争鸣”的局面,对后世影响深远的儒道墨法等思想流派也在这一时期形成,各派对其政治和法律观念的阐释与实践为极具特色的中国传统法政思想奠定了基础。

---

〔1〕《尚书·召诰》。

〔2〕《尚书·汤誓》。

〔3〕《尚书·康诰》。

表1－1 儒、道、墨、法家的基本观点

思想流派	代表人物	基本观点
儒家	孔丘、孟轲、荀况	(1)儒家法学观最重要的特点体现在“礼治”。 (2)“礼”包括夏礼、殷礼、周礼，三代之礼发展到周朝，形成了一整套完善的典章制度和礼仪规范，从国家的基本制度到具体的生活细节无所不包。儒家坚持和发展“礼治”思想，视“礼”为国家的主要规范手段，希望在此基础上牢固建立起以尊卑等级和宗法伦理为基础的社会秩序。 (3)“礼”的基本原则为“尊尊”“亲亲”，前者维护王权，所谓“国无二君”；后者维护父权，所谓“家无二尊”。 (4)先秦儒家学者认为“礼崩乐坏”的社会混乱状况的根源在于人们对礼乐传统的丢弃，他们希望重新恢复三代礼乐文化和礼乐秩序，以“复礼”为己任。至汉武帝时，董仲舒提出“罢黜百家，独尊儒术”，将礼的精神贯彻到社会制度的各个层面。“引礼入法”“礼法合一”，儒家的礼治思想被正式确定为中国传统社会政治法律的基础，并由此发展出了独具中国特色的礼法制度和礼法文化。
道家	李耳、庄周	(1)道家崇尚“道法自然”。道，是以自然为本源，是宇宙万物的运行规律，天、地、人、道均受自然支配，均须取法自然。与“礼”“法”相比，道是最高原则，“人法地，地法天、天法道，道法自然”。[1] (2)道家强调顺应自然、顺应客观现实，这一观念在法律思想上的表现便在于倡导“无为”，“法令滋彰，盗贼多有”，“民不畏死，奈何以死惧之”。道家倡导在法律实践上的无为，一定程度上是对调控社会的礼法抱有消极的态度，在这一点上与儒家和法家的立场有很大区别。
墨家	墨翟	(1)墨家主要代表了社会中有知识的中下层民众的政治和法律观念。 (2)墨家的核心思想是主张“兼相爱”“交相利”的社会秩序，主张“壹同天下之义”，即用“兼相爱”“交相利”来统一人们的思想，并将其上升为国家的法律。 (3)墨家把法比作“规矩方圆”之器，而法又应该具有最大限度的现实性，强调法必须符合客观规律的要求，主张“法天而遵天法”；同时，法律的实施离不开刑罚，“功之以赏誉，威之以刑罚”。 (4)墨家追求一种大同世界的理想国家，表达了对人人互爱互利和消灭战争的理想社会的追求，但支持诛杀暴君的行为和以制止暴虐为目的的战争。

〔1〕 老子:《道德经》，第二十五章。

续表

思想流派	代表人物	基本观点
法家	商鞅、韩非	(1)与儒家的“礼治、德治”相对立,“法治”是法家法律思想的核心。 (2)法家“法治”思想主要包括:法是国家的规矩、准绳,是一种普遍遵守的行为规则;国家制定的法律应该以特定形式向社会大众公开,“法者,编著之图籍,设之于官府,而布之于百姓也”,[1]并借助国家的暴力工具保障其实施。 (3)法家思想在战国受到统治者的重视,法家学说被较为广泛地运用到这一时期的法制改革中。商鞅在秦国的变法是法家“法治”理论成功运用的一个范例。 (4)春秋战国时代,儒家主张的“礼治”和法家主张的“法治”一直是对立的两个理论体系。到秦朝时,统治者更多的是利用法家思想来维持专制统治,但到了西汉以后,引礼人法、礼法合一,道德教化与法律强制相结合,“礼”和“法”通过统治方法上的相互补充,最终从对立走向统一,其目的都在于维护专制的宗法伦理秩序。总体说来,法家的“法治”思想从根本上说只是维护君权的工具,公开、严苛的法律只是君王驾驭百姓的“刑赏二柄”,与后世的法治思想之间有着本质的区别。

1.2.2　从秦朝到清朝的法律思想概述

☆ 本阶段法律思想的总体特征

从公元前3世纪年到19世纪中叶,两千多年的历史,中国法学走过了一个以儒家学说为主导,融合法家、道家等诸家学说的发展过程,形成了以儒家礼法思想为核心的法律文化系统,其典型表现就是儒家化律学的兴起与发展。

☆ 律学的基本内容

自秦代开始,法学领域出现了律学,也称“刑名律学”,又称“刑名法术之学”,是根据儒学原则对以律为主的成文法进行讲习、注释的学问。律学滥觞于秦,发展于两汉,昌盛于魏晋,至唐达到顶峰,唐以后逐渐衰落。律学不仅从文字上、逻辑上对法律条文进行阐释,还对包括礼与法律例之间的关系、刑名的变迁以及听讼、理狱等在内的法理问题进行阐述,使儒家经典与法律融为一体,最终完成了法律儒家化的过程。

☆ 律学的发展史

秦统一后继续推行法家理论,知法行法的官吏的地位得到了提高。秦奉行“以

[1]《韩非子·难三》。

法为教,以吏为师”的国策,为律学的诞生和发展提供了有力的国家支持,产生了以《法律问答》为代表的法律注释书,为两汉时期律学的开创性发展奠定了基础。

汉武帝时期董仲舒提出“罢黜百家,独尊儒术”后,以“三纲五常”为前提的儒学思想被统治阶级所吸收,一批以儒家学说为原则进行“引经注律”的律学家开始出现。西汉的于定国、杜延年,东汉的郭躬、陈宠等人传习法令,收徒教法,学生多至数百人。东汉经学大师马融、郑玄等都曾对汉律作章句注解,晋代张斐和杜预等人对晋律做过注解,并对立法原理和法律适用问题均有说明。

东晋以后,私人注释逐渐被官方注释所取代。公元652年的《唐律疏议》是官方注释的范本,它集中唐代以前的法律思想,主要引述儒家经义对律文进行疏解,宣扬封建等级制度和君权至上等宗法思想,是中国历史上保存最完整、最系统的注释法学著作。

魏晋时期魏明帝曾设律博士,专门传授律学,在一定范围内出现了律学昌明的景象。至宋代王安石变法,大力提倡律学,但遭到保守势力反对,从此律学衰落下去。

1.2.3 近代中国法学发展概述

☆ 本阶段法学发展的总体概况

1840年鸦片战争以后,包括法学思想在内的异域文化对传统的中国文化产生了极大冲击。在民族危难和国力凋敝的形势下,思想界中无论是改良派还是革命派,他们或从传统法文化自身内部去寻求济世救民的良方,或完全接受西方文化的洗礼,都纷纷提出自己的主张,中国思想界出现了大量前所未有的新的观念和理论,中国法学步入了历史上的一个转型时期。

☆ 近代资产阶级改良派的法律思想

1895年中国在甲午战争失败后,为挽救民族危机,以康有为、梁启超、严复等人为代表的改良派提出维新改良的政治法律主张。他们指出中国社会迫切需要变革,而社会变革的主要内容,是改君主专制政体为君主立宪政体,改革封建礼教的法律制度,提倡西方近代的法治主义。

康有为在《孔子改制考》里“托古改制”,借孔子的名义为社会变革寻找正当性依据;梁启超则指出,“法治主义为今日救时之唯一主义”“法者天下之公器也,变者天下之公理也”。[1] 改良派人士援引孟德斯鸠“三权分立”学说,主张仿照英国或

〔1〕 梁启超:《变法通议》之“论不变法之害”。

日本的君主立宪政体来改革满清的君主专制。维新改良派在向西方寻求救亡真理的同时,并没有放弃传统儒家文化的内在资源,这使得他们的主张呈现二元性:一方面积极引进西方法治文化,支持洋务改革运动;另一方面保留君主,反对革命派的共和制。

☆ 近代资产阶级革命派的法律思想

康有为等改良派所领导的维新变法运动被清政府顽固势力绞杀以后,以孙中山等为代表的近代革命派取而代之进行旧民主主义革命,推翻了满清帝制。革命派大胆吸收了西方近代政治法律话语系统,主张宪政,要求共和。

孙中山的法律思想是革命派法律思想的集大成者。其主要内容为:

(1)抨击封建专制的政治制度和法律制度,主张宪政,提出军政、训政、宪政三阶段说,主张人民享有集会自由、言论自由、宗教自由等近代公民权利。

(2)结合东西方文化与法律传统系统阐述了"五权宪法"的学说。所谓"五权",指立法、行政、司法、罢免、考试五项权力,前三项权力仿照西方三权分立学说,后两项权力分别解决监督官员和选拔官员的问题。

(3)推行三民主义,即"民族、民权、民生"之三民主义。民族主义反对满族统治以解决国内民族问题;民权主义就是坚持人民主权思想,主张人民享有选举官吏、罢免官吏、创制法案、复决法案的权力;民生主义不仅要求解决农民的土地问题,还要通过"劳动法"为工人谋救济之道。

☆ 清末的改旧律、创新法

20 世纪初,迫于内忧外患的国际国内形势,清政府被迫进行了一次大规模的"修律"活动,清末法学家沈家本作为主要的修律大臣在修律运动中起了重要作用。经过艰苦的工作,沈家本主持草拟了《大清新刑律》《大清商律草案》《大清民律草案》《民事诉讼法》《刑事诉讼法》等重要法典。后来的国民党政府在清末修律的基础上逐渐完成了"六法全书"的立法工作。

沈家本的法律思想代表了清末修律派的法律主张,既汲取了西方先进的立法经验和法律思想,"折中各国大同之良规,兼采近世最新学说",又顾及了中国本身的现实国情和传统法律文化,"修订各律,凡各省习惯有应实地调查者,得随时调员派员前往调查"。[1] 清末修律在联系实际的同时,还注重立法技术问题,"法必定于一,而后人可以道之信之,未有两歧可为法者"。沈家本还倡导守法与法律并重

---

〔1〕 转引自李贵连:《沈家本年谱长编》,台北,成文出版社 1992 年版,第 277 页。

的理论,倡导人人守法、法律面前人人平等的原则。

总之,清末的修律工作,借鉴了大量大陆法系国家的立法精神和立法技术,标志着传统中华法系的瓦解。

1.2.4 中华人民共和国成立以后的法学发展概述

☆ 本阶段法律发展的概况

中华人民共和国成立前夕,中共中央于1949年2月22日发布了《关于废除国民党的六法全书与确定解放区的司法原则的指示》,该指示正式废除了国民党的"六法全书",由此开始了新中国的法学发展历史。

1949年以后中国的法学发展,走的是一条极为坎坷的道路。由于"左倾"思想的严重干扰,1949年以后很长一段时期,主要是照搬苏联的法学理论。直至"文化大革命"期间,法制建设遭到了极大的破坏,无论是国家正常的政治经济文化秩序,还是公民的基本法律权利和自由,都无法得到应有的保障。在这一时期,法学教育基本被取消,中国法学的发展陷入了历史的最低谷。

1978年12月中共十一届三中全会的召开,改变了中国法学的命运。国家的政治经济秩序得到了稳定的发展,公民的各项法律权利得到了切实的保障;法学教育得到前所未有的重视,公民的法律观念和法律意识也得到前所未有的改观。从此以后,中国的法学发展走过了一个辉煌的历程:不仅建立起了包括宪法学、民法学、刑法学、诉讼法学等部门法学在内的门类齐全的法学体系,还通过借鉴外来的法律文化和法学思想,基本形成了中国特色马克思主义法学体系。

延伸阅读

1. 张伟仁辑、陈金全注:《先秦政法理论》,人民出版社2006年版;
2. 俞荣根:《儒家法思想通论》,广西人民出版社1998年版;
3. 张中秋:《传统中国法的精神及其哲学》,载《中国法学》2014年第2期;
4. 马小红:《中华法系中"礼""律"关系辨正——质疑中国法律史研究中的某些"定论"》,载《法学研究》2014年第1期;
5. 张伟仁:《中国法文化的起源、发展和特点》(上),载《中外法学》2010年第6期;
6. 张伟仁:《中国法文化的起源、发展和特点》(下),载《中外法学》2011年第1期。

1.3　西方法学历史

知识要点

1.3.1　古希腊法学思想概述

☆ 古希腊法学思想的代表人物及其观点

在古希腊，并没有形成专业和系统的法学学科，也没有出现以研究法律为职业的法学家阶层。和众多其他学科一样，希腊人对“法”及其现象的思考被裹挟在希腊思想家对城邦所进行的哲学思考中，其中影响最大的是苏格拉底、柏拉图、亚里士多德的学说。

柏拉图在他的代表作《理想国》[1]里，就对正义问题和城邦秩序进行了探讨，而集中体现柏拉图法律思想的著作是其晚年所著的《法律篇》。[2]

古希腊法律思想的成就主要体现在亚里士多德的法治理论中，其代表作是《政治学》。在《政治学》一书里，亚里士多德指出达到美好生活乃是政治组织的主要目标，而要实现这一目标的唯一可行的手段就是建立起以法律为基础的国家（城邦）。亚里士多德将法律界定为“不受欲望影响的智慧”，明确提出“法治优于一人之治”。[3] 这里的法治包含了两层含义：一是已制定的法律获得普遍的服从；二是所服从的法律本身又应该是制定良好的法律。亚里士多德给“法治”确定了三个基本要素：(1)法治指向公共利益，它不同于为了单一阶级或个人利益的宗派统治或暴君专制；(2)在依据普遍规则而不是依靠专断命令进行统治的意义上，法治意味着守法的统治；(3)法治意味着对法律的认同，它不同于仅仅依靠暴力支持的专制统治，也即法律得以真正贯彻的文化心理保障在于臣民对于法律的基本信念。[4] 亚里士多德的法治理论为西方后世的法学思想及法治理论奠定了基础。

---

〔1〕 [古希腊]柏拉图：《理想国》，王扬译，华夏出版社2012年版。

〔2〕 [古希腊]柏拉图：《法律篇》，张智仁、何勤华译，上海人民出版社2002年版。

〔3〕 [古希腊]亚里士多德：《政治学》，吴寿彭译，商务印书馆1983年版，第167～168页。

〔4〕 [美]乔治·霍兰·萨拜因：《政治学说史》（第4版，上），邓正来译，上海人民出版社2008年版，第133页。

1.3.2 古罗马法学发展概述

☆ 古希腊法学思想的代表人物及其观点

法学在古罗马成为一门专业化的学科，一批以研究和实践法律知识为职业的法学家阶层也出现了。古罗马法学以其务实性而闻名于后世，其中对私法的研究达到了极高的水准，成为后世大陆法系私法研究的开端。

西塞罗是古罗马著名的演说家、政治家和杰出的法学家，他的法律思想集中体现在其著作《论共和国》和《论法律》中。他首次较为系统地提出了自然法与人定法之分，将自然法置于“最高的法”的地位，而自然法的本质就是神和人所共同拥有的理性，理性具有能区分善恶对错的能力，理性是普世的，因此，根源于理性的自然法超越了时间和地域的限制，成为一种永恒的、不变的法，适用于所有的民族所有的时代。

公元1世纪到公元3世纪，是罗马法学的繁荣阶段，出现了五大法学家：盖尤斯、保罗、乌尔比安、帕比尼安、莫蒂斯蒂努斯。他们协助皇帝立法、解答法律问题、撰写法学著作、从事法学教育，对罗马法学做出了杰出贡献。

公元4世纪到公元5世纪，罗马皇帝的命令逐渐取代了众多流派的法学家学说，罗马法学的创造性精神被扼杀，法学研究出现衰落。

查士丁尼皇帝在位时期(527～565年)，对西方后世法学发展影响深远的《国法大全》得以制定。《国法大全》由《查士丁尼法典》《学说汇纂》《法学阶梯》和《查士丁尼新律》(在查士丁尼死后编订)四个部分组成。从法学史的角度看，《国法大全》是古代西方最庞大的一部法典，是罗马帝国法学理论的集结和精华荟萃，其中的《学说汇纂》和《法学阶梯》对世界法学尤其是对近代大陆法系私法理论的发展以及民法典的制定具有着直接而深远的影响。

基督教思想家奥古斯丁(Augustinus，354～430年)生活于西罗马帝国晚期，其思想开创了中世纪基督教哲学先河，因而被认为是欧洲中世纪教会法学的奠基人物，其代表作是《上帝之城》。[1]

1.3.3 中世纪法学发展概述

☆ 中世纪法学发展的特点

公元476年，罗马城被日耳曼人攻破，西罗马帝国宣告灭亡，欧洲自此进入了长

---

〔1〕［古罗马］奥古斯丁：《上帝之城》，王晓朝译，人民出版社2006年版。

达一千余年的中世纪历程。中世纪基督教的广泛传播在西方人的精神生活中产生了深远影响,中世纪的法学发展也由此打上了基督教的烙印。在基督教的背景下,中世纪法学发展的特点主要表现在以下方面:

(1)教会法在中世纪得以系统发展。教会法的拉丁文名称为 ius canonic,英文名称是 canon law,本义为工匠所用规尺,引申为规范、规矩。该词既可指"正典"(正式认可的《圣经》卷册),亦可用作指基督教徒应该遵循的符合信仰的宗教道德规范。故教会法泛指整个基督教会在不同历史时期所制定和编纂的、有关教会本身的组织制度和教徒个人的品德、生活守则的各种宗教章程、命令和规则的总和。

(2)注释法学的发展。随着11世纪罗马法的复兴,注释法学派也在中世纪出现,注释法学派通过在罗马法典籍的旁侧或字里行间进行注释而得名。注释的方式有两种:一是对各种法律名词进行解释;二是对各项法律条文和原则进行解释。注释法学分为前期注释法学派和后期注释法学派(又称评论法学派)。前期注释法学派对《国法大全》进行了甄别和整理,在研究上着眼于罗马法条文原有的意义,目的是恢复罗马法本来的面目,其采用的方法是对罗马法文献进行文字注释,包括列举注释者之间的分歧意见、罗马法学家的各方观点以及文献作者本人的观点。此种研究方法以机械的注释取代科学的推理,因而在一定程度上不可避免地曲解或脱离了罗马法典的文义。评论法学派改变了前期注释法学派机械注释的方式,将罗马法与中世纪地方封建习惯法以及各城市条例结合起来做了比较研究,以评论和评议为主,也就是在罗马法的基础上重新提出一些法律原则和法律根据,建立法律的分析结构,并通过类推适用赋予罗马法以灵活性,力图把罗马法的一些原理、原则应用到当时现实的政治法律生活中。评论法学派对后期的判例法发展产生了较大影响。

☆ 中世纪法学思想的代表人物及其观点

托马斯·阿奎那(Thomas Aquinas,1226~1274年)是经院哲学的代表人物,也是以神学—法学思想为特征的中世纪自然法思想的集大成者,《神学大全》是其代表作。他将整个宇宙中存在的法律分为四种:永恒法,是上帝的终极计划,是上帝用来统治整个宇宙的规则,在所有类型的法中具有最高的效力;自然法,是上帝依据永恒法引导和统治人类的法律,在永恒法和人定法之间起着类似承上启下的作用,是人类借以知晓和体验永恒法,并由此认识到人类内在本性及需要,从而给自己所发出的具有合理性和约束力的命令;人定法,是人类利用自然法的原则为人类的具体生活制定的法律,必须服从于自然法;神法,通过神的启示得以阐述,是从《圣经》中归纳出来的,它包括

《旧约》中上帝通过先知所作的启示以及《新约》中的耶稣基督所宣讲的道理，即“旧约时代的启示法”和“新约时代的启示法和福音法”。阿奎那之所以在永恒法、自然法、人定法之外还将神法列为人类的指导性原则，是因为神法作为神的启示，具有绝对的正确性并不受时空限制，因而可以帮助人类克服人性的局限并在特殊事件和极端状况中仍能保持正确的方向，并赋予信徒内心以自觉的约束力，是永恒法、自然法、人定法必不可少的补充。

1.3.4 西方近代法学发展概述

☆ 古典自然法学派

表 1-2 古典自然法学派的代表人物、代表著作、基本观点和学派的历史地位

代表人物和代表著作	**格劳秀斯**：荷兰法学家，其所著《战争与和平法》[1]是近代国际法的先驱。
	霍布斯：英国人，代表作《利维坦》[2]表达了强烈的反天主教会和建立世俗主权国家的要求。
	洛克：英国人，《政府论》[3]是其最有名的政治学著作，在上篇中批驳了君权神授论和王位世袭论，下篇中则提出了一套自由主义法哲学，主张政府通过分权以确保公民的自然权利。
	孟德斯鸠：法国人，其代表作《论法的精神》[4]在通过对众多不同类型的政治法律制度进行研究的基础上探讨了法与社会的关系，并继承了洛克的分权理论以确保政府对公民权利的保障。
	卢梭：法国人，古典自然法学派集大成者，《论人类不平等的起源和基础》[5]《社会契约论》[6]是其主要著作。卢梭的法律政治思想最突出的特征就是激进的民主主义，强调共同体中的法律应是“公意”的表现，任何人不得违反公意，服从公意就是服从自己的意志，他的学说成为了法国大革命直接的思想来源。

---

〔1〕［荷］格劳秀斯：《战争与和平法》，A. C. 坎贝尔英译，何勤华等译，上海人民出版社 2005 年版。

〔2〕［英］霍布斯：《利维坦》，黎思复、黎廷弼译，商务印书馆 1985 年版。

〔3〕［英］约翰·洛克：《政府论》（下篇），叶启芳、瞿菊农译，商务印书馆 1964 年版；［英］约翰·洛克：《政府论》（上篇），瞿菊农、叶启芳译，商务印书馆 1982 年版。

〔4〕［法］孟德斯鸠：《论法的精神》（上册），张雁深译，商务印书馆 1961 年版；［法］孟德斯鸠：《论法的精神》（下册），张雁深译，商务印书馆 1963 年版；另一个译本，［法］孟德斯鸠：《论法的精神》（上下册），许明龙译，商务印书馆 2012 年版。

〔5〕［法］卢梭：《论人类不平等的起源和基础》，李平沤译，商务印书馆 2007 年版。

〔6〕［法］卢梭：《社会契约论》，李平沤译，商务印书馆 2011 年版。

续表

学派的历史地位	(1)近代西方影响最大的一个法学流派,也是近代资产阶级反封建反天主教会的有力思想武器。 (2)古典自然法学派的出现,确立了一种与中世纪神权世界观相对立的法权世界观,这一世界观的核心内容是人权和法治。古典自然法学派反对神权宣扬人权、反对专制宣扬自由、反对等级特权宣扬法律人格的平等。该学派在十七八世纪的发展不仅直接鼓励和推动了近代资产阶级革命的成功,对于现代资产阶级民主和法治国家的建立和维系也起到了论证和促进作用。

☆ 历史法学派

1814年,德国法学家萨维尼发表了《论立法与法学的当代使命》,[1]由此宣告了历史法学派的诞生。

历史法学派的研究方法是历史比较的方法。历史法学派否定存在普遍的人的理性,因而,反对古典自然法学派对自然法和自然权利的假设。历史法学派认为法律应该力图体现各民族特有的精神,法律是"民族精神的产物"。历史法学派认为,法律的发展是一个历史演变的渐进过程,且这种发展离不开一定民族的共同生活经验。各个民族的法律,与该民族的语言、习惯、制度设计一样,是与该民族经年累月的民族生活融为一个整体的,而决定这种融合的是该民族人民特有的共同信念和内心意识,一个民族的法律只有符合该民族人民的共同信念和内心意识,才能适宜于该民族的生存和发展。

☆ 分析法学派

1. 边沁

边沁是英国功利主义法学家,他在《道德与立法原理导论》[2]一书中,对法律概念进行了细致的实证分析,这成为奥斯丁《法理学的范围》[3]一书的出发点。

1970年,边沁生前未能发表的《论一般法律》[4]由哈特整理出版,该书被认为是《道德与立法原理导论》一书的续篇。《论一般法律》的出版被誉为分析法学乃至20世纪法学学术史上的重大事件。边沁在其理论中区分了对法律的解释和对法律的评论,前者是对历史存在过的法进行揭示以说明立法者做了什么,并对正在运行的法律状况进行阐述,后者是对"法律应当是什么"这一问题的探讨。边沁对法律

---

[1] [德]萨维尼:《论立法与法学的当代使命》,许章润译,中国法制出版社2001年版。
[2] [英]边沁:《道德与立法原理导论》,时殷弘译,商务印书馆2012年版。
[3] [英]奥斯丁:《法理学的范围》,刘星译,中国法制出版社2003年版。
[4] [英]边沁:《论一般法律》,毛国权译,上海三联书店2013年版。

解释和法律评论的区分实际上揭开了奥斯丁法理学理论的帷幕：区分“实际存在的法”和“理想中的法”。

2. 奥斯丁

1832年英国法学家奥斯丁写作的《法理学的范围》一书，标志着分析法学派的诞生。奥斯丁在这本书中提出的主要观点如下：

（1）法理学的研究对象是实在法，即“法律实际上是什么”，由此将法理学从伦理学、政治学、哲学等学科中剥离出来，使法理学成为研究实在法的工具性学科，近代独立的“法律科学”至此得以建立。

（2）实在法是主权者依据主权发布的、以强制制裁为保障的命令。主权是政治优势者对劣势者的关系，主权具有至高无上性，在主权者依据其理性所发出，并由文字或符号所表达出来的“命令”中，包含有被命令者由此去做某事或禁止做某事的期望，并在此期望落空之际，主权者可以依据主权对其实施制裁。但主权者在制定法律的时候，应遵循独立的政治社会中习惯上应遵循的原则或法则，这些原则或法则对主权者具有道德上的约束力。

继奥斯丁以后，英国的法理学者沿袭他所开创的路径将法学研究与道德、伦理、政治等其他研究领域相分离，主张区分“实然的法”和“应然的法”，认为只要是基于国家的立法程序制定出来的法，就是有效的法律，分析法学派反对自然法学派“恶法非法”的观点。

☆ 哲理法学派

哲理法学派的代表人物是德国古典哲学家康德和黑格尔，代表作是康德的《法的形而上学原理》[1]和黑格尔的《法哲学原理》。[2]

哲理法学派在学理上与德国古典哲学和古典自然法学派存在较为密切的相承关系，前者的思想渊源使哲理法学派从纯粹哲学的角度去研究法的一般原理；后者的思想渊源使哲理法学派以古典自然法学为研究的出发点，重点研究理想中的法而不是实际存在的法，并通过抽象的思维方式和推理方式探讨法律和理性之间的关系，同时又对实在法进行了系统的抽象分析。例如康德认为，作为权利科学的法哲学是从权利角度研究人与人之间的权利与义务的关系，“权利科学的研究对象是一切可由外在立法颁布的法律原则。……有关原则方面的权利和法律的理论性知

---

〔1〕［德］康德：《法的形而上学原理》，沈叔平译，商务印书馆1991年版；另一个译本，［德］康德：《道德底形上学》，李明辉译，联经出版事业股份有限公司2015年版，“第一部　法权论之形上学根基”。

〔2〕［德］黑格尔：《法哲学原理》，范扬、张企泰译，商务印书馆1961年版。

识，不同于实在法和经验的案件，属于纯粹的权利科学"。人所拥有的唯一的天赋权利就是自由，法律则是根据自由产生的一般法权体系，"法是能使各个人的意志依据自由的普遍法则与他人意志相协调的条件之总和"，国家的目的就是在强制性的法律之下实现人的权利。黑格尔认为，法哲学是哲学的一个部门，是研究客观精神运动的科学，作为科学的法哲学，其研究要求从总体上把握客观精神的运动，揭示法的概念及其现实化过程，从而引导人们自觉地按照客观的法的要求规制自己的行为从而推动历史发展。在此基础上黑格尔指出法的发展要经过三个阶段：抽象法—道德—伦理（国家），国家就是伦理精神的实现，是法的理念的完美体现。

1.3.5 西方现代法学发展概述

☆ 新自然法学派

新自然法学派以美国法学家富勒（Lon Fuller，1902～1978年）、罗尔斯（John Rawls，1921～2002年）、德沃金（Ronald Dworkin，1931～2013年）为代表。

富勒的代表作是《法律的道德性》。[1] 该书认为，真正的法律制度必须符合一定的内在道德（程序自然法）和外在道德（实体自然法），法律的内在道德事关调整人们行为的规则制度制定和执行的方式，法律的外在道德事关法律所要达到的实质目标。其中法律的内在道德必须符合八个条件：普遍性、公开性、非溯及力、明确性、一致性、可行性、稳定性以及官方行为与已颁布的法律之间相一致。

20世纪70年代初，罗尔斯的著作《正义论》[2]面世。在该书中，罗尔斯以洛克、卢梭、康德的社会契约论为基础，反对英国传统的功利主义，论证西方民主社会的道德价值，认为正义是社会制度的主要美德。罗尔斯认为应该区别对待制度的正义原则和个人的正义原则，并着重探讨了制度的正义原则。罗尔斯认为制度的正义原则有两条：一是平等自由原则，即每个人在社会中都拥有与他人的自由体系并存的同样的自由体系，包括公民的各种政治权利和财产权利；二是机会平等原则和差别原则，前者要求社会地位、社会职务等对所有的人平等开放；后者要求在进行分配的时候，如果不得不产生某种不公平，那么这种不公平应该有利于境遇最差的人们的利益改善。《正义论》被誉为20世纪70年代西方探讨正义问题的集大成者，为自由主义政治、法律思想的复兴提供了武器。

---

〔1〕［美］富勒：《法律的道德性》，郑戈译，商务印书馆2005年版；在我国台湾地区，陈郁雯、王志弘、邱庆桓对这个译本进行了校订，在颜阙安教授审阅之后，修订译本于2014年由五南图书出版股份有限公司出版。

〔2〕［美］罗尔斯：《正义论》，何怀宏、何包钢、廖申白译，中国社会科学出版社2001年版。

德沃金是西方20世纪70年代末以后杰出的法哲学家，在其《认真对待权利》[1]《法律帝国》[2]等著作中，他系统阐述了他的权利论法哲学思想，标志着一个新的法哲学时代的开始。总体而言，结合20世纪法学理论与实践的发展，新自然法学派的主张呈现出以下两个特征：(1)不同程度地继承了古典自然法学派的基本信条，反对法律实证主义和功利主义，强调回归以个人权利为中心的自由主义，强调道德与法律的联系；(2)将正义问题的研究重点转移到程序上，因此尤为强调社会在总体上的制度建构和司法实践中的程序正义。

☆ **新分析法学派**

新分析法学派泛指20世纪对于奥斯丁分析法学的最新发展，主要包括了凯尔森的法律规范理论和哈特的法律规则理论。

凯尔森在《纯粹法理论》[3]《法与国家的一般理论》[4]等著作中，区分了法律的静态理论和法律的动态理论。在法律的静态理论部分，他界定了法律的一系列专门概念；在法律的动态理论部分，他认为法律是由强制性的规范构成、以法律规范效力等级为标准的体系。凯尔森法学理论的核心便是从结构上分析法律。

哈特于1961年出版的《法律的概念》[5]一书，被视为新分析法学产生的标志。哈特反对奥斯丁的法律命令说，认为法律是初级规则和次级规则的结合，初级规则是设定义务的规则，次级规则是授予权力的规则，由承认规则、变更规则和裁判规则构成。哈特认为，法律与道德有一定的联系，提出了著名的"最低限度内容的自然法"的观念。

☆ **社会法学派**

19世纪末20世纪初，西方法学逐步转向了以重视社会利益为特征的社会法学。奥地利法学家欧根·埃利希(Eugen Ehrlich, 1862～1922年)反对传统的法学

---

〔1〕［美］德沃金：《认真对待权利》，信春鹰、吴玉章译，中国大百科全书出版社1998年版。该译本2008年在上海三联书店重新出版。另一译本，［美］德沃金：《认真对待权利》，孙健智译，五南图书出版股份有限公司2013年版。

〔2〕［美］德沃金：《法律帝国》，许杨勇译，上海三联书店2016年版。另外两个译本，一个是李常青译本，中国大百科全书出版社1996年版；另一个是李冠宜译本，时英出版社2002年版。

〔3〕［奥］凯尔森：《纯粹法理论》，张书友译，中国法制出版社2008年版。

〔4〕［奥］凯尔森：《法与国家的一般理论》，沈宗灵译，中国大百科全书出版社1996年版。该译本2013年在商务印书馆世界"汉译世界学术名著丛书"中重新出版。

〔5〕［英］哈特：《法律的概念》(第2版)，许家馨、李冠宜译，法律出版社2011年版；另一译本，［英］哈特：《法律的概念》，张文显等译，中国大百科全书出版社1996年版。

研究方法，即法学家习惯于将国家制定的法律条文当作自己的主要研究对象，因为他们推定全部法律就在这种条文中。他不赞成成文法是唯一的法的渊源，而主张研究法律首先就是要收集各种成文法材料，并以自己的解释来确定这些材料的内容，然后在自己的著作或判决中利用这种解释。他重视社会现实中的“活法”和“自由法”的作用；主张扩大法官的自由裁量权，允许法官可以根据正义原则和习惯自由地创制法律规则。其主要著作有《法社会学原理》[1]等。

美国法学家庞德（Roscoe Pound，1870～1964年）在其所著的《通过法律的社会控制》[2]及五卷本《法理学》[3]中所创立的社会学法学，就是这一类型法理学的代表。庞德社会学法学的基本主张包括：法律是一种实施社会控制的工具，通过法律对社会进行控制是社会文明的标志，其将法律对社会的控制类比为一项社会工程，法理学也就成为一门社会工程学科，社会学法学因此更多地关注法律的运行机制而不是其抽象内容；强调法律所促进的各种社会目的而不是制裁；将法律更多地看作能带来社会公正的手段或指南，而不是一成不变的模式。在此基础上，庞德将法律的发展分成了五个阶段：原始法阶段、严格法阶段、衡平法和自然法阶段、法律的成熟阶断以及法律社会化阶段，以此来说明法律的不同目的和作用。

☆ 经济分析法学派

20世纪下半叶，西方法学的一个显著特征就是法学与其他社会科学的交叉与融合，经济分析法学就是其中之一。经济分析法学的代表人物是美国法学家波斯纳（Richard A. Posner），《法律的经济分析》[4]是他的代表作。经济分析法学通过运用经济学上的定量分析方法评判某项法律制度的优劣，该学派认为法律制度的正义与否取决于立法者的意图，善与恶的评价则是由伦理学解决的问题，任何法律制度只要能促进效益，减少交易成本，就是可适用的，否则就应该改革。由此，一个理性的法律制度应该最大限度地利用人们的本性，促进社会资源和社会财富的最有效利用。

---

〔1〕［奥］欧根·埃利希：《法社会学原理》，舒国滢译，中国大百科全书出版社2009年版；另一译本，［奥］尤根·埃利希：《法律社会学基本原理》（全新译本），叶名怡、袁震译，中国社会科学出版社2009年版。

〔2〕［美］庞德：《通过法律的社会控制》，沈宗灵译，商务印书馆2010年版。

〔3〕［美］庞德：《法理学》（第1卷），邓正来译，中国政法大学出版社2004年版；［美］庞德：《法理学》（第2卷），邓正来译，中国政法大学出版社2007年版；另一译本，［美］庞德：《法理学》（第1、2、3、4卷），余履雪等译，法律出版社2007年版。

〔4〕［美］波斯纳：《法律的经济分析》（第7版，中文第2版），蒋兆康译，法律出版社2012年版。

此外,20 世纪西方社会还出现了女性主义法学、法律与文学运动、批判种族主义法学等,一般被称为后现代法学思潮。它们分别从不同的视角重新审视西方法律制度,提出了很多极富启发性的理论,在一定程度上影响了现代西方社会的发展。[1]

延伸阅读

1. [美]E. 博登海默:《博登海默法理学》,潘汉典译,法律出版社 2015 年版;
2. [美]布赖恩・比克斯:《法理学:理论与语境》,邱昭继译,法律出版社 2008 年版;
3. 杨天江:《凯尔森对自然法学说批判的再思考——基于阿奎那自然法传统的反驳》,载《法制与社会发展》2013 年第 2 期;
4. 陈景辉:《什么是“内在观点”?》,载《法制与社会发展》2007 年第 5 期;
5. 陈颐:《萨维尼历史法学方法论简释——以〈论立法与法学的当代使命〉为中心》,载《比较法研究》2005 年第 5 期。

1.4　马克思主义法学历史

知识要点

1.4.1　马克思主义法学的创立

☆ **马克思与恩格斯的生平**

马克思于 1818 年 5 月 5 日出生于德意志普鲁士邦莱茵省特利尔城的一个法律世家。1842 年 2 月,马克思开始写作《评普鲁士最近的书报检查令》。这是马克思的第一篇政论性文章,也是一篇法学专论,标志着他的政治活动的开始。自 1842 年 4 月起,马克思任科隆《莱茵报》编辑,后任该报主编,一直到 1843 年 3 月 17 日退出该报编辑部。在这一年中,马克思积极地参与了当时社会生活中的一些重大法律问题的讨论,陆续发表了许多激进言论。这也是马克思撰写法学论文最多、最集中的一段时期,包括《关于林木盗窃法的辩论》《评普鲁士最近的书报检查令》《历史法学派的哲学宣言》《论离婚法草案》等。1843 年 10 月底,马克思到巴黎创办《德法年

---

[1] 朱景文:《当代西方后现代法学》,法律出版社 2002 年版。

鉴》。1844 年年初，马克思在《德法年鉴》创刊号上发表《论犹太人问题》和《〈黑格尔法哲学批判〉导言》两篇论文，标志着马克思的思想开始由民主主义转向共产主义。

恩格斯于 1820 年 11 月 28 日出生于德意志普鲁士邦莱茵省巴门市。1841 年 9 月，恩格斯去柏林服兵役。在服兵役期间，他经常以旁听生的资格到柏林大学听哲学课程，还参加了青年黑格尔派，开始信仰和崇拜黑格尔主义。恩格斯在这一时期写了很多文章，如 1842 年四五月的《时事评论》、1842 年 6 月 25 日的《刑法报》、1842 年 8 月的《普鲁士出版法批判》、1842 年 9 月的《集权与自由》、1842 年 10 月的《普鲁士国王弗里德里希——威廉四世》等。这些文章反映了他的唯心主义和民主主义倾向，其中包含了一些早期的唯心主义法律思想。

1844 年 9 ~ 11 月，马克思和恩格斯着手合写了第一部著作《神圣家族，或对批判的批判所做的批判》。该书于 1845 年 2 月出版以后，在德国舆论界引起强烈反响。1845 年 3 月，恩格斯又出版了《英国工人阶级状况》一书。

1845 年 9 月到 1846 年 7 月，马克思和恩格斯合作完成了《德意志意识形态》，可惜未能出版。他们于 1847 年 4 月又完成了《哲学的贫困》。

1848 年 1 月，马克思和恩格斯完成写作《共产党宣言》，该书很快于同年 2 月在伦敦用德文出版。《共产党宣言》是国际共产主义运动史上第一个纲领性文献，它的发表宣告了科学社会主义的问世，也标志着马克思主义法学的正式诞生。《共产党宣言》迄今已以 200 多种语言出版，是全球公认的“传播最广的社会政治文献”。

1848 ~ 1871 年，是马克思主义法律观的发展阶段。马克思、恩格斯通过对 19 世纪中叶西方阶级斗争和资产阶级民主革命历史经验的总结，论证了法律对社会经济条件的依赖关系，全面揭示了经济基础与法律上层建筑之间的关系。

1871 ~ 1883 年，马克思通过对巴黎公社经验的总结，论述了无产阶级专政国家的新型民主和新型法制，深化了马克思主义法律观。

1883 ~ 1895 年，晚年恩格斯对马克思主义法学基本观点又进行了补充和完善。

☆ 马克思主义法学的体系与特点

随着马克思和恩格斯的不断探索，他们共同创立了一个与过去一切法学根本不同的、崭新的、完整的法律思想体系，即马克思主义法学。这个新的法律思想体系包括以下三个层次：

第一个层次是与形形色色的唯心主义法律观相对立的历史唯物主义法律观，其核心是经济基础决定法律，法律又反作用于经济基础，法律与上层建筑其他部分交互作用的根本原理,这是马克思主义法学的理论基础。

第二个层次是与一切剥削阶级法学根本不同的代表工人阶级和劳动群众利益的马克思主义法学的一般理论,即建立在历史唯物主义的基础上的法律客观基础观、法律阶级意志观、法的历史发展观和人的自由发展观等,形成了法律起源论、法律本质论、法律职能论、法律价值论和法的运动规律论等,这是马克思主义法学的主干。

第三个层次是马克思主义的部门法思想,包括马克思主义的宪法学、行政法学、刑法学、民法学、婚姻法学、诉讼法学和国际法学等。这些理论散见于浩如烟海的马克思、恩格斯的著作之中,有待于我们去探索,使之系统化。

马克思主义法学反映了被压迫被剥削群众的法权要求,是一个开放的、永不停滞的学说体系。马克思主义法学的这一特点决定了它必须站在时代的前列,必须不断吸收时代的新成就,必须回答和解决时代提出的实际问题。同时,马克思主义法学作为一种崭新学说,需要形成自己的学术群体,勇于探索,不断大胆创新,把它不断推向前进。

1.4.2　列宁对马克思主义法学的新贡献

☆ 列宁的生平及其新贡献

列宁,原名弗拉基米尔·伊里奇·乌里扬诺夫,于1870年4月22日(俄历4月10日)诞生于辛比尔斯克城。1887年秋,他开始进入喀山帝国大学攻读法律专业,但这年年底,俄国爆发了反抗沙皇政府迫害进步学生的抗议运动,作为一年级新生的列宁也积极参加了这一运动。列宁起草了一份致校长的呈文,认为在目前大学生活条件下,无法继续在本校学习,主动要求将本人从喀山帝国大学除名。年仅17岁的列宁不久就被捕入狱,随后被流放到喀山省莱舍夫县科库什基诺。1888年10月,在结束了将近一年的流放生活之后,列宁又回到了喀山。在1891年春、秋两季的考试中,列宁出色地通过了法律系全部课程的国家考试;1892年1月,他以全部科门的优秀成绩毕业于俄国当时最著名的彼得堡大学法律系。

从1891年春天起,列宁就注册为律师助理,曾从事过一段律师工作,承办过许多刑事和民事案件。1893年9月,他前往彼得堡继续从事律师业务,同时广泛地接触马克思主义小组,并且曾经成为彼得堡工艺学院马克思主义小组的核心。他在彼得堡还结识了一批有觉悟的工人积极分子,到莫斯科会晤成立不久的莫斯科第一个马克思主义小组,同民粹派分子展开激烈的思想斗争,发表了关于“人民之友”问题的三篇长文,在彼得堡的各马克思主义小组中流传,尤其对青年马克思主义者有很大影响。列宁的学识才能受到了普列汉诺夫等人的关注和赞扬。在此期间，列宁还到法国、德国去了解欧洲先进国家工人运动的现状，先后结识和拜访了国际工人运动的著名活动家拉法格、李卜克内西等人，这使列宁更加拓宽了革命的视野，加深了对马克思主义与时代精神、与俄国国情相结合的理性感知力。青年列宁由此逐步登上了国际共产主义运动的舞台。

十月革命后，列宁领导俄国无产阶级和劳动人民首次创立的社会主义法制的伟大实践，验证了马克思、恩格斯所创立的历史唯物主义法律观的正确性，深化了马克思主义法学的基本原理；更为重要的是，他创造性地提出了关于社会主义的立法、守法、执法、司法和法律监督等一系列的崭新理论，极大地丰富了马克思主义法学的理论宝库。如果说马克思、恩格斯是无产阶级革命法学的创始人，那么应当说，列宁无愧是马克思主义法学的卓越继承人和发展者，是20世纪伟大的无产阶级法学家。

当然，列宁关于法制问题的有些论述是在特殊年代针对具体问题所做出的具体结论，既有其创造性，也有其时代局限性。在列宁的法学论著中，就其研究法律现象的立场、方法和他所阐明的法学基本原理而言，无疑具有普遍的指导意义；但有些论述则是在特殊年代针对具体问题所做出的具体结论，在俄国当时是正确的，现在已经过时了。因此，我们对于列宁的法学著作，如《论工业法庭》《三种宪法和三种国家制度》《论民族自决权》《国家与革命》《苏维埃政权的当前任务》等，不仅要认真学习他所阐明的基本原理，而且要结合我国法制建设的实际，勇于探索、敢于创新，实现马克思主义法学的中国化。

1.4.3　马克思主义法学的中国化

☆ 马克思主义法律观中国化的第一次创新

新民主主义革命时期及新中国成立后，包含于毛泽东思想中的法律观，是对马克思主义法律观中国化的第一次创新。

在中国共产党第一代领导集体中，在法学理论方面最有代表性的是毛泽东和董必武。

早在1910年，毛泽东曾阅读梁启超所编《新民丛报》的合订本，在其中第四号上的《新民说》第六节“论国家思想”处，旁批写道：“正式而成立者，立宪之国家，宪法为人民所制定，君主为人民所拥戴；不以正式而成立者，专制之国家，法令为君主所制定，君主非人民所心悦诚服者。前者，如现今之英、日诸国；后者，如中国数千年来盗窃得国之列朝也。"[1]这段批注表明了毛泽东当时对君主立宪和封建专制两种国家体制的理解。这是迄今为止发现的毛泽东最早的政论文字。毛泽东留下的第一篇完整的文章《商鞅徙木立信论》,[2]写于1912年上半年,主题是关于法律问题的。全文600多字,文字简练,极具文采,从中可以明显地看到毛泽东政治意识的早熟。文中从"良法"论及法的作用,还讨论了民与法的关系。毛泽东青年时期就崇尚法家的变革思想,这为他将来的法律思想和法律实践埋下了深深的伏笔,也为我们更好地理解毛泽东的法思想提供了很好的视角,有助于我们理解社会主义法治发展的历程及方向。

董必武在青年时代曾两次东渡日本,考入东京私立日本大学攻读法律。1917年毕业返回祖国后,又在武昌与人合办过律师事务所。这段特殊的经历,使他成为中国共产党的第一代领导人中少有的几个法律专家之一,为毛泽东思想体系中的"法律篇"贡献了极其珍贵的篇章。

毛泽东思想法学理论在新民主主义时期已具雏形。这一时期的法学观点散见于毛泽东为黄克功案致雷经天信,以及《新民主主义论》《论政策》《论联合政府》《论人民民主专政》《关于废除国民党的六法全书与确定解放区的司法原则的指示》《关于废除伪法统》等文献中。

1949年10月中华人民共和国成立后,新中国第一代领导集体有关法律问题的主要著作主要包括:毛泽东的《关于中华人民共和国宪法草案》《论十大关系》《关于正确处理人民内部矛盾的问题》,周恩来的《专政要继续,民主要扩大》,刘少奇的《第八次全国代表大会的政治报告》,董必武的《关于党在政治法律方面的思想工作》《进一步加强人民民主法制,保障社会主义建设事业》《在军事检察院检察长、军事法院院长会议的讲话》等。从理论上来看,新中国第一代领导集体的法律思想可以总结为:关于旧司法工作人员的改造问题;要重视司法工作;加强人民代表会议的工作;开创性提出建立死缓制度;"搞宪法是搞科学";不能废除死刑;处理国际法律关系的和平共处五项原则;专政要继续,民主要扩大;依法办事是进一步加强法

---

〔1〕戊戌变法失败后,梁启超在日本刊印《新民丛报》,广泛介绍西方资产阶级的学术和政治思想,在国内风靡一时。《新民丛报》在1907年停刊。毛泽东在东山小学堂时,表哥文咏昌曾借给他一套自己保存的合订本。他读了又读,上面的一些文章差不多能背出来,还写下一些批注。从相信孔孟到崇拜康梁,从赞同郑观应的《盛世危言》到主张以英、日为楷模进行立宪变法,是毛泽东早期思想发展的第一个阶梯。参见金冲及:《毛泽东传(1893~1949)》,中央文献出版社2004年版,第9~11页。

〔2〕《毛泽东早期文稿》,湖南出版社1990年版,第1页。

制的中心环节;正确区分两类不同性质的矛盾,做好审判工作等。

☆ **马克思主义法律观中国化的第二次创新**

1978 年 12 月中共十一届三中全会以后形成的邓小平理论法律观,是对马克思主义法律观的第二次创新。邓小平理论法律观包括:法制建设要从初级阶段的基本国情出发;社会主义法制建设的“十六字方针”;用法律措施维护安定团结的政治局面;党和国家领导制度的改革;坚决打击经济犯罪活动;“死刑不能废除”;“一手抓建设和改革,一手抓法制”;把“一国两制”的构想法律化;市场经济是法制经济等。

1989 年中共十三届四中全会以后,以江泽民为核心的新中国第三代领导集体,在邓小平理论法律观的基础上,确定了“依法治国,建设社会主义法治国家”的治国方略,是对马克思主义法律观中国化的又一次伟大创新。

2002 年党的十六大以后,以胡锦涛为总书记的新一届中央领导集体,从我国社会主义现代化建设事业全局出发,坚持以马克思主义法学理论为指导,以科学发展观为统领,以构建社会主义和谐社会为目标,在认真总结中国法治建设实践经验、借鉴世界法治文明优秀成果的基础上,提出牢固树立社会主义法治理念,使马克思主义法治思想更加全面、更加具体、更加深化,形成了人本法律观以及在其指导下的和谐法治观、依法执政观、法治理念观、民生法治观。

尤其自党的十八大以来,以习近平同志为核心的党中央提出了全面依法治国的新理念新思想新战略,开辟了全面依法治国理论和实践的新境界,开启了中国特色社会主义法治的新时代。

中国特色社会主义理论体系中的法治思想,即中国特色社会主义法治理论,主要由以下五个方面构成:一是坚持党的领导、人民当家做主和依法治国的有机统一,这是中国特色社会主义法治的核心和精髓;二是坚持党的事业至上、人民利益至上和宪法法律至上,这是中国特色社会主义法治的基本原则;三是坚持依法治国、执法为民、公平正义、服务大局和党的领导,这是中国特色社会主义法治的基本理念;四是坚持人民代表大会制度,这是中国特色社会主义法治的政治基础;五是建设公正高效权威的社会主义司法制度,这是中国特色社会主义法治的重要保障。

延伸阅读

1. 张文显:《〈张文显法学文选〉(卷六):法治与法治国家》,法律出版社 2011 年版;
2. 周尚君:《自由主义之后的自由:马克思〈巴黎手稿〉的法哲学问题》,法律出版社 2010 年版;
3. 季卫东、舒国滢、徐爱国、桑本谦、陈景辉、聂鑫、马剑银:《中国需要什么样的法理学》,载《中国法律评论》2016 年第 3 期;
4. 孟涛、鲁楠、宋旭光、杨天江、刘振宇、黄涛:《笔谈六篇:法理学的反思——法理学的性质与当下中国法理学的流派》,载《重庆文理学院学报》(社会科学版)2016 年第 6 期;
5. 石伟:《论中国法理学的实践转向——三十余年法理学学术史考察》,载《现代法学》2012 年第 4 期。

第一编　法律本体论

第2章 法律概念

教学目标

了解"法"和"法律"的词源；
理解法概念的争议；
识记"国法"的基本概念；
理解有关法律本质的三种主要学说、法律本质的三个层次；
了解法律特征的基本概念；
理解法律的一般特征与基本特征；
了解法律作用的基本概念；
理解法律的规范作用与社会作用。

推荐参考资料

1. 周永坤:《法理学:全球视野》(第四版),法律出版社2016年版,第七章、第十四章;
2. 朱景文主编:《法理学》(第三版),中国人民大学出版社2015年版,第一章、第二章;
3. 张文显主编:《法理学》,高等教育出版社2011年版,第四章;
4. 舒国滢主编:《法理学导论》,北京大学出版社2006年版,第一章。

2.1 法的词源和概念

知识要点

2.1.1 汉语中"法"和"法律"的词源

☆ 汉语中的"法"

在我国汉语中,"法"字的古体是"灋",对其词源的考证至今仍有分歧。东汉许

慎撰著的《说文解字》认为:“灋,刑也,平之如水,从水;廌,所以触不直者去之,从去。”[1]对这句话展开分析可以发现:

(1)“灋”和“刑”通用。古代的“刑”字,既有刑戮、刑罚的含义,也有规范、制度之意。

(2)“平之如水,从水”,从象征性角度解释,“灋”意味着公正、公平;从功能性角度解释,意味着一种严厉的刑罚,即置有罪者于水面上,顺水漂去,行驱逐之刑,或没入水中。

(3)“廌,所以触不直者去之,从去”,廌,是传说中的一种神兽,似牛、似羊、似鹿,头有独角,喜直恶曲,古有决讼,则令其触不直者。《论衡》中说:“一角之羊也,性知有罪。皋陶治狱,其罪疑者,令羊触之,有罪则触,无罪则不触。故皋陶敬羊。”这表明“灋”有“神明裁判”的含义。

☆ **汉语中的“律”**

关于律,战国李悝“集诸国之典,造《法经》六篇……商鞅传授,改法为律”。[2]《唐律疏议》说:“法亦律也,故谓之律。”许慎解释:“律,均布也。”清代段玉裁在其《说文解字注》中指出:“律者,所以范天下之不一而归于一,故曰均布。”可见,“律”和“法”同样具有规范、制度之义。

☆ **汉语中“法”“刑”“律”的关系**

《说文解字》说:“法,刑也。”《尔雅》说:“刑,法也。”这表明,我国古代汉语中的“法”“刑”“律”等词语彼此之间存在互释甚至互通的情况。“法”“刑”“律”三者的通用同时还说明,中国古代的“法”与“律”的主要内容是“刑”,法律塑造社会生活秩序主要通过强制性手段实现。无论是“刑律”还是“法律”,都没有现代“法律”概念所具有的逻辑和内涵。

2.1.2 西方“法”与“法律”的词源

☆ **词源上的分歧**

拉丁文的 Jus 和 Lex、德文的 Recht 和 Gesetz、法文的 Droit 和 Loi 等、意大利文的 Diritto 和 Lgeeg、西班牙文的 Derecho 和 Ley,均可译为“法”(Right)和“法律”(Law)。前者除有“法”的含义外,还兼有“权利”“公平”“正义”或“正当”“规律”

---

〔1〕(东汉)许慎:《说文解字 · 名例》,中华书局 1963 年版,第 202 页。

〔2〕(唐)长孙无忌等:《唐律疏议》,中华书局 1983 年版,第 2 页。

“法则”之意，因此它常被人们理解为“客观法”，或“理想法”“应然法”；后者则主要被理解为人们依主观意志和认识而制定的法律，即“主观法”，或“现实法”“实然法”。自然法是一个与人定法相对应的概念，在西方法文化传统中，人们凭借自然法理论将“法”（自然法）与“法律”（人定法）明确地区分开来。从古代到近现代，尽管自然法的内涵发生了一些变化，但是自然法（法）与人定法（法律）之间的验效关系没有变。

相比之下，中西文的“法”尽管都讲正义性，但中文的“法”更强调惩罚性，西文的“法”则更着重规律性和权利性。从中我们可以粗略看出中西传统法文化的差异所在。

2.1.3 法概念的争议

★★ 法概念的争议

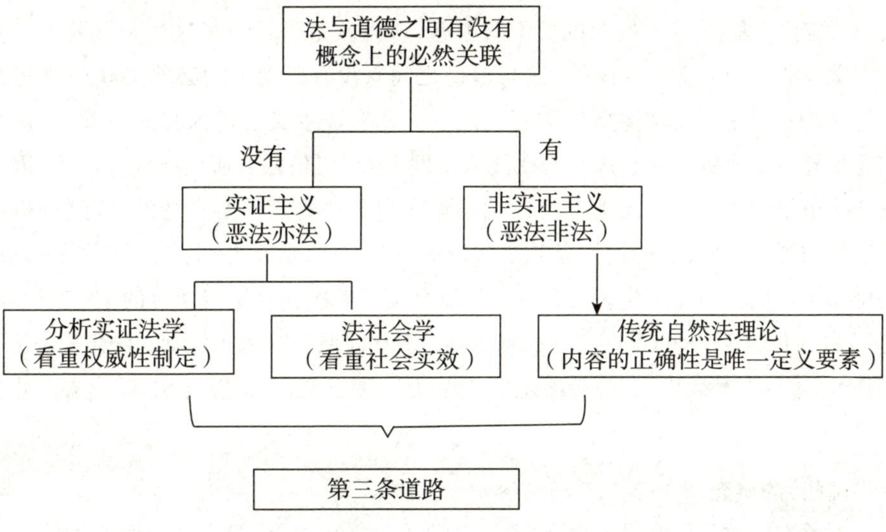

图2－1 法概念的争议

1. 自然法（法）与人定法（法律）之间的验效关系引发了有关法概念的争论。法概念的争论持续两千多年，围绕着“法与道德之间有没有概念上的必然关联”这一核心争点，形成了两个始终相互对立的基本立场：实证主义与非实证主义。

(1)实证主义理论都主张分离命题，认为法律的定义中不包含道德要素，法律和道德之间、法律所命令的和正义所要求的之间、法律是什么和法律应该是什么之间，没有概念上的必然关联。

(2)非实证主义的理论都主张联结命题，认为法律的定义中可以包含道德要素。

2. 实证主义者以权威性制定和社会实效来界定法律的概念。其中,分析实证主义法学将权威性制定作为首要定义要素来界定法概念,法社会学以社会实效为首要定义要素来界定法概念。

3. 非实证主义者将内容的正确性作为法概念的一个必要定义要素,并没有排斥权威性制定和社会实效,三个要素可以进行不同程度的联结。以内容的正确性作为唯一定义要素来界定法概念的主要代表是传统的自然法理论;将内容的正确性与权威性制定或社会实效性同时作为定义要素来界定法概念的主要代表是所谓第三条道路的那些法学理论,如阿列克西。[1]

4. 举例而言,《老年人权益保障法》第18条规定了"常回家看看"条款,要求与老年人分开居住的家庭成员经常看望或者问候老年人。于是,道德与法律在内容上发生了重叠(都要求经常看望、问候老人)。但如果要证明该条款是法律,我们就得思考定义"法律"这个概念的要素有哪些,该条款是否符合了这些定义要素。实证主义与非实证主义所争议的"法与道德之间有没有概念上的必然关联",意思是道德是否必须是定义法律概念的要素之一。非实证主义强调内容的正确性,认为道德是界定法律概念的必备要素,所以"常回家看看"条款之所以能成为法律,因为它合乎道德的要求。实证主义将道德排除在定义法概念的要素之外,按照分析实证法学的观点,"常回家看看"条款之所以能成为法律,是因为《老年人权益保障法》是由第十一届全国人民代表大会常务委员会第三十次会议制定通过的("权威性制定");按照法社会学的观点,"常回家看看"条款即便被写入了法典,由于它缺乏可操作性,难以在社会中实现,最终也只能沦为一纸空文,不能算作法律(欠缺"社会实效")。

★"国法"的概念

尽管在法哲学的意义上存在"法"的广义和狭义之分,但本书中所论述的法律主要是狭义的"法",即国家法,简称"国法"。

"国法"的外延包括:

(1)国家专门机关(立法机关)制定的"法"(成文法);

(2)法院或法官在判决中创制的规则(判例法);

---

[1] [德]罗伯特·阿列克西:《法概念与法效力》,王鹏翔译,五南图书出版股份有限公司2013年版,第15~16、27~28页;国家司法考试辅导用书编辑委员会:《2016年国家司法考试辅导用书》(第1卷),法律出版社2016年版,第15~16页。

(3)国家通过一定方式认可的习惯法(不成文法);

(4)其他执行国法职能的法(如教会法)。[1]

典型事例

"常回家看看"入法引质疑　参与立法专家回应[2]

记者:能否回顾一下"常回家看看"入法的经过?一开始你们想到这个条款会引起这么大争议吗?

学者:修订前的《老年人权益保障法》是1996年10月1日起开始实施的。进入21世纪以来,伴随我国人口老龄化不断加快的进程和家庭结构的变迁,该法已不能完全适应我国老年人权益保障的需要。2012年12月28日,十一届全国人大常委会审议通过新的老年人权益保障法,修改幅度之大、修改内容之多都是我国修法史上少见的。其中增加了老年监护、长期护理、国家支持养老、社会养老服务、社会优待、宜居环境等新规定,亮点不少,充分反映社会意愿和立法智慧的条款很多,但都没有像"常回家看看"入法一样受到关注。

一开始也想到会引起争论,但这样的争论持久不衰并在一定程度上湮没了这部法律在精神和内容上更具价值的部分,这是事先没有预想到的。社会关注中的质疑也并非都不在理,但却或多或少地存在对该条款完整性和逻辑性的忽视,存在对"常回家看看"条款的误读。

记者:将这样一个条款写入法律,立法的初衷是什么?

学者:从立法初衷上讲,该条款对精神赡养作出比较完整的规定,目的是突出老年人精神需求的重要性,突出其与经济需求、生活需求的并列地位,针对的是老年人精神需求越来越强烈而家庭和社会对老年人的精神需要越来越忽视之间的实在矛盾,也有面对社会道德不足而希望用法律支撑道德的考量,所以,尽管面对着"法律替代道德"的责问,但仍然在修法中实现了现代社会立法对优秀传统文化的照应。

---

[1] 舒国滢主编:《法理学导论》,北京大学出版社2006年版,第28页;国家司法考试辅导用书编辑委员会:《2016年国家司法考试辅导用书》(第1卷),法律出版社2016年版,第17页。

[2] 参见法制网,http://www.legaldaily.com.cn/Frontier_of_law/content/2013-07/04/content_4620670.htm?node=33420,最后访问日期:2017年5月29日,有删节。

质疑之一　“法律万能主义”侵入道德领域?

记者:从多个网络调查结果中可以发现,质疑“常回家看看”入法的观点占据了相当一部分。其中一种观点认为“常回家看看”主要属于社会伦理道德范畴,是一个现实的社会问题和伦理问题,但却不是立法性议题。您怎么看?

学者:“常回家看看”是一种通俗的说法,这一条款满足的是老年人在经济供奉、生活照料以外的第三种需要,即精神抚慰的需求。满足老年人精神需要,最好由家庭成员来实现,这种责任通常是社会和他人难以替代的。因为“常回家看看”主要涉及家庭关系,人们习惯于将其纳入伦理道德范畴,同时由于一个人精神需求的满足很难通过强制他人来实现,所以“常回家看看”入法被指责为法律万能主义的体现就不足为怪了。

记者:将“常回家看看”入法,是因为道德约束已经乏力了?

学者:历史地看,传统社会的家庭关系、邻里关系主要由道德规范进行调节。随着社会的发展,法律规范的领域在慢慢地扩张,通常依靠习俗、道德就可以调整的关系,现在需要建立复杂的民事法律制度才能应对,当然法律不可能完全取代道德的作用。

在社会转型时期,我们家庭的功能正在渐渐地弱化,包括家庭教育孩子的功能、家庭养老的功能等,都在一定程度上保持着弱化的趋势。而其背后的深层问题可能就是社会和家庭道德力量的不足。社会转型期道德功能弱化,人们强烈的道德需求与社会道德现状之间距离不断拉大,就应该适时地让法律来支撑道德,除了“常回家看看”入法外,还包括见义勇为立法、志愿服务立法、慈善立法等,都在一定程度上具有这样的功效。在欧洲福利国家试图摆脱福利困境发起找回家庭运动的时候,对我们而言,通过立法支持坚守家庭观念、维持家庭功能、保卫家庭道德,是社会转型期里的一个明智选择。

质疑之二　法律规定难敌多重现实困境?

记者:另一种观点提出,尽管我国人口老龄化和空巢老人的社会问题比较严重,但“常回家看看”的确面临着很多现实困境。大多数情况下人们不是不想回,而是“回不起”,如面临着假期稀少、路途迢迢、收入较低、物价过高等诸多困难。

学者:“常回家看看”条款完整规定是这样的:“家庭成员应当关心老年人的精神需求,不得忽视、冷落老年人。与老年人分开居住的赡养人,应当经常看望或者问候老年人。用人单位应当按照有关规定保障赡养人探亲休假的权利”。这是具有完整性和逻辑性的,“看望”与“问候”并列,使“常回家看看”更具现实性,对该条款的质疑和批评恰恰是建立在对该条款的不完整理解上。实际上,经常问候老人是满足老年人精神需求的主要形式，问题是由于整个社会没有重视老年人的精神需求，不少人连“经常问候老年人”都做不到。

记者：有“问候”这一缓冲的确比较契合实际，因为“常回家”的现实困境，的确是一个问题。

学者：解决“常回家”的困境，就是政府与社会的责任了。从老年人权益保障法的有关规定来看，针对“常回家看看”，社会用人单位有责任认真执行国家有关探亲休假制度，这实际上也是“常回家看看”条款的应有之义。而对政府而言，更重要的是建立和完善国家支持家庭养老制度，出台相关政策支持老年人宜居环境建设、规划亲情住宅，使“常回家看看”条款更具实效性。

质疑之三 “常回家看看”不具司法操作性？

记者：7月1日江苏有了第一起“常回家看看”判例，法院根据该条款作出支持老太太要求女儿常来看望自己的诉求，但办案法官也感慨，此类案件判决容易，执行难。这也是网络上最主要的质疑，即对其司法可操作性的质疑。

学者：人们习惯于从两个方面理解法律条款的可操作性，一种是能否成为法院裁判纠纷的依据，另一种是违反法律条款是否将受到法律制裁。社会公众更倾向于从后者角度理解可操作性，所以才有了“不常回家看看怎么处罚”的疑问。这实际上是将可操作性与可诉性、可制裁性两个概念混淆了。可操作性的概念外延更大，比如，它可以成为评判是非、行政问责、调处家庭纠纷的重要原则。

记者：我们现有法律中有类似性质的条款吗？

学者：有。社会立法中有很多条款不具有可诉性，也不具有可制裁性，这些条款侧重于鼓励、倡导、保障的角度。不仅“常回家看看”条款，老年人权益保障法中有很多政策性条款，同样不具备可诉性和可制裁性，但这些条款起到了明确政府、社会、个人责任的效果。设定这样的条款，主要的目的在于发挥法律的倡导和指引作用，通过制度建设促进社会建设和文化建设。如果能够督促政府和社会履行应有的责任，能够促使家庭更好地履行义务，就体现了社会法条款的可操作性。

记者：很多学者还提出，“常回家看看”，多久回家看一次算“常”？这也成为被质疑的一点。

学者：我不主张全国性立法规定得这么具体，关于什么是“常常”，完全可以根据当地情况和社会常识来判断，一些相关的精神赡养方面的法院判决，法官通常也根据当地风俗和社会常理进行合理判断。如果非要对“常回家看看”进行细化立法，我也不反对地方立法在这方面有所作为。

记者:总的来说,“常回家看看”还是一个倡导性、总体性的立法?

学者:老年人权益保障法是老年人权益保障法律制度体系中的牵头法,整部法律的实施需要其他法律的“帮衬”,许多条款需要再立法或者说后续立法。相信随着老年法的配套立法、地方立法的展开,老年人权益保障法将更具操作性,包括“常回家看看”在内的类似条款不至于“流于形式”,更不至于影响到整部法律的权威性。

质疑之四 过度关注质疑淹没立法价值?

记者:昨天江苏有了第一个判例,接下来会不会出现该类案件“井喷”的情况?

学者:“常回家看看”条款可能引起两类纠纷:一是大家比较关注的老年人状告赡养人不能满足自己的精神需求,即精神赡养纠纷;二是赡养人要求探亲休假而用人单位给予限制,引发探亲休假方面的纠纷。

在该法修订之前,精神赡养纠纷虽不普遍也不少见,有些地方法院受理并作出支持诉求的判决,也有一些地方以没有法律根据为由不予受理。对于精神赡养纠纷诉讼无须给予过度的关注,江苏无锡的首个精神赡养判决,具有一定的意义,但通过司法方式实施该条款不是立法的本意,相信也不会出现类似诉讼案件“井喷”的局面。

对第二类纠纷,目前没有太多的关注,诉讼案件也不多见,但通过诉讼方式主张探亲休假的权利也许有更重要的意义。

记者:对“常回家看看”的过度关注和解读,会对整部法律的执行产生正面还是负面的影响?

学者:如果社会和媒体将对老年人权益保障法的兴趣过于集中在“常回家看看”条款上,对这部法律的宣传就走偏了,这显然不利于对这部充满新精神和新内容的法律的全面理解,当然也就不利于这部法律的实施,甚至会使这部法律在老年人权益保护的实效上大打折扣。

公众应当更加关注积极应对人口老龄化现象,关注“居家为基础、社区为依托、机构为支撑”的社会养老服务体系的构建,包括宜居环境建设、社区养老功能完善等。人们还应该继续关注这部法律的相关配套立法和新一轮的地方立法修改。

延伸阅读

1. [德]罗伯特·阿列克西:《法概念与法效力》,王鹏翔译,商务印书馆 2015 年版;
2. [英]哈特:《法律的概念》,许家馨、李冠宜译,法律出版社 2011 年版;
3. 雷磊:《原则理论与法概念争议》,载《法制与社会发展》2012 年第 2 期;

4. 张永和:《“灋”义探源》,载《法学研究》2005 年第 3 期;
5. 杨心宇、徐怀宇:《法的本体论思考——对苏维埃法概念的再思考》,载《政治与法律》2002 年第 2 期。

2.2　法的本质和特征

知识要点

2.2.1　法律本质的基本含义与主要学说

★★ 基本含义

法律本质,是相对于法律的外在特征而言的,是对法律的内在属性的解释,它常常表现为一种“法律是什么”的提问。

法学家们不仅从法律的外在面貌去描述法律,而且从理性、道德、政治、经济及社会等层面去发现法律背后更深一层的内涵。这构成了近代以来大量关于法律本质的学说。其中,最具有代表性和较强涵盖力的学说主要有三种:法律命令说、人民公意说以及社会控制说。除此之外,还有“判决说”(法律本质上只不过是一种判决)、“行为说”(法律存在于行为中,而非规则中)、“事业说”(法律是使人们服从规则治理的事业)等。

★★ 主要学说

表 2-1　主要学说概述

学说名称	具体内容		
	立论基础	代表人物及其主张	
法律命令说	立法的权力来源和法律规范的内部结构	奥斯丁	(1)英国法学家约翰·奥斯丁的《法理学的范围》为法律命令说奠定了坚实的基础。 (2)奥斯丁认为,主权者的命令是法律本质的核心,这种“命令”包含了做某事的要求和违背该要求而面临的“恶果”;法律是由国家的主权者所发布的,这与上帝发布命令、雇主对雇员发布命令有本质区别。
		霍布斯	法律是国家对人民的命令,它是用口头说明,或书面文字,或其他方法所表示的一种规则或意志,用于辨别是非,区分该为与否。

续表

学说名称	具体内容		
	立论基础	代表人物及其主张	
人民公意说	立法者意志和效力根据	卢梭	(1)主权无非是对"人民公意"的一种运用,而法律的对象永远都是普遍性的,"法律是公意的行为"。 (2)"公意"和"众意"不同,"公意"只考虑共同的利益,而"众意"考虑的则是个人的利益,后者只是个别意志的总和。因此,公意排除私人意见、党派观点和集团利益。 (3)卢梭的人民公意说对近代以来的资产阶级革命运动产生了积极的影响,在古典自然法学说中占据了重要地位。
社会控制说	法律产生的社会基础和法律产生后的社会效果	庞德	(1)现代社会科学建立以后,文明与社会控制之间形成了一种相互配合的局面。文明是人类力量的不断完善和发展,是人类对外在物质自然界和人类目前能加以控制的、内在的或人类本性的最大限度的控制。 (2)对于法律,庞德将其理解为"发达的政治上组织起来的社会高度专门化的社会控制形式,它是一种通过有系统地适用社会强制力量的社会控制"。[1]

2.2.2 法律本质的三个层面

★★ 法律是国家意志的一种表现形式

法律作为国家制定或认可的强制性规范,是国家意志的一种体现。

"意志"是一种愿望、期待,同时又是"征服""战争""管理""统治"的表现。因此,意志既是一种思想愿望,又是一种实践要求。法律制定者在制定法律、展示其意志的时候,必须在考虑自身意图的同时,也考虑法律实践的外在环境和社会条件。

本质上,法律首先表现为一种意志,实际上乃是一种阶级意志和国家意志。马克思和恩格斯在《共产党宣言》中批判资本主义的法律制度时指出,资产阶级用自己"关于自由、教育、法等等的观念来衡量废除资产阶级所有制的主张",他们的法不过是阶级意志,而这种意志的内容是由这个阶级的物质生活条件决定的。[2]

法律不仅是各种意志斗争的产物,同时也是各种意志妥协的产物。例如,美国宪法的诞生就体现了美国社会各种力量的广泛妥协,美国宪政的中心内容就是谈

---

〔1〕 R. Pound, *My Philosophy of Law*, from The Great Legal Philosophers—Selected Readings in Jurisprudence, edited by C. Morris, University of Pennsylvania Press, 1971, p. 532.

〔2〕《马克思恩格斯选集》(第1卷),人民出版社2012年版,第417页。

判和妥协。[1]

★★ 法律体现为掌握国家政权的社会阶级的意志，同时也保障社会公共利益

法律所体现的国家意志，是掌握国家政权的社会阶级的国家意志，是该社会阶级作为一个整体所体现出来的共同意志和根本利益。但它不是该社会阶级中个别人的意志，也不是该社会阶级中所有成员个别意志的总和，而是该社会阶级作为一个整体所体现出来的共同意志和根本利益。因此，它不是一种人性的意志。

法律需要社会各个层面的承认和支持，单纯的意志强制是不可能使法律发挥有效作用的。因此，法律不仅确认和保护掌握国家政权的社会阶级的根本利益，而且在一定程度上也保障社会公共利益，包括维护一般的社会安全和社会秩序、促进社会发展和保护自然环境等。

★★ 法律所体现的意志归根结底源于社会物质生活条件

物质制约性是法律本质中最根本的属性，具体表现为法律在本质上受制于社会物质生活条件，法律所体现的国家意志内容由其社会物质生活条件所制约。马克思在《政治经济学批评》序言中说："法的关系正像国家的形式一样，既不能从它们本身来理解，也不能从所谓人类精神的一般发展来理解，相反，它们根源于物质的生活关系，这种物质的生活关系的总和，黑格尔按照18世纪的英国人和法国人的先例，概括为'市民社会'，而对市民社会的解剖应该到政治经济学中去寻求。……人们在自己生活的社会生产中发生一定的、必然的、不以他们的意志为转移的关系，即同他们的物质生产力的一定发展阶段相适合的生产关系。这些生产关系的总和构成社会的经济结构，即有法律的和政治的上层建筑竖立其上并有一定的社会意识形式与之相适应的现实基础。物质生活的生产方式制约着整个社会生活、政治生活和精神生活的过程。不是人们的意识决定人们的存在，相反，是人们的社会存在决定人们的意识。"[2]

任何特定社会阶层都必须在现实的社会物质生活条件之内制定法律，试图跳出客观物质条件和时代限制来制定法律，是不能取得成功的。如果试图使法律跳脱其社会基础，而仅仅将法律看作统治者的一时灵感，就会"经常发现法律在世界的'硬绷绷的东西'上碰得头破血流"。[3]

---

〔1〕 王希：《原则与妥协》，北京大学出版社2000年版，序言，第9页。

〔2〕《马克思恩格斯选集》（第2卷），人民出版社2012年版，第2页。

〔3〕《马克思恩格斯全集》（第3卷），人民出版社1960年版，第3页。

2.2.3 法律的特征

★★ 法律的特征

表 2－2 法律的特征

两个层次	主要内容	
作为一种社会规范所具有的特征	含义	法律是人们用以调整人与人之间关系的行为规范，它反映一定的社会关系，属于社会规范，具有社会规范的一般特征，即规范性和概括性。
	规范性	【含义】法律的规范性是指法律作为一种调整人们行为的社会规范而具有的，规定人们可以做什么、应该做什么或不应该做什么，从而，为人们的行为提供一个模式标准或方向的属性。 【举例】《商标法》第 10 条规定，国旗、国徽等不能用作商标使用。这就为商品制造者和商标设计者提供了一个行为标准。凡是符合该标准的就是合法的，否则将无法获得法律的保护，甚至受到法律的制裁。
		作为社会规范，法律不同于自然法则和技术规范： (1)自然法则是自然现象之间的联系，自然现象的存在与人的思维和行动无关，因此，它不具有文化的意蕴。社会规范则是无数思维着的理性的个人行动的结果。从这个意义上说，社会规范是一种文化现象。 (2)技术规范的调整对象是人与自然的关系，是规定人们如何使用自然的力量和生产工具以有效利用自然的行为准则。社会规范是调整人与人之间的社会关系的，违反社会规范会遭到来自社会的惩罚，而不仅是自然的惩罚。
	概括性	【含义】法律的对象是一般的或抽象的某一类的人和事，而不是具体的、特定的个人和事；法律在同样的条件下可以反复适用，而不是仅适用一次。 【举例】(1)不能专门为某个人的犯罪行为专门制定一部法律。 (2)如果国家机关制定的法律文件仅仅适用于个别的、特定的人和事，比如判决书、逮捕证、结婚证、任命书、特令和通缉令等，那么就不具有概括性，也就不是法律，不是规范性法律文件，而是非规范性法律文件。
区别于其他社会规范的基本特征	法律具有国家意志性，由国家制定或认可	(1)国家意志性既是法律的本质属性，又是法律的一个重要的基本特征。
		(2)法律规范同其他社会规范的一个基本区别是，它是由国家制定或认可的行为规范。因此，法律具有统一性、普遍适用性和特殊的权威性，法律的效力一般高于所有其他社会规范。
		(3)尽管法律具有国家意志性，但具有国家意志性的并非都是法律。

续表

两个层次	主要内容	
区别于其他社会规范的基本特征	法律以规定权利、义务为主要内容	(1)现代法律通过规定各法律主体的权利与义务,来影响人们的行为动机、指引人们的行为方式、规范人们的行为过程,以达到调整各种社会关系、塑造社会生活秩序的目的。
		(2)这就与道德和宗教不同,后者一般是通过规定人对人(或群体与社会)、人对神的义务来调整相应的社会关系。
		(3)现代法律还规定了权力的范围和职责的限度,它所针对的对象主要是公权力的行使主体,比如国家机关及其工作人员。
	法律具有国家强制性,由国家强制力保证实施	(1)法律规范是由国家强制力保证其实现的。法律要想发挥其社会功能,必须以国家强制力为后盾,由国家对违反法律甚至犯罪的行为实施限制或制裁。
		(2)其他社会规范虽然也有一定的强制性,但不是国家强制性。比如,道德规范是由社会舆论、人的良心以及习惯和传统的力量加以维护的,宗教规范主要靠教徒的内心信念来维护。

典型事例

郑州市民质疑携带小水果刀被拘3日[1]

1月28日下午1点左右,吴某和赵某一起乘公交车去公司参加会议,下午2点30分左右,二人在郑州万客来公交站下车。吴某说,他在大街上正走着,一穿便装的陌生人忽然拦住他在他眼前晃了一下证件说"我是洁云路派出所的",让他"配合一下工作"。说话间,陌生人搜走了他裤腰上挂的钥匙和身份证,接着让他上了一辆白色普通面包车,将他带到了洁云路派出所(现名郑州市公安局二七第二分局)。

吴某告诉记者,在洁云路派出所,他将自己身上所有证件都掏出来交给警方,以证明自己不是坏人,希望警方能尽快让他走,别耽误了公司的会议。但警方人员不为所动。其中一名警官称他钥匙链上的折叠水果刀是管制刀具。他赶忙解释说,小水果刀是在正规超市购买的,如果知道是管制刀具自己也不会购买,更不会串在钥匙链上。随后,四名警方工作人员先把他送到情报室进行采血样、取指纹、拍照

〔1〕 事例来源:中国新闻网,http://www.chinanews.com/fz/2013/02-20/4581600.shtml,最后访问日期:2017年5月29日,有删节。

等;之后,将他送进禁闭室;再之后,也就是当晚7点36分左右,警方工作人员将他关进了二七拘留所。1月30日上午9时左右,他被从二七拘留所放了出来。

"3天的时间虽然不长,但足以让我刻骨铭心一辈子。"吴某说,"我钥匙链上挂的这把小水果刀是不久前在郑州供销第一分公司左右邻超市购买的,那是一家合法正规超市,因觉得水果刀精美体积又不大,所以串在钥匙链上。自己从小到大遵纪守法,怎么就因为这把小水果刀成了'阶下囚'。"

记者仔细查看并测量了吴某在同一超市再次购买的同款小刀:刀身长63毫米,刀鞘长95毫米。小刀的说明书上如是写道:"材质优良,设计独特,外形美观,体型小且特有塑料刀鞘,外出旅游等携带更加方便安全。适合各类瓜果、蔬菜、薯类削皮等。"

针对吴某及个别知情市民的不解,郑州市公安局二七第二分局治安大队副队长接受记者采访时解释说,《中华人民共和国治安管理处罚法》第32条规定"非法携带枪支、弹药或者弩、匕首等国家规定的管制器具的,处五日以下拘留,可以并处五百元以下罚款;情节较轻的,处警告或者二百元以下罚款。非法携带枪支、弹药或者弩、匕首等国家规定的管制器具进入公共场所或者公共交通工具的,处五日以上十日以下拘留,可以并处五百元以下罚款。"按照公安部发布的管制刀具认定标准中的第3项:"带有自锁装置的弹簧刀(跳刀):刀身展开或弹出后,可被刀柄内的弹簧或卡锁固定自锁的折叠刀具"属于管制刀具,吴某所带刀具完全符合这一标准。警方工作人员在公共场所盘查时,发现吴某随身带有刀具。警方对该刀具进行鉴定后认定其为管制刀具后,遂对吴某作出行政拘留3天的处罚。警方的处罚决定符合法律规定,没有错。对于吴某质疑警方工作人员穿便装盘查路人一事,警察办案时可以穿便装。

北京德恒(郑州)律师事务所崔律师指出,按照警方的认定方法,目前市场上销售的很多刀具都可归类于管制刀具的范畴,包括目前各大超市大量销售的系列菜刀也都可以归类为管制刀具。这就意味着市民在购买菜刀、水果刀及其他各类实用刀具回家的路上,很有可能面临来自警方的法律制裁。警察的这种权力一旦被滥用,的确会让市民感到人人自危。

河南省律师协会陆副会长认为,市民在不知情、没有恶意的情况下误带管制刀具,警方应以教育、没收管制刀具、记录在案等方式来处理,而不是轻易地限制公民的人身自由。如果当事人对警方的处理决定不服,可以向公安机关所在地人民政府提请行政复议,也可向当地人民法院提起行政诉讼。

延伸阅读

1. [美]布赖恩·Z.塔玛纳哈:《法律工具主义:对法治的危害》,陈虎、杨洁译,北京大学出版社2016年版;
2. [英]拉兹:《法律的权威:法律与道德论文集》,朱峰译,法律出版社2005年版;
3. 陈景辉:《道德善、理性化与法的规范性——以哈特理论为中心的反省》,载《法律科学》2012年第4期;
4. 魏治勋:《法的"规范性稀薄化"及其历史谱系》,载《法学评论》2012年第2期;
5. 胡玉鸿:《马克思主义法本质观之重述》,载《朝阳法律评论》2010年第1期;
6. 彭中礼:《当代中国法律本质理论研究重述》,载《时代法学》2009年第4期;
7. 蒋传光、孙建伟:《法律确定性的探寻——一个法学方法论的视角》,载《法制与社会发展》2008年第2期;
8. 白建军:《论法的确定性与公正的可检验性》,载《中国法学》2008年第2期;
9. 郭道晖:《论法的本质内容与本质形式》,载《法律科学》2006年第3期。

2.3 法律作用

知识要点

2.3.1 法律作用释义

☆ **法律作用释义**

法律作用是指法律对于人的行为以及社会关系所带来的影响。当一个社会存在法律并实际上调整着社会关系、规范着人们的行为的时候,法律必然要发挥它的作用。正确认识法的作用,有利于我们全面认识法律—社会现象及其规律,并更好地使法律作用得到实现。

法律作用有局限性。法律虽然在现代社会具有非常重要的地位和作用,但并不意味着法律作用可以无限地夸大。法律作为一种具有国家强制力的调整社会关系的手段,有自己的调整领域,它并不能取代道德、习惯、风俗和纪律等社会规范的作用,也不可能做到规范社会生活的方方面面。此外,法律作为具有普遍性的社会规范,它自身的僵硬性和不可避免漏洞的存在,使它对千变万化的人类事务的调整并不可能非常完美。

法律作用可分法律的规范作用和法律的社会作用。法律的规范作用是法律作为一种行为规范对人的行为的作用,它包括指引、评价、预测、强制、教育等作用。法律的社会作用是法律作为一种社会规范对社会关系的调整作用,它体现在立法、司法、执法等法律的运行过程中,包括分配利益、解决社会纠纷和实施社会管理等作用。

★★2.3.2 法律的规范作用

表 2－3 法律的五种规范作用

指引作用	含义	(1)法律的指引作用是指法律对人们的行为起到的普遍指导作用。 (2)法律规范的种类包括授权性规范、禁止性规范和义务性规范。这些规范无不是告诉人们该做什么、不该做什么,使人们的行为符合法律规范的要求。
	特点	(1)法律的指引是一种一般指引,而不是个别指引。 (2)个别指引只对特定的人有指引作用,而一般指引针对社会的所有人发挥指引作用。
评价作用	含义	法律的评价作用是指法律作为一种评价尺度,能够对人的行为的法律意义进行评价。
		(1)客体是他人的行为。这里的人既包括自然人,也包括法人和其他社会组织,它们的一切行为都可以纳入法律的评价之中。 (2)法律评价的对象不包括人的思想,因为思想只有演变为行为之后,才能对社会发挥影响,也才可能成为法律调控的对象。 (3)评价的标准是法律规范,评价的结果是合法或不合法、违法或不违法。因此,法律评价不同于道德评价、政治评价、纪律评价等。
	特点	法律评价与其他社会规范的评价相比: (1)法律的评价标准相对较低,它是一个社会中人的最低行为尺度,人的行为如果不符合这种评价标准,则必须承担法律责任。 (2)法律的评价标准是严格的、普遍的、确定的和统一的。其他的社会规范虽然也能评价人的行为,但评价的结果并不和国家的强制力相联系,评价的标准也不具有普遍的效力与很强的确定性。 (3)有些社会规范的评价对象可以包括人的思想,比如道德规范,而法律永远不可能评价人的思想。

续表

预测作用	含义	法律的预测作用,是指人们可以根据法律规范预测人们相互之间将会怎样行为以及行为的法律后果。法律的预测作用可以使人们在法律的范围内,合理地安排自己的生活,防止出现不可预见的后果。
	实现条件	法律的预测作用要得到真正的实现还需要法律规范是公开的、确定的、不溯及既往的和稳定的: (1)秘密的法律不可能使法律具有预测作用; (2)不确定的法律则会使法律规范具有弹性,让行为后果变得不可预测; (3)溯及既往的法律会让人们在预测的时候陷入无所适从的状态; (4)朝令夕改、不能稳定的法律等同于没有法律,其预测作用大大降低。
强制作用	含义	法律的强制作用,是指法律能够运用国家强制力对违法者施以强制措施,保障法律被顺利实现。
	特点	(1)法律具有的国家强制力,是它区别于其他社会规范的重要特征。 法律的强制是一种国家强制,根本上是一种国家暴力,通过警察、监狱、法庭等国家机器予以实现。虽然强制性是法律获得实现的最终保障,但法律的实现还是首先依赖公民的自觉守法;只有在人们不能自觉守法的情况,强制力才会被激活,通过制裁违法行为,确保法律的实现。 (2)法律的强制作用体现在法律后果的设定上。 法律对违法行为的评价是否定的,违法者将承担不同的法律责任,受到不同的法律制裁。从法律责任的种类看,有刑事责任、民事责任、行政责任和违宪责任;从法律制裁的种类看,有刑事制裁、民事制裁、行政制裁、违宪制裁。
教育作用	含义	法律的教育作用是指法律不仅是社会的行为规范,也确立了最低的社会道德标准和是非观念,它可以通过法的实施和传播进入人的心灵,矫正人的行为。
	特点	(1)法律的教育作用不在于法律强制作用的发挥,而在于法律的内涵。 公平正义以及符合社会价值观念的法律能够更好地被人们接受,并可能通过法律的实施在人们的心灵中得到进一步强化。法律因此可以成为人们信仰的目标,激励人们自觉地按照法律的要求去行动。 (2)法律的教育作用立基于对人的尊重。 单纯的强制不能带来真正的服从,也不可能产生真正的教育作用。法律的教育作用在于,它把整个社会的基本价值引入法律之中,并以此作为法的目标,法律也就超越了它本身的强制意义,并成为人们自觉服从的行为准绳。

★★2.3.3 法律的社会作用

表 2-4 法律的三种社会作用

社会作用	主要内容
分配社会利益	(1)社会利益属于稀缺的资源,无法被社会成员同等地拥有。任何法律都需要按照一定的原则和方法对社会利益进行分配,这种分配体现在立法之中。 (2)法律主要是通过权利义务的规定来确认利益主体、利益内容、利益数量和范围等内容,以具体的各种法律规范来指导实际生活中的利益分配。法律对利益的分配确认了利益个体或利益集团的利益份额和获得方式,可以防止由于利益分配的不确定性带来的社会冲突和社会矛盾。 (3)法律对社会利益的分配并非固定不变的,随着社会变迁的出现以及利益角逐,法律可以重新建立利益分配格局,以适应社会需要。
解决社会纠纷	(1)法律主要是通过司法活动来解决社会纠纷的。体现国家权力的法是在原始社会后期,随着私有制和利益分化而出现的。随着社会冲突的加剧,自力救济无益于社会秩序。为了进一步解决社会纠纷,国家通过法律调整社会利益,确立权利义务;通过司法的裁判活动,使违法者受到惩罚或承担责任,使社会纠纷得到平息。 (2)社会纠纷的解决方式并不完全依赖法律,社会的习俗、道德和宗教等社会规范都能在一定程度上解决纠纷,但法律的方式是最终的和最有力的手段,它能使社会秩序得到切实的保障。
实施社会管理	每个社会都有公共事务需要国家予以处理,国家需要发挥积极的职能,根据法律行使权力。因而,实施社会管理的作用主要体现在行政机关的执法活动中:从内容上看,遍布社会生活的各个领域,如经济、文化、教育、卫生、交通、环保、人口等;从法律的发展历史看,随着国家行政权力的膨胀,法律的这一作用逐渐在加大。

典型事例

新广告法实施一年十大典型案件曝光[1]

国家工商总局在新广告法实施一周年之际,向媒体公开曝光了一年来查处的十起典型案件。《法制日报》记者获悉,这十起案件覆盖了不同媒介和领域,但并非是被查处案件中处罚额度最高的。十大案件分别是:

---

[1] 参见法制网,http://www.legaldaily.com.cn/legal_case/content/2016-09/01/content_6788570.htm?node=81774,最后访问日期:2017年5月29日。

“车易拍”违法广告案。当事人在自设网站上使用了“全国快速拍卖,速度快,无差价”和“高价放心卖,透明成交快”等广告宣传用语。经查,当事人在经营活动中存在价格不透明、竞拍流程不透明、买卖双方具有多个操作端、卖方收到的车款低于买家支付的购车总款项等问题,广告内容与事实不符,且均未对消费者进行明示,涉嫌欺骗、误导消费者。北京市工商机关于2016年6月对该虚假广告处罚款200万元。

“诚信贷”违法广告案。当事人通过PC端和手机APP端、宣传彩页、在经营场所设置易拉宝等方式,在广告中宣传“100%本金保障”“稳赚不赔、100%本金收益保障”“100%本息担保”“1000万风险备用金”“第一品牌”等内容。经查,广告主并未设立1000万元风险备用金,广告内容虚假;违法含有保证性承诺,并且在APP端、宣传彩页等其他广告宣传途径无风险提示。北京市工商机关于2016年6月依法责令该公司停止发布违法广告、消除影响,罚款20万元。

清风卷纸利用未成年人进行广告代言案。当事人在当地某超市若干门店内发布清风卷纸广告板广告,广告中含有不满十周岁的未成年人Kimi Lin作为广告代言人的形象;当事人销售的商品外包装上也含有Kimi Lin形象。上海市工商机关于2016年5月责令广告主停止发布相关违法广告,在相应范围内公开更正消除影响,并处罚款10万元。

“正官福”海参违法广告案。当事人发布的“正官福”海参广告通过对比等方式,宣称辽参“所谓野生,多是底播养殖”,为辽参配的背景图片也是经专门设计,暗示辽参是在受污染的环境下生长,品质不如自己经营的韩国同类海参商品,贬低了同行业其他经营者的商品质量。该广告中的相关内容无事实依据证明,足以造成相关公众产生误解,对其他经营者造成了不公平竞争,影响恶劣。辽宁省工商机关于2015年12月责令广告主停止发布相关广告,并处罚款15万元。

“赣南电商城”违法广告案。当事人发布的“赣南电商城”广告,其中以“马云9月25日飞临赣南电商城”为噱头,大肆虚假宣传,并在广告中大篇幅使用“最”字极限化用语,且房地产广告以项目到达汽车站、火车站、高速出入口所需时间表示项目位置,违反了《中华人民共和国广告法》第4条第1款、第9条第3项、第26条第2项的规定。江西省工商机关于2016年5月责令广告主停止发布相关违法广告,在相应范围内公开更正消除影响,并处罚款40万元。

“老倪膏药”违法广告案。“老倪膏药”广告中宣称的“轻症1~2疗程,重症3~5个疗程可全愈”含有对功效的保证性承诺,“百余年传承秘方结合现代工艺加工而成”等内容与实际情况不符，宣称的功效明显超出了批准的产品适用范围。浙江省工商机关于2016年2月责令广告主停止发布相关违法广告，在相应范围内公开更正消除影响，并处罚款80万元。

兰州中医白癜风医院违法广告案。当事人利用自设网站和户外LED屏等方式发布的医疗广告中含有宣传医疗技术、诊疗方法以及“兰州中医白癜风医院是西北地区规模最大的白癜风专科医院等”等广告内容，违反了《中华人民共和国广告法》和《医疗广告管理办法》的相关规定。甘肃省工商机关于2016年7月对广告主处罚款22.04万元。

湘潭县广播电视台发布违法广告案。湘潭县广播电视台发布的多个药品、保健用品广告中存在违法发布处方药广告，未经审查发布药品广告，含有对功效、安全性的断言或者保证，在保健用品中涉及疾病治疗功能等违法行为，有关违法广告多次在当地电视台播放，影响恶劣。湖南省工商机关于2016年7月责令立即停止发布违法广告、没收广告费用合计5万元、处罚款30万元。

湖南盛大金禧违法广告案。当事人湖南盛大金禧金融服务有限公司利用其店堂宣传、散发传单等形式向社会发布投融资类广告，在广告中虚构事实不存在的企业集团主体，使用国家机关、国家机关工作人员的名义和形象，违反了《中华人民共和国广告法》第3条、第4条和第9条第2项、第11项等规定，湖南省工商机关于2016年1月依法责令立即停止发布违法广告，并处罚款60万元。

三亚苏荷西餐酒吧违法广告案。当事人三亚苏荷西餐酒吧在广告中使用“等你勾搭”“随1勾搭”等违背社会良好风尚的恶俗文字，摆放附有“随1勾搭”文字的安全套造型和带有色情意味的卡通人物等形象。有关广告涉嫌违反《中华人民共和国广告法》第9条第7项、第8项的规定，海南省工商机关于2016年5月依法责令停止违法行为，对广告主处以20万元的罚款。

延伸阅读

1. [美]庞德：《通过法律的社会控制》，沈宗灵译，商务印书馆2010年版；

2. 付子堂：《法律功能论》，中国政法大学出版社1999年版；

3. 付子堂、崔燕：《民生法治视野下的法律激励功能探析》，载《法学论坛》2012年第6期；

4. 郭忠：《法律规范特征的两面性》，载《浙江社会科学》2012年第6期；

5. 郁光华：《经济增长与正式法律体系的作用》，载《中外法学》2011年第1期。

第3章　法律渊源

教学目标

了解法律渊源的概念与演变过程；
识记法律渊源的分类；
识记法律渊源的一般类别；
识记并理解当代中国的法律渊源；
识记法律的五种一般分类与三种特殊分类；
理解法律各种分类的含义与特点。

推荐参考资料

1. 周永坤:《法理学:全球视野》(第四版),法律出版社2016年版,第三章;
2. 朱景文主编:《法理学》(第三版),中国人民大学出版社2015年版,第十七章;
3. 张文显主编:《法理学》,高等教育出版社2011年版,第五章;
4. 舒国滢主编:《法理学导论》,北京大学出版社2012年版,第三章。

3.1　法律渊源

知识要点

3.1.1　法律渊源的概念、分类与演化

☆ **法律渊源的概念**

(1)法律渊源是指法律规范的来源或源头,又称法源。

(2)法律渊源作为一个特定的法学术语,不能仅仅将它当成是法律的来源。那

样容易将一些决定或影响法律的外在因素当成是法律的渊源,如经济、政治、历史、文化等不能作为法律规范而获得适用。应当从司法角度理解法律渊源,即作为法官审理案件之依据的规范或准则的来源。[1] 这样,才能使法律渊源的含义具有确定的法律意义。

(3)正确认识法律渊源,有利于法律的实施。当法律成为一个社会的主要行为规范的时候,法律作为人们行为的准则和司法适用的标准,哪些法律是正式渊源,哪些法律是非正式渊源甚至不是法源,便成为一个重要的问题。特别是法官适用法律不能凭主观感觉,而必须以法律为准绳,这就需要从法律渊源中寻找法律规范,只有从法律渊源中寻找到的法律准则才具备法律效力。

★ 法律渊源的分类

法律渊源依据所体现的国家权威的程度,可以分为正式渊源和非正式渊源:

国家预先制定或认可,并以明确的文字形式体现在规范性法律文件中的法律渊源是正式渊源,包括制定法、判例法、国际条和协定等。法官在进行司法裁判的时候,应当予以优先考虑适用正式渊源。

非正式渊源并非由国家预先制定或认可,也不具备明确的法律文本形式,因而不具有直接的法律效力,但它具有一定说服力,借由司法机关的适用可以获得法律效力。这类法律渊源包括习惯、法理、学说等。只有在无正式渊源可援引的情况下才可以考虑适用非正式渊源。

☆ 法律渊源的演化

在西方历史上,法律渊源有不断演进和变化的过程。这个过程体现为两大趋势:

第一大趋势从以习惯法为主体的法律渊源向以制定法为主体的法律渊源演进。早期人类的法律不是人类认识社会规律自觉制定法律的产物,而是人类生活经验的产物,体现为习惯、习俗等。制定法的出现,一方面是为了克服法律渊源的混乱现象,另一方面也是国家主权在法律领域的体现。

第二大趋势是从多元、凌乱的法律渊源向单一和确定的法律渊源演进。如古罗马的法律渊源曾经十分繁杂,包括习惯、告示、元老院决议、民众大会决议、法律、帝敕法学家的解答等,欧洲中世纪的法律渊源也十分复杂,存在教会法和世俗法两大体系,世俗法又有不同的种类。资产阶级革命后,随着民族国家兴起,法律仅仅被

---

[1] 舒国滢主编:《法理学导论》,北京大学出版社2006年版,第66页。

看成立法机关制定的成文法,这使议会立法成为主要的甚至是唯一的法律渊源。英美法系虽然具有判例法的传统,但也以制定法为最优先的法律渊源。

3.1.2 法律渊源的一般类别

★ 法律渊源的一般类别

世界各国由于不同的法律传统,因此法律渊源有一定的差异。如大陆法系的法律渊源以制定法为主,辅以习惯、法律、法学家的学说等,判例不能成为大陆法系的法律渊源;英美法系的主要法律渊源不仅包含制定法、习惯法,也包含普通法、衡平法等;伊斯兰法系的法律渊源主要是宗教教义,以《古兰经》为主,也包括“公议”(法学家的一致意见)、类比(类推)等。

从世界各国来看,法律渊源主要有以下几种:

(1)制定法。制定法是最为普遍的法律渊源,指的是由立法机关或有权立法的机关通过法定程序制定的规范性法律文件。不论是大陆法系还是英美法系,制定法都是最重要的法律渊源。在所有的法律渊源中,制定法的地位往往是最高的,法官适用法律,必须首先考虑适用制定法。

(2)判例。判例作为法律渊源的地位主要存在于英美法系。在英美法系的发展历史中,判例长期以来就是最主要的法律渊源,“遵循先例”是判例法的基本原则。英美法系的法官总是习惯于从判例中去寻找法律的规则和原则,以作为司法活动的准绳。

(3)习惯。习惯是社会生活中自发形成的行为规范,一旦符合人们关于正义的观念,且长期被人们遵循,它便具有了成为法律的合理性。习惯成为法律渊源一般有两种方式:一种是通过将习惯纳入制定法,使其成为制定法的一部分,或通过司法判决适用习惯,使其成为判例法的一部分;另一种是习惯可以直接作为法律被司法适用,这种适用方法主要用于填补制定法的漏洞或判例的缺乏。如我国台湾地区“民法”规定民事法律无明文规定的,可依照习惯进行审理。

(4)法理。法律是对法的理性认识,是人们从法律现象中总结出的关于法的一般规律。虽然法律不是法律规范的组成部分,但法律规范却符合法理。通过了解和学习法理,人们可以更准确、更深刻地认识法律现象,所以掌握法理也是正确适用法律的前提。在司法中,法律一般包括社会上公认的价值、正义的标准以及法律的解释、法律的推理等。法理作为法律渊源一方面体现在法官适用制定法,总是在符合法律的层面上适用;另一方面法理同习惯一样可以填补制定法的缺漏。如我国台湾地区“民法”规定:“民事,法律所未规定者,依习惯,无习惯者,依法理。”

(5)法学家的学说。从法律史上看,法学家的学说在大陆法系从来都是法律的正式渊源之一。在古罗马,法学家解释法律并回答各种法律问题,这些解释和回答是法律适用的准绳。直到中世纪,在欧洲大陆,法学家的学说和理论都是重要的法律渊源。随着后来法典编纂和立法民主制度的兴起,法律渊源统一于民主的立法之下,法学家的学说渐渐失去了作为法律渊源的地位,但法学家的学说对法官适用法律仍然具有强大的说服力。

(6)国家条约和协定。国家和国家之间缔结的国际条约和协定对缔约国和加入国具有法律约束力,是国际法的主要渊源,也是一个国家的国内法法律渊源之一。由于国家和国家之间交往的增加和全球化的进程,这一类的法律渊源数量有增多趋势。在国际条约和国内法发生冲突的时候,我国有不少法律规定了国际条约优先适用的效力。

(7)宗教教义和法律。从历史上看,宗教往往直接地成为法律渊源。一国的人基于对某种宗教普遍而强烈的信仰,宗教教会便会成为法律准则的基本内容。如犹太教的《摩西十诫》《律法书》被认为是神启的记录,旧约《圣经》被认为是犹太法律的指南、条款和法典。政教合一体制的国家一般都会将宗教作为本国的基本法律渊源。

3.1.3　当代中国的法律渊源

当代中国的法律渊源
- 正式渊源
  - 宪法
  - 法律:基本法律/一般法律
  - 中央法规:行政法规/军事法规
  - 地方法:自治条例和单行条例
    - 经济特区的单行经济法规
    - 特别行政区的法律
  - 规章:部门规章
    - 军事规章
    - 政府规章
  - 国际条约
- 非正式渊源:案例/政策/法理

图3-1　当代中国的法律渊源

★ 宪法

作为“法律渊源”的宪法,同作为“法律部门”的宪法,其外延是不同的。作为“法律渊源”即作为法律效力形式的宪法,是国家的根本法,具有最高的法律效力,是其他一切法律的立法依据,其制定和修改程序也比较特殊。

在中国法律渊源中,宪法居于核心地位。宪法规定的是国家的根本制度,规定社会制度和国家制度的基本原则。因此,它具有最高的法律地位,所有的普通法律、法规都不得同宪法相抵触。正是由于宪法具有最高法律地位,所以,它具有比普通法律、法规更大的稳定性、权威性和原则性,它的制定和修改程序以及解释和监督实施等,都与普通法律、法规不同。

★ 法律

这里是指狭义的法律,即由我国最高权力机关及其常设机关——全国人民代表大会及其常务委员会制定的规范性文件。根据我国现行宪法的规定,法律分为基本法律和基本法律以外的法律。

基本法律是指全国人民代表大会制定和修改的刑事、民事、国家机构和其他事项的法律,内容涉及国家政策和社会生活某一方面最基本的问题。比如,《香港特别行政区基本法》与《澳门特别行政区基本法》都是由全国人民代表大会制定的,尽管从法律体系的角度来看都属于宪法部门,但从法律渊源上来看,则属于“基本法律”的层次。

基本法律以外的法律,也叫“一般法律”,是指由全国人民代表大会常务委员会制定和修改的、“除应当由全国人民代表大会制定和修改的法律以外的其他法律”(《宪法》第67条)。此外,全国人大常委会所作出的决议和决定,如果其内容属于规范性规定,而不是一般宣言或委任令之类的文件,也被视为狭义的法律。

无论是基本法律还是基本法律以外的其他法律,其法律效力仅次于宪法,但在行政法规和地方性法规之上,其法律效力范围及于全国。[1]《立法法》第94条第1款规定:“法律之间对同一事项的新的一般规定与旧的特别规定不一致,不能确定如何适用时,由全国人民代表大会常务委员会裁决。”

★ 中央法规

中央法规包括两类:行政法规和军事法规。

所谓行政法规,专指国家最高行政机关的规范性文件,其地位低于宪法和法律。我国的最高国家行政机关是国务院,即中央人民政府,它是我国最高权力机关——全国人民代表大会的执行机关。根据我国宪法规定,国务院有权制定行政

---

〔1〕 法律效力范围及于全国还是仅限于特定地方,判断标准是制定主体是否具有全国性,而不是看该法律主要规范的事项。上文提到的《香港特别行政区基本法》,虽然主要是就香港特别行政区的某些事务进行规定,但它的效力及于全国范围,无论人们是否身处香港境内,都应当遵守该法的规定。但是,像《重庆市公路管理条例》,由于它的制定主体是重庆市人民代表大会常务委员会,它只能对特定区域内(重庆)的人与事有规范效力。

措施、行政法规、发布决定和命令。行政法规是我国的一个重要法律渊源。国务院所发布的决定和命令,凡属于规范性的,也属于法律渊源。《立法法》第94条第2款规定:"行政法规之间对同一事项的新的一般规定与旧的特别规定不一致,不能确定如何适用时,由国务院裁决。"

军事法规也是我国法律的一个重要渊源,其地位相当于国务院的行政法规。根据我国宪法规定,中央军事委员会领导全国武装力量,中央军事委员会主席对全国人大及其常委会负责。《立法法》第103条第1款规定,"中央军事委员会根据宪法和法律,制定军事法规",军事法规在武装力量内部实施。

★ 地方法

地方法的效力不能及于全国,而只能在地方区域内发生法律效力。在当代中国,地方法是一种数量最大的法律渊源,也可以划分为两类:一般地方法和特殊地方法。

一般地方法,即通常所称的地方性法规。所谓地方性法规,专指由各省、直辖市以及设区的市的人民代表大会及其常务委员会制定的规范性文件,它们不得同宪法、法律、行政法规相抵触。[1]

特殊地方法,又包括以下三种:

(1)民族自治地方的自治条例和单行条例。根据宪法和《民族区域自治法》的规定,各少数民族聚居地方的人民代表大会有权根据当地的特点,制定自治条例和

---

〔1〕《立法法》第72条规定:"省、自治区、直辖市的人民代表大会及其常务委员会根据本行政区域的具体情况和实际需要,在不同宪法、法律、行政法规相抵触的前提下,可以制定地方性法规。设区的市的人民代表大会及其常务委员会根据本市的具体情况和实际需要,在不同宪法、法律、行政法规和本省、自治区的地方性法规相抵触的前提下,可以对城乡建设与管理、环境保护、历史文化保护等方面的事项制定地方性法规,法律对设区的市制定地方性法规的事项另有规定的,从其规定。设区的市的地方性法规须报省、自治区的人民代表大会常务委员会批准后施行。省、自治区的人民代表大会常务委员会对报请批准的地方性法规,应当对其合法性进行审查,同宪法、法律、行政法规和本省、自治区的地方性法规不抵触的,应当在四个月内予以批准。省、自治区的人民代表大会常务委员会在对报请批准的设区的市的地方性法规进行审查时,发现其同本省、自治区的人民政府的规章相抵触的,应当作出处理决定。除省、自治区的人民政府所在地的市,经济特区所在地的市和国务院已经批准的较大的市以外,其他设区的市开始制定地方性法规的具体步骤和时间,由省、自治区的人民代表大会常务委员会综合考虑本省、自治区所辖的设区的市的人口数量、地域面积、经济社会发展情况以及立法需求、立法能力等因素确定,并报全国人民代表大会常务委员会和国务院备案。自治州的人民代表大会及其常务委员会可以依照本条第二款规定行使设区的市制定地方性法规的职权。自治州开始制定地方性法规的具体步骤和时间,依照前款规定确定。省、自治区的人民政府所在地的市,经济特区所在地的市和国务院已经批准的较大的市已经制定的地方性法规,涉及本条第二款规定事项范围以外的,继续有效。"

单行条例,报上级人民代表大会常务委员会批准后生效。

(2)经济特区的单行经济法规。广东省、福建省、海南省以及深圳、珠海、汕头市等地方,先后经全国人民代表大会及其常务委员会授权制定所属经济特区的各项单行经济法规。

(3)特别行政区的法律。目前,在我国主要特指由香港、澳门等特别行政区立法机关制定的,在特别行政区内实行的法律,或依法保留的原来的法律。例如,根据《香港特别行政区基本法》的规定,香港特别行政区的法律包括:香港特别行政区立法会制定的法律,以及除同香港特别行政区基本法相抵触或经香港特别行政区立法机关做出修改者外,予以保留的香港原有法律,即普通法、衡平法、条例、附属立法和习惯法。根据《澳门特别行政区基本法》的规定,澳门特别行政区的法律包括:澳门特别行政区立法机关制定的法律,以及除同澳门特别行政区基本法相抵触或经澳门特别行政区立法机关和其他有关机关依照法定程序做出修改者外,予以保留的澳门原有法律、法令、行政法规和其他规范性文件。特别行政区的法律除必须遵守有关基本法及其所确定的全国性立法以外,不受其他制约,它们具有独特的地方性的法律效力地位。

★ 规章

在我国目前的立法实践中,规章有三种:部门规章、军事规章和政府规章。

(1)部门规章。按照宪法规定,国务院所属各部委、各委员会,有权根据法律和国务院的行政规范、决定、命令,在本部门的权限内,制定规章。法学界将此规章称为"部委规章"或"部门规章"。

(2)军事规章。《立法法》第103条第2款和第3款规定:"中央军事委员会各总部、军兵种、军区、中国人民武装警察部队,可以根据法律和中央军事委员会的军事法规、决定、命令,在其权限范围内,制定军事规章。军事规章在武装力量内部实施。"《中国人民解放军立法程序暂行条例》也有相关规定。军事规章相当于国务院下属各部委发布的行政规章,其法律地位和效力低于宪法、法律、行政法规和军事法规。

(3)政府规章。根据《立法法》第82条第1款规定:"省、自治区、直辖市和设区的市、自治州的人民政府,可以根据法律、行政法规和本省、自治区、直辖市的地方性法规,制定规章。"法学界将这种规章称为"政府规章"或"地方政府规章"。1990年2月18日,国务院将此定名为"地方人民政府规章",简称为"政府规章",以同国务院各部委所制定的"部门规章"相区别。政府规章的法律效力低于宪法、法律、行政法规和地方性法规,也不得同国务院各部委等制定的"部门规章"相抵触。

关于我国规章的法律效力问题，一般认为，规章是部门行政机关或地方行政机关制定的，对于人民法院的审判活动不发生必然拘束力，人民法院没有必须适用规章的责任。但规章是法律、法规的具体化，所以，《行政诉讼法》第63条第3款规定，"人民法院审理行政案件，参照规章"。所谓"参照"，既不是无条件地适用规章，也不是一律拒绝适用规章。"参照"规章是指人民法院进行司法审查时，没有法律、法规对相应问题作出明确、具体规定，且人民法院通过适当审查，认为相应规章对相应问题作出的规定是明确、具体并且不与法律、法规、法律相违背的情况下，可依据此种规章处理具体案件。

★ **国际条约**

并非所有的国际条约都是我国的法律渊源，只有我国政府缔结或加入的双边条约和多边国际条约、国际协定等，才属于我国的法律渊源，而且中国声明保留的条款除外。《涉外民事关系法律适用法》第5条规定："外国法律的适用将损害中华人民共和国社会公共利益的，适用中华人民共和国法律。"

同时，尽管在当代中国的法律下，没有确认习惯为法律渊源的普遍性规定，但在个别情况下也会承认特定习惯有正式的法律效力。在某些法律中，还承认国际惯例。

★ **非正式渊源**

一般认为，在当代中国，判例、政策、法理等属于非正式法律渊源。我国目前未采用判例法制度，最高人民法院发布的判例叫"案例"，在审判工作中有一定的实际指导作用，但这种判例不是判例法，不属于法律的正式渊源；政策、法理等，虽然对于我国法律的制定有一定的实际说服力、影响力，但在我国目前也仍然只属于非正式法律渊源。

典型案例

国内首例冷冻胚胎继承纠纷案〔1〕

【案情概述】

沈某与刘某于2010年10月13日登记结婚，于2012年4月6日取得生育证明。

〔1〕 参见江苏省无锡市中级人民法院民事判决书（2014）锡民终字第01235号，有删节。

2012年8月,沈某与刘某因“原发性不孕症、外院反复促排卵及人工授精失败”,要求在南京市鼓楼医院(以下简称鼓楼医院)施行体外受精—胚胎移植助孕手术;鼓楼医院在治疗过程中,获卵15枚,受精13枚,分裂13枚;取卵后72小时为预防“卵巢过度刺激综合征”,鼓楼医院未对刘某移植新鲜胚胎,而于当天冷冻4枚受精胚胎。治疗期间,刘某曾于2012年3月5日与鼓楼医院签订《辅助生殖染色体诊断知情同意书》,刘某在该同意书中明确对染色体检查及相关事项已经了解清楚,同意进行该检查;愿意承担因该检查可能带来的各种风险;所取样本如有剩余,同意由诊断中心按国家相关法律、法规的要求代为处理等。2012年9月3日,沈某、刘某与鼓楼医院签订《配子、胚胎去向知情同意书》,上载明两人在鼓楼医院生殖医学中心实施了试管手术,获卵15枚,移植0枚,冷冻4枚,继续观察6枚胚胎;对于剩余配子(卵子、精子)、胚胎,两人选择同意丢弃;对于继续观察的胚胎,如果发展成囊胚,两人选择同意囊胚冷冻。同日,沈某、刘某与鼓楼医院签订《胚胎和囊胚冷冻、解冻及移植知情同意书》,鼓楼医院在该同意书中明确,胚胎不能无限期保存,目前该中心冷冻保存期限为一年,首次费用为三个月,如需继续冷冻,需补交费用,逾期不予保存;如果超过保存期,沈某、刘某选择同意将胚胎丢弃。2013年3月20日23时20分许,沈某驾驶苏B×××××车途中在道路左侧侧翻,撞到路边树木,造成刘某当日死亡,沈某于同年3月25日死亡的后果。现沈某、刘某的4枚受精胚胎仍在鼓楼医院生殖中心冷冻保存。

后因对上述4枚受精胚胎的监管权和处置权发生争议,沈某的父母遂诉至法院,认为其子沈某与儿媳刘某死亡后,根据法律规定和风俗习惯,胚胎的监管权和处置权应由其行使,要求法院判如所请。审理中,因涉案胚胎保存于鼓楼医院,与本案审理结果存在关联性,故原审法院追加该院作为第三人参加诉讼。

二审法院认为:在我国现行法律对胚胎的法律属性没有明确规定的情况下,结合本案实际,应考虑以下因素以确定涉案胚胎的相关权利归属:一是伦理。施行体外受精—胚胎移植手术过程中产生的受精胚胎,具有潜在的生命特质,不仅含有沈某、刘某的DNA等遗传物质,而且含有双方父母两个家族的遗传信息,双方父母与涉案胚胎亦具有生命伦理上的密切关联性。二是情感。白发人送黑发人,乃人生至悲之事,更何况暮年遽丧独子、独女!沈某、刘某意外死亡,其父母承欢膝下、纵享天伦之乐不再,“失独”之痛,非常人所能体味。而沈某、刘某遗留下来的胚胎,则成为双方家族血脉的唯一载体,承载着哀思寄托、精神慰藉、情感抚慰等人格利益。涉案胚胎由双方父母监管和处置,既合乎人伦,亦可适度减轻其丧子失女之痛楚。三是特殊利益保护。胚胎是介于人与物之间的过渡存在，具有孕育成生命的潜质，比非生命体具有更高的道德地位，应受到特殊尊重与保护。在沈某、刘某意外死亡后，其父母不但是世界上唯一关心胚胎命运的主体，而且亦应当是胚胎之最近最大和最密切倾向性利益的享有者。综上，判决沈某、刘某父母享有涉案胚胎的监管权和处置权于情于理是恰当的。当然，权利主体在行使监管权和处置权时，应当遵守法律且不得违背公序良俗和损害他人之利益。

至于南京鼓楼医院在诉讼中提出，根据卫生部的相关规定，胚胎不能买卖、赠送和禁止实施代孕，但并未否定权利人对胚胎享有的相关权利，且这些规定是卫生行政管理部门对相关医疗机构和人员在从事人工生殖辅助技术时的管理规定，南京鼓楼医院不得基于部门规章的行政管理规定对抗当事人基于私法所享有的正当权利。

二审法院最终判决沈某、刘某存放于南京鼓楼医院的4枚冷冻胚胎由上诉人沈某的父母和被上诉人刘某、胡某共同监管和处置。

【关键问题】

本案二审法院是如何确定裁判依据的？

【简要评论】

1. 虽然本案第三人南京鼓楼区医院提出，根据《人类辅助生殖技术管理办法》等卫生部的相关规定，也不能对胚胎进行赠送、转让、代孕，但该部门规章是针对相关医疗机构和人员从事人工生殖辅助技术的行为设置的管理规定，不能用于确定民事案件中的权利归属，更不能抗辩私法上的正当权利。因此，本案缺乏正式法源。

2. 在民商事领域当中，基于“禁止拒绝裁判原则”的规定，法官在缺乏正式法源的情况下，可以援用非正式法源，以便为当事人提供一个合理的法律决定。在本案当中，二审法院最终判定双方父母共同监管和处置4枚冷冻胚胎，属于援用的是伦理、情感以及特殊利益保护等法理。

【核心知识】

1. 法律渊源为法官裁判提供了依据。这些依据在法律适用中的地位不同，能够直接作为法官裁判依据而且法官必须予以适用的是正式渊源；仅具有法律说服力，法官未必要援用的是非正式渊源。

2. 在民商事领域和行政领域，基于“禁止拒绝裁判”的原则，法官在特定情形下可以适用非正式渊源作出裁判：(1)正式的法的渊源完全不能为法律决定提供大前提，或者(2)适用某种正式的法的渊源会与公平正义的基本要求、强制性要求和占支配地位的要求冲突,或者(3)一项正式的法的渊源可能会产生两种解释的模棱两可性和不确定性。[1]

延伸阅读

1. [法]莫里斯奥里乌:《法源:权力、秩序和自由》,鲁仁译,商务印书馆2015年版;
2. [美]约翰·奇普曼·格雷:《法律的性质与渊源》,马驰译,中国政法大学出版社2012年版;
3. 马驰:《法律认识论视野中的法律渊源概念》,载《环球法律评论》2016年第4期;
4. 彭中礼:《法律渊源词义考》,载《法学研究》2012年第6期;
5. 王奇才:《全球治理的法律渊源及其合法律性问题》,载《法制与社会发展》2011年第2期。

3.2 法律的分类

知识要点

3.2.1 法律的一般分类

☆ **分类标准**

法律分类可分为法律的一般分类和法律的特殊分类:

法律的一般分类是对所有的法律制度普遍适用的分类,包括成文法和不成文法、根本法和普通法、实体法和程序法、国内法和国际法、一般法和特别法。

法律的特殊分类是指这种分类不具有普遍适用性,仅仅是部分国家或地区对法律进行的分类,包括公法、私法和社会法、普通法与衡平法、联邦法与联邦成员法。

〔1〕 国家司法考试辅导用书编辑委员会:《2016年国家司法考试辅导用书》(第1卷),法律出版社2016年版,第34页。

★★ 成文法和不成文法

表3－1　成文法和不成文法

含义	成文法	(1)经有立法权的国家机关制定或认可,并以法律条文作为表现形式的法律的总称。成文法又称为制定法。 (2)成文法最高的以及最完善的形态是法。
	不成文法	(1)不成文法是指不具有法律条文形式,但国家认可其具有法律效力的法。不成文法并非来自立法机关的创制,它包括习惯法和判例法两种形式。 (2)习惯法来自于习惯,但并不一定所有习惯都具有法律效力。早期人类社会的法律一般都可以习惯法的形式体现出来,后来随着制定法的兴起,习惯法才居于次要的地位。 (3)判例法是以司法机关的判决先例为表现形式的法,因国家对其法律效力的认可,而具有法律效力,它是英美法系的主要法律形式。
区别	内容	(1)成文法具有明确的法律条文形式,内容编排逻辑井然、清晰明白。 (2)不成文法中法律规范的内容不够清晰,需要借助相应法律技术去发现法律的原则和规则。
	立法程序	(1)成文法的制定和修改有严格的程序规定,是立法机关通过法定程序产生出来的。 (2)不成文法的形成并没有严格的程序规定,不需要立法机关创制产生。
	功能	成文法有较好的规范功能、预防功能和社会改革功能。 规范功能:由于成文法具有清晰的法律条文,便于学习和掌握,因此,能够较好地规范人们的行为。由于不成文法没有清晰的条文形式,其内容也容易发生争议,所以,其规范作用略次于成文法。 预防功能:成文法还有较好的预防功能,可以事先立法,防患于未然。相对而言,不成文法则难以预防未出现过的事件和行为。 社会改革功能:成文法还具有社会改革功能,便于人们按照自己的愿望通过立法来进行社会改革,而不成文法具有保守性,难以推进社会改革。
		不成文法虽然在规范功能、预防功能和社会改革功能上稍逊于成文法,但由于不成文法的发展变化是随社会的发展变化而来的,不存在不适应社会的问题,因此,它更具有稳定性和社会适应性的特征。 习惯法是由习惯形成,而习惯的变更是长期而缓慢的过程。判例法遵循先例的原则导致法律的稳定性。成文法由立法机关制定,可能因政治、经济以及人的认识等因素的发展变化而变化,由此也容易脱离社会现实,导致法律和社会的脱节。

续表

区别	司法适用	(1)成文法由于以词汇和语言来表达内容,语言本身的不确定性使法律规范通常需要解释才能适用,而不成文法并不完全依靠明确肯定的语言来表达内容,使法律解释的必要性降低。 (2)制定成文法的主要目的是增加法律的确定性、防止法律适用者滥用权力,因此,完善的成文法可以方便法官适用法律,并使法官的自由裁量权缩小在一定范围内。在不成文法的司法适用中,法官通常拥有较大的自由裁量权,可以通过法官造法弥补法律的不足。

★★ 根本法和普通法

表3-2　根本法和普通法

含义	根本法	(1)根本法,也就是一个国家的宪法,又称根本大法。所谓根本,即它是一国的立国之本、法律之根。 (2)根本法是在一国的法律体系中居于最高地位,具有最高的法律效力的法律,它由国家最高立法机关经严格的程序制定和修改,规定了国家、社会和公民生活中最根本的问题。
	普通法	(1)普通法是根本法之外的其他法律。 (2)普通法虽然有不同的法律形式和效力等级,但都共同地源于根本法,是根本法的基本精神、基本原则和具体规定在各个法律领域的具体体现。 (3)普通法不得和根本法相抵触。
区别	立法主体	根本法的制定和修改一般是来自一个国家的最高立法机关或特别的制宪会议。
		普通法的立法主体根据法的不同地位和效力,既可能是国家的最高立法机关,也可能是地方立法机关,还可能是行政机关。
	立法程序	根本法的制定和修改有严格的程序要求,不论是法案的提出、审议还是表决,其程序规定和普通法都有差异。如根据我国《宪法》的规定,由全国人民代表大会常务委员会或者1/5以上的全国人民代表大会代表提议,并由全国人民代表大会代表的2/3以上的多数通过。
		普通法的制定和修改不仅对提案者的要求没有这样严格,而且表决通过时,往往也需要会议的1/2以上多数。在世界上有些国家宪法的制定和修改还需要全民讨论和全民公决,普通法律则无此程序。
	基本内容	根本法规定国家和社会生活中的重大事项,调整社会关系范围广,具有原则化的特点。
		普通法规定的是一个国家的某一方面或某一具体领域内的事项,调整社会关系范围窄,具有具体化的特点。这也决定了普通法在适用中比根本法更具有可操作性。
	效力等级	根本法是制定普通法的原则和依据,在法律体系中具有至高无上的效力地位,任何普通法不得和根本法抵触,与根本法相抵触的普通法没有法律效力。

续表

区别	法律解释和监督	由于根本法的地位的特殊性，根本法的解释权力和监督权力往往被宪法授予特定的机关行使。各个国家的实际做法不同，有的将解释和监督的权力授予最高立法机关，有的将权力授予宪法法院或特定的司法机关，有的授权给宪法委员会。
		普通法的解释和监督除立法机关外，行政机关、司法机关等国家机关也享有一定的解释和监督权。

★★ 实体法和程序法

1. 根据法律的内容和功能的不同，法律可以划分为实体法和程序法：

表3-3　实体法和程序法

含义	实体法	规定法律关系主体之间的权利与义务关系、职责与职权关系的法律，如民法、刑法、行政法等。
	程序法	(1)规定保证实体权利与义务、职责与职权得以实现的方式和手段的法律，如民事诉讼法、刑事诉讼法和行政诉讼法、行政程序法和立法程序法等。 (2)程序法不等于诉讼法。诉讼法是程序法的一种重要表现，是司法机关进行诉讼活动中的司法程序。其他国家机关在履行法律职责的过程中，也要遵循相应的法律程序，如立法机关的立法活动要遵循立法程序，行政机关的行政活动要遵循行政程序。
联系	(1)实体法是程序法的目的，而程序法是实体法实现的保证。实体法体现了法律要实现的目的，即通过人们相互之间的权利与义务的规定，实现一个社会中人们共同的价值目标——正义、自由、人权和平等。程序法则是保证实体法规定的内容得以实现的手段和方法。 (2)这种观点的极端化会导致程序工具主义，因为程序法也不能完全被理解为实体法的附庸，程序法也有其独立的价值和地位，程序正义可以独立于实体正义而存在。但大陆法系和英美法系却有不同的偏好，大陆法系一贯奉行实体中心主义，而英美法系则奉行程序中心主义。	
区别	(1)实体法一般不溯及既往，溯及既往的情形由法律特别规定，而程序法可溯及既往。 (2)实体法不绝对排除类推适用，只有刑法以及一些处罚性质的法律，因“法无明文规定不处罚”的原则制约而不能类推外，其他实体法都可以适用类推，而程序法都不能适用类推。 (3)程序法优先于实体法适用。没有程序法的正确适用，实体法的适用就不能有正确的前提。	

2. 大多数的法律规范都可以归入实体法与程序法的范畴，也有少数规范既非实体法也非程序法，如国际私法中的冲突规范。冲突规范既未直接规定实体权利与义务，也未规定实现实体权利与义务的手段和方式，而是指明民事涉外法律关系应

当适用何种法律。[1]

表3－4　实体法规范、程序法规范和冲突规范

规范类型	法条示例	法条解说
实体法规范	《物权法》第14条规定："不动产物权的设立、变更、转让和消灭，依照法律规定应当登记的，自记载于不动产登记簿时发生效力。"	规定了不动产物权变动的必备要件：不动产登记。
程序法规范	《民事诉讼法》第33条规定："下列案件，由本条规定的人民法院专属管辖：（一）因不动产纠纷提起的诉讼，由不动产所在地人民法院管辖……"	规定了通过起诉获得不动产物权的一项操作办法：向不动产所在地法院起诉。
冲突规范	《涉外民事关系法律适用法》第36条规定："不动产物权，适用不动产所在地法律。"	规定了确认不动产物权归属的依据应向何处找寻：查阅不动产所在地的法律。

★★ 国内法和国际法

表3－5　国内法和国际法

<table>
<tr><td rowspan="2">含义</td><td>国内法</td><td>国内法是由国内的立法机关或其他有权机关制定和认可，在一国领域内实施的法律规范。</td></tr>
<tr><td>国际法</td><td>国际法是调整国家和国家之间、国际组织之间以及国际组织与国家之间的法律关系的总和。</td></tr>
<tr><td rowspan="3">二者的区别</td><td>创制主体</td><td>国内法是由一个国家的立法机关或其他有立法权的机关通过法定程序制定或认可而形成，而国际法是不同的国家以协商的方法创制而成。所以，国内法的创制主体是立法机关或其他有权机关，国际法的创制主体是两个以上的国家。</td></tr>
<tr><td rowspan="2">法律关系主体</td><td>国内法调整的是国内的社会关系，即一个国家内部的人与人的关系。所以，法律关系主体主要包括自然人和法人，国家只有在某些特殊情况下才能成为国内法律关系的主体。</td></tr>
<tr><td>国际法主要调整的是国家与国家之间的关系，法律关系主体主要是国家，在一定条件下，争取民族独立的民族和国际组织也可以成为国际法律关系的主体。我国学者一般认为个人不能成为国际法律关系的主体。</td></tr>
</table>

〔1〕 肖永平：《冲突规范的现状及其发展趋势》，载《学习与探索》1996年第5期。

续表

二者的区别	强制性	国内法的强制力是通过国内的法庭、监狱和警察等强制机关来实施的。
		国际法的实施并没有一个有组织的超越于国家之上的强制机关来保证实施，它的强制力是通过国家单独、集体或通过国际组织保障的。无论海牙国际法院，还是《联合国宪章》规定的执行行动，都没有依赖集中的、有组织的强制机构或措施。
		有法学家以国际法缺乏强制力为由，认为国际法不是真正的法律，而是国际道德。这是国际法和国内法的强制性质不同的表现。
二者的关系	两种主张	(1)一元论主张国内法和国际法都属于同一法律体系，为解决二者可能发生的冲突，又有国际法优先说和国内法优先说两种学说。 (2)二元论主张国际法与国内法各具特点，是两个不同的法律体系，二者是平行或对立关系。国际法与国内法之间有彼此转化、采纳接受的关系。
	国际上流行的做法	19 世纪中叶以来，国际法学界流行的是二元论。在实践中，各国的主要倾向也是把国内法与国际法看成是两个不同的法律体系。在二者发生冲突时，如何适用法律，各国的做法不尽一致。
	我国的立场	我国的不少部门法律规定了国际条约具有优先于该法的效力，所以，基本上可以确认在我国国际条约的效力优先于国内法，但由于宪法并没有确立这一原则，因此，还不能说国际条约优先于国内法的原则在中国法律体系中已完全确立。

★★ 一般法和特殊法

根据法律适用的效力范围，可将法律分为一般法和特别法。

一般法是针对一般人、一般事项、一般地域、一般时间生效的法律。特别法是针对特定的人、特定的事项、特定的地域、特定时间生效的法律。

就针对的主体看，刑法针对一般人适用属于一般法，《预防未成年人犯罪法》针对特定的人群适用属于特别法。就针对的事项看，《民法总则》在民事领域普遍适用，是针对一般事项的一般法，而《合同法》《物权法》《著作权法》等民事法律只针对某一具体民事领域适用，属于针对特定事项适用的特别法。就针对的地域看，《宪法》是在中国领域内普遍有效的法，属一般法，但《香港特别行政区基本法》《民族区域自治法》等属于在特定领域内生效的法律，属特别法。就针对的时间看，凡在一般的时间内都会生效的法律都是一般法，而《戒严法》等在特定时间内才生效的法属于特别法。

一般法与特别法的划分具有一定的相对性，并且二者的划分并不都是固定不变的。比如，《公司法》相对于《民法总则》是特别法，相对于《中外合资经营企业法》《外资企业法》《个人独资企业法》是一般法。

在法律适用上,特别法优于一般法。这是因为特别法是针对特别事项制定,更具有针对性和可操作性。但这个原则只能在二者属于同位阶的法之间才能运用。《立法法》第92条规定:"同一机关制定的法律、行政法规、地方性法规、自治条例和单行条例、规章,特别规定与一般规定不一致的,适用特别规定……"在不同位阶的法之间发生不一致的情况,应适用上位法优于下位法的原则。

一般法和特别法的划分可以使法律更合理有效地调整社会关系。对具有共性的社会关系采用一般法调整,对其中具有特殊性的社会关系采用特别调整,可以使法律对社会关系的调整更具有针对性,同时提高法律的可操作性以及对社会的适应性。

3.2.2 法律的特殊分类

★★ 公法、私法和社会法

1. 公法与私法的内容及其历史沿革

公法和私法的划分是大陆法系国家对法律进行的基本分类。公法一般包括宪法、行政法、刑法、程序法、国际法,私法包括民法和商法。

公私法的划分始于古罗马,最早是由古罗马法学家乌尔比安提出的。查士丁尼皇帝钦定的《法学总论——法学阶梯》这样写道:"公法涉及罗马帝国的政体,私法涉及个人利益。"[1]公法与私法的划分后来又被欧洲注释法学派在他们的著述和讲座中沿用。19世纪,以法国、德国为代表的国家在法典编纂和法制改革中,公法和私法的划分得到广泛的运用。随着大陆法系的形成、发展和传播,公法和私法的划分成了大陆法系法律分类的基本方法。

2. 公法与私法的划分标准

对公法与私法各自包含的法律部分,法学家们的观点几乎是一致的,但如何划分公法与私法,却有不同的学说。其中包括:

(1)权力说。该学说是以是否涉及国家权力的运用作为划分标准,认为公法是以权力与服从为标志;私法是体现平等主体之间的关系,以公民的意思自治为标志。该说的缺陷是无法说明国际法为何是公法,因为国际法不体现权力与服从关系。

(2)主体说。该学说以法律关系主体为标准进行划分。如果法律所规定的法

---

[1] [古罗马]查士丁尼:《法学总论——法学阶梯》,张企泰译,商务印书馆1989年版,第5~6页。

律关系主体一方或双方为国家或公法人的,即公法。如果法律关系主体双方都是公民或私法人的法律为私法。该说的缺陷是不能解释国家在某些情况下也可以从事民事活动,该关系受私法调整。

(3)利益说。该学说以法律所保护的利益为公私法的划分标准,认为凡保护公共利益的法律是公法,保护私人利益的是私法。此说源自古罗马法学乌尔比安。该学说的缺陷是将公法与私法所保护的利益截然对立,没有看到公法也要保护私人利益,私法也要保护公共利益的情况。

(4)应用说。该说认为在法律应用中,公民私人不能自主决定对其是否予以应用的法律为公法;公民私人可以自主决定应用的法律为私法。该说忽略了公法关系中,公民也有可自主选择应用的情况,如《选举法》是公法,公民可以放弃选举权利。

(5)法律关系说。此说认为,凡调整国家之间或国家与私人之间权力与服从关系的法律为公法;凡调整私人之间或国家与私人之间民事法律关系的法律为私法。该说作为对公私法的划分标准较为圆满。

3. 划分公法与私法的意义

公法与私法的划分有利于划清两大不同性质的社会关系领域,采用不同性质的法律规范进行调整。这样就能既保护了公共利益,又保护了私人利益;既体现了对社会权力与自由的自我约束,也体现了对个人自由的尊重和保护。在我国实行改革开放和市场经济的过程中,公法与私法的划分有助于矫正我国长期以来偏重公法、忽略私法的倾向,有助于我们对个人权利与自由的尊重和保护,同时也有利于市场经济体制的真正确立。

4. 社会法的出现

19 世纪末 20 世纪初,法律的社会化运动开始出现,私法和公法之间界限开始模糊。国家立法通过干预经济,出现了私法的公法化倾向。有的学者提出了介于公法与私法之间的第三类法——社会法的存在,如劳动法、社会福利法和社会保障法等。社会法既保护公共利益同时也维护私人利益。

公法、私法和社会法在调整对象、调整方式、法的本位、价值目标等方面存在不同。

★★ 普通法与衡平法

普通法与衡平法的划分是英美法系国家对法律进行的基本分类。此普通法不是和根本法对应的普通法,而是特指产生于英国 11 世纪,以国王的令状为基础,综合了各地习惯法,通过司法审判的形式形成的法律。它的表现形式是判例法,能普遍适用于英国各地。

衡平法是为弥补英国普通法的僵化性和机械性，救济那些依照普通法无法得到公正判决的当事人，通过判例法的形式发展起来的法律形式。衡平法的运用并不依照严格的规则，而是依靠法官的良心、道德和对公平正义的理解来进行审判。

★★ 联邦法与联邦成员法

在联邦制国家有联邦法与联邦成员法的区分，单一制国家则不存在这种划分。在联邦制国家，联邦政府的立法权力和联邦成员国政府的立法权力往往由宪法予以划分。它们在不同的领域拥有立法权力。联邦法适用于所有联邦成员国，而联邦成员法仅仅适用于该联邦成员国。

联邦法与联邦成员法的划分不能简单等同于单一制国家的中央法和地方法的划分。单一制国家大多采用中央集权而地方适当分权的形式，因此有中央法和地方法的区分，但立法权主要由中央行使，只是在一定限度和条件下，地方适当行使由中央授予的地方立法权。地方立法权的行使受制于中央，不得和中央法相抵触。联邦法与联邦成员法的各自地位和单一制国家的中央法和地方法不同。由于联邦和它的成员国各有宪法授权的立法领域，所以，不能认为联邦成员法的效力一定低于联邦法。如果联邦法超越了它的立法权限，侵犯了成员国的立法领域，联邦成员法高于联邦法。

典型事例

民法总则十个方面的创新〔1〕

十二届全国人大五次会议审议通过的《中华人民共和国民法总则》（以下简称民法总则），保障私权、限制公权，奠定了民法典的基础，从而奠定了社会主义法治的基础，完善了社会生活和市场经济的基本规则，具有法治里程碑的意义。

民法总则的制定，坚持从中国国情和实际出发，正确处理传承和创新、继承和发展的关系，既坚持已被社会实践和司法实践证明行之有效的规定，尊重民事立法的历史延续性，又适应当前经济社会发展的客观要求，与时俱进，在现行民法通则等法律基础上进一步完善和创新。

〔1〕 参见曹守晔：《民法总则十个方面的创新》，载《人民法院报》2017年3月24日，第2版。

那么,民法总则在哪些方面有所创新呢?

第一,法律理念创新。以民为本、立法为民,保护民事权利,开宗明义弘扬自由、平等、公平、法治等社会主义核心价值观。在经济方面秉持五大发展理念,在社会发展方面秉持和谐发展理念,在政治方面坚持以人民为主体理念,彰显民事主体自愿、自主、自治精神。

第二,基本原则创新。基本原则是民事主体从事民事活动和司法机关进行民事司法活动应当遵循的基本准则。一是私权保护。国家依法保护公民的人身权利和财产权利,保护公民的个人信息安全和隐私权。自然人、法人的人身权利和财产权利以及其他合法权益受法律保护,任何国家机关、团体和个人非经法定程序不得侵犯。坚持平等保护、民事赔偿优先。二是绿色环保。民事活动应当节约资源,保护生态环境,以维持生态平衡、人与自然和谐发展、促进生态文明建设。这样规定,既传承了天地人和、人与自然和谐共生的我国优秀传统文化理念,又体现了党的十八大以来的新发展理念,与我国国情相适应。蓝天白云、青山绿水弥足珍贵,而我们现在的生存环境形势极其严峻!

第三,民事主体创新。法人制度是民事法律的一项基本制度。随着我国经济社会的发展,新的组织形式不断出现,法人形态发生了较大变化。民法总则遵循民法通则关于法人分类的基本思路,适应社会组织改革发展要求,按照法人设立目的和功能等方面的不同,将法人分为营利法人、非营利法人和特别法人三类。将合伙企业、个人独资企业等不具有完全独立财产的经营体或者非营利团体作为一类独立的民事主体"非法人组织"加以规定。

第四,民事权利创新。一是提升人身权的地位与保护水平,特别是注重信息时代个人信息权利和数据、网络虚拟财产的保护,强调对财产权利、债权、知识产权、股权和其他投资性权利的保护。二是民事权利不得滥用。三是民事权利义务相一致。民事主体行使权利,应当履行法定或者约定的义务。

第五,保障私权创新。保障私权、限制公权,体现了当代中国的时代特征,回应了人民群众的呼声和当今社会的现实需求。例如确认隐私权,有利于强化对隐私的保护。又如,针对互联网和大数据等技术发展带来的侵害个人信息现象,规定了个人信息的保护规则,维护了个人的人格尊严,并将有力遏制各种"人肉搜索"、非法侵入他人网络账户、贩卖个人信息、网络电信诈骗等现象。保障私权就是为了更好地保障最广大群众的根本利益,保护人民群众对美好生活的期待,同时,私权的保护在一定程度上划定了公权行使的界限,也奠定了规范公权的基础。加强保护特殊群体。法律规定胎儿的利益受到法律保护，清算中的法人和设立中的法人，具有部分权利能力；规定成年监护制度，特别是规定了成年人监护协议制；延长未成年人遭受性侵的诉讼时效；对英雄烈士的名誉权等人格权加强保护。

第六，司法经验创新。总结司法实践经验，吸收司法解释。依法保护产权、尊重契约自由、坚持平等保护、权利义务责任相统一、程序公正与实体公正相统一、维护诚实信用等六项原则，合同法解释中效力性强制规范等已经体现在民法总则中；民事主体在自然人和法人之外，增加非法人组织——司法解释原来称为其他组织。从司法服务供给侧改革着眼，完善民事责任，加强私力救济。增加见义勇为好人条款。如果未来在侵权编增加自助行为制度，则可遥相呼应，弥补民法总则缺失之憾。

第七，保护集体财产创新。民法，就其性质而言是私法。但民法并不因为是私法而仅仅保护私权，既保护私人利益，也保护公共利益。对私有财产、国有财产、集体财产和混合财产，平等保护。特别是现在集体财产，比如农村土地权利保护严重不足，在农村土地三权分置改革中和土地征收征用中，集体权利遭受侵权司空见惯。为此，赋予农村集体经济组织、合作经济组织、基层群众性自治组织法人资格。

第八，民事行为创新。完善民事法律行为效力制度，特别强调意思表示在民事法律行为中的核心地位，将民事法律行为界定为产生民事权利义务变动的表意行为而不要求其本质上的"合法性"，将诉讼时效制度的适用客体与除斥期间的适用客体区别开来，吸收司法解释关于法院不得主动适用诉讼时效和当事人对诉讼时效的相关约定无效等。

第九，法律适用创新。在编纂民法典的统一的思路之下，把分则各个部分单行法共同适用的规则集中起来，用提取公因式的方法，规定基本规则。民法总则肩负裁判规则重任，规定习惯为民法法源。处理民商事纠纷，有法律的依照法律，没有法律的适用习惯。没有习惯的，还有司法解释、司法政策，还有案例和法理可资参照参考，以增强法典的适应性和活力。

第十，时代特色创新。从民法通则到民法总则，中国社会经济30年实现了历史性跨越。民法通则是建立在有计划的商品经济基础上的产物，而民法总则是社会转型时期市场经济时代的产物。这种跨越式的民事立法，反映了时代对民法的需求。民法总则反映21世纪经济、科技、社会的最新发展，譬如经济全球化、新工业革命、互联网和物联网、大数据、智慧城市、环境污染、生态失衡、个人信息安全和社会风险加剧等，信息数据、网络虚拟财产可以作为民事权利客体，满足大数据时代权利要求。

延伸阅读

1. [奥]凯尔森:《法与国家的一般理论》,沈宗灵译,商务印书馆 2013 年版;
2. [日]美部浓达吉:《公法与私法》,黄冯明译,中国政法大学出版社 2003 年版;
3. [美]卡尔·N. 卢埃林:《普通法传统》,陈绪纲、史大晓、仝宗锦译,中国政法大学出版社 2002 年版;
4. 李洪海:《自足的普通法与不自足的衡平法——论英国普通法与衡平法的关系》,载《清华法学》2010 年第 6 期;
5. 薛兆丰:《普通法与成文法的效率分析》,载《北京大学学报》(哲学社会科学版)2010 年第 2 期;
6. 顾建亚:《"特别法优于一般法"规则适用难题探析》,载《学术论坛》2007 年第 12 期。

第4章　法律结构

教学目标

理解法律结构的四个基本要素；

理解法律规则的构成；

理解法律原则的地位与作用。

推荐参考资料

1. 付子堂主编:《法理学初阶》(第五版),法律出版社 2015 年版,第八章;
2. 周永坤:《法理学:全球视野》(第四版),法律出版社 2016 年版,第十章;
3. 张文显主编:《法理学》(第四版),高等教育出版社 2011 年版,第六章;
4. 舒国滢主编:《法理学导论》(第二版),北京大学出版社 2012 年版,第五章。

4.1　法律结构概述

知识要点

4.1.1　法律结构释义

★ 所谓法律结构,是指由各个必备的法律要素有机构成的法律系统。

☆ **法律结构的封闭性与开放性**

法律结构是一个既具有封闭性,又具有开放性的有机系统(见图 4－1)。

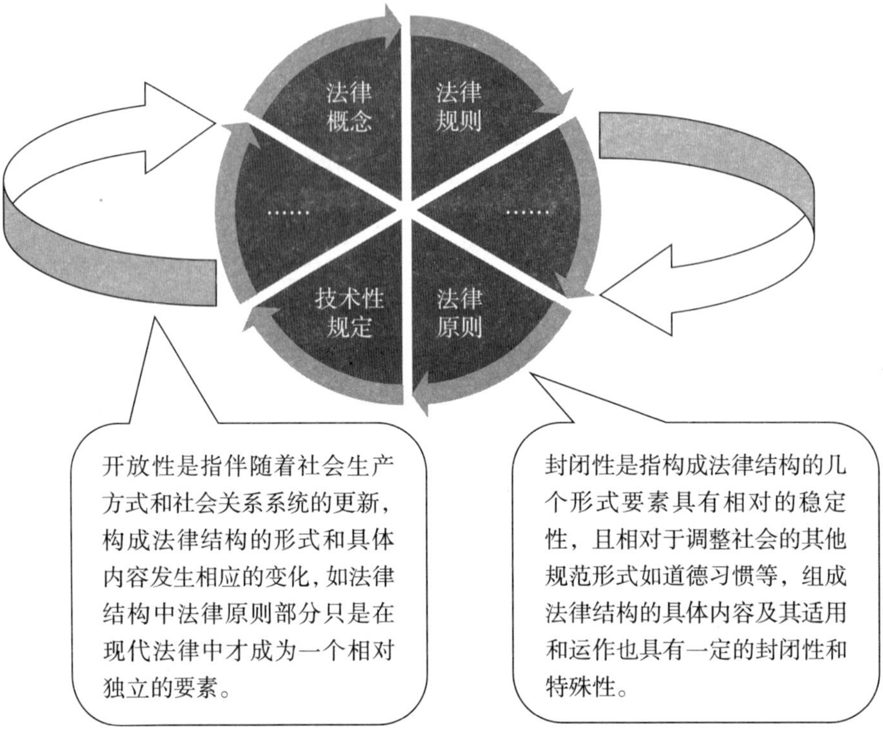

图 4－1　法律结构

4.1.2　法律要素内容的确定

★ 法律要素是具体组成法律结构的基本因素，是整个法律系统得以存在和发展的基础。

★★ 法律要素的内容

国内一般理论认为，构成法律结构的要素包括：法律概念、法律规则、法律原则和技术性规定（见图 4－2）。

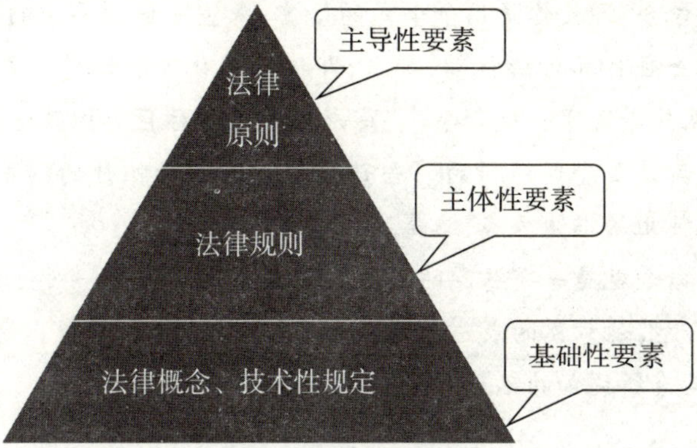

图4－2　法律要素

经典阅读

“法”或“规则”(作为能够准确地给予最为丰富含义的术语),都是“命令”。我们也可以这样认为:人们所说的准确意义上的法或规则,都是一类命令。

在这里,“命令”这一术语包含了“法”这一术语。因此,前者的内涵,相对来说是简单的,但是,其外延则是宽泛的。当然,正是由于“命令”这一术语的内涵太简单了,我们需要对其进行详细的解释与说明。而且,它是理解法理学和伦理学内容的一个关键。就这个意义来说,其所具有的含义,我们应该细致地予以分析。

其实,也正是因为这一点,我将首先竭尽全力分析“命令”的含义。当然,我的确担心,这一分析会使诸位听众失去难能可贵的耐心。但是,如果知道了这项分析工作的困难,以及这项工作所具有的挑战性,诸位听众,也许将会饶有兴趣地与我分享其中同样是难能可贵的愉悦。科学要素的剥离,是这项极为难以说清的分析工作的一部分。应该指出,外延最为宽泛的术语,也是对象谱系最为简单的术语。只是,这类术语,自然没有我们可以用来简洁对之加以说明的相应表述。因此,当我们努力去界定它们的时候,我们必须正视棘手的困难,必须不厌其烦地反复说明。

如果你表达或宣布一个要求,意思是我应该做什么,或者不得做什么,而且,当我没有服从你的要求的时候,你会用对我不利的后果来处罚我,那么,你所表达或宣布的要求,就是一个“命令”。一个命令区别于其他种类的要求的特征,不在于表达要求的方式,而在于命令一方在自己的要求没有被服从的情形下,可以对另外一方施加不利的后果,或者痛苦,并且具有施加的力量,以及目的。如果在我没有服从你的要求的情形下,你依然没有能力处罚我,或者不会惩罚我,那么,你所表达的要求,便不是一个命令,即使你是用命令式的语言,来宣布你的要求的。反之,如果你有这样的能力,并且打算付诸行动,那么,即使你用礼貌恳切的方式来表达你的要求,你的要求,依然等同于一个命令。"恳求你们俯首称臣。但是你们应该知道,任何的反抗行为,都是要受到惩罚的。"当谈到军人对维西帕什的副手或国人提出的要求时,塔西佗使用的描述语言,就是这样的。

因此,一个命令就是一个意愿的表达。其实,一个命令的表达,正是因为如下的特点,从而区别于其他意愿的表达:如果一方不服从另一方所提出的意愿,那么,前者可能会遭受后者所施加的不利后果。[1]

延伸阅读

1. [英]约翰·奥斯丁:《法理学的范围》,北京大学出版社 2013 年版;
2. [美]罗纳德·德沃金:《原则问题》,江苏人民出版社 2012 年版;
3. 庞凌:《法律原则的识别与适用》,载《法学》2004 年第 10 期;
4. 胡建淼:《法律规范之间的抵触标准》,载《中国法学》2016 年第 3 期;
5. 郭忠:《法律规范特征的两面性——从法律目的实现的角度分析》,载《浙江社会科学》2012 年第 6 期。

4.2 法律结构要素

知识要点

4.2.1 法律概念

★★ 法律概念的基本含义

法律概念,是人们在不断地认识和实践过程中,对具有法律意义的现象和事实进行理性概括和抽象表达而形成的一些权威性范畴。

(1)法律概念是构成法律结构最为基础性的要素,整个法律大厦都要借助法律概念来构建,同时它也是形成其他法律要素的前提。

(2)法律概念是立法者在其实际立法过程中进行法律创制和推进法律变革与

[1] [英]约翰·奥斯丁:《法理学的范围》,刘星译,中国法制出版社 2002 年版,第 17~19 页。

发展的语言工具。

(3)在具体的法律适用中也必须借助法律概念来进行。

☆ 法律概念的分类

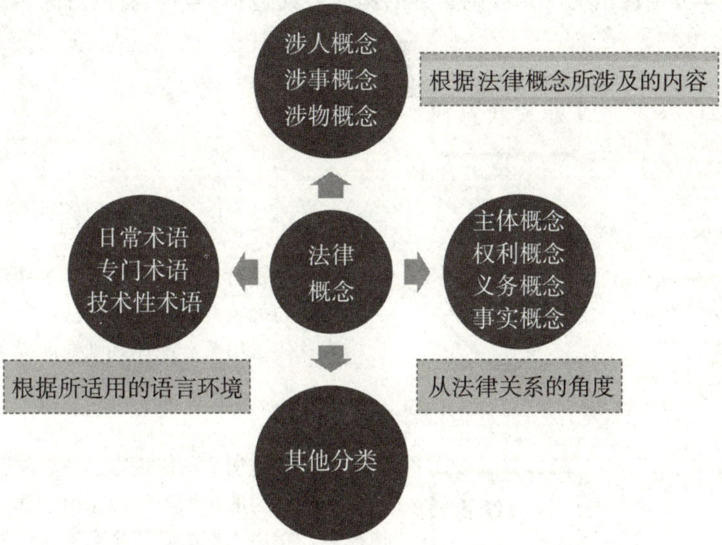

图4－3　法律概念的分类

4.2.2　法律规则

★★ 法律规则的基本含义

法律规则,是以法律权利和法律义务为主要内容,由国家强制力保障实施的具有严密的逻辑结构的社会规范。

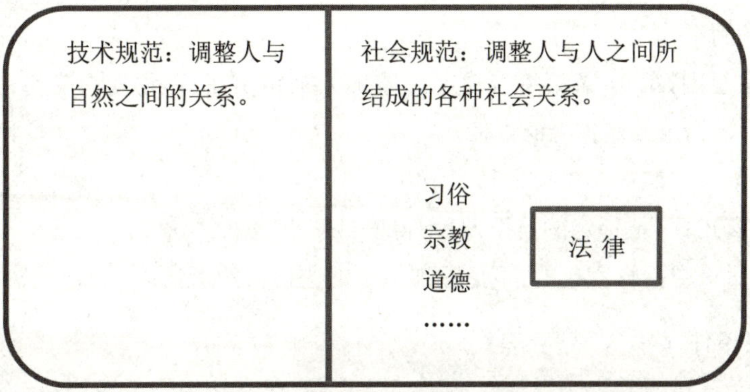

图4－4　技术规范与社会规范的区别

★★★ 法律规则的逻辑结构

法律规则的逻辑结构，是指一个完整的法律规则要由哪些必备要素构成，以及如何确立这几个要素的功能和它们在法律规则内部的具体逻辑结构。

目前学界通说认为法律规则必备的构成要素包括：假定条件、行为模式和法律后果。

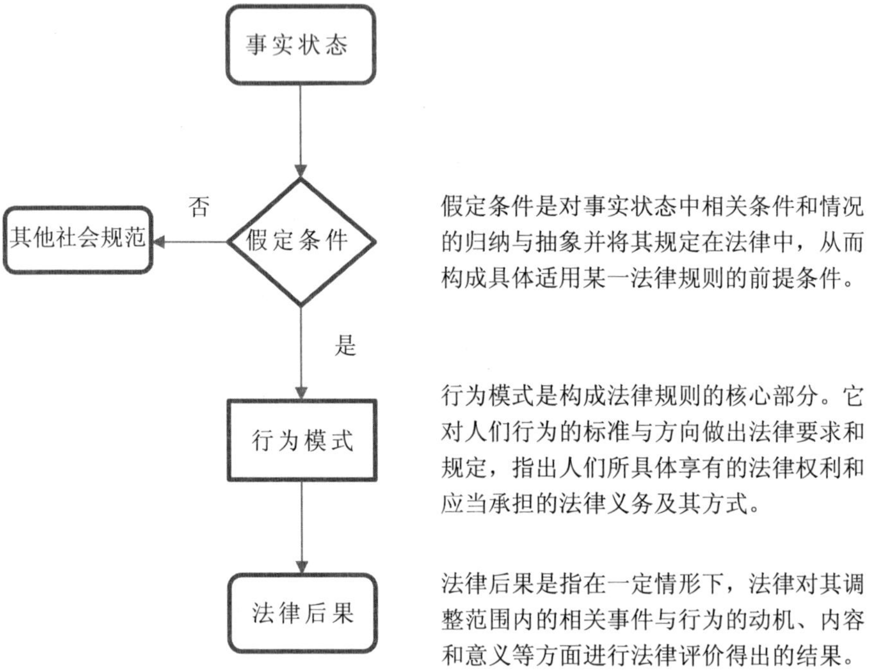

图 4－5　法律规则的必备要素

- 举例：

《民法总则》第 31 条第 4 款规定："监护人被指定后，不得擅自变更；擅自变更的，不免除被指定的监护人的责任。"

假定条件："监护人被指定"。

行为模式："（被指定的监护人）不得擅自变更"。

法律后果："擅自变更的，不免除被指定的监护人的责任"。

★★ 假定条件

假定条件是构成法律规则的一个必备要素，在立法中一般应当将这部分内容明确地表达出来；但在具体的立法实践中，由于假定条件可能是某种生活常识，或由于避免重复等立法技术要求,假定条件可能隐含在法律规则的行为模式中,其具体内容可以从法律规则的内在逻辑中推论出来。

★★ 行为模式

行为模式集中表达了法律对人们行为标准与方向的明确要求,对于规范和引导人们的行为以达到法律调整社会的目标十分关键,所以这部分内容在立法实践中不能省略,必须公开而明确地表述出来。

这也是法律规则区别于其他类别的社会规范的一个重要特征。

★★ 法律后果

法律后果是法律规则的必备要素,如果缺少它那么法律对人们行为模式的要求便无法落实,进而影响法律调整社会相关功能的实现。在一定意义上可以说,法律中如果没有对法律后果的规定,没有国家强制力保障法律后果能有效地落实到社会现实中,那么法律将形同虚设。

★★ 法律规则与法律条文

法律规则的逻辑结构的内容落实到具体的法律文件中,是以相应的文字结构形式——法律条文来表现的,但在具体的立法实践中一个法律条文并不一定就表达一个法律规则,即二者不是一一对应的关系。

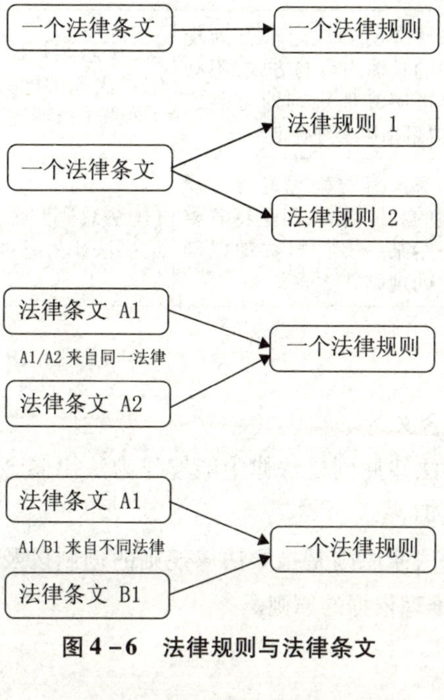

图4－6　法律规则与法律条文

★★★ 法律规则的种类

表 4－1 法律规则的种类

分类依据	类别	含义	举例
行为模式不同	授权性规则	规定主体自身有权做或不做某种行为以及要求他人做或不做某种行为的规则	《民法总则》第 18 条第 1 款规定:“成年人为完全民事行为能力人,可以独立实施民事法律行为。”
	义务性规则	在一定的条件与情况下,要求相关主体应当积极做出某种行为的规则	《民法总则》第 26 条规定:“父母对未成年子女负有抚养、教育和保护的义务。成年子女对父母负有赡养、扶助和保护的义务。”
	禁止性规则	要求法律主体不得做出或必须抑制某种行为的规则	《民法总则》第 31 条第 4 款规定:“监护人被指定后,不得擅自变更;擅自变更的,不免除被指定的监护人的责任。”
强制性不同	强制性规则	必须按照法律所明确规定的行为模式进行行为或不行为的规则	《民法总则》第 80 条第 1 款规定:“营利法人应当设权力机构。”
	任意性规则	当事人之间可以在法律允许的选择方式和范围内进行协商以自行确定具体的权利与义务的规则	《民法总则》第 140 条第 1 款规定:“行为人可以明示或者默示作出意思表示。”
内容确定性不同	确定性规则	法律中明确规定了行为规则的具体内容与方式,不必再援用其他规则即可确定本规则内容的规则	《民法总则》第 180 条第 1 款前半段规定:“因不可抗力不能履行民事义务的,不承担民事责任。”
	委任性规则	本身没有明确规定行为规则的具体内容,而是将其委托给某一专门机关加以确定的规则	《民法总则》第 180 条第 1 款后半段规定:“法律另有规定的,依照其规定。”

4.2.3 法律原则

★★ 法律原则的基本含义

从静态意义上讲,法律原则是法律中能够作为法律概念和法律规则来源与基础的综合性、稳定性原理。

从动态意义上讲,法律原则是指导法律规则的创制以及在法律的具体适用中作为法律解释与法律推理依据的原则。

★★★ 法律原则在法律结构中的地位

法律原则从价值上统率着法律概念与法律规则，并奠定了整个法律结构的性质和基础，是构成法律结构的核心内容与指导性要素。

★ 法律原则的分类

表 4－2　法律原则的分类

分类依据	类别	含义	举例
产生的依据和稳定性不同	政策性原则	国家为了实现经济和社会发展战略目标或实现某一时期、某一方面的任务而做出的政治设计或决定的法律表达	《宪法》第 25 条规定："国家推行计划生育，使人口增长同经济和社会发展计划相适应。"
	公理性原则	从社会关系的本质中产生出来的、得到广泛承认并被奉为法律的公理	《民法总则》第 7 条规定："民事主体从事民事活动，应当遵循诚信原则，秉持诚实，恪守承诺。"
调整社会关系的范围不同	基本原则	法律在调整诸种社会关系时所体现出来的共同要求，是对法律最基本的价值与精神的总体反映和概括	《宪法》第 33 条第 2 款规定："中华人民共和国公民在法律面前一律平等。"
	具体原则	法律在调整某一方面社会关系时所体现出来的价值要求，反映了该领域的相对特殊性	《刑法》第 3 条规定："法律明文规定为犯罪行为的，依照法律定罪处刑；法律没有明文规定为犯罪行为的，不得定罪处刑。"
所涉及内容的性质不同	实体性原则	直接涉及实体法问题的原则	《行政处罚法》第 4 条第 1 款规定："行政处罚遵循公正、公开的原则。"
	程序性原则	直接涉及程序法问题的原则	《刑事诉讼法》第 10 条规定："人民法院审判案件，实行两审终审制。"

4.2.4　法律中的技术性规定

★ 技术性规定的基本含义

法律中的技术性规定，是指科学地运用一些特殊形式的技术和手段，融合经验与理性的专业技能和社会自然知识，将法律原则、规则和概念连接起来或者弥补它们的不足从而实现法律规范的系统化和连贯性的规范。

★ 技术性规定的具体内容

(1)有关法律文件生效和失效时间的规定。

《民法总则》第206条规定:“本法自2017年10月1日起施行。”

(2)对有关概念进行技术性的界定和专门说明的规定。

《民法总则》第205条规定:“民法所称的‘以上’‘以下’‘以内’‘届满’,包括本数;所称的‘不满’‘超过’‘以外’,不包括本数。”

(3)对法律运行各环节中必须应用的专门技术和方法的规定。

《立法法》第61条第1款规定:“法律根据内容需要,可以分编、章、节、条、款、项、目。”

典型案例

张某男诉张某女其他民事纠纷案

——因“婚外情”引发债务纠纷案件的处理[1]

【案情概述】

杭州市萧山区人民法院经审理查明:2008年5月19日,原告张某男与被告张某女订立《双方协议》,双方约定:张某男借给张某女100万元,用于购买杭州市某房产,张某女用其所有的房产作抵押,并承诺终生不嫁他人,一生做张某男的情人。如果张某女违反协议,则应当返还借款,如果张某男提出解除情人关系,则张某女有权不归还借款,将该笔借款充抵作精神赔偿款和生活补助款。同年11月27日,张某男与张某女再次订立《补充协议》,双方约定:张某男已经出资70万元,以张某女名义购买杭州市的某房产,该房产的按揭余款由张某男支付。张某女自愿做张某男的情人,如果张某女违反承诺,则应退还张某男已经支付的70万元及按揭款,如果张某男提出解除与张某女的情人关系,则张某女有权不退还张某男已经支付的70万元以及按揭款。在双方以情人关系相聚期间,在没有专属双方生儿育女协议之前,张某女不得生育。

2009年2月9日,张某男将张某女诉至杭州市萧山区人民法院,要求确认双方之间的协议无效,要求张某女归还借款70万元,并承担案件的诉讼费用。

---

[1] 案例来源:《浙江省高级人民法院案例指导》2011年第1期。

【裁判要旨】

1. 审理借贷类案件,必要时要审查债务发生的原因。基于违反社会公德形成的借贷关系,不受法律保护。

2. 对于以借贷为名,实际上系因“婚外情”引发的债务案件,本质上并非一般债务纠纷,不属人民法院受理民事诉讼的范围。

3. 裁判结果不但要于法有据,更要符合社会正义。

杭州市萧山区人民法院经审理认为:张某男与张某女之间订立的协议违反了法律规定和公序良俗,损害了社会公德,破坏了公共秩序,应属无效行为。张某男要求确认该协议无效的理由成立。民事行为无效,所得的财产应返还,故张某男要求张某女返还已支付给张某女的70万元的诉讼请求符合法律规定。据此判决:张某女在判决生效后30日内返还张某男人民币70万元。

上诉人张某女上诉称:(1)根据《民法通则》第61条第2款的规定,双方都有过错的,应当各自承担相应的责任。对于双方之间的无效协议,双方都存在过错,一审法院将责任全部归于上诉人,有违合理,显失公平。(2)鉴定过程不合理,一审法院对上诉人要求重新鉴定不予准许,依据不足。(3)上诉人提供的一些间接证据印证了上诉人支付被上诉人款项的事实。请求二审改判驳回原告的诉讼请求。

被上诉人张某男辩称:(1)双方签订的协议及补充协议属附条件的合同,因违反国家法律和社会公德,故合同无效。(2)上诉人要求重新鉴定的理由不符合事实,也无相应的依据。(3)上诉人的行为不仅不符合法律的规定,在道德层面也存在瑕疵。请求维持一审判决。

杭州市中级人民法院经审理认为:张某男与张某女无视我国的婚姻家庭制度,企图用金钱去维系不正当的情人关系,其行为违背了社会公德,损害了社会的公序良俗。对张某男与张某女所订立的两份协议的内容,法律不予保护。本案不属于人民法院受理民事诉讼的范围。裁定:撤销一审判决,驳回张某男的起诉。

【简要评论】

本案以民间借贷为案由起诉至法院,但实质上系因“婚外情”引发的债务纠纷。对本案的处理不仅涉及法律效果与社会效果的统一,也体现了民法、婚姻法和民事诉讼法之间的冲突和协调,具有一定的典型意义。

一、本案所涉协议性质分析

本案所涉协议的性质是妥善处置本案的关键。从该协议文本分析,既有借贷协议内容,也有附解除条件赠与协议体现。从协议内容来看,确实协议中使用了借款字样，甚至设定了房产担保条款，有借的形式；协议还约定只要双方之间维持情人关系或张某男提出解除情人关系，张某女就不用返还借款，也体现赠与之意。但探究协议本义，该协议系建立在“婚外情”这一特定条件下，其目的具有不正当性。尽管法律并无明确规定该行为是否违法，但其违背了社会公德。《民法通则》第7条中规定，民事活动应当尊重社会公德，不得损害社会公共利益，实际上吸纳了法理和大陆法系立法例中“公序良俗”的内容。公序良俗是公共秩序与善良风俗的简称，民法中公序良俗原则是一项具有授权性的基本原则，即通过对公共利益的强调，将契约自由和个人自治限制在社会的一般利益和一般的道德观念框架内。张某男与张某女之间订立的协议在表面上是附条件的赠与协议，系对私人财产权的处分。但其约定以保持情人关系作为赠与的条件，且情人关系存续与否直接影响款项是否返还。因此，该协议从立约目的上违背了善良风俗，影响了社会秩序，违反了社会公德和婚姻伦理秩序，在效力上应予以否定。

二、本案各种处理思路的分析

围绕本案的处理，一、二审法院存有几种不同思路。一审法院以该协议违反公序良俗为由，判决张某女将钱款返还给张某男。从表面上看，引用公序良俗原则否定协议的效力，再按照合同无效的处理原则判决返还符合合同法的一般思路，但该意见存在较大缺陷：首先，返还财产并非合同被认定为无效后的唯一处理方式，此外结合民法理论中不法原因给付不得请求返还等原理，本案单纯运用无效后返还的思路处理并非很妥。其次，从社会效果上分析，按这种思路判决可能造成事实上允许包养情妇者行使撤销权，客观上造成“人财两得”的后果，形成不良舆论导向。

二审法院在审理过程中，也存在不同的意见。一种意见认为应驳回张某男的诉讼请求，主要考虑到协议为双方真实意思表示以及张某女的实际付出，同时，《浙江省高级人民法院关于审理民间借贷纠纷案件若干问题的指导意见》第35条规定，对当事人主张的有违社会公序良俗的转化借贷不予支持，但这种意见存在以下问题：第一，既然认定双方违背公序良俗，又判决驳回诉请，则张某女取得70万元并无依据，可能会有矛盾之处。第二，浙江省高院民间借贷指导意见第35条的本意应该是指对未给付的有损社会公序良俗的情感债务转化的借贷要求给付的应驳回诉请，而本案的情况是已给付，不应直接适用。第三，从社会效果上分析，如驳回张某男的诉讼请求，可能会造成法院支持所谓“二奶”等问题，产生不良导向。

二审法院的另一种意见认为应驳回诉讼请求并收缴该70万元归国家所有。这种意见主要依据在于我国《民法通则》第134条第3款规定，即人民法院审理民事案件可收缴进行非法活动的财物和非法所得。但这种思路有以下的问题：首先，从收缴的思路来看，立法本意应该是收缴非法活动的财物和非法所得，一般是指法律禁止且有惩戒性后果的行为，如赌博、违法经营等，包养情妇行为认定为这种意义的非法行为过于严格。其次，收缴并非民事责任承担形式，而是一种惩罚手段。《民法通则》属民事法律规范，其规定类似收缴等带有公权力色彩的惩罚措施只是指引性的条款，一般而言需要下位法的支撑，否则直接运用《民法通则》采取收缴手段，会有公权力对民事领域干预过多之嫌。从立法体例上看，民事法律中收缴的立法模式一般都系以原苏联为代表的社会主义国家立法体例，并非各国通例。最后，70万元可能涉及夫妻共同财产等问题，如直接收缴国家，会使其配偶丧失了救济权。此外，综观整部《婚姻法》，除了重婚、遗弃和虐待这三种具有比较大的社会危害性的行为有相关刑法条文规制外，其他规定均未设立相应的罚则。有配偶者与他人同居，违反夫妻之间互相忠实、互相尊重的义务也只有在夫妻双方离婚认定过错时，才具有民事诉讼上的意义。在一定意义上而言，《婚姻法》的一些规定可更多地理解为一种倡导性规范。

驳回张某男起诉的观点是最终裁判结果，它体现了司法的谦抑性和有限性，为法院处理民事纠纷设定了必要界限。本案中的两份协议名为借贷协议，实为包养协议，双方当事人是企图用金钱去维系不正当的情人关系。本案虽然涉及财产关系，但是这种财产关系依附于包养关系。从这一意义上而言，张某男起诉的要求保护的财产权并非正常的民事权益，不受法律保护，也不能纳入通过民事诉讼保护的民事权益的范畴。

三、对审理类似借贷案件的启示

在司法实践中，经常会遇到法院受理的借贷类纠纷并非简单的借贷法律关系引发，其背后隐藏着方方面面的原因，甚至包括一些有违社会公德的债务。此时，借贷法律关系只是一种表象。因此，有必要对债务发生的原因进行审查，对合法的因买卖、承揽、股权转让等其他法律关系产生的债务可结合基础法律关系进行审理，对一些有违社会公序良俗而产生的债务，应进一步审查其请求权基础的正当合法性。如当事人主张的权利不宜列入合法民事权益保护范畴的，应以不属法院受案范畴为由驳回起诉。法院并非简单的诉讼技巧竞技场，司法的价值导向和人文关怀始终是法院在案件审理中应当体现和考量的重要因素。对于违背社会公德而形成的债务，比如本案涉及的因“婚外情”引发的债务纠纷案件，即使当事人双方事先约定作为借款处理,但因其行为有伤风化,有损社会公序良俗,不属于合法的民事权益,也不属法院受案范围。

延伸阅读

1. 陈坤:《疑难案件中的法律概念与立法意图——兼为主观解释论辩护》,载《法制与社会发展》2014 年第 6 期;
2. 赵树坤:《我国法理学中"法律规则"论拷问》,载《法学论坛》2013 年第 5 期;
3. 雷磊:《法律规则的逻辑结构》,载《法学研究》2013 年第 1 期;
4. 林来梵、张卓明:《论法律原则的司法适用——从规范性法学方法论角度的一个分析》,载《中国法学》2006 年第 2 期;
5. 刘叶深:《法律规则与法律原则:质的差别?》,载《法学家》2009 年第 5 期。

第5章 法律行为

教学目标

掌握法律行为的分类；

理解法律行为的结构，重点掌握内在意志与外在表现在法律行为结构中的作用。

推荐参考资料

1. 付子堂主编:《法理学初阶》(第五版)，法律出版社2015年版，第九章；
2. 刘星:《法理学导论:实践的思维演绎》(修订版)，中国法制出版社2016年版，第五章；
3. 张文显主编:《法理学》(第四版)，高等教育出版社2011年版，第九章；
4. 舒国滢主编:《法理学导论》(第二版)，北京大学出版社2012年版，第七章。

5.1 法律行为概述

知识要点

★★ 法律行为

法律行为，是指具有法律意义和属性，能够引起一定法律后果的行为。

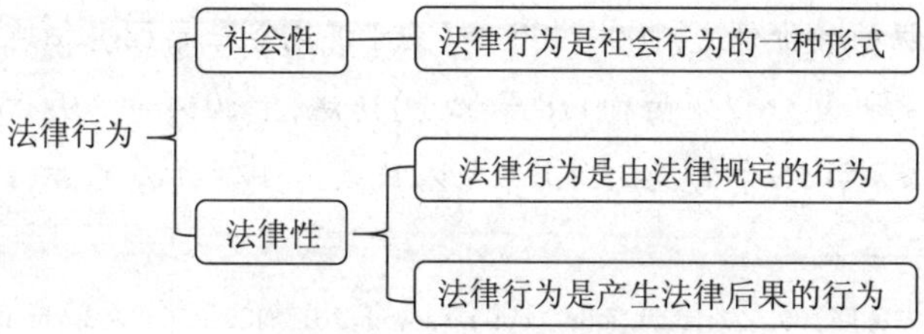

图5－1 法律行为的特性

★★★ **表 5-1 法律行为的分类**

分类依据	类别	含义
行为与法律的要求都一致	合法行为	行为人实施的符合法律规范要求的行为
	违法行为	违反法律规范的要求、应受惩罚的行为
行为人的具体行为方式	积极法律行为	行为人以积极的、直接对客体发生作用的方式进行的活动，表现为一定的动作，能够引起客体内容或性质的变化
	消极法律行为	行为人以消极的、间接对客体发生作用的方式进行的活动，表现为不做一定的动作，保持客体不变或容许、不阻止客体发生变化
法律行为的效力对象和生效范围	抽象法律行为	针对未来发生的不特定事项而做出的、制定和发布普遍性行为规范的行为
	具体法律行为	针对特定对象，就特定的具体事项而做出的、只有一次性法律效力的行为
行为主体的情况	个体法律行为	由自然人个人的意识和意志所支配并由自己直接做出的行为
	群体法律行为	由两个以上的自然人有组织的、基于某种共同意志或追求做出的趋向一致的行为

典型案例

杨某某诉山东省人民政府规范性文件审查告知案〔1〕

【案情概述】

杨某某于2015年5月5日向济南市中级人民法院起诉称，《济南市人民政府征收土地公告》（济征公告〔2014〕60号）涉及杨某某及配偶的房屋拆迁补偿，杨某某认为该公告依据的鲁价费发〔2008〕178号《关于济南等三市调整征地地面附着物和青苗补偿标准的批复》（以下简称178号批复）违法，于2014年2月25日依据《山东省行政程序规定》第55条的规定向山东省人民政府法制办公室提出审查申请。山

〔1〕 案例来源：齐鲁网，http://rizhao.iqilu.com/rzyaowen/2015/1229/2648762.shtml，最后访问日期：2017年7月1日。

东省人民政府法制办公室于2014年4月1日作出鲁府法备告字〔2014〕2号《规范性文件审查结果告知书》,确认178号批复合法有效。杨某某认为山东省人民政府法制办公室的审查行为认定事实不清,处理结果错误,故起诉山东省人民政府,请求依法判决撤销鲁府法备告字〔2014〕2号《规范性文件审查结果告知书》。

【裁判要旨】

山东省高级人民法院经审理认为,行政相对人对行政法规、规章或者行政机关制定、发布的具有普遍约束力的决定、命令提起诉讼的,不属于人民法院行政诉讼的受案范围。"具有普遍约束力的决定、命令",是指行政机关针对不特定对象发布的能反复适用的行政规范性文件,即行政法理论上所称的抽象行政行为。抽象行政行为未被纳入行政诉讼受案范围,其主要理由是抽象行政行为一般情况下不会直接侵害公民、法人或者其他组织的合法权益,它需要通过行政行为的转化才会影响行政相对人的权益。因此,依据现行法律规定,行政相对人如认为行政机关的行政行为所依据的行政规范性文件不合法,可以在对行政行为申请行政复议时,一并向行政复议机关提出对该规范性文件的审查申请,也可以在对行政行为提起诉讼时,一并请求对该规范性文件进行审查,而不能直接针对行政规范性文件提起行政复议或者行政诉讼。本案中,杨某某向人民政府法制机构申请审查的178号批复即是行政机关制定的具有普遍约束力的行政规范性文件。《山东省行政程序规定》第55条规定:"公民、法人和其他组织认为规范性文件违法的,可以向制定机关或者本级人民政府法制机构提出书面审查申请。接到申请的制定机关或者政府法制机构应当受理,并自收到申请之日起60日内作出处理;情况复杂,不能在规定期限内处理完毕的,经审查机关负责人批准,可以适当延长,但是延长期限最多不超过30日。处理结果应当书面告知申请人。"行政相对人认为规范性文件违法,有权向制定机关或者人民政府法制机构提出书面审查申请,接到申请的制定机关或者政府法制机构应当受理,并依法作出处理。但由于规范性文件不属于行政复议和行政诉讼的受案范围,规范性文件制定机关或者政府法制机构针对规范性文件的审查处理行为同样也不属于行政复议和行政诉讼的受案范围。综上,山东省人民政府对规范性文件的审查处理行为不属于行政诉讼的受案范围,杨某某以规范性文件及山东省人民政府对规范性文件的审查结果对其权利义务产生实际影响为由,直接向人民法院提起诉讼,系对法律的误解,理由不能成立,不予支持,故裁定驳回杨某某的起诉。

【简要评论】

本案是涉及对规范性文件的审查行为提起诉讼的典型案例。公民、法人或者其他组织认为规范性文件违法的，可以向制定机关或者本级人民政府法制机构提出书面审查申请，也可以在对行政行为提起行政复议或者行政诉讼时，一并请求对作出该行政行为所依据的规章以下规范性文件进行审查，但仅对规范性文件提起行政诉讼的，不属于人民法院受案范围。本案中，杨某某向山东省人民政府法制办公室提出书面审查申请，符合相关法律规定，但杨某某对规范性文章的审查结果有异议直接提起行政诉讼，属于对规范性文件起诉的范畴，不属于人民法院行政诉讼的受案范围。

王某某与日照市文化市场综合执法局文化市场综合执法行政强制案〔1〕

【案情概述】

2012年10月23日，日照市文化市场综合执法局（以下简称市文化执法局）执法人员对王某某经营的新城电子通讯超市进行检查时，发现王某某经营的场所内摆放有卫星电视地面接收设施及配件，有的正在使用，有的正在出售。执法人员经过初步询问调查，认为王某某涉嫌非法销售、安装、使用卫星电视地面接收设施，随即对涉案物品：卫星天线3面，卫星接收机3台，高频头5个作为证据予以先行登记保存，保存于市文化执法局，并当场出具现场检查笔录和证据先行登记保存清单交付王某某。证据先行登记保存清单除列明登记保存的物品外，还载明："因涉嫌销售卫星电视接收设施一案，根据《中华人民共和国行政处罚法》第三十七条第二款的规定，决定自2012年10月23日起至2012年11月2日止，对你（单位）的下列证据予以先行登记"。同日，市文化执法局对王某某涉嫌非法销售、安装、使用卫星电视地面接收设施的案件制作（日）文案立字〔2012〕第078号立案审批表、（日）文保审字〔2012〕第078号证据先行登记保存审批表、涉案物品处理审批表等手续。同年10月24日，市文化执法局将现场检查笔录、证据先行登记保存清单及先行登记保存的物品一并移送日照市工商行政管理局，日照市工商行政管理局于同日接收。王某某提起行政诉讼，请求依法确认市文化执法局的扣押强制行为违法，并要求返

---

〔1〕 案例来源：齐鲁网，http://rizhao.iqilu.com/rzyaowen/2015/1229/2648762.shtml，最后访问日期：2017年7月1日。

还扣押物品。

【裁判要旨】

日照市中级人民法院经审理认为，市文化执法局的主要职责之一是组织全市治理文化市场专项行动，负责查处擅自安装和使用卫星电视广播地面接收设施的行为，故其有权组织对涉嫌非法销售、安装、使用卫星电视广播地面接收设施的场所进行现场检查，对检查中发现的涉案证据有权进行证据先行登记保存，因此，市文化执法局具备行政执法主体资格。市文化执法局对涉案物品作为证据予以先行登记保存，并根据《中华人民共和国行政处罚法》第37条第2款之规定当场制作证据先行登记保存清单交付王某某，市文化执法局该行为系其在执法过程中为防止证据损毁而采取的一种取证手段，其最终目的系为后续的行政处罚提供证据保障，其只是行政处罚这一具体行政行为中的一个环节，不构成独立的具体行政行为，不具有可诉性，故裁定驳回王某某的起诉。

【简要评论】

本案是涉及行政相对人起诉行政机关在行政执法中的过程性行为的典型案例。行政机关在行政执法中实施的过程性行为不是独立的行政行为，而是行政行为中的一个环节，本身并不对行政相对人的权利、义务产生实际影响，对行政相对人产生实际影响的是行政机关最终作出的行政处罚等具体行政行为。本案中，行政相对人认为行政机关实施的是行政强制行为，系对法律的误解，其对行政机关作出的证据先行登记保存行为提起行政诉讼，属于起诉时机上的不成熟，不符合行政诉讼的受理条件。

延伸阅读

1. [德]维尔纳·弗卢梅:《法律行为论》,迟颖译,法律出版社2013年版;
2. [英]哈特:《法律的概念》,许家馨、李冠宜译,法律出版社2011年版;
3. 尹田:《法律行为分类理论之检讨》,载《法商研究》2007年第1期;
4. 朱庆育:《意思表示与法律行为》,载《比较法研究》2004年第1期;
5. 迟颖:《法律行为之精髓——私法自治》,载《河北法学》2011年第1期。

5.2　法律行为的结构

知识要点

★★ 法律行为的内在方面

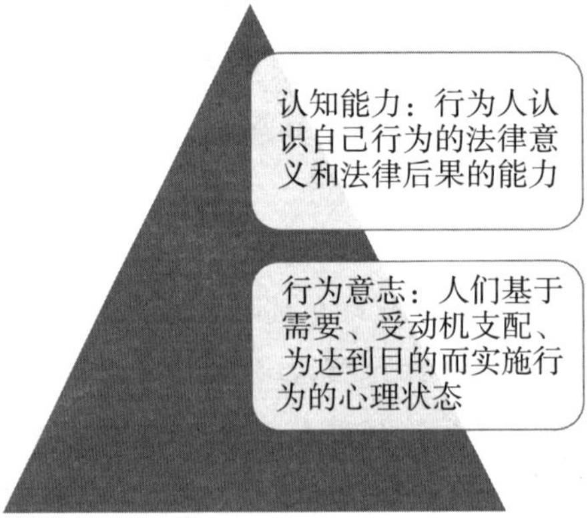

图 5-2　法律行为的内在方面

★★ 法律行为的外在方面

法律行为的外在方面就是法律行为的客观表现。在法律行为的结构中，外在

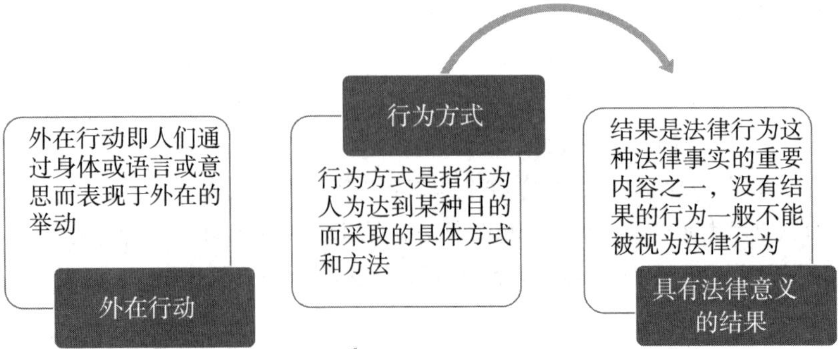

图 5-3　法律行为的外在方面

方面具有决定意义,人的意志只有外化为行动并对周围世界产生影响,才能成为法律调整的对象。同时,只有通过一个人的外部行动才能推定或推测出行为人的内在需要、动机、目的以及行为者的认知能力。

典型事例

山东省高级人民法院对上诉人于欢故意伤害一案二审公开宣判〔1〕

2017年6月23日上午,山东省高级人民法院对上诉人于欢故意伤害一案二审公开宣判,以故意伤害罪改判于欢有期徒刑五年,维持原判附带民事部分。

聊城市人民检察院指控于欢犯故意伤害罪,向聊城市中级人民法院提起公诉,建议对于欢判处无期徒刑以上刑罚。2017年2月17日,聊城市中级人民法院作出一审判决,以故意伤害罪判处于欢无期徒刑,剥夺政治权利终身,并承担相应民事赔偿责任。宣判后,附带民事诉讼原告人杜洪章等和被告人于欢不服,分别提出上诉。2017年3月24日,山东省高级人民法院受理此案,并依法组成合议庭,同年5月20日召开庭前会议,5月27日公开开庭进行了审理。

山东省高级人民法院二审查明:2014年7月至2015年11月,上诉人于欢的父母于西明、苏银霞两次向吴学占、赵荣荣借款共计135万元,双方口头约定月息10%,苏银霞先后偿还184.8万元。其间,因于、苏未如约还款,吴学占、赵荣荣指使他人采取在苏银霞公司院内支锅做饭、强行入住于家住房等方式催债。2016年4月14日16时后,赵荣荣先后纠集郭彦刚、杜志浩等十余人到苏银霞公司讨债。21时53分,杜志浩等人在该公司接待室内以辱骂、弹烟头、裸露下体等方式侮辱苏银霞,并以拍打面颊、揪抓头发、按压肩部等肢体动作侵犯于欢人身权利。当日22时22分,杜志浩等人阻拦欲随民警离开接待室的于欢、苏银霞,并采取卡于欢项部等方式,将于欢推拉至接待室东南角。于欢持刃长15.3厘米的单刃尖刀捅刺杜志浩腹部、程学贺胸部、严建军腹部、郭彦刚背部各一刀,致杜志浩死亡,郭彦刚、严建军重伤,程学贺轻伤。

山东省高级人民法院二审审理认为,上诉人于欢持刀捅刺杜志浩等四人,属于

---

〔1〕 事例来源:中国法院网,http://www.chinacourt.org/article/detail/2017/06/id/2901881.shtml,最后访问日期:2017年7月1日。

制止正在进行的不法侵害，其行为具有防卫性质；其防卫行为造成一人死亡、二人重伤、一人轻伤的严重后果，明显超过必要限度造成重大损害，构成故意伤害罪，依法应当负刑事责任。鉴于于欢的行为属于防卫过当，于欢归案后能够如实供述主要罪行，且被害方有侮辱于欢母亲的严重过错等情节，对于欢依法应当减轻处罚。于欢的犯罪行为给上诉人杜洪章等和原审附带民事诉讼原告人严建军、程学贺造成的物质损失，应当依法赔偿。原判认定于欢犯故意伤害罪正确，审判程序合法，但认定事实不全面，部分刑事判项适用法律错误，量刑过重，故依法作出上述改判。

延伸阅读

1. 易军:《法律行为生效要件体系的重构》，载《中国法学》2012 年第 3 期；
2. 江必新:《法律行为效力制度的重构》，载《法学》2013 年第 4 期；
3. 谢鸿飞:《论法律行为生效的“适法规范”——公法对法律行为效力的影响及其限度》，载《中国社会科学》2007 年第 6 期；
4. 朱广新:《论“以合法形式掩盖非法目的”的法律行为》，载《比较法研究》2016 年第 4 期；
5. 窦海阳:《法律行为概念的再思考》，载《比较法研究》2016 年第 1 期。

第6章　法律责任

教学目标

了解法律责任的产生；

掌握法律责任的归结、承担和免除。

推荐参考资料

1. 付子堂主编:《法理学初阶》(第五版),法律出版社2015年版,第十章;
2. 周永坤:《法理学:全球视野》(第四版),法律出版社2016年版,第十三章;
3. 张文显主编:《法理学》(第四版),高等教育出版社2011年版,第十章;
4. 舒国滢主编:《法理学导论》(第二版),北京大学出版社2012年版,第五章。

6.1　法律责任概述

知识要点

★★ 法律责任

法律责任是一种特殊意义上的义务,是由违反第一性的义务而引起的第二性的义务。

表6-1　法律责任与法律义务

	法律责任	法律义务
对象	针对的是特定的主体,具体是指违反了法定义务或约定义务的主体	针对的是一切社会主体,具有相当的广泛性

续表

	法律责任	法律义务
后果	通常具有惩罚性，即法律责任是针对第一性的义务没有被履行而进行的救济、制裁	是法律的重要调控手段，与法律权利相对应，一般不具有制裁性
前提	产生以法律义务为前提，没有主体对义务的违反就不会产生法律责任	产生以法律规定为前提

★ 法律责任的特点

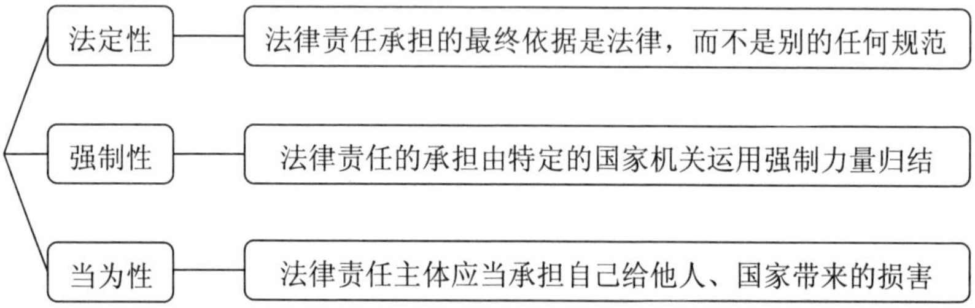

图6－1　法律责任的特点

★ 法律责任的分类

图6－2　法律责任的分类

★★ 法律责任的功能

法律责任的功能是指通过法律责任独特构造和机制应该实现的对人以及社会的影响。

表6－2　法律责任的功能

制裁功能	补偿功能	预防功能
• 指通过法律责任的承担从而对责任主体进行惩罚。 • 法律责任是对违法行为、违约行为的否定性评价，这种评价除了使行为主体的与其后果无法达成，还包括强制主体因其违法、违约行为承受不利的后果和负担。	• 指国家强制责任主体赔付损失、救济受害主体、恢复受侵害权利。 • 补偿功能主要旨在产生恢复损害发生之前原状的效果，侧重事实上的赔偿、救济，较少进行道德评价。	• 指法律责任通过强制责任人补偿其所造成的损害、对责任人进行严厉制裁等一系列不利后果的承担，教育、引导、威慑责任人及社会上的其他人理性地选择行为。

典型案例

毛建文拒不执行判决、裁定案[1]

【案情概述】

浙江省平阳县人民法院于2012年12月11日作出(2012)温平鳌商初字第595号民事判决，判令被告人毛建文于判决生效之日起15日内返还陈先银挂靠在其名下的温州宏源包装制品有限公司投资款200000元及利息。该判决于2013年1月6日生效。因毛建文未自觉履行生效法律文书确定的义务，陈先银于2013年2月16日向平阳县人民法院申请强制执行。立案后，平阳县人民法院在执行中查明，毛建文于2013年1月17日将其名下的浙CVU661小型普通客车以150000元的价格转卖，并将所得款项用于个人开销，拒不执行生效判决。毛建文于2013年11月30日被抓获归案后如实供述了上述事实。

【裁判要旨】

浙江省平阳县人民法院于2014年6月17日作出(2014)温平刑初字第314号

[1] 案例来源：最高人民法院网，http://www.court.gov.cn/shenpan－xiangqing－34282.html，最后访问日期：2017年7月1日。

刑事判决:被告人毛建文犯拒不执行判决罪,判处有期徒刑十个月。宣判后,毛建文未提起上诉,公诉机关未提出抗诉,判决已发生法律效力。

法院生效裁判认为:被告人毛建文负有履行生效裁判确定的执行义务,在人民法院具有执行内容的判决、裁定发生法律效力后,实施隐藏、转移财产等拒不执行行为,致使判决、裁定无法执行,情节严重,其行为已构成拒不执行判决罪。公诉机关指控的罪名成立。毛建文归案后如实供述了自己的罪行,可以从轻处罚。

本案的争议焦点为,拒不执行判决、裁定罪中规定的"有能力执行而拒不执行"的行为起算时间如何认定,即被告人毛建文拒不执行判决的行为是从相关民事判决发生法律效力时起算,还是从执行立案时起算。对此,法院认为,生效法律文书进入强制执行程序并不是构成拒不执行判决、裁定罪的要件和前提,毛建文拒不执行判决的行为应从相关民事判决于2013年1月6日发生法律效力时起算。主要理由如下:第一,符合立法原意。全国人民代表大会常务委员会对《刑法》第313条规定解释时指出,该条中的"人民法院的判决、裁定",是指人民法院依法作出的具有执行内容并已发生法律效力的判决、裁定。这就是说,只有具有执行内容的判决、裁定发生法律效力后,才具有法律约束力和强制执行力,义务人才有及时、积极履行生效法律文书确定义务的责任。生效法律文书的强制执行力不是在进入强制执行程序后才产生的,而是自法律文书生效之日起即产生。第二,与民事诉讼法及其司法解释协调一致。《民事诉讼法》第111条规定:诉讼参与人或者其他人拒不履行人民法院已经发生法律效力的判决、裁定的,人民法院可以根据情节轻重予以罚款、拘留;构成犯罪的,依法追究刑事责任。《最高人民法院关于适用〈中华人民共和国民事诉讼法〉的解释》第188条规定:民事诉讼法第111条第1款第6项规定的拒不履行人民法院已经发生法律效力的判决、裁定的行为,包括在法律文书发生法律效力后隐藏、转移、变卖、毁损财产或者无偿转让财产、以明显不合理的价格交易财产、放弃到期债权、无偿为他人提供担保等,致使人民法院无法执行的。由此可见,法律明确将拒不执行行为限定在法律文书发生法律效力后,并未将拒不执行的主体仅限定为进入强制执行程序后的被执行人或者协助执行义务人等,更未将拒不执行判决、裁定罪的调整范围仅限于生效法律文书进入强制执行程序后发生的行为。第三,符合立法目的。拒不执行判决、裁定罪的立法目的在于解决法院生效判决、裁定的"执行难"问题。将判决、裁定生效后立案执行前逃避履行义务的行为纳入拒不执行判决、裁定罪的调整范围,是法律设定该罪的应有之义。将判决、裁定生效之日确定为拒不执行判决、裁定罪中拒不执行行为的起算时间点,能有效地促使义务人在判决、裁定生效后即迫于刑罚的威慑力而主动履行生效裁判确定的义务，避免生效裁判沦为一纸空文，从而使社会公众真正尊重司法裁判，维护法律权威，从根本上解决“执行难”问题，实现拒不执行判决、裁定罪的立法目的。

延伸阅读

1.［德］罗伯特·阿列克西:《法概念与法效力》，王鹏翔译，商务印书馆2015年版；
2.［意］贝卡利亚:《论犯罪与刑罚》，黄风译，北京大学出版社2008年版；
3.余军、朱新力:《法律责任概念的形式构造》，载《法学研究》2010年第4期；
4.余军:《法律责任概念的双元价值构造》，载《浙江学刊》2005年第1期；
5.徐向华、王晓妹:《法律责任条文设定模式的选择》，载《法学》2009年第12期。

6.2　法律责任的产生、归结、承担和免除

知识要点

★★★ 法律责任的产生

表6－3　法律责任产生的原因

产生原因	概述	举例
违法	指特定主体实施了与现行法律相冲突的行为，引起相应的损害事实，法律对之进行否定性评价的状态	合同法规定，合同一方支付了定金的，如果收取定金方违约，违约方应该双倍返还定金
违约	指合同主体违反合同约定，通过作为和不作为的方式未履行合同义务的状态	合同双方约定在一方不履行合同时，违约方应支付给对方造成的损失的两倍的赔偿
法律的特别规定	主体的行为符合法律的特别规定，也可以引起法律责任	产品致人损害，有时根本不存在任何人违法或违约的情况，但生产者、销售者必须对损害承担赔偿等责任

★★★ 法律责任的归结

法律责任的归结，也称法律责任的归责，是指法定的国家机关或经授权的国家机关依照法定的程序，进行判断、认定、追究或减缓、免除法律责任的活动。

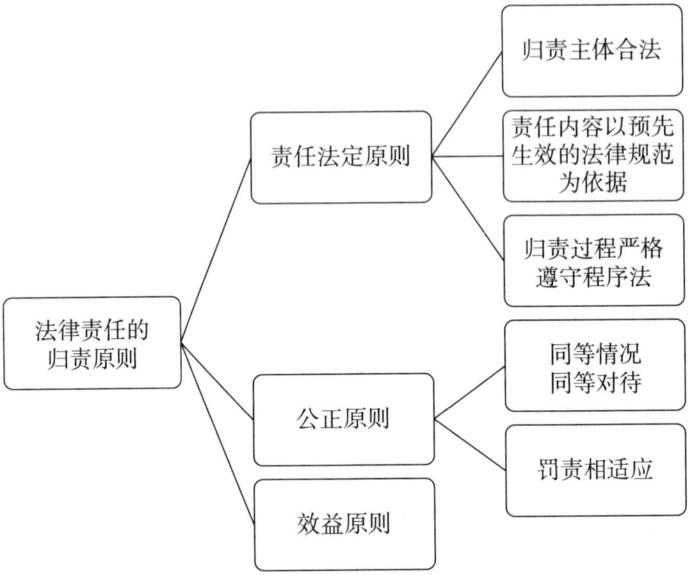

图6-3 法律责任的归结

★★ 法律责任的承担

法律责任的承担,是指责任主体依法承受不利的法律后果。

★★★ 法律责任的免除

法律责任的免除,是指根据法律本应承担法律责任,但基于某种法定的主客观情况,可以不必再承担法律责任。

恰当的法律责任免除是法律的正当性要求。法律责任的免除不是指"无责任",而是有责任但免予承担;法律责任的免除不意味着引起法律责任的行为的法律意义有所改变,该行为仍是法律所反对的或不赞成的。

延伸阅读

1. 孙晓东、李炜:《法律因果关系分析》,载《法学杂志》2009年第10期;
2. 张明楷:《中止犯减免处罚的依据》,载《中外法学》2015年第5期;
3. 邓子滨:《如何看待国家官员的超法规免责事由》,载《法学》2012年第8期;
4. 徐立、胡剑波:《"许霆案"减轻处罚的根据与幅度分析》,载《法商研究》2009年第5期;
5. 陈璇:《克服正当防卫判断中的"道德洁癖"》,载《清华法学》2016年第2期。

第二编　法律价值论

第7章 法律价值

教学目标

了解价值与法律价值的含义；

掌握法律价值的分类和判断方法；

了解法律价值体系和法律价值冲突理论；

重点把握研究法律价值的意义。

推荐阅读资料

1. 张文显:《二十世纪西方法哲学思潮研究》,法律出版社 2006 年版;
2. [美]庞德:《通过法律的社会控制·法律的任务》,沈宗灵、董世忠译,商务印书馆 1984 年版;
3. 陈东升:《冲突与权衡:法律价值选择的方法论思考》,载《法制与社会发展》2003 年第 1 期;
4. 刘爱龙:《法理学三十年之法的价值问题研究述评》,载《北方法学》2009 年第 1 期;
5. 张波:《助法行为及其价值研究》,载《政法论坛》2013 年第 2 期;
6. 苏力:《无需法律的秩序》,载《环球法律评论》2004 年春季。

7.1 价值与法律价值

知识要点

7.1.1 价值的释义和特征

☆ 价值的释义

(1)从词义上说,价值是指在人们的观念和社会生活中用以判断事物或行为的标准,其含义是“可重视的、可珍贵的、可尊敬的”。

(2)经济学所界定的商品价值概念,主要指物化了的人类劳动,劳动是一切价值的基础。

(3)在哲学研究的领域,价值是一个表征关系的范畴,其所表达的是一种人与物之间的需要与满足的对应关系,即事物(客体)能够满足人(主体)的一定需要。在此意义上,价值就是表征主体与客体之间的一个关系范畴,离开主体需要而独立存在的客体仅是一种“实存”的事实,无所谓好或坏。因此,价值并不是客观事物属性本身,客观事物的属性本身只是价值的根源;同样,客观事物本身又恰恰通过其自身的独特属性(有用性)成为主体需要满足的参照标准,价值不是主体主观臆造的。所以,价值往往被认为是客体的属性(有用性)与主体需要满足之间得以关联的桥梁。

(4)价值又是一个表征属性的范畴。世界各种客观事物正是基于各自独特的属性,以不同方式、在不同程度上给主体带来效用。当我们判断某一客观事物有无价值或价值大小时,都会考察该客观事物的属性。在此意义上,价值又是表征属性的范畴。

★ 价值的特征

表7-1 价值的特征

价值具有社会性或者主体性	在人类的实践活动中,外界不仅仅是被感知、被反映、被作用的对象,而且是满足人的需要的对象。人之所以要去认识、把握客观世界,并对客观世界进行改造,是因为人的自身需要只有通过客观世界才能得以满足。价值是随着人类产生和发展而出现的范畴,具有社会性或主体性。或者说,某一事物有无价值,就是看它是否融入了社会运动之中,是否与人发生关系。并非一切客观事物都具有价值,只有与人发生直接关系的事物才有价值。人和物之间的这种需要与满足的对应关系,就是价值关系。“所谓价值,就是指客体的存在、属性及其变化同主体的尺度是否相一致或相接近。”[1]价值关系是以人为主导的主体与客体相互作用的关系,其中,人是价值主体,外界事物是价值客体。

〔1〕 李德顺:《价值论》(第2版),中国人民大学出版社2007年版,第27页。

续表

价值是绝对性与相对性的统一	首先，尽管人们的价值观念和主张具有明显的差异，但生活在同一时代、同一社会的人们也会有某种共同的价值追求，甚至生活在不同时代、不同社会的人们也会有某种共同的价值追求。这反映了价值不随时代、社会、阶级等变化而变化的绝对性或普遍性。其次，事物的价值会随着社会历史条件的变化而变化。每个时代和每种社会各有一套自己的价值观念和价值规范体系。某一事物的价值不是固定不变的，而是伴随着不同的时代、社会、阶级、群体而呈现出差别性、多样性，这体现了价值的相对性或特殊性。
价值是客观性与主观性的统一	价值是以客观事物及其属性的实际存在为前提的。某物不是虚构的，而是客观存在的，并且其属性也是客观存在的，而人的需要也并非凭空产生的，而是由主体所处的客观物质生活条件所决定的，呈现一定的规律性。因此，表征需要与满足关系的价值，当然也是客观的。如果作为主体的人对某一事物没有需求，事物的任何属性或者功能都不能构成价值。但是，由于价值是以主体的需求为标准的，特定历史条件下的主体需要的任何转移或变化，都使价值呈现出偶然性、个别性和主观性色彩。其实，价值的主观性反映了主体对客观事物在道德的、伦理的、美学的以及个人喜好等方面的情感和意向。当然，价值的主观性与客观性的统一源于主体的社会实践。

可见，价值是标志着人与外界事物关系的一个范畴，它是指在特定历史条件下，外界事物的客观属性对人所发生的效应和作用以及人对之的评价。所以，任何一种事物的价值，从广义上说应包含着两个互相联系的方面：一是事物的存在对人的作用或意义；二是人对事物有用性的评价。

7.1.2　法律价值

表 7－2　法律价值的分类

秩序价值	基础性价值，首要任务，受自由、正义的限制
自由价值	最高价值，评价法律是否是真正法律的标准之一，既受法律的限制又受法律的保护
正义价值	评价法律是否是真正的法律的标准之一，推动着法律的进步
平等价值	人类社会追求的价值目标，是社会的基础

★ 法律价值的分类

法律价值，就是指在作为客体的法律与作为主体的人的关系中，法律对一定主体需要的满足状况以及由此所产生的人对法律性状、属性和作用的评价。法律价值作为一种具体价值，是社会价值系统中的子系统。从一定意义上说，法律本身就是一个价值系统，反映一定的价值关系。“在人类生活中，像经济、政治、道德、艺术、宗教、法律、军事等这些特有领域，本身就是、从来就是人们直接追求和实现某种价值的方式，它们的本身就是一定的价值和价值观念体系，彼此密不可分。”〔1〕法律既反映社会事实，又设定社会理想和目标。

(1)法律的秩序价值

法律的秩序价值是其所具有的最基本的价值，“法律是秩序和正义的综合体”。〔2〕在秩序、正义和个人自由之间，秩序是最基础的法律价值，没有秩序就谈不上正义和个人自由。在现代社会，秩序作为法律的基础性价值主要体现在两个方面，即防止无政府状态和专制统治。

博登海默指出：“法律本质上是对专断权力之行使的一种限制，因此它同无政府状态和专制政治都是敌对的。为了防止为数众多的意志相互抵触的无政府状态，法律限制了私人的权力。为了防止一个专制政府的暴政，法律控制了统治当局的权力。法律试图以把秩序与规则性引入私人交往和政府机构运作之中的方式而在无政府状态和专制政治之间维持一种折中或平衡。一个完善且充分发达的法律制度，对于无政府和专制政治这两种截然相对的形式来讲，处于居间的位置。通过行之有效的公法制度，它可以努力限定和约束政府官员的权力，以防止或救济这种权力对确获保障的私人权益领域的不恰当侵损，以预防任意的暴政统治。这样，最为纯粹的和最为完美的法律形式便会在这样一种社会制度中得以实现，在该制度中，人们成功地排除了私人和政府以专断或暴虐的方式行使权力的可能性。”〔3〕

(2)法律的自由价值

自由是指法保障人们根据自己的意志而行为的社会状态，自由是法律最本质的价值，也是法律最高的价值目标。马克思说：“法律只是在自由的无意识的自然规律变成有意识的国家法律时，才成为真正的法律。哪里的法律成为实际的法律，即成为自由的存在，哪里的法律就成为人的实际的自由的存在。”所以说自由是衡量国家的法律是不是“真正的法律”的评价标准，法必须体现自由、保障自由。自由是评价法律进步与否的标准，体现了人性最深刻的需要。

---

〔1〕 李德顺：《价值论》(第2版)，中国人民大学出版社2007年版，第29页。

〔2〕 [美]E. 博登海默：《法理学：法律哲学和法律方法》，邓正来译，中国政法大学出版社2004年版，第330页。

〔3〕 同上注，第246页。

(3)法律的正义价值

正义是对一定社会现存经济关系的观念化的反映,是一种有着客观基础的、关于某种特定事物如思想、行为、规范乃至事业等的理想状态及模式的主观评价尺度和价值判断标准。

作为法律价值的正义表现为一种法律的价值目标,是政治社会中各种价值体系所追求的最高目标,它既是评价人们行为公正与否、善良与否的标准,又是评价现实法律的重要标准。

(4)法律的平等价值

平等是法律的价值取向,法律对平等予以确认、维护,并努力使其实现来作为自己的目的。法律之所以能够保障平等,是因为法律与其他的规范相比有着绝对强大的规范系统。法律具有国家强制性,为对平等的保障提供了现实的可能。法律所具有的平等价值主要体现在以下几个方面:

首先,法律使平等的理念权利化、法律化。平等作为法律的最基本的精神和理念,通过权利化、法律化和规则化,抽象的平等观念就转化为具体的法律权利。因此,无论是道德平等还是机会平等或者是福利平等,都通过转化为法律权利而在法律中得到明确的规定和表达。

其次,法律对平等权利予以具体规定,为平等的实现提供统一的标准。抽象的平等理念权利化、规则化的过程也就是平等的现实化、具体化、定型化的过程,平等由此而成为得到具体规定的、法律上可以得到切实保护和实施的各种平等权利。

最后,法律是实现平等的切实可行的和最重要的手段。在现代社会中,法律构成实现平等的最重要的手段。法律不仅通过立法将平等权利化、规则化,使之切实可行,而且通过司法和行政,使那些得到具体规定的各项平等权利得到实现,从而使平等由抽象的理念和纸上的权利变为现实中人人可以获得和享有的实实在在的权利。

与其他旨在实现平等的手段不同,法律对于保证平等的实现具有极大的优越性。法律以国家的强制力为后盾,国家从根本上保证了法律有效性,使之不至于成为一纸空文。

★ 法的价值的范围

在法学领域,一般是从以下三个方面来谈论法的价值。

(1)从法律在发挥其社会作用时能够保护或促进哪些价值方面来看

法律制度的建立主要是为了保护那些对于人类社会来说不可或缺的基本价值,如正义、安全、自由、平等、效率等。这些价值构成了法律所追求的理想和目的,因此又被称为法的“目的价值”。

(2)从法律本身的价值方面来看

法律不仅是实现一定目的的手段,同时它本身也有独立的价值。这种意义上的价值被称为法的“形式价值”,它与目的价值不同,不是法律所追求的社会目的和理想,而是法律在形式上应当具备哪些值得肯定的品质。

(3)从不同类价值或同类价值间发生冲突,法律进行评价的标准方面来看

当同类或不同类的价值发生冲突时,法律一般从两个方面进行评价。首先是进行价值确认,按照一定的标准来确定什么样的要求、期待、行为或利益是正当的,是值得肯定和保护的,并根据每种价值的大小来确定其在价值体系中的位阶。其次是价值平衡时,在两种价值发生冲突、不可兼得时应当如何取舍。

上述法的目的价值、形式价值和评价标准共同构成了法的价值的范围,三者之间不是各自独立存在、互不关联的,而是相互依存、不可分离的。法的目的价值在法的价值系统中占主导地位,它集中体现着法律制度的基本使命。但是法的形式价值和评价标准对实现法的目的价值而言,具有一定的重要性。如果一个法律制度不具备形式上的优良品质,它也不是良法,即使它追求良好的社会目的,也必然会归于虚幻。法所促进的不同类价值之间或同类价值之间发生矛盾时,在价值的确认和取舍方面存在不当,也会影响法的目的价值的实现。

★ 法律价值的判断方法

法律价值的判断方法主要包括事实判断和价值判断。

事实判断:是指对客观存在的法律原则、规则、制度等进行的客观分析与判断。

价值判断:是指某一特定的客体对特定的主体有无价值、有何价值所做的判断。

表 7-3 法律价值的判断方法

区别	事实判断	价值判断
判断的标准	以存在的法律制度作为判断的标准	以主体为判断的标准

续表

区别	事实判断	价值判断
判断的维度	在判断过程和结果上都要排除主观因素的介入,达到对现实法律的客观认识	具有比较强的主观性
判断的方法	是一种描述性的判断方式,是典型的实然判断	是一种规范性的判断方式
判断的真伪	看其与客体的真实情况是否相符	看主、客体之间价值关系的契合程度

☆ 各学派关于法律价值的表述

西方法学界虽然对法律价值问题的认识并不完全一致,但基本都坚持事实与法律之区分的二元论立场,事实属于实然领域,价值属于应然领域,他们对法律价值问题的理解主要寓于抽象的人性、情感、公平和正义的观念之中。

- 古希腊柏拉图的《法律篇》:“立法工作是很重要的事情,可是,如果在一个秩序良好的国家安置一个不称职的官吏去执行哪些制定得好的法律,那么这些法律的价值就会被掠夺了,并使得荒唐的事情大大增多,而且最严重的政治破坏和恶性也会从中滋长。”[1]这里,“法律价值”具有“法律应起的良好作用”之意。尽管古代思想家一般很少直接使用“法律价值”这一概念,但经常论及法律的自然基础、法律的评价标准、法律的正义性等问题。

- 中世纪基督教哲学家托马斯阿奎那在谈到法律的正义性时指出“人类的意志可以根据共同的同意使本身并不违反自然正义的任何事情而具有法律价值,这正是实在法的范围。所以亚里士多德把那在法律上合乎正义的事情明确的解释为‘其本身并不呈现任何价值的区别而是在被规定时才获得价值的事情’。但是,如果一件事情本身违反自然的正义,人类的意志就无法使它成为正义的。例如,如果规定可以偷窃或通奸,就发生这样的情况”。[2] 这里的“法律价值”即法律的正义性。

- 自然法学派有时也被称为价值法学,因其注重研究法律产生和存在的根源或基础、法律的目的和意义以及法律应追求的理想境界和评价标准等问题,而这些问题无不与法律价值相关,法律的效力系于这些价值得以实现的程度。

---

〔1〕《西方法律思想史资料选编》,北京大学出版社1983年版,第26页。

〔2〕[意]《阿奎那政治著作选》,马清槐译,商务印书馆1982年版,第138页。

• 哲理法学派的代表人物康德和黑格尔：康德把法律价值看成是法律的理想境界，认为法律价值是相对的，它属于应然领域，并且只能由个人的信仰去把握。黑格尔在《法哲学原理》一书中谈到实在法存在的必要性时说："这些法律既然按当时情况都有其意义和适当性，从而只具有一般历史的价值，所以它们是实定的，因此之故，它们又是暂时性的。"[1] 可以看出，他所谓法律价值，乃是指法律存在的必然性。新康德主义法学派是现代西方各种法学流派中专门研究法律价值的学派之一。

• 社会法学派，在总体上强调法律的功能和效果，但其中一些代表人物如庞德，则重视研究法律价值问题。他认为，在法律史的各个经典时期，对价值准则的论证、批判或合乎逻辑的适用，都曾经是法学家们经常的活动。他把法律价值理解为一个社会制定和评价法律所依据的标准，但这种评价标准只能通过经验的方法取得。庞德曾指出："价值问题虽然是一个困难的问题，它是法律科学所不能回避的。即使是最粗糙的、最草率的或最反复无常的关系调整或行为安排，在其背后总有对各种互相冲突和互相重叠的利益进行评价的某种准则。……在法律史的各个经典时期，无论在古代还是近现代世界里，对价值准则的论证、批判或合乎逻辑的适用，都曾是法学家的主要活动。"[2] 可见，古往今来法学家们都非常关注法律价值问题。

典型案例

青岛三名高考学生就教育平等权状告教育部案[3]

【案情概述】

2001 年 8 月 22 日，要状告教育部的三名青岛高考考生与其代理律师一起乘飞机赶到北京向最高人民法院递交诉讼状。这三名考生是青岛铁一中高三(4)班姜妍(化名，理科，高考成绩 522 分)、青岛一中高三(4)班栾倩(化名，文科，高考成绩

---

〔1〕［德］黑格尔：《法哲学原理》，范扬、张企泰译，商务印书馆 1961 年版，导论第 7 页。

〔2〕［美］庞德：《通过法律的社会控制·法律的任务》，沈宗灵、董世患译，商务印书馆 1984 年版，第 55 页。

〔3〕参见《新闻追踪：状告教育部青岛三考生今日向高院递诉状》，载 http://news. sohu. com/17/76/news146347617. shtml，2001－08－23，最后访问日期：2017 年 3 月 12 日。

457分)和青岛十五中高三(4)班的张天珠(化名,文科,高考成绩506分),她们三人分别向教育部提起诉讼,诉教育部所作出的关于2001年全国普通高校高等教育招生计划的行政行为侵犯了她们的平等受教育权。张天珠说,她是在8月初高考录取分数线划定以后有了这个想法的。在青岛,文科专科的提档线是509分,一般本科的提档是539分,重点本科的提档是575分,而北京重点本科提档线是456分,两地分数线差别悬殊,她觉得不公平。其代理律师认为,教育部根据不同地域范围对招生人数作不同限定,这种限定使得不同地域考生被划分成高低不同的等级,并在不同等级中参加高考。等级之间分数标准线差异巨大,从而直接侵犯了包括三名原告在内的广大考生的平等受教育权。律师说,考生的诉讼要求是请求最高人民法院向教育部发司法建议书,以避免今后再发生类似的行为。

最高人民法院有关部门告知三位考生,根据行政诉讼法的相关规定,该案应是由教育部所在地的中级人民法院管辖受理,不应有最高人民法院受理;并通知三名考生向北京市第二中级人民法院起诉。接到最高人民法院的通知后,三考生与代理律师交换意见后认为,她们此次诉讼并不是向教育部要一个明确的结果,而是希望触动有关部门反思我国教育体制存在的问题,采取有效的改革措施。三考生表示不再另行提起诉讼。

【思考】

教育部在高考问题上实行的制度是否有违平等原则?一项法律如果违背了平等原则,还是一项公平的法律吗?法律除了要遵循平等原则之外还追求其他的法律价值吗?

延伸阅读

1. 卓泽渊:《法的价值论》,法律出版社2003年版;
2. 陈景辉:《法律的内在价值与法治》,载《法制与社会发展》2012年第1期;
3. [美]E. 博登海默:《法理学:法律哲学与法律方法》,邓正来译,中国政法大学出版社1999年版。

7.2 法律价值体系与法律价值冲突

知识要点

7.2.1 法律价值体系

☆ **法律价值体系的概念和分类**

法律价值本身是一个体系或系统。组成法律价值体系的各种法律价值并非是平行的,而是具有一定的层次性。尽管由法律本质属性所决定,法律价值总体具有一定的倾向性,即维护法律所建立于其上的社会秩序和价值目标,而不可能中立,但是,法律在个别层次上却会实现具体情况下的“价值中立”。正是法律价值的总体倾向性与法律在具体环节上的价值中立性的矛盾运动,促使法律价值最终得以实现。

表 7-4 法律价值的分类

从社会主体人的角度观察	群体价值:是指法律对某一社会群体具有或表现出有益的效果。在同一社会中,因社会群体在特定社会经济结构中所处的地位、作用不同而导致社会群体利益不同,这种利益的不同在一个国度内就法律而言即形成不同的法律的群体价值。群体价值又可以分为民族价值、国家价值、阶级价值、阶层价值以及社会团体价值等层次。
	个体价值:是就一定的国家的社会个别成员的需要而言的,也可以说是相对于法律的群体价值而言的。法律是社会的客观需要,同时又是社会成员的需要,这种需要所表现出来的价值内容包括:个人的行为自由、平等、权利、人格尊严、个人财产的保护以及个人发展条件获得法律的保护等。
从法律价值关系中价值的客体承担者来看	规范性价值:是法律在形式上所具有的优良品质,即指通过法律的规范作用所肯定的人们行为的正当性、有效性和合理性,从而使行为主体达到自己的行为目标。
	社会性价值:是指通过法律的社会作用所实现或满足一定社会群体和个体的社会需要,反映着法律的创制和实施的宗旨。
从法律价值之间的关系来看	工具价值:法律规范被用来评价、调节、控制和处理人的行为以维护一定的社会秩序,这时,法律规定和条文作为一套社会评价标准体系,是为主体的社会目的服务的手段。从对社会控制的整体意义来看,法律具有其他任何社会调控手段(如宗教、道德、习俗等)无法比拟的工具价值。没有法律的工具价值,法律的目的价值便成为空中楼阁。

续表

从法律价值之间的关系来看	目的价值:法律的目的价值体现在法律中的人类目标追求。如果法律不具有目的价值,那么,法律便不具有任何实质意义。当然,有的目的价值是局部的或服务性的,如秩序、安全等,从更高的目标来说,它们只是人类生活和社会文明发展的条件。
从法律的不同类别来看	国际法价值:是指全人类价值需求的法律化。当代世界被公认为是政治趋于多元化而经济趋于一体化的世界。不论政治的多元化还是经济的一体化,都必须以统一的国际准则来规范之、约束之。在此意义上,"和平共处五项原则"就是国际政治多元化的统一的国际法规则保障。对人而言,国内法往往是比国际法更为完整有效的保障系统和塑造人们意识的支持系统,因此,其价值的现实表现更深刻、更具体、更实在。
	国内法价值:对人而言,国内法往往是比国际法更为完整有效的保障系统和塑造人们意识的支持系统,因此,其价值的现实表现更深刻、更具体、更实在。与国际法相比,国内法并不直接明确地反映全人类的价值追求。然而,在全球化时代,国内法价值必须与国际法价值相一致或相适应。

此外,还有其他分类,如以法律的历史作为划分根据,划分成法律的历史价值、现实价值、未来价值;依照法律对主体效应的形式,可以分为物质价值和精神价值;以法律对社会生活产生的作用的程度可以划分为现存价值、已经实现和正在实现的价值、潜在价值、尚待认识和开发的价值;从法律价值的可能后果看,可以分为正价值、零价值和负价值;从法律价值的内容来看,可以分为正义价值、人权价值(包括平等价值、自由价值)、幸福价值和秩序价值等。

7.2.2　法律价值冲突

☆ 法律价值冲突的概念

法律价值是一个多元化的庞大体系,其中包含着各种不同的准则,而每一个价值又都有自身相对的独特性。多种具有不同规定性的价值共存,在逻辑上就有相互冲突的可能性。例如,法律的自由价值强调以个性展开为实现途径,而法律的平等价值则侧重群体性的整齐划一。所以,自由和平等在逻辑上是有冲突的。当然,此类法律价值冲突可以被看作是纯理念形式的或纯粹逻辑的,通常被称为抽象的法律冲突。抽象的法律价值冲突不仅表现在不同的法律价值准则、观念之间,而且也表现在法律价值准则、观念的不同性质或不同形式上。当然,法律价值冲突也可能是具体而现实的冲突,这时就要求人们恰当地进行法律价值判断。在特定的历史与社会条件下,具体的法律价值冲突是非常明显的。例如,在制定新闻出版法时,法律的目的究竟是保障自由还是维护秩序,这就是非常具体而现实的冲突。

导致法律价值冲突的原因是多方面的,如表7-5所示。

表7-5 导致法律价值冲突的原因

客观原因	社会生活的广泛性与复杂性,社会条件的多重性与变化性	社会是人类生活的共同体,社会是由个体的人以“群”的方式组成的,人是社会系统的最基本要素。对特定社会而言,以人与人的交往为纽带,人与人之间会形成多方面的联系,并由此构成广泛而复杂的社会生活。一方面,人要生存必须具备一定的物质和精神条件,而社会所能给予每个人以及不同社会群体的物质和精神条件并不完全相同。也就是说,人们的生存境遇和发展条件不可能完全一样,这可能导致人们在法律价值上一定程度的冲突与对立。另一方面,在同一社会中同一个人或不同的人在不同情况下会形成不同层次的社会需要,从而形成对法律价值的认识与理解、愿望与要求等的不同。不同的群体、个人,在法律实践和法律理论上一旦具有不同的法律价值观念,同一法律价值观念的内部矛盾和不同法律价值观念的相互矛盾就会反映为法律价值冲突。
主观原因	法律价值主体的多元性和多样性	法律价值的主体非常广泛,法律的制定、适用与遵守等主体都属于对法律进行评价的主体。而多元的主体必然持有多元的法律价值观,主体的动态转换又必然加大价值冲突的复杂性。同时,法律价值主体又具有多样性。法律主体为群体主体和个体主体,而群体主体和个体主体本身又可以包含着很多单元;每一个单元又都包含着各自不完全相同的情况,从而不同的价值主体有不同的价值愿望、价值要求和价值满足感。这些都可能引发个体之间、个体与群体之间或者群体之间的法律价值冲突。

★ 解决法律价值冲突的原则

解决法律的诸价值之间的冲突,在理论上,是法理学研究中的重大课题;在实践中,是立法、守法、执法、司法和法律监督诸环节的关键性问题。在一个法治国家里,不论是立法上还是法律实施上的价值冲突,都应当力求通过合法的方式加以解决。

表7-6 解决法律价值冲突的原则

价值位阶原则	不同位阶的法的价值发生冲突时,在先的价值优于在后的价值,也即排列不同价值之间的主次关系,一般而言,自由优先,正义次之,秩序最后,但是在一些例外的情形下可以不遵循此顺序。
个案平衡原则	处于同一位阶上的法的价值之间发生冲突时,必须综合考虑主体之间的特定情形、需求和利益,以使得个案的解决能够适当兼顾双方的利益。我国《宪法》第51条[1]虽然规定了公民行使自身权利的同时不得损害其他公民的权利和自由,但是具体在何种情况下才能够行使,就必须进行个案判断,要针对具体的情形来进行个案平衡。
比例原则	比例原则是指为保护某种较为优越的法价值须侵及一种法益时,不得逾越此目的所必要的程度。也就是说,即使某种价值的实现必然会以损害其他价值为代价,也应当使被损害的价值减低到最小限度。紧急避险的价值平衡就属于比例原则。

典型案例

交通秩序与个人肖像权、名誉权和隐私[2]

【案情概述】

某市为了加强道路交通管理,规范日益混乱的交通秩序,决定出台一项新举措,由交通主管部门向市民发布通告:凡自行摄录下机动车辆违章行驶、停放的照片、录像资料,送经交通主管部门确定后,被采用并在当地电视台播出的,一律奖励人民币200元至300元。此举使许多市民踊跃参与,积极举报违章车辆。当地的交通秩序一时间明显好转,市民满意。新闻报道后,省内甚至外省不少城市都来取经、学习。但与此同时,也发生了不少意想不到的事情:有违章驾驶者去往不愿被别人知道的地方,电视台将车辆及背景播出后,引起家庭关系、同事关系紧张,深知影响了当事人此后的正常生活的;有乘车人以肖像权、名誉权受到侵害把电视台、交通主管部门告上法庭的;有违章司机被单位开除,认为是交通主管部门超范围行驶权力引起的;有抢拍者被违章车辆故意撞伤后,向交通主管部门索赔的;有利用偷拍照片向驾驶人索要高额“保密费”的,等等。报刊将上述新闻披露后,某市治理交通

[1] 我国《宪法》第51条规定:“中华人民共和国公民在行使自由和权利的时候,不得损害国家的、社会的、集体的利益和其他公民的合法的自由和权利。”

[2] 材料来源:2003年国家司法考试试卷四。

秩序的举措引起了社会不同看法和较大争议。

【简要评论】

上述案例中,交通主管部门出台相关措施是为了促进法律的秩序价值,但该措施在促进秩序价值的同时,却对其他的法律价值(如个人隐私)造成了伤害。法的价值冲突的有效解决意义重大,因为其直接关系着法律的目标的实现。在历史上有不同的法的价值冲突的解决方式,如民主的方式与专制的方式、主题认同的方式与外在统一的方式、合法的方式与非法的方式,等等。在现代法制社会,不论在立法上还是法律实施上的价值冲突,都应当通过合法的途径解决。一般认为,在解决法律价值冲突时,应当考虑法律价值的三个原则,价值位阶原则、个案平衡原则以及比例原则。

延伸阅读

1. 孙国华、何贝倍:《法的价值研究中的几个基本理论问题》,载《法制与社会发展》2001 年第 4 期;
2. 徐国栋:《法律的诸价值及其冲突》,载《法律科学》1992 年第 1 期。

第8章 法律正义

教学目标

了解正义的基本内涵及分类；

了解学术界关于正义问题讨论的基本观点；

了解正义作为法律价值的基本表现；

掌握通过法律实现正义的可能途径；

重点领会法律与正义的关系。

推荐阅读资料

1. 江山:《再说正义》,载《中国社会科学》2001年第4期；
2. [美]罗尔斯:《正义论》,何怀宏等译,中国社会科学出版社1988年版；
3. 何怀宏:《经由法律的正义》,载《读书》2005年第12期；
4. 孙国华:《法的正义逻辑》,载《新华文摘》2013年第1期；
5. 陈瑞华:《论程序正义价值的独立性》,载《法商研究》1998年第2期。

8.1 正义的释义与分类

知识要点

8.1.1 正义与正义论

☆ 正义的释义

正义是人类普遍公认的崇高价值。

表 8 - 1　正义的含义

汉语	古希腊	拉丁语	法语等
正义即公正的道理，与公平、公道、正直、正当等相连。	“正义”一词来源于女神狄刻的名字。狄刻是正义的化身，主管对人间是非善恶的评判，她是宙斯同忒弥斯之女。忒弥斯是司法律和秩序的女神，在希腊人的雕塑中忒弥斯手执聚宝角和天平、眼上蒙布，以示不偏不倚地将善物分配给人类。	拉丁语中“正义”(Justice)一词得名于古罗马正义女神禹斯提提亚(Justitia)。禹斯提提亚是同希腊正义女神狄刻和忒弥斯等同的神。如同在希腊语中一样，拉丁语“正义”一词中已经包含了正直、无私、公平、公道这些一直保持到现代的基本语义。[1]	法文中的“droit”、德文中的“recht”、意大利文中的“diritto”等，都兼有正义、法、权利的含义。在英文中，“justice”一词，具有正义、正当、公平、公正、司法等意思。

★ 正义论的释义

古代的思想家们一般都主张一种“道德的正义”论。在古希腊，正义论处于政治、道德哲学的中心位置。柏拉图将正义看作一种德性，与智慧、勇敢、节制相并列。但是正义与其他的德性不一样，它是总体的德性而不是具体的德性，是对一切人而言的德性，是每个人都可以做到的德性。而其他德性则是某个职业人群的德性，如智慧是管理者的德性，勇敢是护国者的德性。因此，正义是一种过政治生活的德性，它只存在于一个人对他人的关系上，并且关切的是他人的善。亚里士多德详细地分析了正义的概念，在历史上提出了具有深远影响的正义理论，尤其是将正义区分为分配正义与矫正正义。

☆ 学界关于正义论的基本观点

古罗马深受古希腊的影响，因此古罗马人对正义的看法与古希腊没有实质的变化。古罗马法学家认为，正义是给予每个人应得的部分，这与古希腊著名立法者梭伦的思想相似。西塞罗则将正义的根基追溯到神与自然，并认为只有正义的法律才是法律。古罗马时代形成了合乎正义的三条原则：正直地生活、不损害别人、各得其所。在中世纪，对正义的神学定义占了统治地位。著名神学家托马斯·阿奎那把正义定义为一种习惯，依照这种习惯，一个人以一种永恒不变的意愿使个人获得其应得的东西。在阿奎那看来，服从上帝就是正义。

而到了近现代，正义的观念发生的巨大的转变，其中最显著的变化就是个人的

---

〔1〕 廖申白：《论西方主流正义概念发展中的嬗变与综合》，载《伦理学研究》2002 年第 2 期。

自主与权利成为正义的首要内容。英国的霍布斯将思考社会问题的基点转移到了个人自身,尤其是个人的生命。因此,虽然他强调主权者的决定性作用,并认为只有在确定的秩序下才有正义,但他同时指出,如果主权者发布的法律威胁到个人的生命,任何个人都可以起而反抗。边沁的功利主义正义观主张,正义的标准应建立在"功利"的基础上,即以个人的幸福或痛苦为计算单位,最大多数人的最大幸福是判断是非的标准。

美国法学家庞德认为,正义并不是指个人的德行,也不是指人们之间的理想关系,它意味着一种体制,意味着对关系的调整和对行为的安排,以使人们生活得更好,是满足人类对享有某些东西或实现各种主张的手段。他说:"在经济和政治上,我们可以把社会正义说成是一种与社会理想相符合,足以保证人们的利益与愿望的制度。在法学上,我们所讲的执行正义(执行法)是指在政治上有组织的社会中,通过这一社会的法律来调整人与人之间的关系及安排人们的行为。"[1]

比利时布鲁塞尔自由大学法哲学中心主任、原国际法哲学协会主席、国际哲学学会副主席佩雷尔曼(C. Perelman)对形式正义理论作过系统阐述。他认为,对每个人来说,正义总是意味着某种平等。形式正义,笼统地说,就是抽掉了正义的实质内容,要求不管人们出自何种目的,不管在何种场合,都要以同一方式待人,正义总是意味着平等,意味着同等待人。正义就是给予人——从某一特殊观点看来是平等的人,即属于同一"基本范畴"的人同样的待遇。

美国当代著名政治哲学家约翰·罗尔斯(John Rawls,1921~2002年)的正义学说被称为"社会正义论"或"体制正义论"。他在《正义论》中指出:"正义的主要问题是社会的基本结构,或者准确地说,是社会主要制度分配基本权利和义务,决定由社会合作产生的利益之划分的方式。"[2]他提出了正义的两个基本原则:

第一,"最大的平等自由原则"(principle of greatest equal liberty),即每个人都应平等地享有基本的自由,包括政治、言论、集会、良心、思想、人身、占有个人财产、不受专横地逮捕与剥夺财产的自由。

第二,"差异原则"(difference principle),即确立社会和经济的不平等时,应当对整个社会,特别是应当对处于最不利地位的人有利,而且所有的社会地位和官职对一切人开放或提供平等的机会。此外,还有一种"经济正义论",强调正义与否的

---

〔1〕[美]庞德:《通过法律的社会控制·法律的任务》,沈宗灵、董世忠译,商务印书馆1984年版,第55页。

〔2〕[美]罗尔斯:《正义论》,何怀宏等译,中国社会科学出版社1988年版,第5页。

关键在于能否处理好公平和效益的关系。

按照传统观念,公平是正义的核心,然而,效益和公平都是社会应有的美德,是法律应当促成实现的价值。这两种美德(价值)可以和谐共存,但又经常处于深沉的张力之中。当公平与效益出现尖锐冲突时,就必须在两者之间作出选择。[1] 诚如凯尔森所言,“自古以来,什么是正义这一问题是永远存在的。为了正义问题,不知有多少人流了宝贵的鲜血与痛苦的眼泪,不知有多少杰出思想家,从柏拉图到康德,绞尽了脑汁,可是现在和过去一样,问题依然未获解决”。[2] 正义的标准是历史的、变化的、多元的和相对的。每种意识形态都有自己对正义的理解,存在自己的问题。人们根据一定社会的经济关系的要求,形成了判断是非曲直的标准,确切地说,主要地并且越来越多的是专门评价社会制度的标准。从根本的意义上讲,凡是符合一定社会经济关系的要求的,即为这个社会所“公认”的就是正义的。

我们认为,正义是对一定社会现存经济关系的观念化的反映,是一种有着客观基础的、关于某种特定事物如思想、行为、规范、制度乃至事业等的理想状态及模式的主观评价尺度和价值判断标准。

8.1.2 正义的划分

表8-2 正义的分类

分配正义和矫正正义	分配正义	含义:根据每个人的功绩、价值来分配财富、官职和荣誉。
		分配正义考虑的是每个人各得其所。在这里,“正义”意味着与某种标准相称的分配比例。此等标准可能要求政治权力的分配必须以人们的贡献大小为依据;也可能是人们只有具有一定的名望、身份或财富,才能作为要求官职和荣誉的理由。总之,分配正义是指根据每个人的实际情况来分配权力和荣誉。
	矫正正义	含义:对每个人同等看待,仅计算双方利益与损害的平等。
		矫正正义不考虑当事人的地位,只要一个人对另一个人造成了损害,就必须弥补该损害,不管好人犯法还是坏人犯法,都应该受到惩罚。两者的区别在于,前者强调的是根据比例进行分配,而后者是对损害进行等价补偿。

[1] 何建华:《经济正义论》,上海人民出版社2004年版,第57页。

[2] [奥]凯尔森:《什么是正义》,转引自张文显:《当代西方法哲学》,吉林大学出版社1987年版,第182页。

续表

个人正义和制度正义	个人正义	含义:是人的一种德行,理性、激情、欲望都在人本身起作用,那么他就是正义的。
		个人正义即在制度本身正义及个人已接受这一制度所安排的利益时,个人应尽的责任;制度正义即社会基本结构的正义。
	制度正义	含义:社会中的各个阶级的人们都能各司其职,使社会有机体各个部分保持和谐。
		制度正义是首要的正义。这是因为,社会基本结构对个人的生活前途起着渗透的、自始至终的影响;它构成了个人和团体的行为发生的环境条件;关于人的行为公正与否的判断,往往是根据社会基本结构的正义标准作出的。
实体正义和程序正义	实体正义	含义:制度本身的正义。
		实体正义通过对实体权利与义务的安排,为社会提供一种秩序,使人们都能发挥自己的才能,享有自由、平等与安全。
	程序正义	含义:程序正义是一种以程序解决社会冲突的正义,它要求坚持公正标准促进纠纷的解决。
		程序正义是实现实体正义的前提,没有程序正义的保障就没有实体正义的实现。程序正义的实现可以使国家权力与公民权利得以协调,并在两者的互动中使实体正义得以实现。

典型案例

美国宪法中的正当法律程序

山姆·谢波德(Sam Sheppard)是俄亥俄州的一位著名外科医生,1954年因涉嫌杀害已有身孕之妻而被捕。他自称无辜,其妻是外人入室将她击昏后所杀害。此案公开后,立刻引起全国和地方各媒体的极大关注,有关评论和报道随即铺天盖地而来。在谢波德被捕前,各报纸就认定他犯有谋杀罪。对于庭审过程,传媒亦紧追不放,记者及照相机、摄影机充斥法庭。在选定陪审员、举证及认定事实等方面,传媒极力施加影响。主审法官对此听之任之,未采取任何措施保护陪审团的判断不受干扰。此种情形一直持续至有罪判决作出后方才停息。随后,谢波德以审判过程被严重干扰为由上诉至联邦最高法院,当时最高法院驳回了上诉。1966年,谢波德在依人身保护令获得联邦最高法院重审之前,已在俄亥俄州的监狱里度过了10年的时光。这10年之中,最高法院的认识有了很大的改变,在大众传播时代保护刑事被告的经验也日益丰富,最后,最高法院推翻了原判。

在该案中,联邦最高法院认为州主审法官在该谋杀案的审理中未能保护被告人获得正当法律程序所要求的公正审判权利,未能保护被告人不受审前弥漫全社区的偏见和在法庭审理中因传媒报道而产生的不良影响力的伤害。主审法官克拉克在判决意见中极其严厉地批评新闻界的过分报道和初审法官的失职行为。这一案件表明,传媒过度地公开庭前听审和庭审情况,并且在法庭上行为失当,使被告人实际上失去了接受公正审判的权利。

此后,美国法院规定:法庭和法庭的一切设施受法庭控制,法官有责任严格控制法庭和法院处所的环境以确保传媒和公众不干预被告接受公正审判。法官可运用若干程序上的方法来排除报道带来的潜在的不利影响,包括:(1)推迟审理案件直到偏见的危险消除;(2)如果有关的报道尚未充斥整个州,将案件转移到另一县区,或从另一县区引进陪审员以代替转移案件;(3)监督对陪审团候选人的预先审核,以确保对被告的清白与否抱有先入之见的候选人不能入选陪审团;(4)隔绝证人或至少警告他们在作证前不要听从传媒对于诉讼的报道;(5)命令重新审理;(6)发布限制性命令,禁止案件的所有当事人向传媒做出带有倾向性的陈述。

美国各地区法院都坚定不移地对法庭的环境和法庭成员及联邦法院工作人员向传媒发布信息加以管理,但它拒绝利用藐视法庭的权力来阻止不受欢迎的新闻报道。最高法院认为,初审法官有权发布禁令,禁止检察官和辩护律师、当事人、证人、法院工作人员和法律执行人员向传媒披露可能导致法官审理案件时产生偏见的事项,如被告人的陈述、证人的身份和可能提供的证言,或者与案件是非曲直有关的评论意见。这也是美国法院从谢波德案件中得到的启示。

8.2 正义与法律关系的学说

知识要点

☆ **关于正义与法律关系的学说**

法律与正义天然密切相关。我国古代墨家强调法“天”,天即“无私、公正”。

(1)我国古籍《说文解字》一书中对于“法”字的解释,也含有“公平”的意思。

(2)在俄国,古代法典《罗斯真理》中的“法”,既作“真理”解,又作“正义”解。

(3)拉丁文 justitia(正义)中的“jus”三个字母,就是法的意思。

(4)古罗马法学家乌尔比安就认为,法学是“关于正义与不正义的学问”。

(5)另一法学家凯尔苏斯称,法律是“善和正义的艺术”。

可见法律与正义的关系确非寻常。法律与正义的关系一直是思想家、法学家们密切关注的问题之一。

★ **法律与正义的关系**

法律与正义的关系主要有以下三种学说观点:

(1)法律为正义奠定了原则基础,提供了正义的标准和尺度。

这种观点认为,法律本身就代表正义,即是否正义由法律决定。古希腊思想家柏拉图认为,法律是正义与公正的体现,凡是法律所规定的就是公道的、合理的,否则就是不法行为或不公道的。他把行为的合法性与行为的正义性等同起来,“凡是对政府有利的对百姓就是正义的;谁不遵守,他就有违法之罪,又有不正义之名”。[1] 霍布斯认为,只有主权者制定的命令才能确定什么是正义的和什么是非正义的。自然法和实在法是互相包容而范围相同的,人们把自己的权力转交给了主权者,所以人们自己是实际上的法律制定者;离开主权者的命令,不可能有是非、有正义与非正义。

(2)正义为法律奠定了原则和基础,是衡量法律好坏的标准。

这种学说认为,正义和法律密不可分,正义是法律的内容和法律的尺度,法律是正义的体现和实现正义的手段,法律必须蕴藏、体现和实施正义,反之就不是法律。自然法学派的众多思想家认为,法律与正义有密切关系,自然法是理性的体现,代表正义,实在法应根据自然法制定。自然法、正义是衡量实在法好坏、善恶的唯一标准,“恶法非法”。如格劳秀斯认为,自然法是正义的理性法则,任何与理性相适应的行为就是道义上的公正行为,反之就是道义上的恶;法律纵使无武力做后盾,也并非毫无效力,因为遵守法律就是正义,而正直者的良心赞成正义遗责非正义。罗尔斯主张,正义创造法律,法律是依附于正义的。博登海默也认为正义是衡量法律好坏善恶的标准,但不是唯一标准。

(3)法律与正义无关,至少没有必然的联系。

这种观点既否认正义是法律的价值和标准,也否认法律是正义的基础和尺度。多数法律实证主义法学家就持这种观点。他们注重分析法律的形式和结构,而不

---

[1] [古希腊]柏拉图:《理想国》,郭斌和、张竹明译,商务印书馆1986年版,第19页。

是道德和社会内容，在观察法律结构时，不考虑规范的内容是否正义，而是力图把法学与其他学科如伦理学、心理学、社会学分开。法律实证主义的创始人英国的约翰·奥斯丁认为法理学只研究实在法，而不考虑这些法律本身的好坏，认为法律的存在是一回事，法律的好坏是另一回事，主张"恶法亦法"。凯尔森提出"纯粹法学"，他试图将构建一种纯粹而普遍的法律理论，所有不确定的因素都从中排除出去，他认为正义是特定社会生活的结果，不是普遍的纯粹法学关注的对象。法律实证主义在20世纪最杰出的代表赫伯特·哈特认为，法律和道德之间没有必然联系，他实际上坚持了奥斯丁所称的法律和道德相分离的观点，在此视角下，法律存在与否和正义没有直接关系，但他同时认为，人们有权反抗暴虐的法律。

典型案例

宣示"恶法非法"的德国国籍案〔1〕

一位德国犹太人律师在第二次世界大战爆发前夕移居荷兰阿姆斯特丹，1942年其被驱逐出阿姆斯特丹，后再也没有他的消息，被认为已经丧生于集中营中。但他移居荷兰后是否还拥有德国国籍，却关系到后来发生的一件继承案件。1968年联邦德国联邦宪法法院在一起案件中需要对该律师是否因移居荷兰而导致丧失德国国籍作出裁判。法院发现，1941年11月25日发布的关于《帝国国籍法》第11号令第2条明确规定："犹太人在以下情形丧失德国国籍：a. 在本法令生效时其经常居住地在外国的，自本法令生效时起；b. 本法令生效日后选择外国作为经常居住地的，自其将经常居住地迁往外国时起。"如果依据此条规定，该律师丧失德国国籍。但联邦宪法法院最终判决该律师并未丧失德国国籍，理由是关于《帝国国籍法》的第11号令自始无效。法院的裁判书中写道："联邦宪法由此确认剥夺纳粹'法'令之法律效力的可能性，盖因其明显违背诸正义之基本原则，以致适用其规定或承认其法律后果之法官，将宣示不正义而非法律。第11号令违反诸法律原则。它与正义之矛盾已达如此不可忍受之程度，以致它当被视为自始无效。"

〔1〕［德］阿列克西：《为拉德布鲁赫公式辩护》，林海译，载郑永流主编：《法哲学与法社会学论丛》（2007年第1期），北京大学出版社2007年版。

8.3　作为法律价值的正义

知识要点

★ 正义表现为一种法律的价值目标

正义蕴含公平、公道、平等等价值内涵，是政治社会中各种价值体系所追求的最高目标。法律作为一种最具权威性的价值体系和规范体系，自然也应将实现正义作为自己最终的理想目标。在西方法律思想史上，与正义观念共存并纠缠在一起的是自然法这个概念。自然法的学说，在一定意义上可以说是关于正义的理论，因为它表示一种对于正义秩序的信念。自然法的学说认为这种正义秩序是普遍适用的，并且是各种形式的成文法所能存在和有效的根据，因而，实在法必须与自然法相结合，否则就不是“善法”，而是“恶法”或“非法”。在中国法律思想史上，特别是在儒家的传统观念中，与西方自然法观念相类似的主张是一套以“仁”为核心、以“礼”为形式的道德法则。“仁”“礼”作为理想观念，与自然法具有相同的性质。它所追求的是一种理想的、道德的社会秩序或宇宙秩序。实在法则是这些道德规范的必要补充。

★ 正义既是法律原则又是衡量法律优劣的标准

正义观不仅是评价人们行为公正与否、善良与否的标准，而且也是评价现实法律的重要标准。正义观念存在某些客观的、相对稳定的原则和准则。人们期望通过正义的法律原则，建立起个人和他人（社会、公众、政府或个人）以及各主权国家之间的和谐关系。同时，正义也意味着在特定案件中正确运用法律原则所应得到的理想结果。正义与否往往是由多数人进行评判的。正义观念中也存在某些相对稳定的内涵，或者说是最低限度的正义要求。比如，任意杀害一个清白无辜的人是应受谴责的；未违法者不应被判有罪；双方当事人都应获得陈述己见的机会；任何人均不应在涉及自己的案件中充当法官，等等。相对稳定的正义观念就是衡量法律优劣的基本标准。在制定法律时，立法者就不可能不以一定的正义观念作指导并将这些正义观念体现在具体的法律规范之中。就执法而言，首先，要以法律规范中的正义观念为指导；其次，也要受执法者本人正义观念的左右。法律能否被良好遵守的制约因素是多重的，其中极其重要的因素就是法律本身是否具有正义性，具有多大程度的正义性，以及社会民众的正义观念如何，法律所包含的正义观念与社会民众的正义观念是否吻合。没有这些标准，就没有可行的法律制度。

★ 正义推动法律的革新

正义作为法律的最高目的，作为区别良法与恶法的标准，始终是法律进化的精神动力。作为一种社会观念和社会准则，正义不是永恒不变的，不同时代的正义观念具有一定的差异。社会正义观的进步，常常是法制改革的先驱。人们在评价法律是否优良或合理时，总是以特定时代的正义观念作标准。正义与自由平等不可分，而对自由平等的最大威胁来自政府的滥用权力，正是在正义观念推动下，人类创制了以控权为主旨的宪法和行政法。正义目标的实现要求严格、明确、公正、公开的程序，正义成为程序法进化的直接推动力量。例如，英美法系的正当程序原则大大推动了整个法律程序的理性化、科学化。由于正义的最低要求是相同的情况相同对待，因此正义提高了法律的普遍性。同时，正义要求标准的同一性，符合人们对平等的需求，从而推动法律平等的实现。

典型案例

齐玉苓受教育权案〔1〕

【案情概述】

齐玉苓与陈晓琪均系滕州八中1990届应届初中毕业生，陈晓琪在1990年中专预选考试时成绩不合格，失去了升学考试资格。齐玉苓则通过了预选考试，在统考中成绩为441分，超过了委培录取的分数线。后来济宁商校发出了录取"齐玉玲"为该校1990级财会专业委培生的通知书，陈晓琪在其父陈克政的操纵下，从滕州八中领取了该通知后即以"齐玉玲"的名义入济宁商校就读。陈晓琪从济宁商校毕业后，以"齐玉玲"的姓名在中国银行滕州支行工作。齐玉苓经过复读，后就读于邹城劳动技校，1996年8月被分配到山东鲁南铁合金总厂工作，自1998年7月，有相当一段时间下岗待业。1999年齐玉苓在得知陈晓琪冒用其姓名上学并就业这一情况后，以陈晓琪及有关学校和单位侵害其姓名权和受教育权为由诉至法院，要求被告停止侵害，并赔偿经济损失和精神损失。枣庄市中级人民法院一审认为陈晓琪侵

---

〔1〕 参见《全国首例侵犯受教育权案依宪法判决》，载《法制日报》2001年8月26日。

害了齐玉苓的姓名权，判决陈晓琪停止侵害，陈晓琪、陈克政、济宁商校、滕州八中、滕州教委向齐玉苓赔礼道歉并赔偿其精神损失费35000元。齐玉苓不服，提出上诉，要求陈晓琪等赔偿各种损失56万元。

该案二审期间，最高人民法院于8月13日专门就该案作出了《关于以侵犯姓名权的手段侵犯宪法保护的公民受教育的基本权利是否应承担民事责任的批复》(法释〔2001〕25号)，明确指出，根据本案事实，陈晓琪等以侵犯姓名权的手段，侵犯了齐玉苓依据宪法规定所享有的受教育的基本权利，并造成了具体的损害后果，应承担相应的民事责任。

山东省高级人民法院8月23日作出了终审判决，判决陈晓琪停止对齐玉苓姓名权的侵害；陈晓琪、陈克政、济宁商校、滕州八中、滕州教委向齐玉苓赔礼道歉；齐玉苓因受教育的权利被侵犯造成的直接经济损失7000元由陈晓琪和陈克政赔偿，济宁商校、滕州八中、滕州教委承担连带赔偿责任；齐玉苓因受教育的权利被侵犯造成的间接经济损失由陈晓琪、陈克政赔偿，济宁商校、滕州八中、滕州教委承担连带赔偿责任；陈晓琪、陈克政、济宁商校、滕州八中、滕州教委赔偿齐玉苓精神损害赔偿费50000元。

【简要评论】

由于侵害受教育权在民法和当时的相关法律中没有规定，所以，对于原告主张陈晓琪等的行为侵犯了其受教育权，并要求陈晓琪等承担侵权责任的诉讼请求，是否应当支持，必须解决以下三个问题：

(1)齐玉苓可否向陈晓琪等主张受教育权；

(2)法院能否依据宪法进行裁判；

(3)陈晓琪等的行为如果违反了宪法的规定，能否要求其承担民事责任。

对于第一个问题，也就是宪法基本权利的第三人效力的问题，依据我国宪法的规定，公民有受教育的权利和义务，公民的受教育权属于宪法保护的公民的基本权利。宪法专门规定了公民的基本权利，基本权利之实现与否对法治社会的意义和重要性不言而喻。公民的基本权利不仅可能受到来自国家力量的侵犯，社会上拥有优势地位的团体及个人，对于其他居于实力劣势之私人，亦有可能以压倒的势力妨碍其基本权利的实现。仅仅赋予公民得以基本权利对抗国家，仍难以保证其基本权利的实现。宪法作为我们这个国家的最高法，宪法所追求的价值和理念为法治社会之首要。宪法必须得到实施，公民的基本权利也必须得到实现。对于第三人侵犯宪法所保护之基本权利，自应当给予法律上之救济。

我国宪法明确规定，宪法是国家的根本法，具有最高的法律效力。全国各族人民、一切国家机关和武装力量、各政党和各社会团体、各企业事业组织，都必须以宪法为根本的活动准则，并且负有维护宪法尊严、保证宪法实施的职责。一切法律、行政法规和地方性法规都不得同宪法相抵触。一切国家机关和武装力量、各政党和各社会团体、各企业事业组织都必须遵守宪法和法律。一切违反宪法和法律的行为，必须予以追究。任何组织或者个人都不得有超越宪法和法律的特权。这些规定，都无一例外地表明宪法基本权利不容侵犯。宪法所保护的基本权利不仅仅对抗国家的侵害，同时也对抗私人的侵害。陈晓琪等的不当行为，造成齐玉苓受教育的权利难以实现，齐玉苓有权向陈晓琪等主张其受教育权。

对于第二个问题，虽然长期以来人们存在宪法不能进入诉讼的观念，法院内部也有判决不援引宪法的惯例，但这些并不代表法院不能依据宪法进行裁判，我国宪法和法律也没有规定法院审判不得援引宪法。

第一，宪法的适用权来源于宪法的实施权。宪法的实施又与宪法适用紧密相连。因为宪法规范是一种较为原则和抽象的规定，同时立宪者也不可能预见到未来社会的发展，因此宪法要得到实施必须赋予宪法实施机关以宪法适用权。没有这种宪法适用权，宪法实施机关的活动是难以实现的。我国宪法规定，人民法院依照法律独立行使审判权。人民法院作为宪法的实施机关，自然应当享有宪法的适用权。

第二，人民法院在适用宪法时对宪法进行解释，并不与宪法将宪法解释权赋予全国人大常委会的规定相违背。人民法院行使的仅仅是行宪解释权，行宪解释就其实质而言是有权国家机构在实施宪法、履行宪法所规定的权力和职责时，对宪法条文、规范原则以结构、功能和相关法律关系所作的进一步的说明。从法理上看，行宪解释一般只是适用、实施宪法的解释，并不是终极的宪法解释。

第三，在民事审判中适用宪法是人民法院的神圣职责。人民法院作为国家的审判机关，有责任保障宪法的正确实施。在民事审判中遇有违反宪法上规定的行为，自然应当依照宪法的规定予以纠正，在普通法律没有规定但宪法有规定的情况下自然有义务直接适用宪法中的规定对违反宪法的行为予以纠正。人民法院不履行这种职责的行为是违宪行为，应当由宪法监督机关予以纠正。违反宪法的判决是无效的判决。我国《宪法》第5条规定，“国家维护社会主义法制的统一和尊严。”“一切法律、行政法规和地方性法规都不得同宪法相抵触。”“一切国家机关和武装力量、各政党和各社会团体、各企业事业组织都必须遵守宪法和法律。一切违反宪法和法律的行为,必须予以追究。”“任何组织或者个人都不得有超越宪法和法律的特权。”故一个违反宪法的判决自然不能成为有效的判决。人民法院的审判权是宪法赋予的,其实施审判权自然不得违反宪法的规定。宪法赋予人民法院审判权,又允许人民法院可以作出违反宪法的判决,这在逻辑上是说不通的。人民法院在普通法律没有规定但宪法有规定的情况下,不顾宪法的规定对公民违反宪法的行为不予纠正,对公民应受宪法保护的权利不予保护,作出这样的判决本身就是违宪的,这样的判决是没有效力的。

但是,人民法院行使宪法适用权,不是没有界限的,而是有限制的。

首先,人民法院仅应在其职责范围内行使宪法适用权,超越其职权行使宪法适用权是应当禁止的。依据我国宪法的规定,人民法院是我国的审判机关,依据法律独立行使审判权。除此之外,宪法没有赋予人民法院其他职权,更不是宪法实施的监督机关。因此,并不负有追究一切违反宪法的行为的职责。人民法院超越宪法赋予其的审判权的职责范围,行使宪法适用权本身就是违宪行为,应当予以制止。

其次,人民法院行使宪法适用权应当尊重立法机关和行政机关等国家机关的宪法适用权。人民法院在审理案件中,宪法和法律、法规中都作了规定,人民法院应当选择适用法律、法规,而不是直接适用宪法。因为全国人大及其常委会制定法律、国务院制定行政法规的活动也是在其职权范围内适用宪法的活动,在宪法实施的监督机关未作出否定评价之前,这种宪法适用的活动具有法律效力,应当给予尊重。如果人民法院认为法律、法规符合宪法的规定的,则应当优先适用法律、法规中的规定,因为法律法规中的这些规定是对宪法中原则规定的具体化和生动体现,执行和适用这些不仅无损于宪法最高法的形象,而且能保证宪法得到更为有效的实施。但是,如果人民法院认为法律、法规不符合宪法的精神、原则和有关规定,这时一方面,应当尊重全国人大及其常委会、国务院在其职权范围内适用宪法的活动,在宪法实施的监督机关未作出否定评价之前,人民法院既不能拒绝适用法律法规而直接适用宪法进行判决;另一方面,人民法院应当遵照宪法行使审判权,不能作出违反宪法的判决,所以人民法院也不能不顾宪法的规定而适用自己认为违反宪法的法律法规,作出违宪的判决。此时人民法院应当行使疑问权,而不是宪法适用权。应当依据《民事诉讼法》第150条中“其他应当中止诉讼的情形”的规定,中止诉讼,待我国的宪法监督机关——全国人大常委会——作出判断后再进行审判。宪法监督机关作出的判断是终局性的,人民法院应执行宪法监督机关的决定。

对于第三个问题，也就是陈晓琪等的行为违反宪法应该承担什么样的责任的问题。从法理上讲，民法侵权行为法上的救济权是为救济私益而设，但对私益的保护，不仅仅体现在民法中，同样也体现在行政法、刑法等公法中，所以，这些公法中所设定的某些公权其目的除保护公益外，也保护私益。公法的保护不能取代私法的保护。宪法是一门综合性的法律，宪法所保护的基本权利本身也是公权和私权的混合。因此，当第三人的行为侵犯宪法上保护的公权，并构成对私益的侵犯时，也应当得到民事上的救济。违反宪法所承担的责任形式可能是多样的，民事责任是一种责任形式。

正当的民事利益，应当和民事权利一样得到民事上的保护。一些国家和地区民法典已经明确规定了给予公法上的私益以直接民事救济的方式。例如，《德国民法典》第823条规定："因故意或过失不法侵害他人之生命、身体、健康、自由、所有权或其他权利者，对被害人负赔偿损害之义务。1. 违反以保护他人为目的之法律者，负相同之义务。2. 如依法律之内容，虽无过失亦可能违反法律者，在有过失时，始负赔偿损害之义务。"根据霍恩的解释，"这里所说的保护性法律，包括所有以保护个人和个人群体为主要目的的私法规范和公法规范"。

综上，在本案中，受教育权虽然不是一项民事权利，而是作为一项公权规定在宪法上，但是受教育权的实现与否对于个人将来的发展、收入的高低具有重要的意义，受教育作为一种利益对于个人具有现实价值，并且具有正当性。是故，受教育应受民事上的保护。陈晓琪等的行为构成了对齐玉苓受教育利益的侵害，理应追究其民事责任。

8.4 通过法律实现正义

知识要点

★ 实现正义的方式

(1)通过立法分配权利以确立正义

正义只有通过良好的法律才能实现，立法使正义的要求规范化、明确化。"既然正义秉性的特征是他律，它就只能在一定条件下才能导致正义的行为。为了克服这一条件性，使正义具有自律的外表，社会必须诉诸法律。法律的强制手段迫使人们遵守正义规范,不论他们情愿与否。”[1]任何一个时代的立法,都或多或少地包含了一定的社会正义内容。一般来说,正义的要求先于法律的制定,由正义的要求引发而导致立法动机和立法行为,从而使一定的正义要求通过法律形式固定下来。通过立法把正义的原则法律化、制度化,并具体化为权利、义务和职责,实现对资源、社会利益和负担进行权威的、公正的分配。在这种权利义务的分配中,基本权利和义务的分配是根本性的与决定性的。当然,通过权利、义务的分配所确立的正义,只是法律规范意义上的正义。这种法律规范意义上的正义是否能转化为社会现实,既要取决于法律所确认的正义本身的性质、内容,也要取决于法律正义得以实现的条件、手段、方式和途径等。规范意义上的法律正义与社会实践中的法律正义往往有着相当大的差距。同时,即使国家法在本质上是正义的,但一些规范性法律文件、法律条款也可能因历史条件的变化而失去合理性成为非正义的东西,这就要求加强法律的立、改、废工作,实现立法活动的科学化和民主化。

(2)通过惩罚非正义行为以维护正义

正义是法律的价值目标,法律是实现正义的手段。如果正义的要求通过法律形式被固定下来,那么忠实地实施法律就是正义的;如果正义的要求在法律规定中尚未充分固定下来,那么就有必要由执法机关加以弥补。正义作为社会价值必然会遭到各种形式的侵犯,法律依靠其强制性,裁决纠纷,惩治非正义行为,为受害人讨还“公道”。以刑罚为代表的法律上的惩罚之基本目的,主要体现为报应。报应就是通过惩罚罪恶表达正义观念,恢复社会心理秩序。犯罪不仅是违反法律、危害国家和社会利益的行为,而且也是违反正义观念的邪恶行为。因此,出于正义的要求,对于恶行应该作出否定评价,对于善行应该给予褒扬。这是基于道义要求所产生的正义观念的应有内涵。在关于惩罚的理论中,包含惩罚的理由、惩罚的对象以及什么是适当的惩罚等问题。无论怎样理解惩罚的性质,人们都不能否认惩罚具有伸张正义的作用。当然,社会的发展要求当某种行为由道德或其他社会规范进行调整便足以胜任时,作为维持社会正义最后一道防线的刑法,便不应当轻易介入。

(3)通过公正地补偿损失以恢复正义

法律要切实地保障正义,必须使因违法犯罪而蒙受的损失得以补偿,从而使正义得到修复。为此,首先,必须有一套公开解决纠纷的规则和程序,并且这些规则和

---

〔1〕 慈继伟:《正义的两面》,三联书店2001年版,第33页。

程序必须具有普遍的意义和公正的内容；其次，适用这些规则时，应公正无私、不偏不倚。在现代社会，为了保障冲突和纠纷的公正解决，法律所提供的规则和程序主要有：审判公开，即案件的审理公开进行，接受社会的监督，但不受社会舆论所左右；回避制度，即任何人不应审理与自己有利害关系的案件，法律纠纷应该由超然于当事人的第三者来进行审理；律师自由，即律师能够没有顾虑地为当事人提供必要的法律服务；当事人的权利平等，即冲突和纠纷双方均应享有有关程序法规定的诉讼权利，并有公平的机会进行辩论和出示证据；案件的处理应当及时、高效；应有上诉和申诉制度，从而实现上级法院对下级法院判决的公正性和合法性进行审查等。如果说惩罚罪恶是基于道义的正义要求，那么，补偿损失则是基于功利的正义要求。英国著名法官丹宁勋爵曾说："他们（指上议院）认为最重要的目标是实现法，而我认为是实现正义。"[1]实现正义是法律的出发点，也是法律的归宿。总之，法律在本质上有着追求和实现正义目标的取向，法律的特殊品格也使它能够成为维护和促进正义的最可靠保障。

典型案例

杜宝良巨额交通罚款案

2003年10月28日，《中华人民共和国道路交通安全法》由第十届全国人民代表大会常务委员会第五次会议通过，自2004年5月1日起施行。2004年10月22日，北京市第十二届人民代表大会常务委员会第十五次会议通过了《北京市实施〈中华人民共和国道路交通安全法〉办法》，该办法自2005年1月1日起施行。

2005年5月23日，安徽进京务工人员杜宝良在极其偶然的情况下得知，他在北京真武庙路同一地点违反禁行标志105次，均被"电子眼"拍摄记录在案，须交罚款10500元、交通违章记分210分。这意味着，起早贪黑、以贩菜谋生的他一年白干了。自打交了1万多元的交通违法罚款后，老杜两口子的生活就被打乱了，"每天在家就是复习交通法规"。

此事经媒体披露后引起广泛关注，舆论称为"杜宝良现象"。

---

〔1〕［英］丹宁：《法律的正当程序——丹宁勋爵和他的法学思想》，刘庸安等译，法律出版社1999年版，第9页。

北京市交管局法制处认为,“暗中执法符合法律规定,是交管部门针对交通违法行为采取的一种执法手段”。新交法赋予了交警查处交通违法行为的权力,交警拥有执法权,暗中执法正是交警行使执法权、查处违法行为的一种方式。为达到严格执法的效果,交管部门采取了多种手段,包括现场疏导指挥、电子眼监控、交警直接拍摄等,其中也包括暗中执法。

有出租车司机就此事发表感言:我们开车走在没有交警和电子眼值班的地方,还要不要遵守交规?我们很多驾车人都有一种心理,好像遵守交规是为对付交警而不得已的行为。现在设置交通电子眼的目的也就在于针对这种心理与现象而设的吧。如果哪天我们的驾车人独自一人行驶在没有交警和电子眼的路上,仍能自然而然地按交通规则开车,那电子眼就可以休息了。电子眼刚刚开始不久,碰到这种事恐怕也是头一次,应该有个改进的过程,所以把板子打在交管上有点感情色彩。我倒觉得驾车人应该多想想自己如何守法。“这个人不知道这里不能这样走”恐怕不能作为逃避责任的借口,否则还怎么去执法?

也有社会人士认为:作为司机,无论是什么水平的司机,不管有什么理由都必须遵守法规,不能因为不懂法就可以违法,然后人们对他们表示同情,这不符合情理。“杜宝良违章事件”其实暴露出另一个问题,这就是对交法普及教育不够。我国现行的新交法是40多年出现的第一部交通法规,到现在实行才一年多,而各地相关细则实行的时间更短,因此需要几千万有车人以各种方法进行交通法的普及宣传。制定法规的目的是让人们都遵守,如果仅仅靠罚那便偏离了制定法规的目的了。对于司机来说,有义务主动学习新交法及相关细则,不应该以不知道等理由推托自己应该承担的责任。如果说这件事有什么意义,那只能说暴露了交通管理的弊病和驾车人素质这一现实。此外,这也正是一次对新交法的普及教育。

北京市公安局新闻发言人就此表示,在日常的执法中还存在一些比较突出的问题,比如在告知违章中,就没有很好考虑到,现实中一些公民还不能及时通过网络了解违章行为。在今后的整改中,要强化交通标志,使人一目了然。市局将整改规范公安执法行为,促进执法公正。

6月13日,杜宝良在律师的陪同下,就“万元罚款单”一事向北京市西城区人民法院提起行政诉讼。今年40岁的杜宝良告诉记者:“这是我平生第一次打官司。”

杜宝良的律师王英指出,根据《北京市实施〈中华人民共和国道路交通安全法〉办法》第107条第2款的规定,“公安机关交通管理部门及其交通警察发现机动车有未处理的违法行为记录的,应当书面告知机动车所有人或者驾驶人,机动车所有人或者驾驶人应当按照告知的时间、地点接受出处理。”“西单队记录了杜宝良未处理违法行为高达105次,却从未履行过其‘书面告知’义务”。

6月18日上午,北京市西城区人民法院告诉庭正式向杜宝良发出了《行政案件受理通知书》,内容为:“杜宝良:你诉西城交通支队西单队一案的起诉状,本院已于2005年6月13日收到,经审查,你的起诉基本符合法定受理条件,本院决定立案审理。”

在得知法院立案的消息后,杜宝良表示,过去他一直认为,打官司是一件不光彩的事,这次是他平生第一次走进法院大门,而且还是“民告官”,老家的人都知道了。但现在他改变了以前的想法,“那么多人帮助我,尤其是为我提供法律援助的律师。我也开始知道一些法律知识了,懂得用法律保护自己了”。

延伸阅读

1. 叶传星:《略论我国法正义观的转向》,载《浙江学刊》2009年第3期;
2. 廖申白:《〈正义论〉对古典自由主义的修正》,载《中国社会科学》2003年第5期;
3. 张恒山:《论法律和法律正义》,载《法制与社会发展》2002年第2期。

第9章　法律自由

教学目标

了解法律自由的释义；

掌握法律的自由价值；

明确法律和自由两者之间的关系；

牢记法律对自由限制的四原则。

推荐阅读资料

1. 付子堂:《关于自由的法哲学探讨》,载《中国法学》2000年第2期;
2. 周尚君:《重新审视古典自由主义——兼与周保松教授商榷》,载《学术界》2012年第7期;
3. 龙文懋:《自由与秩序的法律价值冲突辨析》,载《北京大学学报》(哲社版)2000年第4期;
4. [英]以赛亚·柏林:《自由论》,胡传胜译,译林出版社2003年版;
5. [英]约翰·格雷:《自由主义》,曹海军、刘训练译,吉林人民出版社2005年版。

9.1　自　由

知识要点

☆ 9.1.1　自由的释义

自由是现代价值观的核心。“自由问题是所有哲学反思的真正核心:它是形而上学和神学的核心，就如同是伦理学和社会政治哲学的核心一样。”[1]自由不仅是自由主义的核心价值观念，也是马克思主义和其他与自由主义不同的社会政治理论的核心价值观念。在著名的《共产党宣言》中，马克思和恩格斯写道：“代替那存在着阶级和阶级对立的资产阶级旧社会的，将是这样一个联合体，在那里，每个人的自由发展是一切人的自由发展的条件。”[2]

关于自由是什么这一核心问题，不同的人们从各种不同的立场如政治、经济、法律、道德、宗教与哲学等观点出发或者从个人与国家（或社会）的观点出发，给出了各种不同的回答。

“或许与罗尔斯的著作中一样，在罗纳德·德沃金的著作中，所有自由主义原则得以推导出来的典范性自由主义关切是平等以及对人的平等关切和尊重，这些规定着——至少对政府而言——对人的各种善的生活保持中立；所有规定着人类拥有什么（如自由）的其他原则都来自于这一基本的自由主义关切。而对于像J. S. 密尔、以赛亚·伯林、F. A. 哈耶克以及罗伯特·诺齐克这些风格各异的自由主义者来说，自由主义是那种自由优先于其他政治善的学说。这类自由主义思想家都坚持认为自由优先于其他政治价值，尽管他们对自由的设想可能各异，也无论他们是否在任何逻辑的意义上承诺自由的最大化，以及他们确认其优先性的根据是什么。对于像约瑟夫·拉兹这样的自由主义思想家来说，自由和平等都不构成自由主义政治道德的基本价值，它的核心关切是增进展现自主性行为主体的生活样式。自由主义思想家不仅认为置于自由主义政治道德核心或基础地位的价值和原则超然不同；而且将完全不同的道德理论作为自由主义原则的根据。如果说哈耶克和罗尔斯是不同意义上的康德主义者、伯林和拉兹是价值多元主义者的话，那么约翰·斯图亚特·密尔——他在多方面仍然是一个典范的自由主义思想家——则众所周知地被认为是功利主义伦理学的修正类型。这些作家中的任何人的实质性规范内容以及奠基性的道德理论都无法毫无疑义地等同于自由主义的本质性构成要素。”[3]

★ 9.1.2 自由主义学者对自由的理解

尽管自由主义对自由的理解形形色色，莫衷一是，但就政治和法律自由而言，

---

[1] [法]阿兰·博耶：《论古代共和主义的现代意义》，载应奇、刘训练编：《公民共和主义》，东方出版社2006年版，第7页。

[2] 《马克思恩格斯选集》（第1卷），人民出版社2012年版，第422页。

[3] [英]约翰·格雷：《自由主义》，曹海军、刘训练译，吉林人民出版社2005年版，第128～129页。

其要不外乎以下数端。

表9-1 自由主义对自由的理解

贡斯当	古代人的自由	古代人的自由则是国家或者集体的自由。古人的自由意味着参与集体决策的过程。
	现代人的自由	现代人的自由是个人的自由。对现代人来说,自由意味着一种在法治之下受到保护、不受干涉或者独立的领域。
柏林	消极自由	指出“消极自由”的含义:“我们一般说,就没有人或者人的群体干涉我的活动而言,我是自由的。在这个意义上,政治自由简单地说,就是一个人能够不被别人阻碍地行动的领域。”〔1〕因而消极自由的本质就在于“不干预”,即个人免于他人乃至国家的专断意志的干预。
	积极自由	与之相对,“积极自由”则是:“‘自由’这个词的‘积极’含义源于个体成为他自己的主人的愿望。”〔2〕积极自由的结果通常是在好生活的蛊惑下产生一种残酷的暴政。一般认为,在消极自由和积极自由之间,只有消极自由才是真正的自由。
佩迪特	共和主义的自由	它是不同于消极自由和积极自由的另一种自由。共和主义是一种比现代自由主义历史远为悠久的政治和法律的实践和理论潮流。作为消极自由和积极自由之外对自由的一种不同理解,自由既不等于无干预,也不等于积极干预;自由在于“无支配”(non-domination),即没有他人的主人般地任意施加的影响。佩迪特确定了这种自由观的三个核心观念:“一种无支配的自由观念,一种认为无支配的自由需要一种其中的公共政策着眼于公共利益之宪法的主张,一种相信某些制度形式——具有罗马特征的——可能成为这样的宪法之一部分的信念。”〔3〕

因此,就政治自由的角度而言,自由既可理解为保护个人权利的消极自由,亦可理解为参与国家政治的积极自由。两者并不是相互矛盾的,而是并行不悖的。同时,无论是消极自由,还是共和主义的积极自由,都一致赞成自由是法治之下的自由,自由和法治密不可分。

---

〔1〕[英]以赛亚·伯林:《自由论》,胡传胜译,译林出版社2003年版,第189页。

〔2〕同上注,第200页。

〔3〕应奇、刘训练:《公民共和主义》,东方出版社2006年版,第117页。

9.2 法律自由

知识要点

☆ 9.2.1 法律自由的释义

所谓法律自由，就是指一定国家的公民或社会团体在国家权力所允许的范围内进行活动的能力，是受到法律约束并得到法律保障的，按照自己意志进行活动的权利。

★ 法律对自由的保障的方式

表9-2 法律对自由的保障的方式

法律自由受国家宪法和法律的保障	自由的内容是十分广泛的，有所谓思想自由、习惯自由、道德自由、哲学自由、政治自由、宗教自由等。法律自由只是自由的一个重要部分。它是被法律所认可和保障的那种自由，是被规范化了的人的行为自由。它既不能被侵犯，也不能被任意扩大，因为它已经具有了国家意志的属性，受国家强制力的保障。法律自由作为一种"外在自由"，乃是一种行为自由，它区别于思想自由或意志自由。如马克思所说，对于法律来说，除了人的行为外，人是根本不存在的。相对于意志自由而言，现代法治社会更为推崇的，正是保障外在自由，法律自由的意义因而日益重要。
法律通过对公民权利的形式规定自由	在法律中，无论消极自由，还是积极自由，均以权利的形式表达出来。所以，"权利"一词和"自由"一词往往通用，比如，政治权利又叫政治自由，人身权利又叫人身自由，等等。许多国家的宪法中所规定的自由权，如人身自由、迁徙自由、通讯自由、言论自由、出版自由、集会结社自由等，实际上正是个人在政治和人身方面所享有的权利。如《世界人权宣言》第3条规定："人人有权享有生命、自由和人身安全。"第21条规定："人人有直接或通过自由选择的代表参与治理本国的权利。"前者是个人消极权利的表达，后者是个人积极权利的表达。我国宪法也作了类似规定。如《宪法》第37条规定："中华人民共和国公民的人身自由不受侵犯。"第34条规定："中华人民共和国年满十八周岁的公民，不分民族、种族、性别、职业、家庭出身、宗教信仰、教育程度、财产状况、居住期限，都有选举权和被选举权；但是依照法律被剥夺政治权利的人除外。"
法律自由是相对的	法律自由是文明社会的产物，具有时代特征。一定的历史时代有一定的法律自由，不同的社会有不同的法律自由。没有任何绝对的法律自由。由于社会发展程度和社会性质的不同，法律自由的状况有所差别。法律自由受到一定社会的经济发展水平、社会状况、阶级本质、历史条件等多方面的因素的决定和制约。从这个意义上说，自由是有条件的，而非无条件的。任何法律自由都不可能超越那个时代的社会生活条件所提供的氛围而独自发展。此外，法律自由的相对性还表现在，它总是与法律责任密切相关。责任是自由的题中应有之义；就法律意义而言，责任可以帮助人们确定义务，并因此而确定惩罚的适用与否，这构成对人们行为自由的约束。

自由在法律价值体系中处于重要地位。自由作为一种价值理想,是法律的灵魂。法律应当奠定在自由的基础之上,必须确认、体现和保障更多人的更多自由,否则,就是不正义的法律,就应当受到谴责。同时,法律也要限制自由,甚至在特定的情况下取消自由。

9.2.2 法律的自由价值

自由对于法具有决定性的意义,这意味着:自由是法律的进化基础和基本构成因素,是法律必须和必然追求的基本目标。总之,法是对社会主体需求的记载和满足,自由是法律的最高价值之一。

☆ 法律的自由价值的命题

● 古希腊亚里士多德就曾经把法律与自由联系在一起。他说:"法律不应该被看作(和自由相对的)奴役,法律毋宁是拯救。"[1]

● 西塞罗有句名言:"为了得到自由,我们才是法律的臣仆。"

● 近代启蒙思想家洛克也认为,法律就其真正的含义而言,与其说是限制还不如说是指导一个自由而有智慧的人去追求他的正当利益……法律的目的不是废除或限制自由,而是保护和扩大自由。

● 青年马克思也指出,自由是人类的天性,是人民不可剥夺的普遍权利;谁反对自由,谁就是反对人民,也就是违背了国家和法律的本质。"法典就是人民自由的圣经。"[2]这个命题一方面强调了法律的根本任务是维护和保障人民的自由权利;另一方面也强调自由必须受到法律的限制。

所谓法律的自由价值,也就是说,法律应当是"自由的法",是自由的准则、依据和保证,法律规范只能是为了确认和保障自由而制定,法律权利和义务也是为了实现自由而设定,法律实施的出发点和归宿都是为了自由。简言之,法律以自由为前提和目的,同时必须通过法律实现自由。

★ 通过法律实现自由

自由不是上帝的恩赐,而是人类历史活动的产物。在人类历史上,自由和法律有着不解之缘。没有法律,自由就无法得以具体规定,也无法得到保障。人们通过法律才能实现自由。

---

〔1〕[古希腊]亚里士多德:《政治学》,吴寿彭译,商务印书馆1965年版,第276页。

〔2〕《马克思恩格斯全集》(第1卷),人民出版社1995年版,第176页。

(1)法律将自由意志转化为自由权利。

法律上的自由权利反映的是主体的个人意志与国家意志之间的同一性,即主体的意志行为在一个确定的范围内是不受法律限制的,主体可以自由地安排自己的行为。法律上的自由权利所表现出的意志不再仅仅是主体的意志,它同时也是国家的意志。任何对它的外在干扰便也是对国家意志的否定,就可能招致法律的制裁。

(2)法律确定各种自由权利的范围。

自由并不意味着为所欲为,不是放任或任性。法律划定自由权利的范围,从而实现普遍自由。法律以两种方式确定各种自由权利范围:一是直接界定自由权利的范围,各种法律条文后的但书,大多都是对这种限制的明确表述;二是对等地设定义务。各种不同的自由构成一个复杂的权利体系,因此,在创设宪法和法律时,必须坚持整体性原则,从而决定各种自由的范围,使整个法律体系都贯彻自由的原则。

(3)法律提供选择的机会,增加自由选择的效能。

自由在其社会意义上意味着在各种行为可能之间进行有效的选择。人正是在选择中获得了自由,自由在选择中得到实现。这种行为的自由选择能力,取决于对行为后果的事先预知或合理预测。法律为人们的选择提供依据。假如没有法律规则,人们就会无所适从,因而也就没有什么自由可言。

(4)法律保障自由免受侵犯,并不被滥用。

构成社会的各个主体因需要、利益、自由等的不同难免会发生冲突,乃至相互侵犯。同时,自由也存在被滥用的可能性。所谓自由的滥用,就是自由的享有者任意扩展其自由的范围和内容,同样会导致其他个体或群体的自由受损害或被剥夺。对自由的侵犯可能起因于自由的滥用,而自由的滥用必然又会导致对自由的侵犯。所以,法律必须在防止自由被侵犯的同时,又防止自由的滥用,由此保障自由的全面实现。这方面最好的例证是,各国刑法一方面赋予公民正当防卫权和紧急避险权,另一方面又对防卫过当和避险过当的情况给予明确制止及适当刑事处罚。

★ 9.2.3　法律对自由的限制

如前所述,亚里士多德认为,法律是对人们行为自由的约束,但这种约束不是对自由或人的奴役,而是对自由或人的拯救。霍布斯也认为,国法乃限制人民之自由也,如果说公民有某种自由,那就是说公民从事某种行为没有受到法律的限制。

洛克则认为,法律根本不是对自由的限制,而是通过它的限制使人获得自由。

法律自由就其本性而言，是具有某种范围和限制的自由。总之，法律既是一种对自由的保护手段，同时又是一种限制自由的工具，这种限制对于自由的实现来说是十分必要的。对于法律限制自由的根据，存在四种理论，即“伤害原则”（又称为“密尔原则”，是“伤害别人的原则”的简称）、“父爱主义”原则（又称为“亲缘主义”原则）、“冒犯原则”和“法律道德主义”原则（或称“立法伦理主义”原则）。

我国法学界所提出的对自由的法律限制原则主要有以下四项。一般认为，超出了这四项基本原则，就是不合理的限制。

原则一：法律基于社会生活条件的制约而限制自由。

法律以社会为基础，法律的产生、存在与发展在根本上取决于一定的社会物质生活条件。自由同样不能不受社会物质生活条件，即生产方式、地理环境、人口状况等的限制。“权利决不能超出社会的经济结构以及由经济结构制约的社会的文化发展。”[1]此外，自由也受到社会经济生活条件、道德意识、风俗习惯的限制。总之，法律所确认的自由及其限制，必须遵循现实性和可能性的准则。

原则二：法律为了社会及他人的利益而限制自由。

禁止伤害社会和他人，是所有国家的法律限制自由的内容。人类自由既然依赖于一定的社会秩序，秩序就意味着约束与限制。允许个人有绝对自由，必然会侵害他人的自由权利。美国最高法院法官霍尔姆斯曾指出：“最大的言论自由也不保障任何人在戏院中有狂呼‘失火’造成大家惊慌奔逃的自由。”[2]我国现行《宪法》第51条明确规定：“中华人民共和国公民在行使自由和权利的时候，不得损害国家的、社会的、集体的利益和其他公民的合法的自由和权利。”个人自由权利的终点止于他人自由权利的开始之处。禁止伤害他人和社会的法律是一个国家实体法规范的主要构成部分，而对危害他人和社会的行为的处理，则构成了司法上的主要活动之一。

原则三：法律为了行为人自身利益而限制自由。

法律限制自由有时是为了促进被强制者的自我利益。例如，强制接受普及义务教育和专业训练的法律；规定妇女和儿童不得从事某些有害身心健康的生产活动的法律；禁止决斗的法律；强令摩托车驾驶员驾驶摩托车时必须戴安全帽的法律；禁止赌博和吸毒的法律，等等。

---

〔1〕《马克思恩格斯选集》（第3卷），人民出版社2012年版，第364页。

〔2〕杨正旭：《美国宪法上的言论自由并非绝对的权利——以联邦法院判例举证》，载香港《中正日报》1986年5月26～28日。

原则四:法律为了各项自由的协调而限制自由。

世界上不可能有绝对的自由,任何个人都必须为了某些自由而放弃另一些自由。法律所规定的公民的各项自由权利乃是一个统一整体,不能加以肢解。马克思说:"自由的每一种形式都制约着另一种形式,正像身体的这一部分制约着另一部分一样。只要某一种自由成了问题,那么,整个自由都成问题。"[1] 自由权利有多种,它们互相衔接、互相依存,失去或剥夺某种自由,必然影响其他自由权利的行使。这样,对自由的限制就有一个必要的量度问题。法律是所涉及的自由之间相互限制的尺度和准则。

总之,自由从来不可能是绝对的、不受限制的。如果认为自由便是为所欲为,甚至是胡作非为,那么这实在是莫大的误解。特别是自20世纪以来,随着社会经济的发展,凯恩斯主义被广泛采纳,表现在法律领域,最典型的就是对合同自由的限制,出现了标准合同或格式合同形式。许多国家都制定了大量的法律限制合同自由原则。但限制自由不是要否定自由,而是为了更好地保障和实现自由。如何在自由与限制自由之间作出恰当的平衡,是任何社会法律的一项艰巨任务。一个社会可能会因缺乏自由,导致极权、专制而失去活力,也可能因对自由缺少必要而合理的限制而陷入混乱。

典型案例

介于法制与自由之间——瑞士:给"死亡旅游"加载法律准绳[2]

2007年,患有癌症的法国著名女演员马伊亚·西掌在亲友的陪伴下踏上了她生命中的最后一段旅程,前往瑞士苏黎世在"尊严"组织的协助下实施安乐死;2009年,几近失明的英国著名指挥家爱德华·唐斯与其患有绝症的妻子琼不堪健康问题的困扰,在共同度过了54年的幸福生活后,一同前往瑞士在协助自杀机构"尊严"的帮助下平静离世……近些年来,与他们一样选择前往瑞士进行"死亡旅游"的人并不在少数。面对本国迅途发展的"死亡旅游业",瑞士政府和议会打破了多年的沉默,正在酝酿给这个特殊行业制定更加严格的法律准绳。

所谓"死亡旅游",是指那些生活在禁止安乐死国家的人来到瑞士在安乐死组

---

[1] 《马克思恩格斯全集》(第1卷),人民出版社1995年版,第201页。

[2] 材料来源:《法制日报》2009年11月10日。

织的帮助下结束自己的生命。随着越来越多的人来到瑞士赴这场死亡的约会,“死亡旅游”这一话题在瑞士国内掀起了一波又一波的讨论热潮,“死亡旅游”甚至还曾当选2007年年度词汇,由此可见民众对其的关注程度。

随着“死亡旅游”的日渐繁荣,瑞士国内出现了两种声音:一种认为政府应该采取法律措施,对安乐死组织采取更加严格的管理,使瑞士摆脱“死亡目的国”的名声,保护国家形象;另一种则认为“病人还是应该有自主的权利”,无论是对外国人还是瑞士本国人。

2009年10月28日,瑞士联邦政府首次打破多年来对“死亡旅游”现象的沉默。艾维琳·维德默一施龙普夫表示,目前已经将两个修改协助自杀的方案提交议会审核,人们认为这标志着瑞士将重新审查与协助自杀相关的法律,以法律的准绳严格管理“死亡旅游”现象。瑞士联邦政府的这一举措引起了瑞士媒体和国内专家、普通民众的讨论热潮。

“死亡旅游”目前在瑞士已经变成了一种产业,无论瑞士政府和议会此次讨论的结果如何,值得肯定的一点是,这一现象已经引起了必要的关注,应该用什么样的法律准绳来加以要求和规范,也已经成为政府和民众都在关注的焦点。瑞士的“死亡旅游”究竟会何去何从,不仅与瑞士本国民众的切身利益相关,还与那些渴望到瑞士实行安乐死的外国民众息息相关。

在剧院谎报火灾与言论自由

言论自由被视为公民的所有自由中最为重要的一项。许多国家的宪法中都有专门条款对这项自由进行特殊保护。《美国宪法修正案》第1条规定:“国会不得制定法律……剥夺言论自由或出版自由。”但这并不意味着法律对言论自由就没有限制。公民在行使言论自由的时候也不能逾越法律的界限。在Schenck v. United States一案中,霍姆斯大法官提出了限制言论自由的法律标准,即“清楚与现存危险”(Clear and Present Danger)的原则。霍姆斯大法官在意见书中写道:“我们承认,在通常时期的许多场合,被告具有宪法权利,去谈论在其传单中所谈论的全部内容。但每一项行为的特征,取决于它在被作出时的情形。即使对言论自由最严格的保护,也不会保护一人在剧院谎报火灾而造成一场恐慌。它甚至不保护一人被禁止言论,以避免可能具有的暴力政策。每一个案例的问题是:言论是否被用在如此场合,以致将造成清楚与现存的危险,并带来国会有权禁止的实际危害。这是一个程度问题。当国家处于战争时期,许多在和平时期可被谈论的事物,将对战备努力构成如此障碍,以致这类言论不能再被忍受,且法院不得认为它们受到任何宪法权利的保护。”[1]

延伸阅读

1. [英]以赛亚·柏林:《自由论》,胡传胜译,译林出版社 2003 年版;
2. [意]布鲁诺·莱奥尼:《自由与法律》,秋风译,吉林人民出版社 2004 年版;
3. [美]罗纳德·德沃金:《自由的法》,刘丽君译,上海人民出版社 2001 年版。

[1] 张千帆:《宪法学导论:原理与应用》,法律出版社 2004 年版,第 314 ~ 315 页。

第10章 法律平等

教学目标

识记平等的含义；

了解西方平等观念的演进；

理解法律平等的含义；

识记道德平等、机会平等、福利平等的含义；

理解平等与平均、平等与特权、平等与歧视的关系；

理解法律的平等价值。

推荐参考资料

1. 胡玉鸿:《平等概念的法理思考》,载《求是学刊》2008 年第 3 期;
2. 孙建国:《论平等权的一体保护》,载《法学杂志》2012 年第 8 期;
3. 闫国智:《现代法律中的平等——平等的主体条件、法律平等的本体及价值》,载《法学论坛》2003 年第 5 期;
4. 姚大志:《评福利平等》,载《社会科学》2014 年第 9 期;
5. [法]皮埃尔·勒鲁:《论平等》,王允道译,商务印书馆 1988 年版;
6. 卓泽渊主编:《法理学》,法律出版社 2004 年版,第十章;
7. 马长山主编:《法理学导论》,北京大学出版社 2014 年版,第十二章。

10.1 平等与法律平等

知识要点

10.1.1 平等释义

★ 平等的含义

现代社会是一个自由的社会,同样也是一个平等的社会。和自由一样,平等构成现代社会的另一个核心价值。可以说,自由和平等,宛如地球绕日公转的两个焦点,构成了现代社会绕之而旋转的两个核心价值观念。和自由的观念一样,人们对平等的理解也是人言人殊。

- 皮埃尔·勒鲁认为:“平等是一种原则,一种信条……当今社会,从某方面观察,除此原则之外,别无其他基础。”〔1〕
- 卢梭认为:“至于平等,这个名词绝不是指权力与财富的程度应当绝对相等;而是说,就权力而言,则它应该不能为任何暴力并且只有凭职务与法律才能加以行使。”〔2〕
- 博登海默指出:“平等乃是一个具有多种不同含义的多形概念。它所指的对象可以是政治参与的权利、收入分配的制度,也可以是不得势的群体的社会地位与法律地位。它的范围涉及法律待遇的平等、机会的平等以及人类基本需要的平等。它可能关注诺成合同的义务与对应义务间的平等的保护问题、关注在因损害行为进行赔偿时作出恰当补偿或恢复原状的问题、并关注在适用刑法时维护罪行与刑罚间的某种程度的均衡问题。”〔3〕
- 马克思认为:“平等是人在实践领域中对自身的意识,也就是人意识到别人是和自己平等的人,人把别人当做和自己平等的人来对待。平等是法国的用语,它表明人的本质的统一,人的类意迟和类行为、人和人的实际的统一,也就是说,他表

---

〔1〕[法]皮埃尔·勒鲁:《论平等》,王允道译,商务印书馆 1988 年版,第 19 ~25 页。

〔2〕[法]卢梭:《社会契约论》,何兆武译,商务印书馆 1962 年版,第 34 页。

〔3〕[美]E. 博登海默:《法理学:法律哲学与法律方法》,邓正来译,中国政法大学出版社 2004 年版,第 307 页。

明人对人的社会关系或人的关系。"[1]

平等的意思还远远不止这些,平等是历史的范畴。在不同的历史时期,就有对平等的不同认识。中国古代曾经出现过零星的平等思想,如先秦农家提出的"贤者与民并耕而食";墨家的"兼相爱、交相利";历代农民起义军提出的"等贵贱、均贫富"的口号。

☆ 西方平等观念的演进

西方社会的平等观念一直可以追溯到古希腊。随着古希腊智者运动的兴起以及自然和习俗二分的出现,智者们鼓吹希腊人和野蛮人、男人和女人、奴隶和自由人就自然或天性而言是平等的,人们之间的不平等只是习俗的结果。希腊智者们的这种观点可以视为现代意义上人格平等观念的先声。同时,对于我们理解平等观念来说,希腊人提供了另外一种政治平等的观念。这种观念表达在"isonomy"(法律的平等)一词中。它指的是人基于公民身份而不是出生而获得的政治参与的平等,从而与现代的平等观相区分。

随着罗马的攻伐和征服,地中海沿岸各个国家和民族都服从于罗马帝国的统治之下,民族和国家之间的界限在一定程度上被打破,为现代意义平等观念的出现奠定了现实的基础。黑格尔指出,在罗马帝国时期,"民族个体性消亡在一种万神庙的统一中,一切单个人降格为私人,他们一律平等,并且都具有形式的权利"。[2]正是在罗马帝国的基础上,基督教得以产生。基督教的金箴:"无论何事,你们愿意人怎样待你们,你们也要怎样待人。"其第一次将现代意义的人人平等观念以宗教信仰的形式表达出来。随着基督教的传播和在西方精神世界统治地位的获得,人人平等的观念也就开始深人人心。当然,基督教宣扬的平等只能是原罪的平等和在上帝面前的人人平等,而不是现实世界的平等。

随着西方近代启蒙运动的出现,现代平等观念才真正形成。启蒙思想家认为平等和自由一样,构成自然人所具有的一种本质特性。洛克就指出,自然状态"也是平等状态,在这种状态中,一切权利和管辖权都是相互的,没有一个人享有多于别人的权力。极为明显,同种和同等的人们既毫无差别地生来就享有自然的一切同样的有利条件,既然能够运用相同的身心能力,就应该人人平等,不存在从属或

[1] 《马克思恩格斯全集》(第2卷),人民出版社2005年版,第48页。

[2] [德]黑格尔:《法哲学原理》,范扬、张企泰译,商务印书馆1961年版,第359页。

受制关系……"[1]卢梭认为,"每个人都生而自由、平等"。[2] 近代启蒙思想家大多着重于道德平等,而后来的社会主义者则更是强调财产、资源等社会和经济方面的平等。

★ **现代意义上的平等**

大致说来,现代意义上的平等可以从以下三个方面予以理解:

(1)道德平等。道德平等的意思是,每一个人,不论其种族、肤色、性别、语言、宗教信仰等如何,都生而平等。道德平等要求人和人之间的平等对待,每个人作为人都具有平等的尊严和价值。

(2)机会平等。机会平等指的是在获取社会职位、地位等通常会给人带来名望、收入或者其他有益的前景时,每一个人不因其种族、性别、社会背景甚至自然或者生理条件而具有的公平竞争的机会。机会平等要求社会职位和机会的提供仅仅基于个人能力,而不能基于与之无关的其他考虑。

(3)福利平等。福利平等指的是对处于社会底层人提供基本的福利保障上面的平等。一个社会在面对因形式机会与实际机会脱节而导致的问题时,会采取这

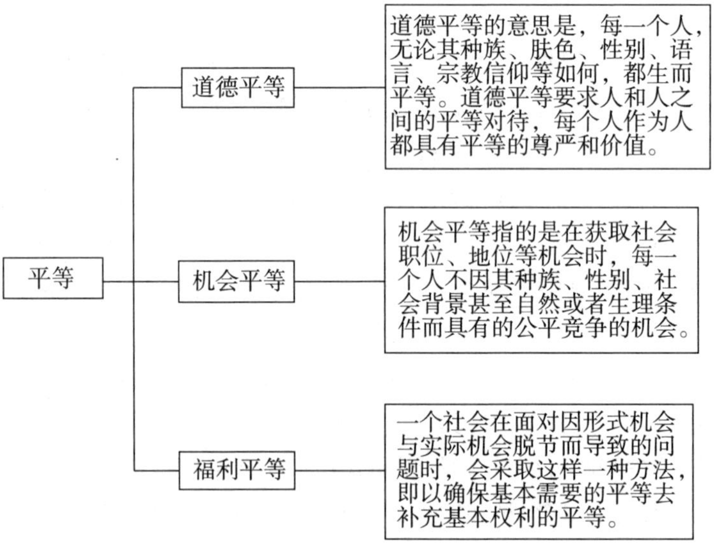

图 10－1　平等的三个方面

[1] ［英］洛克:《政府论》(下篇),叶启芳、瞿菊农译,商务印书馆 1964 年版,第 5 页。

[2] ［法］卢梭:《社会契约论》,何兆武译,商务印书馆 1980 年版,第 9 页。

样一种方法，即以确保基本需要的平等去补充基本权利的平等。旨在实现这一目标的政策可能包括：颁布最低限度工资法、建立福利制度等。

★★ 平等含义之辨析

美国著名政治哲学家罗尔斯（John Rawls，1921～2002 年）在《正义论》中曾对几种不同的平等进行思考，并列出了它们之间的先后次序。类似于罗尔斯的排序，则在三种平等之间，道德平等要优先于机会平等，而机会平等又要优先于福利平等。因此，对平等的理解要注意以下几点：

第一，平等不是平均。平均主要指的是在资源占有和财富分配上无视个人的能力和需要而简单地按份分摊。平均主义的错误在于，一方面，混淆了个人的人格或道德平等与社会经济或者物质财富的平等，从而把人仅理解为一种物质性的存在，而不是理解为道德的或者人格的存在，因而必然导致对人格尊严的极端漠视；另一方面，平均主义也忽视了社会分配应当基于个人的才能和志向，必然导致整个社会缺乏效率，完全没有积极性。因此，平均主义是一个极其简单粗俗的平等观。

第二，平等和特权相对立。特权是以其出身和地位等方面的优势而要求具有凌驾于他人平等权利之上的权利。特权既可以体现在根本的道德权利上，也可以体现在机会和福利或者资源的占有上，因而其错误可能是对个人平等的道德权利的违背，也可能是对机会平等的违背，甚至是对福利平等的违背。由此可见，特权和平等是根本背道而驰的。但要注意，基于机会平等而拥有的更多的社会权利——名誉、地位、财富等——不是特权。

第三，平等和歧视对立。平等的对立面不仅是特权，同时也包含歧视。在特权的前提下没有平等，在歧视面前同样也没有平等。作为一种社会人际关系的产物和状态，歧视指的是基于种族、性别、肤色、宗教等的偏见而产生的一种对他人的不公平对待。歧视和特权构成了与平等对立的两极。特权的享有者往往是对他人的“掠夺”和“欺辱”，而歧视的承受者往往是被他人所“掠夺”和“欺辱”。特权拥有者的权利在扩张，歧视承受者的权利则被侵害。特权者的权利超出了一般人的限度，歧视承受者的权利低于一般人的水平。歧视的错误在于不是把人当作一个平等的、有人格的人来对待，而是将种族、性别、肤色等当成他人的本质来看待。

第四，平等不反对适当的区别对待。区别对待有时难免会导致特权或歧视的产生，但并不必然如此。适当的区别对待甚至是维护或实现平等所必需的，是平等的表现。法律也不绝对排斥区别对待，而更多的是为区别对待提供标准和界线，以更好地确保平等。中国向少数民族地区的政策倾斜和美国的反歧视行动(affirmativeaction)都是区别对待的典型。

10.1.2 法律平等

★★ 法律平等

"法律"一词自身就包含了平等的观念。就法律而言,则平等纯为一形式的原则,即相同的情形同等对待,不同的情形不同对待。也就是说,法律的平等要求对相同的和不同的情形予以有差异的并且合乎其本质的对待。作为一条形式的原则,法律平等原则并没有说明什么是平等的,什么是不平等的,以及怎样进行同样的处理和不同的处理。实际上,需要注意的是,所谓的相同和不同只是比较而言的,世上并无绝对相同或者绝对不同的事情或者情形,因而所谓的相同或者不同也就只有在多多少少的相似或者不相似的意义上来理解。

此外,所谓平等或者不平等的行为往往不是基于理性的认识,而是基于决断或者权力。现实中不存在两个完全相同的凶手,但法律却要求对之予以相同的惩罚。[1]

亚里士多德对上述原则即同等情形同等对待,不同情形不同对待的论述则更深一层。亚里士多德认为,正义的核心是平等,正义可以分为两类,即分配的正义和矫正的正义,两者皆与平等相关。分配正义实际上包含了同等情形同等对待的原则,但不仅仅于此。对亚里士多德来说,平等首先是一理性的实质的平等观念,而不是现代意义上的人格平等的观念。其基本含义为一个人之应得,即一个人对于善的事物(如名誉、地位、财富等)的拥有不应当多于其所应得,也不应当少于其所应得。一个人之所得与其应得相当,即为平等。用亚里士多德的话说,"平等的事是一种适度"。[2] 其次,在人与人之间,平等则是两个人及其应得之间的一个适当的比例。亚里士多德指出:"然而平等又至少是两个东西之间的平等。所以,公正必定是适度的、平等的(并且与某些事物相关的)。作为适度,它涉及两个极端(过多与过少);作为平等;它涉及两份事物;作为公正它涉及某些特定的人。所以公正至少包含四个项目。因为,相关于公正的事的人是两个,相关的事物是两份。而且,这两个人之间以及这两份事物之间,要有相同的平等。因为,两个人相互是怎样的比

---

〔1〕 [德]考夫曼:《法律哲学》,刘幸义等译,法律出版社2004年版,第232页。
〔2〕 [古希腊]亚里士多德:《尼各马可伦理学》,廖申白译注,商务印书馆2004年版,第134页。

例，两份事物间就要有怎样的比例。”[1]

另外值得注意的是，亚里士多德所言之分配正义，就其实质而言，主要是一种政治权利的平等与分配问题。“人们都同意，分配的公正要基于某种配得，尽管他们所要的并不是同一种东西。民主制依据的是自由身份，寡头制依据的是财富，有时也依据高贵的出身，贵族制也依据德性。”[2]

10.2　法律的平等价值

知识要点

★★ 法律的平等价值

平等是法律的价值取向，法律对平等予以确认、维护，并努力使其实现来作为自己的目的。法律之所以能够保障平等，是因为法律与其他的规范相比有着绝对强大的规范系统，法律具有国家强制性，为对平等的保障提供了现实的可能。法律所具有的平等价值主要体现在以下几个方面：

(1)法律使平等的理念权利化、法律化。平等作为法律的最基本的精神和理念，通过权利化、法律化和规则化，抽象的平等观念就转化为具体的法律权利。因此，无论是道德平等，还是机会平等或者福利平等，都通过转化为法律权利而在法律中得到明确的规定和表达。

体现个人的道德和人格平等的规定有：

- 法国《人权宣言》第1条规定：“在权利方面，人们生来是而且始终是自由平等的。只有在公共利用上面才显出社会上的差别。”
- 《世界人权宣言》第1条规定：“人人生而自由，在尊严和权利上一律平等。”
- 我国《宪法》第33条规定：“中华人民共和国公民在法律面前一律平等。”

体现机会平等的规定有：

- 《世界人权宣言》第23条规定：“人人有权工作、自由选择职业、享受公正和合适的工作条件并享受免于失业的保障。”
- 《经济、社会和文化权利国际公约》第6条规定：“本公约缔约各国承认工作

[1]　[古希腊]亚里士多德：《尼各马可伦理学》，廖申白译注，商务印书馆2004年版，第134页。
[2]　同上注，第135页。

权，包括人人应有机会凭其自由选择和接受的工作来谋生的权利，并将采取适当步骤来保障这一权利。”

- 我国《劳动法》第 3 条规定：“劳动者享有平等就业和选择职业的权利……”

体现福利平等的规定有：

- 《世界人权宣言》第 25 条第 1 项规定：“人人有权享受为维持他本人和家属的健康和福利所需的生活水准，包括食物、衣着、住房、医疗和必要的社会服务；在遭到失业、疾病、残废、守寡、衰老或在其他不能控制的情况下丧失谋生能力时，有权享受保障。”
- 《经济、社会及文化权利国际公约》第 9 条规定：“本公约缔约各国承认人人有权享受社会保障，包括社会保险。”
- 我国《劳动法》第 48 条规定：“国家实行最低工资保障制度……”

(2)法律对平等权利予以具体规定，为平等的实现提供统一的标准。抽象的平等理念权利化、规则化的过程也就是平等的现实化、具体化、定型化的过程，平等由此而成为得到具体规定的、法律上可以得到切实保护和实施的各种平等权利。

就最抽象的理念层面而言，平等如《世界人权宣言》第 1 条所言，只不过是一个“人人在尊严和权利上面一律平等”的基本理念。最抽象的也就是最不实用的。平等的理念如不得到具体细致、切实可行的规定，那么对于平等的实现来说，终究不过镜花水月而已。因而，法律通过将抽象平等观念转化为具体的、在现实中切实可行的各项平等权利，从而一方面为平等的实现提供了现实的通道，另一方面也为平等的实现提供了有案可稽的统一标准。

平等的首要含义是要保护个人的道德和人格平等。在法律中，这种抽象的人格平等观念就被规定为各项具体的平等权利。在《世界人权宣言》中，这种权利分别体现为：

- 生命、自由和人身安全的权利(第 3 条)；
- 免于酷刑的权利(第 5 条)；
- 法律的平等保护的权利(第 7 条)；
- 公开和公正审判的权利(第 10 条)；
- 财产权利(第 17 条)；
- 思想、良心和宗教自由的权利(第 18 条)；
- 言论和出版自由的权利(第 19 条)等。

《经济、社会及文化权利国际公约》中，体现福利平等的权利有：

- 社会保障的权利(第9条);
- 儿童的福利权利(第10条);
- 妇女的福利权利(第10条);
- 健康和医疗的权利(第12条)等。

体现机会平等权利的规定有:

- 《世界人权宣言》第21条第2项规定:"人人有平等机会参加本国公务的权利。"
- 《经济、社会及文化权利国际公约》第6条第1款规定:"本公约缔约各国承认工作权,包括人人应有机会凭其自由选择和接受的工作来谋生的权利,并将采取适当步骤来保障这一权利。"

(3)法律是实现平等的切实可行的和最重要的手段。现代社会中,法律构成实现平等的最重要的手段。法律不仅通过立法将平等权利化、规则化,使之切实可行,而且通过司法和行政,使那些得到具体规定的各项平等权利得到实现,从而使平等由抽象的理念和纸上的权利变为现实中人人可以获得和享有的实实在在的权利。

与其他旨在实现平等的手段不同,法律对于保证平等的实现具有极大的优越性。法律以国家的强制力为后盾,国家从根本上保证了法律有效性,使之不致于成为一纸空文。

典型案例

青岛三名高考学生就教育平等权状告教育部案[1]

【案情概述】

2001年8月22日,要状告教育部的三名青岛高考考生与其代理律师一起乘飞机赶到北京向最高人民法院递交诉讼状。这三名考生是青岛铁一中高三(4)班姜妍(化名,理科,高考成绩522分)、青岛一中高三(4)班栾偕(化名,文科,高考成绩457分)和青岛十五中高三(4)班的张天珠(化名,文科,高考成绩506分),她们三人分别向教育部提起行政诉讼,诉教育部所作出的关于2001年全国普通高校高等教育招生计划的行政行为侵犯了她们的平等受教育权。张天珠说,她是在8月初高

〔1〕 朱力宇、袁钢:《法理学原理与案例教程》,中国人民大学出版社2016年版,第173页。

考录取分数线划定以后有了这个想法的。在青岛，文科专科的提档线是509分，一般本科的提档是539分，重点本科的提档是575分，而北京重点本科的提档线是456分，两地分数线差别悬殊，她觉得不公平。

其代理律师认为，教育部根据不同地域范围对招生人数作不同限定，这种限定使不同地域考生被划分成高低不同的等级，并在不同等级中参加高考。等级之间分数标准线差异巨大，从而直接侵犯了包括三名原告在内的广大考生的平等受教育权。律师说，考生的诉讼要求是请求最高人民法院向教育部发司法建议书，以避免今后再发生类似的行为。最高人民法院有关部门告知三位考生，根据行政诉讼法的相关规定，该案应该是由教育部所在地的中级人民法院管辖受理，不应由最高人民法院受理；并通知三名考生向北京市第二中级人民法院起诉。接到最高人民法院的通知后，三考生与代理律师交换意见后认为，她们此次诉讼并不是向教育部要一个明确的结果，而是希望触动有关部门反思我国教育体制存在的问题，采取有效的改革措施。三考生表示不再另行提起诉讼。

【关键问题】

1. 本案中教育部的招生政策是否违背了平等原则？

2. 本案中教育部的招生政策是否属于适当的区别对待？

【简要评论】

教育部对各省实行单独划定录取分数线的政策显然与平等的原则相违背，平等要求相同情况相同对待，每个公民都应当享有同等的受教育的权利，不因地域、民族、性别、财产、地位的差异而有所区别，但同时平等并不反对适当的区别对待，对于边远贫困地区、教育落后地区录取政策可以适当放宽。

【核心知识】

1. 平等和特权相对立。特权是以其出身和地位等方面的优势而要求具有凌驾于他人平等权利之上的权利。特权既可以体现在根本的道德权利上，也可以体现在机会和福利或者资源的占有上。

2. 平等不反对适当的区别对待。适当的区别对待甚至是维护或实现平等所必需的，是平等的表现。法律也不绝对排斥区别对待，而更多的是为区别对待提供标准和界线，以更好地确保平等。

第11章　法律秩序

教学目标

了解秩序的含义；

了解社会秩序含义、特征及分类；

了解社会秩序的演进过程；

识记法律秩序的含义；

理解法律秩序之下法律的主要特征；

理解法律在维护社会和平安宁上所体现出来的基本价值。

推荐参考资料

1. 朱勇：《权利换和谐：中国传统法律的秩序路径》，载《中国法学》2008年第1期；
2. 徐晨：《从卢梭到凯尔森：当代国际法律秩序的现实路径和发展方向》，载《理论界》2011年第10期；
3. 冯玉军：《全球法律秩序面临的新问题及其挑战》，载《东方法学》2012年第1期；
4. 张文显主编：《法理学》，高等教育出版社2011年版，第二十一章；
5. 沈宗灵主编：《法理学》，北京大学出版社2014年版，第三章。

11.1　秩序与社会秩序

知识要点

☆ 秩序的含义

在汉语中，秩序由“秩”和“序”组合而成。在古代，“秩”“序”两字，和英文的

order 一样，都有“次序”“常规”的含义。许慎《说文解字》：“秩，积也”，段玉裁注释为：“积之，必有次叙，成文理，是曰秩”。[1] 进一步引申为“常规”“常度”。如《诗经·小雅》：“宾之初筵，左右秩秩”，毛亨释为：“秩，常也”。“序”为“叙”的假借字。《说文解字》：“叙，次弟也。”[2] 在陆机《文赋》中，“秩序”作为一个词语出现：“谬玄黄之秩序，故淟涊而不鲜”，它保持了“秩”、“序”两字的原意，直到现在。

从广义上讲，秩序与混乱、无序相对，指的是在自然和社会现象及其发展变化中的规则性、条理性。美国法理学家博登海默认为，秩序意指“在自然进程和社会进程中都存在的某种程度的一致性、连续性和确定性。另外，无序概念则表明存在断裂（或非连续性）和无规则性的现象，亦即缺乏智识所及的模式——这表现为从一个事态到另一个事态的不可预测的突变情形”。[3] “秩序”一词的含义可以进一步从静态和动态两方面来把握。从静态来看，秩序是指人或物处于一定的位置，有条理、有规则、不紊乱，从而表现出结构的恒定性和一致性。就动态而言，秩序是指事物在发展变化的过程中表现出来的连续性、反复性和可预测性。

☆ 社会秩序的特征

秩序可以分为自然秩序和社会秩序。自然秩序就是表现在各种自然现象之中的规律。社会秩序则是体现在社会生活领域中的秩序。一般而言，社会秩序具有下列共同特征：

- 社会性，即反映人与人或者人与自然的关系，离不开人的行为；
- 稳定性，即意味着某种状态的持续存在；
- 可预测性，即人们能够事先知道或者估计到自己和他人行为的发展变化；
- 功能性，即社会秩序是社会生活得以存在和发展的基础和前提。

☆ 社会秩序的分类

社会秩序按照不同的标准可以有不同的划分：

- 以社会领域来划分，则有经济秩序、政治秩序、文化秩序等。
- 以地域为标准划分，则有国内秩序和国际秩序。
- 以一个社会的主要社会规范来划分，则有宗教秩序、道德秩序和法律秩序等。

---

[1] 段玉裁：《说文解字注》，上海书店出版社 1992 年版，第 325 页。

[2] 同上注，第 126 页。

[3] [美]E. 博登海默：《法理学：法律哲学和法律方法》，邓正来译，中国政法大学出版社 2004 年版，第 227～228 页。

☆ **社会秩序的演进过程**

图11－1　社会秩序的演进过程

从历史的发展来看，社会秩序大致经历了一个从宗教秩序、道德秩序到法律秩序的演化过程。

人类社会的秩序最早是通过宗教来维系的。在人类早期社会中，如在最早的埃及人、印度人、阿拉伯人、犹太人、希腊人、罗马人那里，宗教都是维持社会秩序最主要、最有效的手段，整个社会生活处于宗教的直接控制之下，甚至与宗教合一。宗教秩序构成了人类早期社会的基本社会秩序。随着人类认识能力的提高，社会秩序就逐渐由宗教秩序演变为道德秩序，德治逐渐成为社会的基本共识。孟德斯鸠指出，古希腊和罗马的民主政治的基本原则是德行。[1] 我国传统社会亦以德治著称。法律秩序是与宗教秩序和道德秩序不同的另一种社会秩序。在这种秩序下，法律和秩序两者达到高度的统一，法律取代宗教、道德成为维护社会秩序的最重要的手段。美国法学家R. M. 昂格尔认为，“法律秩序是一个非常罕见的历史现象”。[2] 在他看来，真正意义上的法律秩序，只在现代西方自由主义国家才初次出现。

☆ **我国社会秩序的演进**

我国传统社会秩序的演进也大致经历了以下三个大的阶段。

(1)我国最早的社会秩序也是在宗教的控制之下。《国语·楚语下》记载，我国古代曾经有一个民神杂糅的时期，“夫人作享，家为巫史”，就是说家家皆可祭祀人人都是巫师，可以直接通神，这是宗教与生活绝对为一的时期。

殷商时期，“绝地天通”，最后只有集王位和祭师于一身的王才有通天之术。尽管如此，以宗教来规范社会秩序的传统并没有改变。《礼记·表记》说，“殷人尊神，率民以事神”。

(2)从周朝开始，这种宗教秩序就开始为道德秩序所代替。武王革命以后，周朝统治者意识到宗教力量的不可靠，“天命靡常”，宗教在社会政治秩序中的地位由此下降，故“事鬼神而远之”，[3] 转而强调统治者的主观的政治德行，以取代以前鬼神的崇高地位。由此出发，周公在“德”的基础上重新建立起了一套礼治秩序。

---

[1] [法]孟德斯鸠：《论法的精神》(上册)，张雁深译，商务印书馆1961年版，第20页。

[2] [美]R. M. 昂格尔：《现代社会中的法律》，吴玉章、周汉华译，译林出版社2001年版，第63页。

[3] 《礼记·表记》。

春秋战国时期,这套道德秩序受到以孔子为首的儒家的大力倡导。战国时期,天下大乱,社会完全陷入无序之中,这表明单单依靠道德已经不足以维持社会秩序。

秦用商鞅,兼并六国,一统天下,并且建立起一套严整的法律秩序。但是秦至二世而亡,用法律秩序代替道德秩序的努力宣告失败。

(3)汉武帝"罢黜百家,独尊儒术",其实质是儒家的"德治"和法家的"法治"的结合。[1] 其后,这种"礼法合一"的社会政治秩序,就成为中国传统社会的常规秩序。

美国著名法学家 R. M. 昂格尔指出,这种社会秩序中的法律秩序并不是真正意义上的法律秩序,而只是一种"官僚法","法具有明确的官僚法的性质"。[2] 在这种社会秩序下,法律不过是统治者手中的工具和玩物而已。

11.2 法律秩序

知识要点

★ 法律秩序的含义

对于什么是法律秩序,存在各种不同的观点,但大致可以归为以下几种不同的类型:

第一种,主要是从法律规范、法律制度等等出发理解法律秩序,将法律秩序等同于法律体系或者法律制度。

- 凯尔森认为:"法律秩序是一个规范体系。""法律秩序,尤其是国家作为它的人格化的法律秩序……是一个不同级的诸规范的等级体系。"[3]

- 《牛津法律大词典》也说:"法律秩序是从法律的立场进行观察,从其组成部分的法律职能进行考虑的,存在于特殊社会中的人、机构、关系原则和规则的总体……法律秩序这个术语被一些法学家在不同的意义上用作制度或法律体系,甚

---

〔1〕 葛兆光:《中国思想史》(第1卷),复旦大学出版社2001年版,第264页。

〔2〕 [美]R. M. 昂格尔:《现代社会中的法律》,吴玉章、周汉华译,译林出版社2001年版,第97页。

〔3〕 [奥]凯尔森:《法和国家的一般理论》,沈宗灵译,中国大百科全书出版社1996年版,第124、141页。

至是法律的同义词。"[1]

第二种,则关注法律在社会生活中的实现,在这种意义上,法律秩序也就等同于法治秩序。

- 卢曼认为:"按目前的理解,法律秩序是巨大的实在和结构复杂化状态,所谓复杂状态,我们应该理解为经验和行为中可能的总和,当这种可能性实现时,就构成了一种意义的结构。"[2]

- 苏联学者雅维茨也认为,法律秩序"是在社会关系中实现了的法制,它存在于法律地位和权限、权利和义务的实现过程所形成的关系中,它包括稳定的法律联系和关系的体系。法律秩序可以被看作是法的实现的终点"。[3]

第三种,法律秩序,并不仅仅是对于公共和私人领域的权利和义务的抽象的法律条文和规范,也不仅仅是其在现实生活中的实现,而是以上两种观点的内在统一。笔者持这一观点。

- 完善的法律体系和法律制度,是良好的社会秩序的根本前提,而只有这种法律体系能够在现实中切实实现,才能谈得上健全的法律秩序。因而对于法律秩序来说,法律规范及其实现两个方面缺一不可。

- 美国法理学家博登海默指出:"法律秩序中的规范与事实这两个方面,互为条件且互为作用。这两者要素缺一不可,否则就不会有什么真正意义上的法律制度。如果包含在法律规则部分中的'应然'内容仍停在纸上,并对人的行为没有影响,那么法律就只是一种神话,而非现实。另外,如果私人与政府官员的所作所为不受符合社会需要的行为规则、原则或准则的指导,那么社会中的统治力量就是专制而不是法律。因此,规范性制度的存在以及对该规范性制度的严格遵守,乃是社会中推行法治所必须依凭的一个不可或缺的前提条件。"[4]

---

[1] [英]D. M. 沃克:《牛津法律大辞典》,光明日报出版社1988年版,第539页。

[2] Niklas Luhmann, A Sociological Theory of Law, Routledgea Kegan Paul(1985), p. 5. 转引自李宪明:《法律秩序论》,参见张文显、李步云主编:《法理学论丛》(第3卷),法律出版社2002年版,第300页。

[3] [苏]雅维茨:《法的一般理论》,朱景文译,辽宁人民出版社1986年版,第203页。

[4] [美]E. 博登海默:《法理学:法律哲学与法律方法》,邓正来译,中国政法大学出版社2004年版,第254~255页。

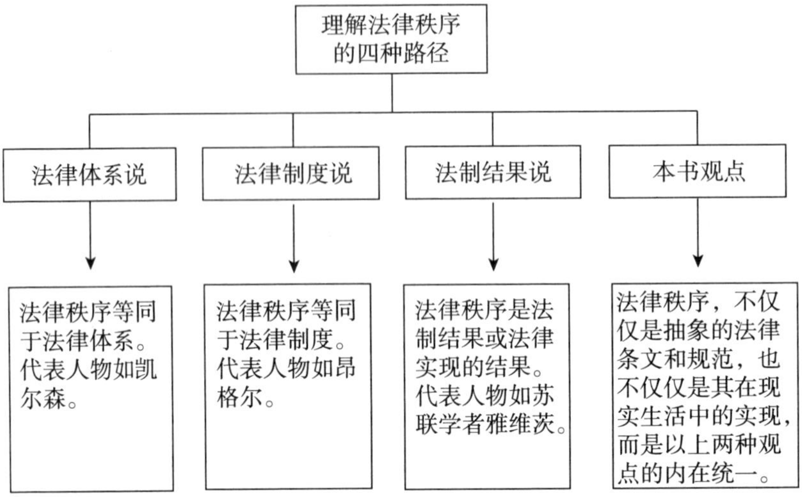

图 11－2 理解法律秩序的四种路径

★★ 法律秩序之下法律的主要特征

在法律秩序下，法律要实现其普遍而有效的治理，既具有法律的一般特征，又具有其独特的特征。对此，美国法学家富勒在其著名的《法律的道德性》一书中曾予以全面论述。现综合各派的观点，择要列述如下：

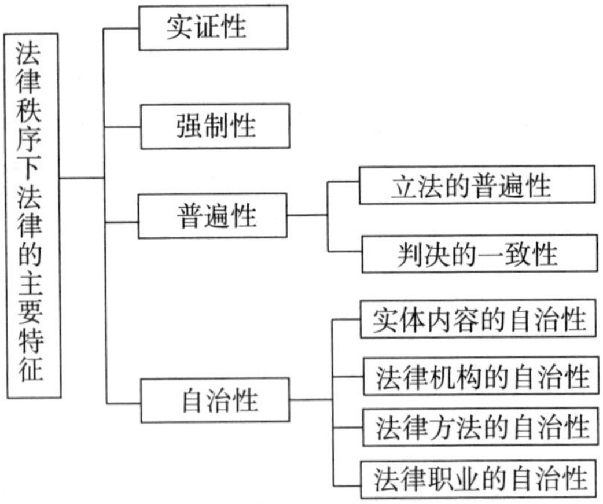

图 11－3 法律秩序下法律的主要特征

(1)实证性。实证性是法律得以与道德、宗教区分开来的一个重要特征。与道德规则和宗教戒律相比较，法律规则在形式上有一个非常重要的差别，即一般而言，法律是由国家政府机关制定、公布的成文规则。

• 康德指出法律和道德的本质区别在于，道德法则基于个人的内在立法，而法律则是一种外在的立法，是由一个立法机关所制定的。[1]

• 奥斯丁也分析了法律和道德的区别，指出，法律“是由政治优势者制定的……这样制定的全部规则，或者其中一部分规则，就是普遍法理学的直正对象，以及特定法理学的真正对象。从严格的意义上来看，‘法’这一术语，仅仅适用于这样制定出来的全部规则，或者其中一部分规则”，而道德则“不属于前面那类政治优势者制定的法”。[2]

• 美国法学家富勒在其《法律的道德性》中也将法律的公开颁布作为法律的内在道德之一。[3]

• 法律规则的这种实证性，使法律具有了客观、确定的形式，摆脱了主观任意性，使人的行为“有法可依”，奠定了法律秩序的基础。

(2)强制性。法律不仅是由政府机构制定的，而且还是由国家的权威强制实行的。强制性是法律秩序的又一重要特征，也是法律秩序最为独特的地方。宗教秩序的维持依靠的是由外在的神秘力量所唤起的人的内心的恐惧之感，道德秩序凭借道德主体所具有的道德意识或者对德行自身的尊重，两者都主要诉诸于人的内心；法律则主要诉诸专门的国家机构的强制执行，以保证法律的切实有效。许多哲学家和法学家都强调了法律的这一根本特点。

• 康德指出：法律的立法，由于不考虑行为的内在动机，“因而必须是强制性的”。[4]

• 奥斯丁也将法律定义为：“法律，是强制约束一个人或者一些人的命令。”[5]

• 凯尔森指出，“法是一种强制秩序”，强制性乃“是我们可以将法与道德、宗教这些其他社会现象加以区分的唯一标准”。[6]

• 即使是反对将法律视为强制性规则的哈特也不得不承认，对于服从初级规则的社会大多数人(而不是接受次级规则的法律人)来说，规则仍然是一种强制性

---

〔1〕［德］康德：《法的形而上学原理——权利的科学》，沈叔平译，商务印书馆1991年版，“导言”，第19～22页。

〔2〕［英］约翰·奥斯丁：《法理学的范围》，刘星译，中国法制出版社2002年版，第14～15页。

〔3〕［美］富勒：《法律的道德性》，郑戈译，商务印书馆2005年版，第59～62页。

〔4〕［德］康德：《法的形而上学原理——权利的科学》，沈叔平译，商务印书馆1991年版，第20页。

〔5〕［英］约翰·奥斯丁：《法理学的范围》，刘星译，中国法制出版社2002年版，第30页。

〔6〕［奥］凯尔森：《法与国家的一般理论》，沈宗灵译，中国大百科全书出版社1996年版，第15、19页。

的要求,或者奥斯丁所言的意义上的强制性命令。[1]

(3)普遍性。普遍性是法律秩序的又一重要特征,甚至可以说是法律秩序的最为本质的特征。法律秩序的普遍性包含了"立法的普遍性"和"判决的一致性"两个方面。对于一个具有良好法律秩序的国家来说,这两个方面缺一不可,否则法律秩序的普遍性就不可能实现。

- 亚里士多德指出,法律始终是一种一般性的陈述。
- 帕比尼安将法律描述为"一种一般性的命令"。
- 乌尔比安指出,法律规定不是为个人制定的,而是具有普遍的适用性。
- 卢梭认为:"法律的对象始终是普遍的。"[2]
- 奥斯丁指出,法律"普遍地强制要求为一类行为,或者不为一类行为"。[3]

(4)自治性。美国法学家昂格尔认为,法律秩序的自治性和普遍性一道,构成了法律秩序与官僚法的本质区别。传统中国社会具有成文法,并且由国家强制推行,但是由于这些法律没有普遍性,同时立法和司法机关没有独立性,因而没有能够建立起法律秋序。昂格尔认为,法律秩序的自治性表现在四个方面:

- 实体内容的自治性。即一种自治的法律制度不是某种神学观念的法典化。法律规则不仅远离支配人与上帝关系的戒律,并且远离任何一种关于社会关系的宗教认识。这实际上意味着法律完全建立在人的自主的理性的基础上,而不要一个外来的权威为我们立法。

- 法律机构的自治性。指的是立法、行政和司法机关的分离,法律的运用要独立于行政与立法以外。

- 法律方法的自治性。指的是法律推理自身具有一套不同于科学解释以及政治、经济、伦理论证的方法。

- 法律职业的自治性。即一个专业化的法律职业团体,控制着法律规则,占据法律机构,进行法律实践。[4] 此外,还有学者指出,法律的自治性还体现在法学和法律教育上。[5]

---

[1] [英]哈特:《法律的概念》,许家馨、李冠宜译,法律出版社 2006 年版,第 109 ~ 110 页。

[2] [美]E. 博登海默:《法理学:法律哲学和法律方法》,邓正来译,中国政法大学出版社 2004 年版,第 248 页。

[3] [英]约翰·奥斯丁:《法理学的范围》,刘星译,中国法制出版社 2002 年版,第 30 页。

[4] [美]R. M. 昂格尔:《现代社会中的法律》,吴玉章、周汉华译,译林出版社 2001 年版,第 51 页。

[5] 张文显:《马克思主义法理学》,高等教育出版社 2003 年版,第 410 页。

★★ 法律秩序的价值

法律的秩序价值是其所具有的最基本的价值。

- 博登海默认为法律是“秩序和正义的综合体”。[1]

- 彼得·斯坦和约翰·香德也将秩序和正义、个人自由并列,作为现代西方社会法律的三大基本价值。[2]

- 德国著名法哲学家拉德布鲁赫也将秩序作为法律的三个主要价值之一,只不过在他这里,“秩序”一词使用的是法的“安定性”这一用语。[3]

在秩序、正义和个人自由之间,秩序是最基础的法律价值。没有秩序,也就谈不上正义和个人自由。

博登海默指出:“法律本质上是对专断权力之行使的一种限制因此它同无政府状态和专制政治都是敌对的。为了防止为数众多的意志相互抵触的无政府状态,法律限制了私人的权力。为了防止一个专制政府的暴政,法律控制了统治当局的权力。法律试图以把秩序与规则性引入私人交往和敢府机构运作之中的方式而在我们上节所描述的两种社会生活的极端形式(指无政府状态和专制政治——译者注)之间维持一种折中或平衡。一个完善且充分发达的法律制度对于无政府和专制政治这两种截然相对的形式来讲,处于居间的位置。通过一个行之有效的私法制度,它可以界定出私人或私人群体的行动领域,以防止或者反对相互侵犯的行为、避免或阻止严重妨碍他人的自由或所有权的行为和社会冲突通过一个行之有效的公法制度,它可以努力限定和约束政府官员的权力,以防止或救济这种权力对确获保障的私人权益领域的不恰当侵损,以预防任意的暴政统治。这样,最为纯粹的和最为完美的法律形式,便会在这样一种社会制度中得以实现,在该制度中,人们成功地排除了私人和政府以专断或暴虐的方式行使权力的可能性。”[4]

在现代社会,秩序作为法律的基础性价值主要体现在两个方面,即防止无政府状态和专制统治。和平即对无政府状态的克制,而安全则体现在对政府权力的规范上。

---

〔1〕［美］E. 博登海默:《法理学:法律哲学和法律方法》,邓正来译,中国政法大学出版社 2004 年版,第 330 页。

〔2〕［英］彼得·斯坦、约翰·香德:《西方社会的法律价值》,王献平译,中国法制出版社 2004 年版,第 2 页。

〔3〕［德］G. 拉德布鲁赫:《法哲学》,王朴译,法律出版社 2005 年版,第 73 页。

〔4〕［美］E. 博登海默:《法理学:法律哲学和法律方法》,邓正来译,中国政法大学出版社 2004 年版,第 246 页。

☆ **和平**

法律的主要目的是以和平的方式避免和解决可怕的暴力冲突，为此法律必须包含和平解决纠纷的手段。无论是公法和私法，其首要的目的均为以和平的方式解决各类法律主体之间无论是私人领域还是公共政治领域的纷争，以免社会陷入动荡不安的无政府状态。

彼得·斯坦和约翰·香德指出："维持和平是实现其他法律价值的先决条件。如果某个公民不论是在自己家中还是在家庭之外，都无法相信自己是安全的、可以不受他人的攻击和伤害，那么，对他侈谈什么公平、自由，都是毫无意义的。"

正如西方近代自然法学说的奠基人霍布斯所指出的，战争状态（或自然状态）构成了国家与国家之间的关系的常态："在所有的时代中，国王和最高主权者由于具有独立地位，始终是互相猜忌的，并保持着斗剑的状态和姿势。他们的武器指向对方，他们的目光互相注视；也就是说，他们在国土边境上筑碉堡、派边防部队并架设枪炮；还不断派间谍到邻国刺探，而这就是战争状态。"〔1〕这种状态也同样出现于个人与个人之间。霍布斯指出："在没有一个共同权力使大家慑服的时候，人们便处在所谓的战争状态之下。"〔2〕

战争使人们陷入痛苦和悲惨的生存状态之中，随时处于死亡的恐惧之下："在这种状态下，产业是无法存在的，因为其成果不稳定。这样一来，举凡土地的栽培、航海、外洋进口商品的运用，舒适的建筑、移动和卸除须费巨大力量的物体的工具、地貌的知识、时间的记载、文艺、文学、社会等都将不再存在。最糟糕的是人们不断处于暴力死亡的恐惧和危险中，人的生活孤独、贫困、卑污、残忍而短寿。"〔3〕如何走出这种战争和恐怖的状态，求得和平与安宁，便构成了人们最早的期望。

洛克把社会的无序归结为法律秩序的缺乏，指出自然状态的缺陷在于：

- 第一，在自然状态中，缺少一种确定的、规定了的、众所周知的法律，为共同的同意接受和承认为是非的标准和裁判他们之间一切纠纷的共同尺度。

- 第二，缺少一个有权按照既定的法律来裁断一切争执的知名的和公正的裁判者。

- 第三，在自然状态中，往往缺少权力来支持正确的判决，使它得到应有的

---

〔1〕［英］霍布斯：《利维坦》，黎思复、黎廷弼译，商务印书馆1997年版，第96页。

〔2〕同上注，第94页。

〔3〕同上注，第94～95页。

执行。[1]

● 因而政治状态的建立也就是一个良好的法律秩序的构建过程，一个以法律秩序取代无政府状态的过程："所以，谁握有国家的立法权或最高权力，谁就应该以既定的、向全国人民公布周知的、经常有效的法律，而不是以临时的命令来实行统治；应该由公正无私的法官根据这些法律来裁判纠纷；并且只是对内为了执行这些法律，对外……为了保证社会不受入侵和侵略，才得使用社会的力量。而这一切都没有别的目的，只是为了人民的和平、安全和公共福利。"[2]

从历史的发展来看，人类社会正是这样一个由冲突和法律不完备的状态发展到利用法律规则对人们之间的冲突和纠纷进行调节的过程。

● 在原始社会，为了避免永远处于冤冤相报永无穷尽的恶性循环之中，最早自发地出现了报复性的惩罚规则，即"同态复仇"的规则："以眼还眼，以牙还牙。"这一规则隐含了这样一个基本观念，即受到攻击的受害者可以报复，但最多只能给对方造成与自己所受伤害程度相等的伤害。尽管这种报复原则允许以武力反对武力，但是它给报复设定了个限度。

● 之后，随着社会的进一步发展，同态复仇的方式逐渐被金钱赔偿所取代。在最早的罗马成文法"十二铜表法"中，即可看到从同态复仇到金钱赔偿的过渡。"十二铜表法"规定，被打断手臂的人可以进行同态复仇，除非他自愿接受金钱赔偿。但是，如果打断的只是一根无关紧要的骨头，就不能进行同态复仇，而只能接受金钱赔偿。

● 随着国家的出现，金钱赔偿这种来自早期的社会习惯就被法律诉讼所取代。罗马法中最早的程序法表明，它是作为以和平的方式解决纠纷的手段而产生的。[3] 从此，法律程序取代了暴力冲突，和平露出熹微的曙光。

☆ **安全**

专制统治构成与无政府状态对立的社会无秩序的另一极端。正如法律是和平的守护神一样，它也应当是人民安全的天然屏障和防止政府权力滥用的堤坝。为保证人民拥有普遍的安全感，就必须采用法律的手段反对和遏制政府权力的滥用。对此，不同的国家有不同的做法。大陆法系的国家，如法国设立了专门的行政司法

---

〔1〕［英］洛克：《政府论》（下篇），叶启芳、瞿菊农译，商务印书馆1964年版，第77～78页。

〔2〕同上注。

〔3〕［英］彼得·斯坦、约翰·香德：《西方社会的法律价值》，王献平译，中国法制出版社2004年版，第46～47页。

制度，其中包括专门的行政法院系统，对政府的行政行为进行监督和控制。而在普通法国家，如美国，则由最高法院对行政行为是否违法进行裁定。无论如何，对政府官员的行为进行监督、控制，防止政府权力的滥用，以保证个人自由和生命、财产的安全，构成了法律的秩序价值的另一重要体现。

博登海默曾经做出了极为形象的描述："纯粹的专制君主是根据其自由的无限制的意志及其偶然兴致或一时情绪颁布命令或者禁令的。某一天，他会因一个人偷了一匹马而判他死刑；而次日他却会宣判另一个偷马贼无罪，因为当该贼被带到他面前时告诉了他一个逗人发笑的故事。一个受宠的朝臣可能会突然被关进大狱，因为他在次棋赛中战胜了一个帕夏（土耳其等国的高级官衔——译者注）。一位有影响的作家会蒙受预见不到的厄运并被钉在火刑柱上烧死，只是因为他写了几句令统治者愤怒的话。这种纯粹的专制君主的行为是不可预见的，因为这些行为并不遵循理性模式，而且不受明文规定的规则或者政策的调整。"〔1〕

洛克从法律的角度指出了这种专制统治赖以产生的根源："人们充当自己案件的裁判官，这方面的不利之处确实很大……专制君主也不过是人；如果设置政府是为了补救由于人们充当自己案件的裁判者而必然产生的弊害，因而自然状态是难以忍受的，那么我愿意知道，如果一个统御众人的人享有充当自己案件的裁判者的自由，可以任意处置他的一切臣民，任何人不享有过问或者控制那些凭个人好恶办事的人的丝毫自由，而不论他所做的事情是由理性、错误或者情感所支配，臣民都必须加以服从，那是什么样的一种政府，它比自然状态究竟好多少？"〔2〕

洛克将专制统治直接等同于霍布斯笔下的自然状态，而孟德斯鸠则直接把"恐怖"作为专制政体的根本原则。〔3〕在专制政府的恐怖统治之下，人人自危，没有人拥有安全感。"人们谈到这些可怕的政府，不能不战栗。"〔4〕正是出于对专制统治的反对，洛克才要求："无论国家采取什么形式，统治者应该以正式公布的和被接受的法律，而不是以临时的命令和未定的决议来进行统治。"〔5〕

---

〔1〕［美］E. 博登海默：《法理学：法律哲学和法律方法》，邓正来译，中国政法大学出版社 2004 年版，第 244 页。

〔2〕［英］洛克：《政府论》（下篇），叶启芳、瞿菊农译，商务印书馆 1964 年版，第 10～11 页。

〔3〕［法］孟德斯鸠：《论法的精神》（上册），张雁深译，商务印书馆 1961 年版，第 26 页。

〔4〕同上注，第 27 页。

〔5〕［英］洛克：《政府论》（下篇），叶启芳、瞿菊农译，商务印书馆 1964 年版，第 86～87 页。

典型事例

“非典”期间的秩序[1]

【事例概述】

2003年4月,整个中国遭遇了一场事关国家、民族生死存亡的“SARS”风暴。在“SARS”期间,为能够有效控制疫情,保护广大公民的生命、财产安全,行政机关出台了一系列应急措施,包括:

(1)非法定的行政即时强制措施,如对患者的强制隔离治疗、对疑似病例或接触者的隔离、对相关场所的封锁和控制;

(2)对不特定的公众科以非法定的义务,如要求公共场所的经营者对公共场所进行消毒,要求用工单位不得造散员工并承担员工的治疗费用,要求流动人口进行健康检查和登记;

(3)颁布公共警告、控制人员流动;

(4)简化防治“SARS”药物的行致许可程序,如新药许可和进口药物许可;

(5)对相关商品进行限价;

(6)对特定人员科以非法定的义务,如要求国家工作人员不得离职,否则将重罚。

【关键问题】

1. 如何平衡法律价值的冲突?

2. 自由与秩序的关系是什么?

【简要评论】

1. 上面的问题表明,当一个社会或国家遇到紧急事态时,秩序往往成为法律追求的首要目标,因为一旦社会秩序陷入混乱,其他的法律价值也不可能得到保障。因此,在特定时期为了维护社会秩序的稳定,可以暂时牺牲其他的法律价值。

2. 在一个社会或者国家中,如果法律不能使社会处于一个稳定有序的状态,也就谈不上对自由、平等、正义等其他法律价值的保障。

【核心知识】

秩序对于其他价值的实现,有基础性的意义,它构成了法律调整的出发点,也是法律所要保护和实现的其他价值的基础。

---

[1] 朱力宇、袁刚:《法理学原理与案例教程》,中国人民大学出版社2016年版,第177页。

第三编　法律方法论

第12章 法 律 方 法

教学目标

识记法律方法的含义、特征及内容；
理解法律方法和法学方法的异同；
了解法律方法的地位；
识记法律方法的作用。

推荐参考资料

1. 严存生:《作为技术的法律方法》,载《法学论坛》2003 年第 1 期;
2. 黄竹胜:《法律方法与法学的实践回应能力》,载《法学论坛》2003 年第 1 期;
3. 胡玉鸿:《方法、技术与法学方法论》,载《法学论坛》2003 年第 1 期;
4. 张文显主编:《法理学》,高等教育出版社 2011 年版,第十九章;
5. 李龙主编:《法理学》,武汉大学出版社 2011 年版,第三章;
6. 葛洪义:《法律方法讲义》,中国人民大学出版社 2009 年版;
7. 赵玉增、郑金虎、侯学勇:《法律方法:基础理论研究》,山东人民出版社 2010 年版。

12.1 法律方法释义

知识要点

12.1.1 法律方法的含义

☆ 法律方法的含义之争

近年来,法律方法研究是我国法学理论研究的热点问题之一。迄今为止,学者们对法律方法的含义仍然有不同的看法，总结起来，大致有以下几种观点：

第一，法律人解决法律问题的独特方法就是法律方法。狭义地说，法律方法就是获得解决法律问题正确答案的方法；广义地说，法律方法包括法律思维、法律技术、法庭设置、法律程序设计等诸多方法。其中，法律思维方法是法律方法的核心。[1]

第二，法律方法是指法律职业者从事职业活动所使用的方法。它包括立法的方法（如法律移植方法、社会调查方法、法律整理与编纂方法）、司法方法（如法律推理方法、法律解释方法、法庭调查方法和法庭辩论方法）以及从事法律研究与教育的方法，即法学方法。[2]

第三，法律方法是应用法律的方法，它不仅着力于实现既有的、正确的法律，还效命于正确地发现新法律。[3]

第四，法律方法是法律人员思考、分析和解决法律问题的方式、技术、方法的统称。[4]

第五，法律方法是法律人在法律运用过程中处理法律问题的手段、技能、规则等的总和。可以这样说，法律方法是关于法律运用的方法，是人们在长期的法律实践活动中积累起来并加以凝固化的认识案件事实、解决法律纠纷的方式、手段和技能。[5]

第六，法律方法是指对法律进行系统的理论思考的方法。[6]

有关法律方法的类似定义还有很多，此处不一一列出。从这些定义所谈及的内容看，我们可以将它们分为三类：

（1）绝大部分学者将法律方法看成是法律人在法律适用过程中分析和解决法律问题所运用的方法和技术的总称，如上述的第一种、第四种、第五种观点。有学者建议说，将法律方法称为“法律技术”似乎更为合适。[7]

（2）有少数学者用法律方法指称法律职业者从事其职业活动所使用的方法。

---

〔1〕 葛洪义：《法律方法、法律思维、法律语言》，载法学空间，http://lawsky.org，最后访问日期：2017年9月9日。

〔2〕 严存生：《作为技术的法律方法》，载《法学论坛》2003年第1期。

〔3〕 郑永流：《法学方法抑或法律方法》，载法律思想网，http://law-thinker.com，最后访问日期：2017年9月9日。

〔4〕 张文显：《马克思主义法理学》，高等教育出版社2003年版，第82页。

〔5〕 黄竹胜：《法律方法与法学的实践回应能力》，载《法学论坛》2003年第1期。

〔6〕 葛洪义：《法律的理论与方法》，载《中国法理学精粹》，机械工业出版社2002年版，第32页。

〔7〕 胡玉鸿：《方法、技术与法学方法论》，载《法学论坛》2003年第1期。

从其构成来看，它包括立法方法、司法方法和从事法律研究与教育的方法[1]，如第二种、第三种观点。

(3)法律方法大致相当于法学方法，如第六种观点。

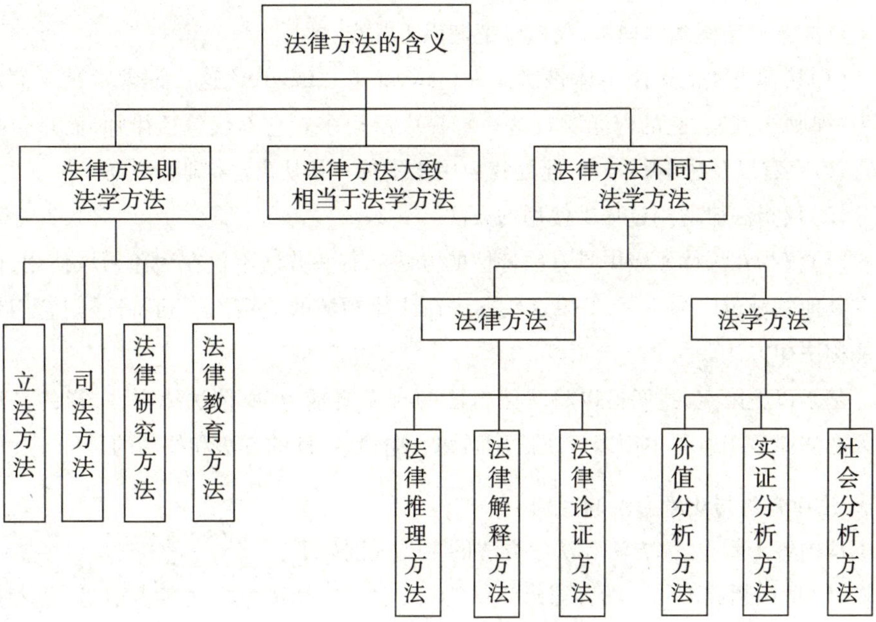

图12－1　法律方法的含义

到底哪一种界定更为合理呢？

首先，法律职业者从事其职业、解决法律问题所使用的所有方法是否都属于法律方法呢？其实不然，如德国民法学者在创立民法典时，使用了逻辑公理化方法这种方法首先是逻辑方法，是逻辑方法在法学领域的应用；分析实证主义者研究法律时大量使用的分析技巧同样属于逻辑学、语言学方法；法律工作者在应用法律时，甚至会运用到数学方法，如概率证明方法，等等。我们不能由此而将上述所有方法都看作法律方法。因此，那些虽然在法律领域有所应用，但并没有改变根本特性的方法显然不能归之于法律方法。故第二类情形显然将“法律方法”泛化了。

其次，第三类情形将法律方法等同于法学方法，实际上属于概念误用问题，已

[1] 严存生：《作为技术的法律方法》，载《法学论坛》2003年第1期。

有学者对此做了专门研究。[1]

最后,综上所述,我们认为,第一类定义比较合理。

★ 法律方法的概念

对法律方法概念的理解,我们应把握以下几点:

(1)法律方法的运用主体是法律人(lawyer)。"Lawyer"这一词常常被人们翻译为"律师",其实,它的内涵要较这一解释广泛得多。它不仅包括律师,而且包括法官、检察官以及法学研究者,此处我们用之指称一切从事法律职业的人。

(2)仅指法律适用过程中使用的方法。

(3)仅指在法律领域中具有独特性的方法。有些方法不仅在法律领域使用,而且在其他领域也广为应用,如果这些方法在法律领域的适用没有独特性,则它们就不能称法律方法。

基于以上限定,我们可以将法律方法的含义概括为:所谓法律方法,指的是法律人在法律适用过程中用以解决法律问题、具有独特性的方法和技巧的总称。

★★ 法律方法与法学方法的区别

从内容上看,法律方法和法学方法的主要区别如下:

(1)适用领域不同。学者郑永流认为,法学方法和法律方法各占地盘,两者在领域上明晰可分。[2] 法律方法着力于法律应用,法学方法着力于法学研究。习惯上,人们将法学方法限于理论研究领域,而法律方法主要在法律适用领域起作用。

(2)研究对象不同。一般而言,法学方法指的是法学家们用以研究法律现象的工具总称,其研究对象为法律,法学方法是关于法律的一种元理论研究。不同的法学流派使用的法学方法往往不同,如分析实证主义法学派使用的是实证分析方法,法经济学派使用的是经济分析方法,自然法学派使用的是价值分析方法。正是由于使用的方法不同而导致了法律理论存在很大的差异。

法律方法只是法律适用的技术手段,即法律生成与适用的方法,也就是一个具体的法律制度如何通过技术性手段而得以成立,以及在实践中面对具体个案如何适用的问题。

---

〔1〕 郑永流:《法学方法抑或法律方法》,载法律思想网,http://law - thinker. com. ,最后访问日期:2017年5月4日。

〔2〕 同上注。

(3)解决的任务和实现的目的不同。法律方法的主要任务是解决法律上的争端,为法官解决手头的疑难案件提供一种工具,其最终目标是通过纠纷的解决实现法律所体现的社会公正。同时,法律方法的存在还起到了维系法律职业共同体存在的作用,它能促进一定的法律传统和共同法律价值观的形成。法律方法代表着法律适用中的实践技能,是从事法律工作必需的基本手段。如果将法律适用的过程进行分析,它显然包括两个不可分割的部分:一是法律知识的应用;二是法律技术的运用。

法学方法的主要任务是对法律进行梳理,使法学成为一个知识系统。它关心的是从何种角度、使用何种工具来分析法律理论,厘清法律概念。

(4)包含的方法种类不同。学者们对法律方法的具体内容有一些不同的论述,散见于各种著作之中。有学者对其进行了分类,认为应包括以下八大类:

• 法律渊源识别方法,即在规范重叠的情况下,如何选择与个案最相适应的法律规范的技术问题。

• 判例识别方法,即如何运用先例,以及先例与现在的案件有矛盾时如何处理的方法问题。

• 法律注释方法,即如何明确法律条款含义的技术规则问题。

• 法律解释方法,即阐明法律意义的方法与准则。

• 利益衡量方法,即如何确定相互冲突的利益在位阶上的优越性的技术。

• 法律推理方法,即在个案解决中如何进行形式推理与实质推理的技术问题。

• 法律漏洞补救方法,即如何通过类推、目的限缩与目的扩张方法解决法律中业已存在的漏洞问题。

• 法律说理方法,即作为官方决定的一方如何将其裁决理由告知相关当事人以获得对方的理解问题。[1]

虽然学者们对法学方法的种类仁者见仁,智者见智,但他们公认的主要法学方法有:价值分析方法、实证分析方法以及社会分析方法。在这三大类方法中,还可以分为更具体的方法,如经济分析方法、功利主义方法、逻辑分析方法等。

---

〔1〕 胡玉鸿:《方法、技术与法学方法论》,载《法学论坛》2003年第1期。

表 12－1　法律方法和法学方法的区别

	法律方法	法学方法
含义	法律人在法律适用过程中用以解决法律问题、具有独特性的方法和技巧的总称	法学家们用以研究法律现象的工具总称
适用领域	着力于法律应用，主要在法律适用领域起作用	着力于法学研究，主要在理论研究领域起作用
研究对象	法律适用的技术手段	法律
主要任务	解决法律上的争端，为法官解决疑难案件提供一种工具，其最终目标是通过纠纷的解决实现法律所体现的社会公正	对法律进行梳理，使法学成为一个知识系统。它关心的是从何种角度、使用何种工具来分析法律理论，厘清法律概念
包含种类	判例识别方法 法律注释方法 法律解释方法 利益衡量方法 法律推理方法 法律说理方法 法律漏洞补救方法 法律渊源识别方法	价值分析方法 实证分析方法 社会分析方法

★ 法律方法的主要内容

对于法律方法的内容到底有哪些，学界的说法比较混乱。从学者们的论述来看，人们论述得较多的主要法律方法有法律思维、法律发现、法律解释、法律推理、法律论证等，此外还有一些更为具体的法律方法。

我们认为，看法律方法到底应包括哪些内容，应有一个标准，这一标准应符合系统论的要求。也就是说，我们应从系统的角度来看待法律方法问题，因为人们在法律领域适用的方法本身就是一个系统，这些不同的法律方法相互联系、相互补充，形成了一个法律方法论体系。所谓系统，就是一个内在协调的整体，各要素之间是相互配合、相互补充的。按照现代系统理论，一个系统应当具有可靠性、完全性、一致性、简单性等特点。具体到法律方法体系而言：

- 法律方法体系的一致性指的是无矛盾性，即各要素之间应当不相互矛盾。
- 法律方法体系的可靠性说的是其中的法律方法能够帮助人们得出令人信服的结论。

- 法律方法体系的完全性说的是其中的方法应当“够用”。
- 法律方法体系的简单性说的是组成法律方法体系的各要素不能出现“冗余”的情形。

从系统的观点来看,法律方法体系应主要包括三个方面的内容:

- 一是法律推理方法。
- 二是法律解释方法。
- 三是法律论证方法。

一些具体的法律方法,如演绎推理、类比推理、法律修辞学、法律论题学、利益衡量等,都可以分别归入这三个方面之中。对于法律适用来说,这三种法律方法满足了我们前面所说的“体系化”标准,它们不仅够用,而且能够保证法律适用的可靠性。

按照体系化的标准,我们将“法律思维”“法律发现”排除出了法律方法体系,这是因为:虽然在国外的一些文献中,我们能够发现一些相关的论述,但这些论述大多比较含糊,这两个概念的外延与内涵本身也比较含糊,且易于与其他法律方法的外延重合,如果我们将它们纳入法律方法体系,反而会使法律方法体系产生一些问题。

12.1.2 法律方法的特征

★ 法律方法的特征

法律方法,作为一种人类的认识方法和实践方法,与其他方法相比,既有共性,又有个性,正是这些独特的个性才使法律方法成为一种独立的方法。法律方法与其他方法相比,具有以下几个特征:

第一,法律性。这一特征不仅说明法律方法有特定的适用领域,而且说明法律方法承载着法律的独特价值。例如,经济方法突出的是经济学所追求的效益性这一价值,而法律方法主要体现了法律追求公平、正义、秩序的特点,当然,它同时也兼顾了效益。此外,法律方法主要是为了解决法律问题而产生的一种方法,为法律人这一独特的主体所采用,因此,其适用的主体是独特的。

第二,程序性和规范性。法律人使用法律方法解决实际生活中的法律问题,必须遵守一定的程序性规定,必须在一定的范围内适用,如法律解释不仅在适用的主体上有严格的规定,而且在解释的效力、范围上也有严格的规定。同时,法律方法的适用会对人的行为带来一定的约束性后果,这表明法律方法具有规范性特征,这是经济学等其他方法所不具有的。

第三,实践性。法律方法的目的是解决一定的法律问题,因此具有实践导向性,与纯粹的理论研究方法不同。在法律方法适用过程中人们需要面对纷纭复杂的社会现象而灵活使用各种法律方法,如法律适用过程中,人们会综合使用法律推理方法和法律解释方法,有时两者水乳交融,难分彼此。法律方法的实践性还表现在其规则具有很大的灵活性,如法律推理虽是一种推理,但我们不能要求它像逻辑推理一样具有严格的形式化特点,恰恰相反,我们要考虑法律推理的内容与结论会引起的社会效果。

第四,共性与个性相统一。一方面,法律方法具有一定的客观性和普适性,如欧美国家的法学家所探讨的法律方法对于世界范围内的其他国家同样适用。这也是我们为什么要学习欧美学者所说的法律方法的原因,因为它同样可以为我国的司法实践服务。另一方面,法律方法又有一定的主观性和特殊性。由于各国的法律传统有一定的差别,因此,在法律方法的使用偏好上有一定差异。我们注意到,英美法系国家的法学家大多喜欢谈论法律推理,而欧洲大陆的法学家则乐于谈论法律论证,从这一点上就可以看出两大法系法律传统的差异。

12.2　法律方法的地位与作用

知识要点

☆ 法律方法的地位

长期以来,我国的法学研究者大多不太重视法律方法的研究,并不将法律方法视为法理学的一个当然的研究领域。近年来,随着国外法律思想的传入,学者们才逐渐对法律方法的地位和作用有了一定的认识,但这种认识并不深入。法律方法在法理学中到底应处于一个什么样的地位呢?

从表面上看,法律方法似乎仅涉及法律适用问题,它在法理学上并不处于一个重要的地位,但如果我们放眼法律运行的整个过程,就可以看出,法律方法实际上是整个法律体系的一个重要构成部分,也是整个法律理论的一部分。如美国法学家庞德认为,有三种意义上的实在法,即法律秩序、权威性资料和司法行政过程。在谈到权威性资料的构成要素时,他说道:“这种意义上的法律包括各种法令、技术和理想,即按照权威性的传统理想由一种权威性的技术加以发展和适用的一批权威性法令。当我们想到第二种意义上的法律时,大概会单纯地理解为一批法令。但是发展和适用法令的技术、法律工作者的业务艺术,都是同样具有权威性的,也是同样重要的。其实,正是这个技术成分,足以用来区别近代世界中的两大法系。"[1]显然,庞德所说的法律技术主要是指法律推理和法律解释的方法,他认为这些技术性的东西也是法律系统的一部分,同时还是我们的法律传统的一部分。另一位美国法学家博登海默把法律方法看成是和法哲学史、法律的本体相并列的东西,这同样突出了法律方法的重要性。

国内也有一些学者将法律方法提到了一个很高地位。如有学者认为:"从一定意义上说,法律包含着观念和技术两个方面。如果说法律观念是人们对法律性质功能、目的的内心认识的话,那么法律技术则是人们使用法律使之发挥这些功能和实现这些目的的方法与技巧。法律的观念告诉人们,法律是什么和干什么的,即目的和功能何在;而法律的技术则回答怎样使法律实现其功能和目的。"[2]

除以上论述外,还应从以下几个方面来理解法律方法在整个法律理论中的地位。

- 在整个法律理论体系中,法律方法论处于由抽象的法律理论过渡到法律实践的中间环节,它将法律理论与实践联系起来,其作用大致相当于人的关节。如果没有这些关节,轻者法律理论运转不灵,理论与实践相脱节,重者导致法律理论被悬置,对于法律实践毫无指导作用。

- 法律方法对于法律的发展至关重要,它对抽象的法律理论还能够起到很好的补充作用。众所周知,在英美法系,"法律推理"这一重要的法律方法不仅是一种法律适用的方法,同时还是一种"创制法律"的方法,它本身就是法律发展的手段。在大陆法系,"法律解释"是一种重要的法律方法,它不仅有保障法律得到正确应用的功能,而且具有"漏洞补充"与"续造法律"的功能。在我国传统法文化中,作为法律方法的"经学方法"与"比附方法"同样具有弥补法律之缺漏、发展法律的功能。

- 法律方法论是现代法律理论必不可少的一部分。传统的法律理论一般只是介绍了法律解释方法,对于其他的法律方法普遍不太重视。而在现代法理学中,法律方法的地位日益突出,所占比重越来越大。这与近现代以来哲学领域的"方法论转向"有很大关系。自20世纪50年代以来,法理学领域似乎正经历着"方法论转向",人们越来越多地将目光从抽象的理论问题上移开,转向司法领域,尤其是法律方法领域,法律方法研究已经成为法理学研究的热点之一。

---

〔1〕［美］罗斯科·庞德:《通过法律的社会控制、法律的任务》,沈宗灵等译,商务印书馆1984年版,第22~23页。

〔2〕严存生:《作为技术的法律方法》,载《法学论坛》2003年第1期。

• 法律方法论对于法律职业人养成良好的法律思维习惯、提高法学专业学生的法律思维水平有重要的作用。

综上所述,由于法律方法是正确适用方法、实现法治的重要手段,因此,法律方法论的重要性自不待言。

★ **法律方法的作用**

法律方法的作用主要表现在法律适用过程中,但其影响又超出了法律适用的范围。法律方法的作用具体表现在以下几个方面:

第一,法律方法是实现司法公正的重要手段。法律方法的作用首先体现在法律适用领域。法律方法能够指引法律人沿着正确的方向思考、分析和解决法律问题。当法律人面对具体的案件事实时,需要借助一定的法律方法来确定哪些事实属于法律事实,这些法律事实又为哪一个法律规范所涵摄。同时,法律方法还使法律问题的解决具有正当性和合法性。法律方法中的法律推理就是一种证成性推理,它能够为法律结论提供理由,具有说服的作用,这些都是实现司法公正的重要保障。

第二,法律方法是保障法律自治的重要手段。法律具有独立性或自治性是法治社会的基本标志之一。按照昂格尔的解释,法律的自治性表现在实体内容、机构方法和职业三个方面。所谓方法的自治性,指的是法律方法的独特性、独立性。只有独特的方法才能够把法律人聚集到一起,形成一定的法学共同体,形成特有的法律职业阶层。法律实践的历史已经揭示了这一点。在英美法学史上,正是独特的法律思维和法律方法训练使法律职业阶层越来越具有专业性,越来越把这一职业阶层和其他社会阶层区别开来。法律思维是一种专业思维,没有经过特定训练的人是不能够从事法律职业的。由于法律方法具有专门性和职业性特点,形成了独特的法律职业共同体,它拒绝外行的加入,这在一定程度上保障了法律的自治。

第三,法律方法是发展法律理论的重要动力。法律方法的发展和法律理论的发展是内在一致的。在野蛮时代,法律非常简陋,这时法律适用不需要特定的方法。只是到了近代,随着法律的丰富和完善,人们才开始探讨法律方法。因为如果再没有一定的法律方法,法律适用就将变成一件困难的事。萨维尼首开探讨法律方法之先河。到了现代,随着资本主义的发展,法律体系日益庞杂,这时,更多的法律适用技术为人们所利用。因此,法律的发展史实际上也是一部法律方法的发达史。此外,法律方法还是实现法治的重要保障,是传承法律文化的重要手段。

典型案例

美国的里格斯诉帕尔默案[1]

【案情概述】

被告帕尔默毒死了祖父，其动因是担心再婚的祖父更改已经立下的遗嘱，该遗嘱的内容是把遗产留给帕尔默的。该遗嘱在遗嘱法的形式和内容上都符合普通法的规定，无任何瑕疵。在当时有关继承的制定法中，并没有这样一条规则：遗嘱指定的遗产继承人若谋杀立遗嘱人则丧失继承权。但法院最终根据普通法中任何人均不得利用自己的错误或不义行为主张任何权利的原则，判决帕尔默败诉，即判定：谋杀者帕尔默因其犯罪行为而被剥夺获得遗产的权利。

【关键问题】

一个人能否利用自己的错误或不义行为主张权利？

【简要评论】

本案判决书由厄尔法官撰写。首先，厄尔法官认为此案应该运用目的解释的方法。这里的目的，与其说立法者的主观目的，毋宁说客观目的。他解释道：一个受遗赠人为使遗嘱生效而谋杀立遗嘱人，并可以从遗嘱中受益，这绝不符合立法者的目的和意图。立法者有时不能精确表达他们的目的，法官应该理性地探寻立法者的目的。在厄尔法官看来，对这类新型案件或疑难案件，目的解释的方法是最可取的，这种解释方法跟普通法上的衡平解释一样，都是为了探寻立法者的最佳目的。他引用培根的话说：立法者不可能为每个案件明确立法，有时法官得假设立法者在场，并且询问立法者面对这样的案件，它会怎样立法，然后，法官自己给出答案，就如正直、理性的立法者，将会给出的答案一样。

其次，厄尔法官根据衡平解释反问道："就该案来说，如果问立法者，他们会让为获得财产而谋害了被继承人性命的人得到财产么？"他援引布莱克斯通的话说：如果制定法的解释得出与一般理性相悖的、明显荒谬的结论，那么可以无视此种解释……如果不合理的结果因一般文义所致，那么，法官可以推定，此结果没有被议会预见到，因此，法官有权通过衡平原则来解释制定法，就此而言，法官能无视制定法。

---

[1] 顾亚潞、张卓明：《法理学案例与图表》，法律出版社2010年版，第203页。

由此,厄尔法官认定:“认为立法者制定的法律赞成和支持为快速占有被继承人的财产而谋杀被继承人是立法者的意图,没有比这更为不合理的了。这样的立法目的是不可思议的。因此,我们无须被法律中一般性的语言文字困扰太多。”从法律解释的方法上作了论证后,判决书进入原则适用阶段。厄尔法官指出:“所有法律与合同在执行和效果上都要受到普通法中普遍的基本原则控制。任何人都不得通过自己的诈骗行为获利,不得通过自己的错误行为获利,不得基于自己的不义行为而主张任何权利,亦不得通过犯罪获得财产。这些原则通过公共政策显示出来,在所有文明国家的法律中都有其基础,并且不能为制定法所超越。”他接着用一判例予以说明,此判例即“纽约互济人寿保险公司诉阿姆斯壮案”。该案结论是:投保人为他人订立死亡保险合同,约定在该人死亡时由他获得保险金,投保人为获得该保险金谋杀了被保险人,他不能获得该保险金。

厄尔法官又针对本案对这些原则的性质和效力进行了论理解释:“这些原则无须制定法给予其效力和执行力,却常常能调控遗嘱文字的有效与无效。因欺诈和欺骗而订立的遗嘱,就如其他任何法律文书,可以被宣告无效或驳回。所以,如果有欺诈或者不正当地影响立遗嘱人,遗嘱的特定部分可能被认定无效。所以,遗嘱条款可能包含不道德的、违反宗教或公共政策的条款,它们将被认定无效。”

他接着又运用社会学解释:“谋杀者会不会活得比立遗嘱人长,立遗嘱人会不会改变他的遗嘱,这些是不确定的,同样,自然进展的话,他会不会获得财产也是不确定的。他谋杀立遗嘱人,明显是为了使自己获得财产。在这种情形下,会有法律、人或神灵允许他获得该财产,享受其犯罪成果吗?……如果他遇见立遗嘱人并以暴力夺取其财产,他并没有权利拥有该财产,那么,他可以通过谋杀获得该权利么?如果他进入立遗嘱人的房子,并以暴力强迫他,或者因欺诈或不正当的影响致使立遗嘱人立遗嘱给他财产,法律会允许他拥有该财产么?在我看来,对这些问题作肯定回答将是我们国家法学的一项耻辱,而且违背我们的公共政策。”

厄尔法官还作了比较法解释的论证:“根据从许多法学家、哲学家和政治家所阐述的正义与自然法的一般原则中发展而来的民法,一个人不能从其谋杀的被继承人或遗赠人那里获得遗产。加拿大民法典实际上照抄了拿破仑法典对该事项的规定。但是,就我所知,在普通法处于支配地位的国家中,没有一个人会认为对该事项制定法律是重要的。我们的立法者熟悉民法,他们不认为将该事项写入制定法是重要的。这并不是一项疏忽。显然,他们认为普通法中的原则足以调整这种情形,没有必要进行具体立法。”

最后，厄尔法官简要地说明本判决并没有增加被告帕尔默的痛苦和惩罚。因为反对者确实指出，他的犯罪行为已经受审且被处刑罚，再对其施加惩罚或剥夺权利是无根据的。厄尔法官断定："判决并没有对帕尔默的犯罪施加比法律的具体规定更大的或其他的惩罚。判决并没有剥夺他的任何财产，而只是认为他不应该通过其犯罪行为获得财产，这是他因其犯罪应得的报应。"

帕尔默案是美国现代法学理论中的一个经典判例。该案中，规则与原则的冲突十分显在，适用原则的正当性也比较明显。不过，厄尔法官判决书还是用了较大的篇幅加以论证，并运用了各种法律解释的方法，进行了实质推理，进而得出适用法律原则，否定形式合法遗嘱之效力的结论。此案判决为法学界所称道，它不仅因为符合个案正义，弥补了现有法律规则的缺陷，还在于其详尽的法律解释、充分的论证说理、缜密的法律推理以及坚实的法理学基础。[1]

【核心知识】

1. 通过法律解释，可以明确法律的内容，填补法律的漏洞，促进法律的完善和发展。

2. 在法律适用过程中，可以综合利用论理解释、比较法解释、社会学解释等法律方法以实现个案正义，弥补现有法律规则的缺陷。

---

〔1〕 顾亚潞、张卓明：《法理学案例与图表》，法律出版社2010年版，第203页。

第 13 章　法 律 解 释

教学目标

了解法律解释的含义；

识记法律解释的分类；

理解法律解释的必要性及其原因；

了解法律解释学的发展过程；

理解法律解释的目标和原则；

理解各种法律解释方法的特征和运用。

推荐参考资料

1. 付子堂主编:《法理学进阶》(第四版),法律出版社 2013 年版,第十一章;

2. 张文显主编:《法理学》(第四版),高等教育出版社 2011 年版,第十九章;

3. 沈宗灵主编:《法理学》(第四版),北京大学出版社 2014 年版,第十九章;

4. 舒国滢主编:《法理学导论》(第二版),北京大学出版社 2006 年版,第十三章;

5. 陈金钊:《法律解释的艺术——一种微观的法治实现方法》,载《法商研究》2009 年第 5 期;

6. 魏治勋:《法律解释:在对象与目标的张力中探寻规范含义》,载《南通大学学报》(社会科学版)2017 年第 1 期。

13.1 法律解释概述

知识要点

13.1.1 法律解释的含义及其分类

☆ 法律解释的含义

法律解释是法律适用必经的关键环节，没有法律解释就没有法律适用。因此法律解释不仅是一个理论问题，更是一个重要的实践问题。

法律解释是指特定的人或组织对法律文本的内容和意义的理解和说明。

(1)“特定的人或组织”称为解释主体；

(2)“法律文本”称为解释对象，即具有法律效力的规范性法律文件，其主要表现形式是以文字表达的制定法文本和判例法文本，在我国主要是指制定法文本；

(3)“理解”是指解释主体对法律文本含义的内心把握；

(4)“说明”是指解释主体在对法律文本含义理解的基础上以某种语言表达形式作出的阐释。

★ 法律解释的分类

按照解释主体是否具有解释权或其解释是否具有法律效力，法律解释可以分为正式解释和非正式解释。

表13-1 正式解释和非正式解释

	正式解释(狭义的法律解释)	非正式解释
定义	又称法定解释、有权解释，是指解释主体按照法律所赋予的权限对法律文本作出的具有法律效力的解释。	又称无权解释、无效解释，是指无法定解释权的主体对法律文本作出的不具有法律效力的解释。
类别	根据我国《宪法》《立法法》《全国人大常委会关于加强法律解释工作的决议》，正式解释分为立法解释、司法解释和行政解释。 (1)立法解释：包括两种情况，一种是指全国人大常委会针对宪法和法律条文本身需要进一步明确界限或补充规定的问题而进行的解释；另一种是指省、自治区、直辖市人大常委会针对地方性法规需要进一步明	非正式解释可分为学理解释和任意解释。 (1)学理解释：主要是指法学研究者或者教育者在学术研究或法学教育中对法律文本的解释。从解释的内容来看，它可以针对一般事项或案件作出抽象解释(大多数法学著作或教材等都属于这一类)，也可以针对某一个别案作出具体解释(如在研讨某一疑难案件中对法律文本作出的解释)。

续表

	正式解释(狭义的法律解释)	非正式解释
	确界限或补充规定的问题而进行的解释。 (2)司法解释:是指由最高人民法院和最高人民检察院针对审判和检察工作中具体应用法律问题而进行的解释。 (3)行政解释:是指由国家行政机关对于不属于审判和检察工作中的其他法律的具体应用问题以及对自己依法制定的法规而进行的解释。	学理解释尽管没有法律效力,但对立法、司法和行政等法律制度的完善和发展具有非常重要的促进作用。 (2)任意解释:是指公民个人、社会团体、案件当事人依自己的理解等对法律文本作出的解释,它同样可以针对一般事项或一般案件,也可以针对个别事项或案件对法律作出解释,但其解释不具有法律效力。
联系	从广义上讲,法律解释是指贯穿于立法、司法、执法和守法等法律运行的各个领域,其解释主体非常广泛,不仅包括有权解释主体也包括无权解释主体(广义的法律解释的解释主体没有限制,任何国家机关、社会组织和个人都可以作为法律解释的主体)。也就是说,正式解释和非正式解释都属于广义的法律解释。	

在我国学界和法律实务界,狭义的法律解释特指三种正式解释,即立法解释、司法解释和行政解释。正式解释主要有三个特点:

(1)解释主体的特定性,即解释主体是法律上明确赋予法律解释权的国家机关。

(2)解释的内容具有抽象性,即这种解释是对法律文本中某一类事项或案件所作的一般性解释,表现为一般的解释性规定,而不是针对某一具体事项或案件所作的解释。

(3)法律效力的普遍性,即这类解释具有普遍法律约束力,对法律实施具有规范性指导意义。

以上三个特征决定了立法解释、司法解释和行政解释属于抽象法律解释,[1]兼有立法和法律实施双重性质,其目的在于维护法律实施的统一性和稳定性。

☆ 我国法官的法律解释权

在国外,无论英美法系还是大陆法系,"法律解释"主要指法官(或法院)在法律适用中针对具体案件、法律文本作出的具有法律效力的解释,是正式解释。然而,我国"正式解释"有其不同的含义,特指立法解释、司法解释和行政解释,而法官不是有权解释的主体,这导致了一种误解,即我国法官没有任何意义下的法律解释权。

---

〔1〕 抽象法律解释,特指法定国家机关在法律实施过程中就法律所作的具有普遍效力的一般解释性规定。具体法律解释,与抽象法律解释相对应,即法律实施者针对个案对适用法律所作的解释。

笔者认为,我国法官尽管没有如立法解释、司法解释和行政解释那样的抽象法律解释权,但却具有针对个案的具体法律解释权,其效力范围仅涉及审理的案件,不具有普遍效力。理由如下:

(1)在我国特有的法律解释机制中,立法解释、司法解释和行政解释的划分是抽象法律解释权在不同国家机关分配的结果,其中并未涉及法官是否有针对个案的具体法律解释权问题,因为抽象法律解释权与具体法律解释权在我国有质的区别,前者兼有立法和法律实施的双重性质,后者仅具有法律适用的性质而无立法性质。

(2)"法律的实施是以解释过程为前提的",[1]既然法律赋予了法官审判权,也就意味着隐含地赋予了法官针对个案所具有的法律解释权,因为针对个案进行法律解释是审判权的前提和应有之义。法官在审判过程中,必然要针对个案事实对相关法律规范作出解释,这是一个客观存在且必然要发生的过程。在法律规范与案件事实之间,必然存在一定程度的鸿沟,法官的任务就是针对个案事实通过对相关法律规范作出解释,在规范与事实之间架起一座"桥梁",以期获得正确的判决,实现法律意图和目的。

鉴于有效力的法律解释对于法律适用有着特别重要的意义,本教材在下面的论述中不仅着眼于立法解释、司法解释和行政解释等抽象法律解释,还包括法官的具体法律解释。

13.1.2 法律解释的必要性

☆ 经典理论观点

法律解释是法律适用不可或缺的条件,同时又是判决结论获得正当性的前提基础,"一条法律将不能历史地被理解,而应当通过解释使自身具体化于法律的有效性中",[2]即使是明确的规范也需要解释。诚如德国学者卡尔·拉伦茨所言,"假使以为,只有在法律文字特别'模糊'、'不明确'或'互相矛盾'时,才需要解释,那就是一种误解,全部的法律文字原则上都可以,并且也需要解释。需要解释并不是一种——最后应借助尽可能精确的措辞来排除的——'缺陷',只要法律、法院的判决、决议或契约不能全然以象征性的符号语言来表达,解释就始终必要"。[3]

---

〔1〕[法]勒内·达维德:《当代主要法律体系》,漆竹生译,上海译文出版社1984年版,第109页。
〔2〕[德]伽达默尔:《真理与方法》,洪汉鼎译,上海译文出版社2004年版,第400页。
〔3〕[德]卡尔·拉伦茨:《法学方法论》,陈爱娥译,商务印书馆2003年版,第85~86页。

★★ 引起必要性的具体原因

法律解释的产生是由法律文本和法律适用多方面的规定性引起的,具有必要性,它是弥补法律局限性的手段和工具。总结归纳,这种必要性由以下四个层面的具体原因引起:

(1)法律文本的语言特性。作为法律解释对象的法律文本总是以一定的语言形式表现出来,而语言虽然具有确定性的一面,但同时又具有不确定性、模糊性或歧义性的一面。就法律概念而言,尽管某一法律文本中对法律概念给予了在立法者看来是明确的界定,但疑难案件表明,人们却仍然摆脱不了难以界定某一现象是否应归属于某一法律概念的情况。

(2)立法者认识能力的局限性。从法律规范的形成过程来看,它是对过去发生的行为或事实共同特征的概括、抽象的结果,体现了立法者的价值取向。然而社会生活每时每刻处于不断流动和变化之中,立法者无法预料新的法律现象,这一事实决定了由此形成的法律规范并不能涵盖以后的所有情况,必然具有滞后性。那么,法律适用中规范与事实之间的错位就在所难免,法律漏洞的显现也不是偶然的。只有通过解释,才能使现行的法律规范适用于新的事实,也可以适应新的价值观。

(3)法律文本中的法律规范和法律概念所具有的抽象性和概括性。法律规范或法律概念不是针对某个特定的人或事,而是针对一般的人或事而设定的,所调整的行为或事实经过抽象而具有“典型性”。然而,现实中个别行为或事实具备“个体性差异”,当抽象的法律规范适用于特定案件的时候,必然使规范与事实之间存在不同程度的缝隙,而弥合这个缝隙的手段就是法律解释。解释的过程是结合个案事实将抽象的法律规范进行具体化的过程。只有通过法律解释,才能将抽象的法律规范适用于具体案件。

(4)法律文本中的法律规范和法律概念背后总是隐藏或预设着某种价值判断。深层次地看,任何法律规范以及其中包含的法律概念都承载和储存着立法者的价值观,总是体现了立法者对调整对象、事实及其利益关系的价值评价和价值选择。然而在很多法律文本中,在很多情况下并不是将这些价值取向直接表达出来。在文意不明或者有争议的情况下,字面含义很可能无法适应个案,只有通过法律解释,解释者才可以把握法律规范背后所隐藏的立法者欲实现的目的、意旨和价值取向。

13.1.3 法律解释学发展过程简介

☆ 法律解释学的概念

在西方法学的形成与发展过程中,法律解释的研究始终与西方法学紧密相连。

作为以法律解释为专门对象的法律解释学也始终作为西方法学的一部分存在。

☆ 古罗马:法律解释学诞生

法律解释学产生于古罗马。罗马法解释学源于作为成文法的十二铜表法,它为法律解释提供了必要条件和前提。罗马法的显著特征是私法的发达,而私法的发达又得益于当时法律解释学的发达。在罗马法的鼎盛时期,形成了西方历史上第一个职业法学家集团,法学家的地位和影响非常突出,根据当时的解答权制度,有解答权的学者对法律的解释在一定条件下具有法律效力。

☆ 中世纪:注释法学的发展

在中世纪,法律解释学主要表现在以复兴罗马法为己任的注释法学的理论中。注释法学又分为注释法学派和注解法学派两个发展阶段,它们各自形成了不同的解释方法和理论:注释法学派为恢复罗马法的原貌,主要采用机械注释的研究方法,即重文义解释而轻论理解释方法;注解法学因着眼于现在,试图通过历史与现实的结合,以解决现实问题而发展罗马法传统,主要采用的是论理解释的研究方法。

☆ 近代:萨维尼的贡献

近代,历史法学派代表人物萨维尼总结了当时法律方法的研究状况,提出了法律解释的四个"基本要素",即语法要素、逻辑要素、历史要素和体系化要素。"从此,这些要素常常作为法律解释的'准则'被引用,并且直到现今仍然被视为有效。"[1]这四个"基本要素"就是我们今天所称的法律解释方法。

☆ 20世纪:一般解释学的发展

20世纪以来,随着超越法律解释学、圣经解释学等解释学具体形态的一般解释学的发展,出现了两种解释学理论:一种是以继承施莱依马赫和狄尔泰的解释学说,将解释学作为人文科学的一般方法论加以研究和提倡的解释学,此派以意大利哲学家贝蒂和美国文学解释学批评家赫施为代表;另一种是以海德格尔和伽达默尔为代表的哲学解释学,其理论将解释学作为哲学本体论的一般解释学。此外,也出现了法国哲学家保罗·利科尔的解释学,他试图将上述两种解释学理论加以折中。[2] 一般解释学的出现,特别是其中的基本理论如"视域融合"的理论、关于"理解与前理解"的理论、关于解释方法及解释规则的理论,对丰富和发展法律解释学

〔1〕[德]伯恩·魏德士:《法理学》,丁晓春、吴越译,法律出版社2003年版,第313页。

〔2〕梁慧星:《民法解释学》,中国政法大学出版社2003年版,第118页。

具有重要指导作用。但是,由于法律解释学的特殊性,一般解释学并不能取代法律解释学,法律解释学具有独立存在的意义。

典型案例

全国人大常委会对"黑社会性质的组织"的立法解释[1]

1979 年通过、1997 年修订的《中华人民共和国刑法》第 294 条第 1 款规定:"组织、领导和积极参加以暴力、威胁或者其他手段,有组织地进行违法犯罪活动,称霸一方,为非作恶,欺压、残害群众,严重破坏经济、社会生活秩序的黑社会性质的组织的,处三年以上十年以下有期徒刑;其他参加的,处三年以下有期徒刑、拘役、管制或者剥夺政治权利。"该法实施以后,法律本身对于何为"黑社会性质的组织"没有明确的说明和界定,这样一来,各地法院、检察院在具体操作中没有统一标准可循,因而不同地方的做法差异很大,常常把普通的共同犯罪和单位犯罪混同于黑社会性质的组织犯罪,从而引发了一系列问题。针对这种情况,2002 年 4 月 28 日,九届全国人大常委会通过了一个专门针对《中华人民共和国刑法》第 294 条的法律解释,该解释规定:"'黑社会性质的组织'应当同时具备以下特征:(一)形成较稳定的犯罪组织,人数较多,有明确的的组织者、领导者,骨干成员基本稳定;(二)有组织地通过违法犯罪活动或者其他手段获取经济利益,具有一定的经济实力,以支持该组织的活动;(三)以暴力、威胁或者其他手段,有组织地多次进行违法犯罪活动,为非作恶,欺压、残害群众;(四)通过实施违法犯罪活动,或者利用国家工作人员的包庇或者纵容,称霸一方,在一定区域或者行业内,形成非法控制或者重大影响,严重破坏经济、社会生活秩序。"这个法律解释的出台,使困扰了许多司法工作人员的何谓"黑社会性质的组织"的问题得到了解决。

延伸阅读

1. 谢晖:《解释法律与法律解释》,载《法学研究》2000 年第 5 期;
2. 陈金钊:《法律解释及其基本特征》,载《法律科学》2000 年第 6 期;

---

[1] 朱力宇主编:《法理学原理与案例教程》(第 4 版),中国人民大学出版社 2016 年版,第 312 页。

3. 郑永流:《出释入造——法律诠释学何为,与法律解释学的关系》,载《法学研究》2002 年第 3 期;
4. 魏治勋:《为什么法治必然要求法律解释》,载《求是学刊》2016 年第 6 期。

13.2　法律解释的目标与原则

知识要点

13.2.1　法律解释的目标

☆ 法律解释的目标概述

法律解释的目标,即理解和阐明法律意旨。

(1)法律意旨,任何法律规范都存在某种规范意旨,实现法律意旨是任何法律所追求的目的。因此,对法律文本的解释应首先清楚法律意旨究竟是什么,特别是在法律适用时,当规则出现模糊、规则间发生冲突或者补充法律漏洞时,必须探明法律的意旨,以解决当下欲处理的具体法律问题。

(2)法律意旨是立法者真实存在的意旨,还是法律文本自身所蕴涵的意旨? 根据不同的观点,在 19 世纪后半叶,西方法理学中形成了两种对立的学说,即主观说和客观说。由于两者都存在缺陷,之后出现了调和的折中说。

☆ 法律解释的学说

对法律解释的目标问题的探讨,不仅是一个理论的问题,更是一个法律实践问题,因为它涉及法律解释合法性和正当性的根本问题,同时也与法律解释之可能性相关。从法律解释学的发展来看,西方 19 世纪至 20 世纪初主要偏重于主观说,此后至今,客观说占通说地位。折中说虽然受到重视,但是并未被普遍接受。从我国司法解释的实际内容来看,基本上采用客观说。

★ 主观说与客观说

表 13-2 主观说与客观说

名称	主观说（立法者意图说）	客观说（读者意图说）
基本观点	法律解释的目标在于探求立法者制定法律规范时的主观意图。如果法官在法律解释中不以立法者意旨为准，而是以个人的价值判断为据，则是对立法权的僭越，解释就不具有正当性和合法性。	观点与主观说相反。法律解释的目标在于探求法律文本本身所蕴涵的法律意旨。
学说理由	(1)立法者通过法律表达自己的立法意图，即立法者的立法意图是真实存在的，法律解释应当体现立法意图。 (2)立法意图可以借助于立法文献探知，如果所有人在法律解释中都取向于被探知的立法意图，所得出的解释结果与立法者的意图相一致，那么司法适用就具有了稳定性和确定性。即探求立法者的立法意图，可以增强法律的安全性和确定性。 (3)根据权力分配原则，立法机关的权力在于制定法律，司法机关的权力在于适用立法机关制定的法律，所以，在法律适用时，阐明立法意图就具有决定性的作用。	(1)不存在一个有意思能力的立法者，因为立法机关不是一个人，而是一些代表不同阶层、不同利益集团的一群人组成。立法过程中可能征求了专业人员的意见，也可能经过全体公民讨论，所以难以确定真正的立法者。 (2)法律与立法者意旨并非一体。法律颁布以后就与立法机关相分离，具有了自己的独立性，成为了一种客观存在，其法律意图已经蕴含于法律文本之中。此时，立法者制定法律时所谓的真实意图究竟怎样已不具有拘束力。 (3)受法律规范约束的一般人所信赖的是法律文本中客观而合理的意思，而不是立法者的内心意思。 (4)根据客观说立场去实践，最能达成补充或创造法律的功能。〔1〕
学说缺陷	(1)过分强调立法者的真实意思，而立法者的真实意思在现实中有时却难以捉摸，以致使人无法认知。 (2)即使立法者的意思能够被认知，由于社会的变迁以及价值观的变化，也会导致“古老意思”与现实不相适应。	(1)忽视立法者真实意思，导致无法保证法律的客观性。 (2)如果在法律解释中完全按照客观说进行解释，则容易导致解释者先按照自己的意愿得出自己希望得到的解释结果，而后再加上所谓法律依据的现象，在此情况下，法律解释的结果如何就完全取决于解释者的主观价值判断。

〔1〕 黄茂荣:《法学方法与现代民法》(第5版),法律出版社2007年版,第238页;王泽鉴:《法律思维与民法实践》,中国政法大学出版社2001年版,第217页。

☆ **折中说**

目的:折中说是试图克服主观说和客观说的缺陷并汲取两者合理之处而产生的观点,其目的是使法律解释在法律稳定性与灵活性、合法性与合理性之间达致统一。

基本观点:解释者首先应当进行历史解释,以此明确立法者的意图、目的和价值评价,而当立法者的意图、目的和价值评价无法确认的情况下,则应考虑在文本可能的文义范围内,探究可能的理由,以确认合乎现在法律适用目的的意义。

13.2.2 法律解释的原则

★ **合法性原则**

合法性原则,是指法律解释应当符合法律规定、法律原则和法律的基本精神,主要包括三个方面的基本要求:

(1)主体合法,即法律解释的主体必须具有法律解释权。

(2)程序合法,即解释主体在进行法律解释的过程中,必须在法定权限内依照法律程序进行,不得越权解释。

(3)内容合法,具体有以下四点:

- 当被解释的法律条文或语词相对于个案事实其含义是明确的,除非该含义与立法目的、法律原则发生严重冲突,否则应当遵从明确的文义。
- 应将被解释的条文或语词等纳入相应法律文件整体中进行理解和阐释,被理解的条文或语词无论是否有歧义或模糊,其解释的理由和由此获得的结论都应符合所属法律法规中的基本原则、立法意图以及价值取向。
- 对下位法的解释应当与上位法的相关规定和基本原则、价值取向保持一致。
- 所有关于法律、法规和规章的解释必须与宪法所确立的基本原则、基本精神保持一致。

★ **合理性原则**

合理性原则,是指对法律文本的解释应当合乎常理、公理、道理。其基本要求包括以下四个方面:

(1)解释应合乎社会普遍承认和接受的社会价值观,包括人类共同生活的基本准则和公理、体现公平正义的社会道德标准等。

(2)解释应合乎人们在长期的社会生活中形成的公序良俗。

(3)解释应合乎自然规律、科学基本原理和公理。

(4)解释应合乎最基本的社会常识。

★ 合法性原则和合理性原则的关系

合法性原则是合理性原则的前提,而合理性原则是合法性原则的补充。

☆ 历史与现实相结合的原则

1. 历史与现实的基本概念

"历史"是指法律文本指定时的特定历史背景以及立法意图;

"现实"是指与当下待决案件及其相关的社会现实状况。

2. 历史与现实相结合的基本要求

(1)解释者通过立法时的社会历史背景去准确把握和理解立法意图。

(2)考虑与当下待决案件及其相关社会现实状况,在保持法律稳定性的同时兼顾已经发展变化的现实,并将两者统一于现实的需要,使"过去"制定的法律适应已经变化了的"现实",从而为解决当下待决案件提供公正、合理的最佳方案。

3. 历史与现实相结合的意义

体现了法律解释具有创造性的性质,同时也是法律发展的形式。

延伸阅读

1. 强世功:《文本、结构与立法原意——"人大释法"的法律技艺》,载《华东政法大学学报》2010 年第 1 期;

2. 杨建军:《法律解释的目标》,载《内蒙古社会科学》(汉文版)2003 年第 6 期;

3. 雷磊:《再论法律解释的目标——德国主/客观说之争的剖析与整合》,载《环球法律评论》2010 年第 6 期;

4. 谢永照:《论法律解释的目标》,载《山东社会科学》2017 年第 3 期。

13.3　法律解释的方法

知识要点

13.3.1

☆ 分类体系

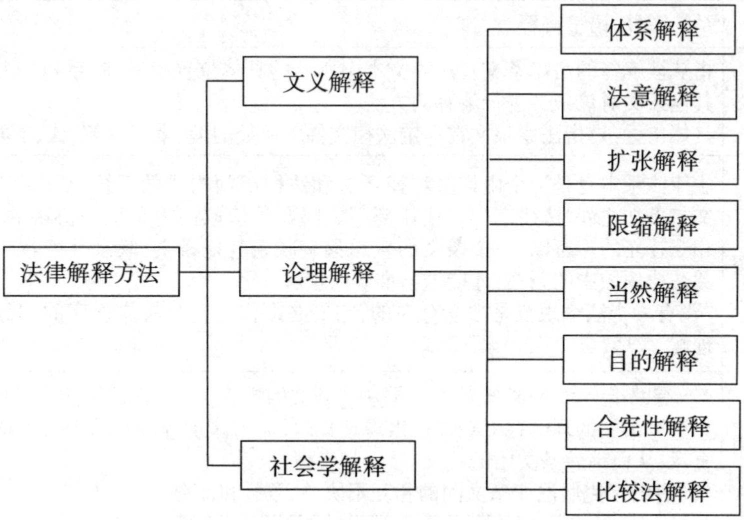

图13-1　法律解释方法的分类

★ 13.3.2　文义解释

表13-3　文义解释

别称	文法解释、文理解释、字面解释和平义解释等。指按照法律条文的字面含义以及通常使用方式以阐释该法律条文的内容和意义的解释方法。
优先性	(1)文义解释是法律解释的出发点和基石,在各种法律解释方法中具有优先性地位。 (2)虽然语词具有模糊性,但我们不能过分夸大这种性质,它同时具有确定性,即具有人们普遍认可的字面含义以及使用方式。语词的这种确定性,使语词以及由此构成的法律条文具有了稳定性、确定性和安全性的价值基础。 (3)无论英美法系还是大陆法系,当法律条文中的用语含义明确而清晰,且不与法律目的、法律原则相冲突,则应优先采用文义解释。

续表

局限性	文义解释将解释的重点和视角主要限制在字面含义上，不考虑法律条文以外的因素，特别是不考虑对法律条文具有决定意义的法律意图，因而容易忽视法律条文的目的和价值取向等深层意义，导致解释的机械性，甚至对法律条文的误解。

13.3.3 论理解释

★

表 13－4 体系解释

别称	系统解释、语境解释。
基本定义	指从被解释的法律条文在法律文本中所处的具体位置出发，联系相关上下文即其他条文对该条文进行解释的方法。 具体位置：是指法律条文在一定法律文件中所处的编、章、节、条、款、项的位置。
存在依据	法律体系本身是一个由许多法律条文和法律部门构成的系统，从应然上说，条文与条文之间、法律部门与法律部门之间在价值取向上是统一协调的，内容是相互补充的。所以，一个条文的意思只有联系其他条文、联系其所在法典或相关法律领域中的条文，才能做出准确的理解。 "没有一个法律规范是独立存在的，它们必须作为整个法律秩序的部分要素来理解。"〔1〕
积极作用	(1)有助于全面、整体理解和把握法律条文的意思，而不是孤立、片面理解，特别当法律条文的理解存有疑义或出现歧义时，运用体系解释有助于探求该条文的真意，从而消除条文中的疑义、歧义和模糊。 (2)有助于克服法律条文间的相互不协调、矛盾和冲突。
局限性	在体系解释的实际应用中，如果不与其他法律解释方法结合，容易导致拘泥于形式而忽视法律的实质目的。即当我们运用体系解释时，如果仅仅考虑法条之间意思上的联系，而不考虑法律的实质目的，就可能出现对法律条文的解释结果与法律目的不相符。

★

表 13－5 法意解释

别称	历史解释、立法解释、沿革解释。
基本定义	指解释者通过对立法者在制定法律时的价值追求和欲实现的目的的探求，来推知立法意图，并在此基础上确立法律文本含义的解释方法。

〔1〕［德］伯恩·魏德士：《法理学》，丁晓春、吴越译，法律出版社 2003 年版，第 329 页。

续表

存在依据	法律文本是用语言表达的,其内容一方面表现为字面的意义,另一方面是制约字面意义的立法意图,而对法律文本立法意图的理解,就应当理解立法意图得以产生的立法背景。法意解释正是通过对隐藏于字面意义背后的、立法者制定法律时的价值追求和欲实现的目的,去推知立法意图。
主要作用	(1)准确的法意解释所给出的解释结果有较大的可靠性,因为,只有从探究立法史的方式中才能对立法意图有清晰的理解。如果忽视法意解释,不去理解立法者制定法律时的立法意图,可能导致错误地解释法律条文。 (2)法意解释可以作为限制解释范围的工具。运用法意解释方法,一个法律条文的语义范围就被限制在符合所探知的立法意图之内,在这种情况下,对法律条文的解释必然受到限制,法官自由裁量的范围也就被限制在一定范围内。
注意要点	(1)对立法背景和立法文献的分析必须具有真实性和全面性。 (2)法意解释的价值与社会发展的程度有关,历史立法资料越久参考价值越低;越新越有参考价值。 (3)法意解释结论的可靠性与立法制度有关。例如,在我国,立法没有附具立法理由的制度,其他立法资料如审议记录不公开、立法机关通过法律时起草人所作的立法说明往往非常简单,这就给法意解释的运用带来了困难。

★

表 13－6　扩张解释

别称	扩充解释、扩大解释。
基本定义	指法律条文的含义过于狭窄,不足以表示立法者原意,遂扩大其含义覆盖范围,以求正确阐明法律条文内容和意义的解释方法。
存在依据	立法者认识能力的局限性。有时,立法者在作出某项规定时,按照其本意或原意应将某事项包含其中,但因立法者认识能力的局限却未能将其包含在法律条文的文义中,导致其含义相对于立法者的本意或原意过窄。此时,从立法者的原意出发,将该事项纳入法律条文的覆盖范围,就形成了扩张解释方法。
积极作用	扩张解释是法律适用中经常使用的一种解释方法,它对于克服因立法者未能预测到法律规范调整范围内的某些事项或者由于表达上的瑕疵具有积极作用。
局限性	(1)立法者的原意是什么有时难以确定。 (2)扩张解释的范围,即文义可能的范围有时界限不清。 (3)与类推解释方法在实践中难以区分,其标准也难以把握。

★

表 13－7　限缩解释

别称	限制解释。
基本定义	指法律条文的含义过于宽泛，不足以表示立法者原意，遂缩小其含义覆盖范围，使其局限于文义核心，以求正确地阐明法律条文内容和意义的解释方法。
限缩解释与扩大解释	限缩解释与扩张解释是两种思维过程或思维方向刚好相反的解释方法。限缩解释将法律条文的含义缩小，而扩大解释则将其扩大，但都是相对于法律原意而言的，其目的都是使法律条文的含义与立法者原意相符。

★

表 13－8　当然解释

基本定义	指法律虽无明文规定，但依照法律规范目的的衡量、事理上或情理上以及逻辑上的关联，某事项与法律规定的事项比较，更具有适用的理由，故将该事项解释为该规定适用范围内的一种解释方法。
例证	《唐律·名例编》曾就当然解释有所规定："诸断罪而无正条，其应出罪者，则举重以明轻；其应入罪者，则举轻以明重。"〔1〕
缺陷	主要表现在解释依据的不确定性，尤其当依据事理上、情理上的"当然"之理进行解释时，容易被解释者用来曲解法律规范，同时，被解释的规范与解释的结果之间在逻辑上的关联在许多情况下不具有必然性，也就是仅具有或然性联系。

★

表 13－9　目的解释

基本定义	指解释者根据法律的目的，以确定法律文本的内容和意义的一种解释方法。 法律目的：这里所称的法律目的，不仅包括制定法律的一般立法目的，即作为整体的法律的一般目的，也包括某一特定法律制度、某一特定法律条文的具体规范目的。
存在依据	任何法律都是人类意志的体现，其背后都存在立法者欲实现的目的，而要解释任何一个法律文本，只有把握其法律目的，并以此作为依据进行解释，才能真正理解和阐明法律文本的内容和意义。
作用	（1）对法律文本的明显错误予以修正。 （2）消除法律文本中出现的歧义或模糊。

〔1〕《唐律疏议》，中华书局 1983 年版，第 134 页。

续表

局限性	(1)一般来说,只有当文义解释的结果达到与立法目的严重相悖,或出现了荒谬结果,方可采用目的解释。这说明,目的解释是文义解释的一种辅助方法。 (2)当社会现实相对于立法时的法律目的而言发生了巨大变化之时,立法时的法律目的和现今的社会目的就可能冲突,此时如果机械地以立法时的目的进行解释,可能会使解释的结果与社会发展的现状严重不符。在此情况下,就不宜采用目的解释方法,而应采用其他解释方法。

★

表 13-10 合宪性解释

基本定义	指以宪法及位阶较高的法律规范解释位阶较低的法律规范的一种法律解释方法。
存在依据	从应然上讲,现代法治国家的法律体系是一个犹如金字塔结构的不同位阶的法律组成的整体,其内部具有一致性和无矛盾性特征,位阶较低的法律必须服从位阶较高的法律,所有的法律必须服从最高位阶的法即宪法。由此决定了法律解释中,对于位阶较低的法律规范,应依位阶较高的法律规范进行解释,而一切法律规范都最终可依宪法规范进行解释。
功能	(1)具有参与法律解释内容之决定的功能。 (2)具有控制法律解释之结果的功能,亦即确保法律解释的结果,不逸出宪法所宣示之基本价值决定的范围之外。[1]

★

表 13-11 比较法解释

基本定义	指援引、借鉴或参考外国立法例及判例学说以阐释本国法律规范的意义和内容的一种解释方法。
运用形式	(1)直接援引外国法,这是一种直观和明确的方式。 (2)吸收、借鉴或参考外国的法理,这是一种隐蔽或默示的方式,这种形式相对于前一种,乃是更为常见的运用比较法解释的方式。[2]
局限性	(1)外国的法律或判例学说,是根植于其所在国的法律体系或法律制度之中,运用比较法解释的前提是全面且具体地理解外国法律和与此相关的外国政治、经济、文化和价值理念。所以比较法解释容易断章取义。

[1] 黄茂荣:《法学方法与现代民法》(第5版),法律出版社2007年版,第359页。

[2] 孔祥俊:《法律方法论》(第2卷),人民法院出版社2006年版,第980页。

续表

	(2)从运用范围来看,比较法解释主要应用于民法领域,因为民法调整的对象和范围非常广泛和复杂多样,以至于民法领域中许多事项无法作出具体、明确的规定,这样借鉴外国法律或判例学说有助于解决这一问题;同时,各国民法从基本原则、基本价值理念以及调整方式的共性较多而差异较少,故相互间可以参照、借鉴的地方较多。但是,在刑法领域,由于现代法治国家普遍接受“罪刑法定原则”,运用比较法解释的空间受到严格限制,由此决定了比较法解释在刑法领域难以运用。
注意问题	(1)不得局限于法律条文之比较,应扩及于判例学说及交易习惯,尽可能对于外国法之真意及现时作用有充分了解,并将所引资料及参考理由说明。 (2)比较法解释系将外国立法例及判例学说引为解释资料,因此不可因外国立法例较佳,即径为援引采用,以取代本国法。外国法之斟酌,常可导致对本国法律规定之扩张或限缩解释,但不得超出法律文义之可能范围。 (3)外国立法例虽有重大参考价值,但是可否援引以解释本国法律规定或补充法律漏洞,应以不违反本国法律之整体精神和社会情况为度。 (4)应经由解释途径,将立法所继受之外国法例纳入本国立法体系,使之融为一体。[1]

★ 13.3.4 社会学解释

表 13-12 社会学解释

基本定义	指将社会学方法运用于法律解释,通过社会效果预测和社会目的衡量,在法律条文可能文义范围内,阐释法律条文具体内容的一种法律解释方法。
产生背景	(1)社会学解释方法的产生直接受到社会学法学的影响。 (2)19世纪,受当时盛行的概念法学的影响,法律解释方法主要是文义解释和论理解释,也就是说,此时的法律解释方法所考虑的因素主要限于法律内。 (3)19世纪末,随着概念法学的衰落与社会学法学的兴起,人们对法律的认识不再局限于法律内而扩展至整个社会领域中来理解。按照社会学法学的观点,法律是一种社会现象,要理解法律,就要将法律置于整个社会之中,从法律与社会的实际关系中考察法律及其社会效果;同时认为,对法律适用的理解也不应按照概念法学那样理解为严格的三段论逻辑,作为判决依据的法律,不仅包括“白纸黑字”的法律,还包括大量社会实际生活中存在的“活法”。观察法官判决的正当性,取决于判决结果的实际社会效果或法官的社会目的衡量,这就为法律解释领域引入社会学解释奠定了理论基础。

[1] 梁慧星:《民法解释学》,中国政法大学出版社2003年版,第234~235页。

续表

运用步骤	(1)对其中每一种解释结果可能产生的社会效果进行预测； (2)以社会目的对各种社会效果进行对比、评价和衡量； (3)确定何种解释结果所产生的社会效果更佳、更符合社会目的。
意义	社会学解释有其独特的意义，特别是对那些与法律文本边缘意义有关的疑难案件来说，当一个法律条文应用文义解释和论理解释有多种解释结果，而这些解释结果都有一定理由，其说服力和证明力也都不相上下时，就可以运用社会学解释加以解决。这说明社会学解释具有弥补文义解释和论理解释不足的作用，有其存在的必要性和重要价值。
局限性	(1)由于社会学解释将视角从法律内扩大到法律外，并以符合社会目的作为解释标准，这就使解释的空间更为广泛，解释者的自由度也相应扩大。 (2)由于社会目的的多样性，如政治的、经济的、文化的各种社会目的，又使解释者面对各种社会目的发生冲突的时候必然要进行依据法律外的理由作出选择，这些情况都使社会学解释的结果有较大不确定性。 (3)运用社会学解释必须收集大量社会事实作为证据，并对这些事实的真实性和可靠性进行证明，一般来说，成本较高。

13.3.5　法律解释方法的位阶关系

☆ 法律解释方法的位阶概念

法律解释方法的位阶问题，是指在对法律文本作出解释时不同解释方法之间的先后顺位问题。这个问题的提出是基于这样的事实：对同一个存有疑义或模糊的法律文本作出解释时，运用不同的解释方法可能得出不同甚至相反的解释结果，这就造成解释结果的各执一端、众说纷纭的现象，会严重影响法律的稳定性和安全性。

于是，人们试图在不同的解释方法中确定它们之间的先后顺序关系。然而，国内外长期的法律实践和理论研究表明，人们要找到一种固定不变、完全统一的法律解释的位阶几乎是不可能的。其主要原因在于，每一种法律解释方法都有存在的理由，都是体现或者强调着某种价值。例如，文义解释追求法律的稳定性、可预测性以及形式正义；目的解释追求目的和实质正义。这样，法律解释方法的位阶问题实际上牵涉到对某种法律价值或社会价值的选择。由于各种法律价值或社会价值没有一个固定不变的位阶关系，这就决定了法律解释方法之间也同样不存在这种固定不变的位阶关系。

★ 法律解释方法的运用规则

各种解释方法之间虽然不存在一种固定不变的位阶关系，但是它们之间并不是杂然无序而由解释者随意选择使用的，它们存在一定程度上的、有条件的位阶关

系。对于解释方法的运用,大致应遵守如下解释规则:

(1)文义优先规则。即对任何法律条文进行解释,都必须首先从文义解释入手,如文义解释得到的结果是单一的,则一般无须进行论理解释;只有当运用文义解释有多个结果时,才继之以论理解释。

(2)进行论理解释时,应先运用体系解释和法意解释以探求法律意旨,进而运用扩张解释或限缩解释或当然解释以判明法律的意义内容。如仍不能澄清法律语义的疑义,则进一步作目的解释以探求立法目的,或者在依上述方法初步确定法律意义内容后,以目的解释进行核实。最后作合宪性解释看是否符合宪法的基本价值判断。

(3)如经论理解释各种方法,仍不能确定解释结论,可进一步作比较法解释或社会学解释。

(4)论理解释、比较法解释或社会学解释的结果不得超出法条文义可能的范围,如论理解释、比较法解释或社会学解释的结果与文义解释相抵触时,在不超过法条文义可能的范围时,应以论理解释、比较法解释或社会学解释的结果为准。

(5)经解释最终仍存在相互抵触的结果,且各种解释结果均言之有理,持之有据时,则应进行利益衡量或价值判断,从中选出具有社会妥当性的解释结果作为结论。

典型案例

许 霆 案

【案情概述】

2006年4月21日,许霆与同事郭安山一起,在广州市天河区黄埔大道西平云路广州市商业银行ATM提款机,利用系统故障的机会,分别取款17.5万元和1.8万元。事发后,郭主动自首被判1年有期徒刑;许霆潜逃一年落网,2007年12月一审被判处无期。2008年2月22日,案件重审;3月31日,许霆被判处5年有期徒刑。

2008年4月1日,《南方都市报》报道了广州中院解释许霆案重审改判五年原因,其部分内容如下:许建案宣判后,广州中院刑二庭庭长、法学博士甘正培(以下简称甘)就该案重审判决的相关问题作了进一步的通报说明。

为何算“秘密窃取”

问:许霆是用自己的银行卡输入真实的密码取钱,此行为是否算“秘密窃取”?

甘:盗窃罪中的“秘密窃取”,是指行为人采取主观上自认为不被财物所有者、保管者或经手者发觉的方法,暗中窃取财物的行为。至于是否实际上已被当场发觉、是否事后马上被发觉、是否因行为人在窃取财物时留下身份识别标志而事后被发觉,均不影响“秘密窃取”的成立。许霆供述明知其银行卡内仅有170余元,在第一次取款和查询后已意识到自动柜员机出现了异常,仍然连续170次取款174000元,并供述“银行应该不知道”、“机器知道,人不知道”,这均证实了许霆实施取款行为时主观上自认为银行人员不能及时发现,故许霆的行为符合“秘密窃取”的客观特征。

为何是“盗窃金融机构”

问:盗窃柜员机内的资金应当视为“盗窃金融机构”吗?

甘:根据《最高人民法院关于审理盗窃案件具体应用法律若干问题的解释》第8条规定:“刑法第二百六十四条规定的‘盗窃金融机构’,是指盗窃金融机构的经营资金、有价证券和客户的资金等,如储户的存款、债券、其他款物,企业的结算资金、股票,不包括盗窃金融机构的办公用品、交通工具等财物的行为。”自动柜员机是银行对外提供客户自助金融服务的设备,机内储存的资金是金融机构的经营资金。故许霆盗窃柜员机内资金的行为依法当然属于“盗窃金融机构”。

轻判依据是什么

问:我国《刑法》规定盗窃金融机构且数额特别巨大,最低法定刑是无期徒刑,而重审判决对许霆在法定刑以下量刑的依据是什么?

甘:许霆盗窃金融机构,数额特别巨大,没有法定减轻处罚的情节,反而在盗窃后携款逃匿,案发后又没有退赃。重审判决之所以对许霆在法定刑以下量刑,主要基于以下几点考虑:第一,许霆的盗窃犯意和取款行为是在自动柜员机发生异常的情况下发生的,与有预谋、有准备的盗窃犯罪相比,主观恶性相对较小;第二,许霆是利用自动柜员机出现异常,使用本人银行卡指令超出余额取款的方法窃取款项,与采取破坏性手段盗取钱财相比,犯罪情节相对较轻。考虑到许霆案特殊情况,依照《刑法》关于犯罪分子虽不具有刑法规定的减轻处罚情节,但根据案件特殊情况,经最高人民法院核准,也可以在法定刑以下判处刑罚的规定,对其在法定刑以下量刑,判处有期徒刑5年。

当然,根据相关法律规定,本判决最终必须报请最高人民法院核准后方能生效。

量刑为何相差悬殊

问:第一次判处无期,与这次判决相比量刑相差悬殊,如何看待?

甘:本案经我院两次判决,都是认定许霆犯盗窃罪,且属于盗窃金融机构,数额特别巨大。依据法律规定,应当判处无期徒刑或者死刑。第一次判决没有适用《刑法》第63条第2款的规定,所以在法定刑以内就低判处许霆无期徒刑。本案经省高院发回重审后,侦查机关、公诉机关补充了有关证据,我院对自动柜员机如何出现异常及发生什么异常等事实进一步查证,更深入论证了许霆行为的社会危害性、犯罪构成等问题。在认真听取控辩双方意见的基础上,充分考虑法律效果与社会效果的统一,根据本案的犯罪事实、犯罪情节和对于社会的危害程度,对许霆予以从宽处罚,在法定刑以下判刑。

当然,根据《刑法》的规定,下级法院如果决定在法定刑以下判刑,必须依法报请最高人民法院核准。如果最高人民法院核准了,判决方能生效。

延伸阅读

1. 桑本谦:《法律解释的困境》,载《法学研究》2004年第5期;
2. 熊静波:《理解中国法解释论的三个分析框架》,载《法商研究》2010年第5期;
3. 侯学勇:《法律解释方法的证立功能与司法能动主义》,载《华东政法大学学报》2010年第1期;
4. 魏胜强:《论我国的法律解释立法——基于形式和内容的探讨》,载《学术交流》2016年第6期。

第14章 法律推理

教学目标

了解法律推理的基本含义及其特征；

识记法律推理的分类；

识记法律推理的功能和作用；

理解三种法律推理方法；

识记法律推理的运行过程。

推荐参考资料

1. 付子堂主编:《法理学进阶》(第四版),法律出版社2013年版,第十二章;
2. 张文显主编:《法理学》(第四版),高等教育出版社2011年版,第十九章;
3. 沈宗灵主编:《法理学》(第四版),北京大学出版社2014年版,第十九章;
4. 朱景文主编:《法理学》(第三版),中国人民大学出版社2015年版,第二十三章;
5. 雷磊:《法律推理基本形式的结构分析》,载《法学研究》2009年第4期;
6. 陈景辉:《规则、道德衡量与法律推理》,载《中国法学》2008年第5期。

14.1 法律推理概述

知识要点

14.1.1 法律推理的含义及其特征

☆ 法律推理的含义

虽然学者们经常使用“法律推理”这一概念,但并没有形成统一的科学定义。

人们经常在不同的意义上使用法律推理这一术语，其较为常见的含义有以下三种：

（1）法律推理是形式逻辑推理在法律中的应用。这种观点在20世纪八九十年代的学者中有一定的代表性。

（2）法律推理就是法律规范推理。这一观点主要在欧洲的学者中比较流行，尤其是斯堪的纳维亚的学者大多持这种观点。国内有少数逻辑学者也持这种观点。

（3）法律推理是法律适用的推理，是法官、检察官和律师将一般法律规定适用于具体案件、论证判决是否正当的一种工具，“是法学家，特别是法院完成其任务而使用的一些方法论工具和智力手段”。[1] 这种观点主要流行于英美法系的法学者之间。近年来，我国的法学研究者也大多持这种观点。

在法律推理的上述三种含义中，前两者的范围过于狭窄，不能反映法律推理的独特特点，因此，将之作为法律推理的含义显然不恰当。借鉴国外学者所说的法律推理理论，结合我国的实际，我们认为，所谓法律推理就是指法律适用者在法律适用过程中，运用证据确认案件事实，选择、分析法律规范，从而将确认的案件事实归属于相应的法律规范并援引相关法律条款而导出判处结论的思维活动。简言之，法律推理就是以确认的案件事实和一般法律条款为已知前提，为法律上的判处结论提供理由的思维过程。

★ 法律推理的特征

1. 法律推理是一种论辩性推理

法律推理的目的不是获得认识论意义上的真理，而是为法律适用的结论提供正当理由。因此，我们并不要求法律推理得到结论具有绝对的客观性和必然性，而只要达到相对的客观性与充分性即可。

由于社会环境纷繁复杂，法律上的争议往往极其复杂，如果单凭有限的规则和逻辑推导，法官是无法应付众多纷争的；特别是在两个或者两个以上的可能存在的前提或基本原则间进行选择时，各方就必须通过对话、辩论、批判性探究等方法来发现最佳的答案。由于不存在使结论具有无可辩驳的“首要原则”，因此我们通常所能做的就只是提出有道理的、有说服力的理由。

2. 法律推理是一种寻求正当性证明的推理

法律推理的核心主要是为行为规范或人的行为是否正确或妥当提供正当理由，他要回答的问题主要是：“该规则的正确含义是什么？”、“该规则的法律效力是否正当？”、“行为是否合法或是否正当？”、“当事人是否拥有权利、是否应有义务、是

---

〔1〕［比］佩雷尔曼：《正义、法律和辩论》（英文版），荷兰瑞德尔出版公司1980年版，第140页。

否应负法律责任?”等。

3. 法律推理是一种实践推理

与逻辑推理相比,实践推理比较注重推理的各部分在内容上的联系,而逻辑推理侧重于考察各部分之间的形式结构关系。由于法律推理是为了探寻解决法律问题最佳答案的方法,承载着推理者一定的价值观和对社会现实的关注,因此,法律推理带有强烈的实践性特点。

4. 法律推理要受现行法律的约束

法律推理的兴起就是为了制约人的独断与肆意妄为,因此,人们进行法律推理的重要依据包括两方面的内容:一是法律事实;二是法律规范。也就是说,人们在进行法律推理时,要受到这两个方面因素的制约。其中,现行法律是法律推理的前提和制约法律推理的条件。法律的正式渊源或非正式渊源都可以成为法律推理中的“理由”,成为行为的正当性依据。

14.1.2　法律推理的分类

★ 形式法律推理和实质法律推理

人们根据法律推理结论的可靠性是否依赖于法律推理的形式结构,而将法律推理分为两大类:形式法律推理和实质法律推理。

表14-1　形式法律推理和实质法律推理对比

名称	形式法律推理	实质法律推理
定义	在法律适用过程中,根据确认的案件事实,直接援引相关法律条款,并严格按照法律条款的形式结构而进行的推理。	在法律适用过程中,根据对法律或案件事实的实质内容进行分析与评价,以一定的价值理由为依据而进行的法律推理。
特点	具有结论的确定性。形式法律推理结论的可靠性主要与推理的形式结构有关,而与内容关系不大。	实质法律推理是一种与实质内容、价值理由直接相关的推理,推理形式不是保证结论可靠性的最重要因素。
二者联系	(1)二者追求的最终目的相同。法律推理的过程实际上是综合运用两种推理方式的过程,二者都是为法律适用服务的,它们的最终目的都是要调节和指导人们的行为,解决法律纠纷,调整法律关系。 (2)适用步骤相同。适用法律有三个必经的环节:一是弄清案件事实;二是确定适用的法律条文;三是根据法律规定推理出对案件的判决结论。 (3)适用主体大致相同。法律推理横贯于所有法律活动之中。法律推理并非法官的专利,公民、律师和法学家们都可以使用这两种法律推理方式来解决法律问题,只不过他们经推理而得出的结论不像法官那样具有法律效力和法律执行力而已。	

续表

名称	形式法律推理	实质法律推理
二者区别	(1)体现的价值观念不同。形式法律推理要求严格按照法律规范来进行推理，追求的是法的确定性、稳定性等价值。实质法律推理的形式多种多样，其追求的是法的合理性。 (2)适用范围不同。形式法律推理主要适用于有明确法律规范的场合，实质法律推理主要适用于疑难案件的处理。 (3)采用的推理方法不同。形式法律推理主要采用演绎推理方法，而实质法律推理采用的是辩证推理方法。博登海默根据亚里士多德的观点认为，“辩证推理乃是要寻求‘一种答案，以解答有关在两种相互矛盾的陈述中应当接受何者的问题’。由于不存在使结论具有必然性的无可辩驳的‘基本原则’，所以通常我们所能做的只是通过提出似乎是有道理的、有说服力、合理的论据去探索真理。” (4)价值判断在两种推理中所起作用不同。价值判断在形式法律推理中的作用极为有限，但在实质法律推理中却起着极为重要的作用。	

特别需要强调的是，把法律推理分为形式法律推理和实质法律推理只是为了研究和论述的方便而进行的分类，切不可将之理解为：这两种推理之间是相互排斥、水火不容的，也不能认为两者在法律适用中是泾渭分明的。事实上，在法律适用过程中，这两种推理经常是交叉使用、相互渗透、相互补充、密不可分的。只是在不同的国家和地区对这两种推理形式互有偏好。

☆ **简单法律推理和复杂法律推理**

按照法律推理前提的复杂性和得出结论的难易程度不同，可以将法律推理分为简单法律推理和复杂法律推理。

简单法律推理，是指根据确定、明确且一致的法律规定和简易、清楚的案件事实，推导出待决案件判决、判处结论的推理。简单法律推理通常在简易案件的审理过程中运用，其案件事实简单、清楚，需要援引的法律条款也是确定的、明确的。在这种情况下，可以运用简单法律推理直接得出待决案件的裁决、判处结论。

复杂法律推理，是指在疑难案件的法律适用过程中运用的法律推理。所谓疑难案件，指的是或者案件事实复杂、难以认定，或者法律规定不明确，或者上述两者兼而有之的案件。在这种情况下，构建法律推理的前提遇到了困难，法律推理的内部结构随之复杂，此时就需要运用复杂的法律推理。

☆ **法律规范推理和个案适用推理**

根据法律推理是否涉及具体的案件事实，可以把法律推理分为法律规范推理与个案适用推理。

法律规范推理，又叫作法律规范判断之间的推理，指的是由一般性法律规范判断（制定法规范）推导出另外的一般性法律规范判断（裁判规范）的推理。这种推理表现为由规范到规范的推理。日本学者川岛武宜在《现代化与法》一书中就提出了这种推理形式。纯粹法学的代表人物凯尔森也认为，应当存在这样一种规范推理形式，并且应当有一种独特的规范逻辑存在。在 1951 年，芬兰逻辑学家冯·赖特发展出了这种独特的逻辑系统。今天，规范推理理论已经发展得非常成熟了。

个案适用推理，就是根据一般性法律规范判断和已经确认的某个具体案件事实而推导出待决案件的判处结论的推理，也有人称为"司法推理"（judicial reasoning）。

14.1.3　法律推理的功能与作用

★ 法律推理的功能

1. 法律推理的证成功能

"证成"（justification），指的是"具有正当理由""证明……具有合理性""证明……成立"的意思。法律推理具有证成功能，这是法律推理的首要功能，因为法律推理的主要目的就是为判处结论提供正当理由。

2. 法律推理的解决争端和社会控制的功能

人们在社会生活中会发生各种各样的纠纷，人们解决纠纷的方法多种多样。在法律社会里，人们主要依靠法律来解决争端，依靠法律推理来为自己的主张提供理由。伯顿认为，"法律推理的首要特征是，它被用于预知或者解决高级社会的大量纠纷的过程"。"法律和法律推理能使法官得到终局性的、和平的和可证明为正当的纠纷解决结构。"[1]法律推理通过解决争执、审判违法犯罪等措施，发挥着对社会资源按照正义、利益和人权进行重新分配的作用。

3. 法律推理的预测功能

法律推理过程是一个探求可靠的法律结论过程，因此，它具有一定的预测功能。法律推理的参与者、法律适用者之外的观察者都可以通过对各种可能情况进行分析推理，对可能的判处结果进行预测。作为一种理性思维活动，法律推理可以帮助人们正确认识法律的目的和程序，正确认识自己的权利和义务，正确评价法律活动的正当性、权威性，因此，可以指导人们的实践。

---

〔1〕［美］史蒂文·J. 伯顿：《法律和法律推理导论》，张志铭、解兴权译，中国人民大学出版社 1998 年版，第 8 页。

★ 法律推理的作用

1. 法律推理对于实现司法公正具有重要作用

司法公正既包括实质公正,又包括形式公正。形式公正,是指对法律和制度进行严格、一贯和不偏不倚的执行。实质公正,是指法律后果符合人们对实质正义的通常理解。

法律推理与司法公正有着内在的联系,表现在以下方面:(1)法律推理的规则与司法公正的内在要求是一致的。按照法律推理规则,推理的过程应具有逻辑上的一致性和不矛盾性,同样案件应当同样处理,这实际上也是形式公正的内在要求。(2)法律推理的目标与司法公正的目标也是一致的。法律推理与司法公正的关系是一种形式与内容的关系,法律推理过程本身就是追求公正的过程,这是因为法律推理是一种证明正当性的推理,其目标是为法律规范及人们的行为提供理由。由于法律推理与司法公正具有上述内在联系,因此,法律推理是人们进行司法改革、实现司法公正的一个重要手段。

2. 法律推理有助于法治国家的建立

法律推理与法治密不可分,在一个非法治的社会里,法律的制定与适用或者依靠统治者的个人权威与魅力,或者依靠传统社会的道德与习俗,而不需要追求合理性,特别是形式合理性的法律推理。马克斯·韦伯说,法治社会是法律制定和法律适用都具有合理性的社会。由于为法律制定与法律适用提供正当理由,因此,法律推理是实现法治社会中法律制定与实施合理性的必由之路。

典型案例

四川泸州遗赠案[1]

【案情概述】

蒋伦芳与黄永彬于1963年5月登记结婚,婚后夫妻关系较好。因双方未生育,收养一子。1990年7月,被告蒋伦芳因继承父母遗产取得原泸州市市中区顺城街67号房屋,面积为51平方米。1995年,因城市建设该房被拆迁,由拆迁单位将位于泸州市江阳区新马路6-2-8-2号的77.2平方米的住房一套作还房安置给了被

[1] 参见四川省泸州市纳溪区人民法院民事判决书(2001)纳溪民初字第561号,有删节。

告蒋伦芳,并以蒋伦芳个人名义办理了房屋产权登记手续。1996年,遗赠人黄永彬与原告张学英相识后,二人便一直在外租房非法同居生活。2000年9月,黄永彬与蒋伦芳将蒋伦芳继承所得的位于泸州市江阳区新马路6-2-8-2号的房产以80000元的价格出售给陈蓉,但约定在房屋交易中产生的税费由蒋伦芳承担。2001年春节,黄永彬、蒋伦芳夫妇将售房款中的30000元赠与其子黄勇在外购买商品房。

2001年年初,黄永彬因患肝癌病晚期住院治疗,于2001年4月18日立下书面遗嘱,将其所得的住房补贴金、公积金、抚恤金和卖泸州市江阳区新马路6-2-8-2号住房所获款的一半40000元及自己所用的手机一部,赠与原告张学英所有。2001年4月20日,泸州市纳溪区公证处对该遗嘱出具了(2000)泸纳证字第148号公证书。2001年4月22日,遗赠人黄永彬去逝,原、被告双方即发生讼争。

一审法院受理该案后,因原告申请,泸州市纳溪区公证处于2001年5月17日作出(2001)泸纳撤证字第02号《关于部分撤销公证书的决定书》,撤销了(2001)泸纳证字第148号公证书中的抚恤金和住房补贴金、公积金中属于蒋伦芳的部分,维持其余部分内容。

遗赠人黄永彬患肝癌病晚期临终前于2001年4月18日立下书面遗嘱将其财产赠与原告张学英,并经泸州市纳溪区公证处公证。该遗嘱虽是遗赠人黄永彬的真实意思表示且形式上合法,但在实质赠与财产的内容上存在以下违法之处:(1)按照国家有关政策规定,抚恤金是死者单位对死者直系亲戚的抚慰。黄永彬死后的抚恤金不是黄永彬个人财产,不属遗赠财产的范围。(2)遗赠人黄永彬的住房补助金、公积金属黄永彬与蒋伦芳夫妻关系存续期间所得的夫妻共同财产,按照《中华人民共和国继承法》第16条和司法部《遗嘱公证细则》第2条之规定,遗嘱人生前在法律允许的范围内,只能按照法律规定的方式处分其个人财产。遗赠人黄永彬在立遗嘱时未经共有人蒋伦芳同意,单独对夫妻共同财产进行处理,侵犯了蒋伦芳的合法权益,其无权处分部份应属无效。(3)泸州市江阳区新马路6-2-8-2号住房一套,系遗赠人黄永彬与蒋伦芳婚姻关系存续期间蒋伦芳继承父母遗产所得,根据《中华人民共和国婚姻法》第17条第4项之规定,为夫妻共同财产。但该房以80000元的价格卖给陈蓉,遗赠人黄永彬生前是明知的,且该80000元售房款还缴纳了有关税费,并在2001年春节,黄永彬与蒋伦芳共同又将该售房款中的30000元赠与其子黄勇用于购买商品房,对部分售房款已作处理,实际并没有80000元。遗赠人黄永彬在立遗嘱时对该售房款的处理显然违背了客观事实。

公证是对法律事实的真实性和合法性给予认可。泸州市纳溪区公证处在未查明事实的情况下，仅凭遗赠人的陈述，便对其遗嘱进行了公证，违背了《四川省公证条例》第22条“公证机构对不真实、不合法的行为、事实和文书，应作出拒绝公证的决定”的规定，显属不当。2001年5月17日泸州市纳溪区公证处作出的(2001)泸纳撤证字第02号《关于部分撤销公证书的决定》，撤销了(2001)泸纳证字第148号公证书中的抚恤金、住房补贴金、公积金中属于蒋伦芳的部分，该决定实质上变更了遗赠人黄永彬的真实意思，根据2000年3月1日司法部颁发的《遗嘱公证细则》第23条的规定，公证机关对公证遗嘱中的违法部分只能撤销其公证证明。作为公证机关直接变更遗赠人的真实意思没有法律依据。

遗赠属一种民事法律行为，民事行为是当事人实现自己权利，处分自己的权益的意思自治行为。当事人的意思表示一旦作出就成立，但遗赠人行使遗赠权不得违背法律的规定。且根据《中华人民共和国民法通则》第7条的规定，民事行为不得违反公共秩序和社会公德，违反者其行为无效。本案中遗赠人黄永彬与被告蒋伦芳系结婚多年的夫妻，无论从社会道德角度，还是从《中华人民共和国婚姻法》的规定来讲，均应相互扶助、互相忠实、互相尊重。但在本案中遗赠人自1996年认识原告张学英以后，长期与其非法同居，其行为违反了《中华人民共和国婚姻法》第2条规定的一夫一妻的婚姻制度和第3条禁止有配偶者与他人同居以及第4条夫妻应当互相忠实、互相尊重的法律规定，是一种违法行为。遗赠人黄永彬基于与原告张学英有非法同居关系而立下遗嘱，将其遗产和属被告所有的财产赠与原告张学英，是一种违反公共秩序、社会公德和违反法律的行为。而本案被告蒋伦芳忠实于夫妻感情，且在遗赠人黄永彬患肝癌病晚期住院直至去世期间，一直对其护理照顾，履行了夫妻扶助的义务，遗赠人黄永彬却无视法律规定，违反社会公德，漠视其结发夫妻的忠实与扶助，侵犯了蒋伦芳的合法权益，对蒋伦芳造成精神上的损害，在分割处理夫妻共同财产时，本应对蒋伦芳进行损害赔偿，但将财产赠与其非法同居的原告张学英，实质上损害了被告蒋伦芳依法享有的合法的财产继承权，违反了公序良俗，破坏了社会风气。原告张学英明知黄永彬有配偶而与其长期同居生活，其行为为法律所禁止，社会公德和伦理道德所不允许的，侵犯了蒋伦芳的合法权益，于法于理不符。

【判决结果】

遗赠人黄永彬的遗赠行为违反了法律规定和公序良俗，损害了社会公德，破坏了公共秩序，应属无效行为，原告张学英要求被告蒋伦芳给付受遗赠财产的主张法院不予支持。被告蒋伦芳要求确认该遗嘱无效的理由成立。

延伸阅读

1. 焦宝乾:《三段论推理在法律论证中的作用探讨》,载《法制与社会发展》2007 年第 1 期;
2. 范立波:《原则、规则与法律推理》,载《法制与社会发展》2008 年第 4 期;
3. 陈金钊:《法律人思维中的规范隐退》,载《中国法学》2012 年第 1 期;
4. 张保生:《法律推理中的法律理由和正当理由》,载《法学研究》2006 年第 6 期。

14.2　法律推理基本方法

知识要点

14.2.1　演绎推理

☆ 演绎推理的含义及其特征

演绎推理,指的是一种从一般性前提推导出特殊性结论的必然性推理。

演绎推理有两个重要特征:(1)从推理的方向来看,演绎推理是一种从一般到特殊的推理,即演绎推理的前提大多包含了一个一般性命题,有些甚至是带有公理性质的命题;其结论是一个包含在这一一般命题之中的、关于特殊对象的断定。例如,所有人都会死,张三是人,所以,张三会死。这就是一个演绎推理,其前提"所有人都会死"就是一个一般性命题;结论"张三会死"就是关于张三这一特殊对象的断定。这一例子较好地反映了演绎推理从一般到特殊的特点。(2)从结论的可靠性程度来看,演绎推理是一种必然性推理。这里的"必然性"说的是:只要我们能够保证前提是真的,其结论就一定是真的。演绎推理具有"保真性"。演绎推理为什么具有"保真性"呢? 这是因为演绎推理的结论为前提所包含,它并没有超出前提断定的范围。如前例中,结论"张三会死"就包含在前提"所有人都会死"这一一般性命题之中。

★ 演绎推理在法律中的应用

演绎推理是法律适用过程中运用得最多因此也是最主要的推理方法,人们常常将法律推理的模式刻画为"司法三段论"。

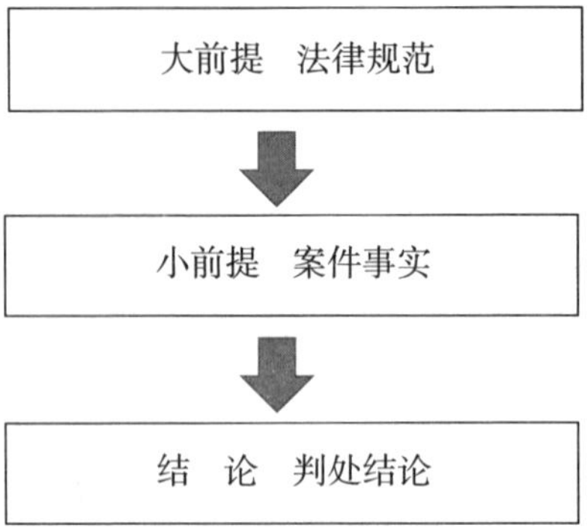

图 14－1　“司法三段论”

在历史上很长时间里，演绎推理一直是一种主导性的法律方法，有人甚至将之强调为唯一的法律方法。有很多传统的学者认为，按照西方的“三权分立”传统，法官的职责是适用法律。因此，法官必须严格地按照法律办事，法官所做的不过是将案件事实与法律规定结合起来，进行演绎推理，并最终得出结论。在现代，这种倾向遭到了人们的猛烈抨击，人们讥之为“法律形式主义”。

但不可否认的是，在现代，在制定法国家里，法官适用法律，演绎方法仍是第一选择，只有在法律规范不明确或者出现法律漏洞的情况下，才使用其他法律方法作为补充。纵使在英美法传统的国家，随着制定法范围的扩大，当法官手头有明确的法律规范可资利用时，他仍然不得不经常使用演绎推理得出判处结论。

★ 演绎推理的优点

1. 演绎推理满足了人们追求法律稳定性、确定性的心理需要

稳定性和确定性一直是人们苦苦追求的适用法律的目标，一些学者甚至将稳定性和确定性看成是法治的重要体现。演绎推理正是实现这一目的的重要手段。如前所述，演绎推理具有保真性，只要你提供了真材料，就能够借助演绎推理得出真的结论，因此，在法律推理时，只要法官寻找到了正确的法律规范，确认的案件事实是真的，则结论必然是可靠的。演绎推理的这一特点满足了人们对结论稳定性和明确性的要求。

2. 演绎推理满足了人们对法律推理客观性的要求

借助演绎推理，法律推理过程变成了一种纯客观的操作过程，演绎推理好比一个加工机，它完全是客观的加工，不掺有加工者的个人色彩，推理的结论不会因人而异，因时而异。如果法律推理的过程是一个追求真理的过程的话，则演绎推理就

是达到真理性认识的重要手段。

3. 演绎推理满足了人们对形式正义的需要

正义一直是人们千百年来追求的法律理想,形式正义是实质正义的重要保障,因此,实现形式正义非常重要。按照韦伯的说法,实现形式正义的首要条件是法律必须具有一致性、可预见性和可计算性,而演绎推理正好可以满足这些要求。

★ 演绎推理的局限性

演绎推理也有自身局限性。(1)由于演绎推理是前提蕴涵结论的推理,亦即演绎推理的结论已经包含在前提之中,因此,演绎推理不能给人们带来新知。演绎推理的这一不足表现在法律推理之中,体现为法律推理中的演绎方法具有保守性特点,不能适应社会生活变化的需要。(2)使用演绎推理的基本要求是:案件事实清楚、法律规定明确。这两种要求在法律实践中有时很难全部具备,因此,演绎推理方法在法律适用活动中并不能解决所有问题,尚需要其他法律方法作为补充,从而构成法律方法系统。

14.2.2 归纳推理

☆ 归纳推理的含义

归纳推理是根据一类事物包含的许多对象的共同情况,推导出该类事物的一般性结论的推理,即归纳推理是由若干普遍性程度较低的命题推导出普遍性程度较高的命题的推理,是一种“由从特殊到普遍”的推理,是“从下而上”推理。从这点来看,归纳推理与演绎推理的推理方向正好相反。

我们可以将归纳推理的运用过程用公式表示为:

S1 具有 P 属性;

S2 具有 P 属性;

S3 具有 P 属性;

……

S1,S2,S3,...,Sn 是 S 类的对象

所以,S 类对象都具有 P 属性

★ 归纳推理的特点

归纳推理具有以下两个主要特点:(1)归纳推理的主要思维方向是从特殊过渡到普遍。比如在古代,亚里士多德先后多次观察到多种多样的有鳞鱼是卵生的,又观察到各式各样的软骨鱼是胎生的,经过整理与归纳,他得出了如下的结论:有鳞鱼必然都是卵生,而软骨鱼则全属于胎生。这里用到的推理就是归纳推理。归纳推

理有利于人们将已知的、零散的、孤立的经验知识加以总结与推广，从而扩大与深化人们对事物的认识。(2)归纳推理的结论超出了前提的范围，因此，前提的真实性并不能完全保障结论的真实性；这说明归纳推理的结论不具有必然性，而是具有或然性，可能真也可能假。

☆ **归纳推理在法律中的运用**

人们通常认为，普通法国家的法律职业者使用的主要法律方法是类比推理方法，其实不然。因为每个法官在断案时，考察的通常不止一个案例，而是多个案例。他们试图从这些案例中总结出一些可资应用的规则或原则。因此，实际上用到的就是归纳推理方法。

在普通法国家，归纳推理是一种重要的法律推理形式，其重要性可与类比推理相媲美。学者洪川在研究英国的普通法时，对归纳推理在普通法中的作用予以高度评价："归纳推理和由具体到一般的研究方法的问世实在是一件了不起的大事，它从根本上改变了人们对世界的看法。仅就政治思维而言，如果说演绎推理有可能导致专制主义，那么归纳推理则为民主政治提供了方法上的保障。演绎推理是一种从一般到个别的自上而下的思维方法，大前提往往被看作绝对真理，用以压制不同意见，因此常被人们攻击为专制主义的思维方式。归纳推理则不然，它是从个别到一般的、从下往上的思维方式，因此被视为民主的思维方式。民主制度之所以首先在英国形成，而专制则在大陆国家成为传统，这在很大程度上都是由于思维方式的不同所致。"〔1〕"演绎推理无法解释普通法的推理方法，并为其发展前景提供方法论上的支持。归纳推理方法的问世使普通法获得了新生。如果没有归纳推理为普通法撑腰，普通法可能早就被淹没在欧陆法律罗马化的大潮中了。"〔2〕

在制定法国家，归纳推理同样非常重要。当司法人员在处理手头的民事案件时，在有明确的法律规定时，他仍可以对以往的案例加以考察，以归纳出一些有价值的司法经验，从而提高自己的司法水平，指导自己办案；在没有现成法律可资利用时，他就需要从既往案例中发现一些有用的法律原则，从而对自己断案起一定指导作用。

★ **归纳推理的优点**

(1)归纳推理较好地实现了法律推理稳定性和灵活性的统一。众所周知，演绎

---

〔1〕 洪川：《培根、库克与英国普通法》，载《人民法院报》2001年10月20日。

〔2〕 同上注。

推理虽然结论是必然的，但它具有保守性特点，会产生一些不符合社会发展实际的结论，因此，它不能很好地处理法律推理的确定性和灵活性的关系。类比推理则相反，它的灵活性很大，但是确定性不够，结论的可靠性程度不高，法官的自由裁量权较大，因此，也没有处理好确定性和灵活性的关系。归纳推理的结论可靠性程度介于演绎推理和类比推理之间，一方面，由于归纳推理要考察一系列案例，再从这些案例中总结出一个法律原则适用于待决案件，且由于考察的案例较类比推理多，因此，其结论的可靠性程度较类比推理高；另一方面，归纳推理是一种开放性结构，这保证了法律推理的灵活性，可以克服演绎推理保守性的特点，在这一方面它又较演绎推理优越。

(2)归纳推理有利于法官提高自己的司法技巧。由于归纳推理过程是一个不断积累经验、修正错误的过程，因此，法官可以在这一过程中不断地修正自己的错误。正如美国法学家芒罗·史密斯所说，“每个案件都是一个实验，如果人们感到某个看上去可以适用的已被接受的规则所产生的结果不公正，就会重新考虑这个规则，也许不是立刻就修改，因为试图使每个案件都达到绝对的公正就不可能发展和保持一般规则；但是如果一个规则不断造成不公正的结果，那么它就最终将被重新塑造，这些原则本身在不断地被重复检验；因为，如果从一个原则中推演出来的那些规则不大起作用，那么，这个原则本身最终就一定会受到重新考验”。[1]

(3)归纳推理有利于避免严重的司法不公。由于人们在归纳推理过程中考察了大量的案例，而不是一个案例，因此，可以从这大量的案例中总结出一些规律性的东西，并由此而避免人们的肆意妄为。

(4)归纳推理比较符合人们思维的一般习惯，易于为人们接受。人们思维的一般习惯是从具体逐渐地上升到抽象，而人们运用归纳推理，就是从经验性事实中归结出一些规律性的东西，并最终上升到抽象结论的过程。

★ 适用归纳推理的注意事项

在法律推理中，人们使用归纳推理主要是为了确立法律推理的大前提。并且，要提高归纳推理结论的可靠性，必须从两个方面努力：

(1)尽量考察尽可能多的案例；

(2)考察手头能够找到的、有限的判例中有无相反情形出现。在综合考察了这两个方面后，得出的结论可靠性程度就非常高；反之就存在问题。

---

〔1〕［美］卡多佐：《司法中的类推》，苏力译，载《外国法译评》1998年第1期。

14.2.3　类比推理

☆ 类比推理的含义

类比推理是根据两个或两类对象的某些属性相同或相似,从而推知它们的另一个属性也相同或者相似的推理。两个或两类对象某些属性相同或者相似,是运用类比推理得出结论的依据;确认另一个未知的属性也相同或者相似,是在类比基础上通过推理得出的结论。

若以“A”、“B”表示类比的两个或两类对象,以“a”、“b”、“c”等表示相同或者相似的属性,则类比推理可用公式表示为:

A 具有 a、b、c、d 属性;

B 具有 a、b、c 属性;

所以,B 也具有 d 属性。

★ 类比推理的特征

类比推理具有以下两个主要特征:(1)与演绎、归纳两种推理方式相比,类比推理是一种特殊到特殊的推理,即类比物与被类比物都是特殊的事物,因此,得出的结论也是关于特殊事物的结论。(2)由于类比推理通过某两个事物在某些偶然属性上相同,进而推知两者在另外属性上也相同,这带有高度的不确定性,因此,它是一种能够高度或然性的推理,即其结论不具有必然性。

☆ 类比推理在法律中的应用

类比推理是一种重要的法律推理形式,它在许多不同的法系中都不同程度地受到人们青睐。在英美法系,类比推理无疑是处于法律推理方法的中心;在人们的印象中,大陆法系似乎只重视演绎方法,其实不然,类比作为一个法律推理方法在大陆法系的私法领域同样占有非常重要地位;在中华法系,类比方法也是法律适用领域占主导地位的一种理论言说方法。

类比推理有着非常强的穿透力,其原因在于:

(1)类比推理体现了相同案件相同处理这一重要的法律原则。

(2)类比推理是对“法官如何断案”最为近似的描述。因为一般而言,无论哪种法律制度下的法官,在履行其职责时,首先面临的不是一个规则、一个先例或者一条结论,而是一个具体的、活生生的需要解决的案子。通过对案情的了解,法官形成了一种印象、一种看法,这需要法官进行猜测、想象、比较和模仿,这实际上就是一个类比过程。

★ 类比推理的优点

类比推理有着四个非常突出的优点。按照孙斯坦(Cass R. Sustein)教授的说法,这四个优点分别是:

(1)对于时间和空间有限的人来说,类比推理是现存最好的得出判处结论的方法和途径。对于法律人来说,常常有太多的实际限制使我们不能创建完整的理论,而从事类比推理,人们不需要对大量、受质疑的社会问题提出自己的立场。

(2)对于那些不能按照一般性原则解决的问题,用类比推理可以使之得到特殊的结果,这是一个重要优点。要求人们对解释判决的一般性原则达成一致,有时候是非常困难的。但人们却可以在特定解决办法和低级原则上达成一致。对于案件A与案件B之间的相似点的问题,人们是可以得出一个一致性意见的。

(3)类比推理是一种开放性推理,易于接受新的事实和观点,从而使人们在分歧和不确定的问题上易于达成共识。

(4)法律中的类比推理是利用比较固定的先例运行的,这一先例限定了合理争议的范围,从而引入了一定程度的稳定性和可预见性。对法律而言这是一个重要的优点,而且大大降低了作出判决的成本。[1] 正是由于这些优点,孙斯坦教授将类比推理方法称为实现实质正义的"第二好方法"。

★ 类比推理的局限性

当然,作为一种重要的法律方法,类比推理也存在一些问题:(1)类比推理缺乏一个足够科学的、客观的理论基础,过度地依赖于直觉。(2)人们无法对作为类比推理关键的"相似性"问题做出一个可靠的说明。(3)如果过度地强调类比推理作用,会导致司法权对立法权的僭越。这是一个值得慎重对待的问题,否则会动摇法治的根基。

典型案例

梁丽案

【案情概述】

2008年12月9日,深圳机场清洁女工梁丽看到一个小纸箱在行李车上无人看

〔1〕 Cass R. Sunstein, On Analogical Reasoning, 106 *Harward Law Review*, January, 1993.

管,以为是乘客丢弃的,就顺手把小纸箱当作丢弃物清理到清洁车里,并放置在机场一卫生间残疾人洗手间内。后经同事打开查看,发现里面是一包包的黄金首饰。梁丽获知后并未将该纸箱上交,而是于下午下班之时带回家中。梁丽所拿纸箱其实是东莞一珠宝公司王某携带的价值261万元的黄金首饰。王某因机场不予办理托运暂时离开纸箱去往远处其他柜台找值班主任咨询,回来后发现纸箱不在,即以被盗报案。公安机关随后查明是梁丽拿走了纸箱,并前往梁丽家带走了纸箱和梁丽,该案告破。负责侦破此案的公安机关曾以涉嫌盗窃罪建议检察机关提起公诉。梁丽如果被以盗窃罪提起公诉,那么按照法律规定,该案涉案金额特别巨大,梁丽将有可能面临最低刑为有期徒刑十年、最高刑为无期徒刑的刑事处罚。

【争议】

观点一:梁丽构成盗窃罪

盗窃罪是指以非法占有为目的,秘密窃取数额较大的公私财物或者多次秘密窃取公私财物的行为。从主观方面、主体方面、客观方面和客体方面,梁丽的行为都严重触犯刑法,涉嫌构成盗窃罪。即使如梁丽所说,误认为是旅客的遗忘物而取走,最开始对其价值判断存在认识错误,但符合秘密窃取的特征。在有证据表明这是价值特别巨大、属于别人的财物情况下,仍然把纸箱取回家收藏,即使对象认识错误也不影响罪名的成立。

观点二:不构成犯罪

现有证据并不能证明梁丽有盗窃或侵占的犯罪故意,故梁丽理应是无罪。梁丽取走该纸箱的整个过程不属于"秘密窃取",也不存在"非法"占有的目的。根据主客观相统一原则和罪刑法定原则,梁丽的行为不构成盗窃罪。从中午梁丽将纸箱拿回家,到案发不过短短几个小时时间,当曹某告诉她说失主报案了,她立即也说道"明天交"。警察一去,她马上将纸箱交给警察了,并没有拒不归还,或者拒不承认。对于这种行为人没有以所有人自居处分财产,仍然保管着财物时,只要所有人或其他权利人未要求归还,即使超过了归还期限,也难以认定为"非法占为己有",不宜认定为侵占罪。

观点三:侵占罪

根据案发过程来看,梁丽是以为那个纸箱是他人的遗弃物才拿走的,她并没有意识到纸箱里可能装有数额较大的财物,因此梁丽不具有盗窃的故意;后来,梁丽在知道纸箱中装有黄金首饰,显然不属于丢弃物后,没有将物品交公而是拿回家中,可见其主观上存在以非法占有为目的的意图。所以,梁丽的行为只是涉嫌构成侵占罪,而不应以盗窃罪定罪。

延伸阅读

1. 刘克毅:《试论类比法律推理及其制度基础——以普通法的运作机制为例》,载《法商研究》2005 年第 6 期;
2. 李安:《归纳法在判例主义法律推理中的有效性与论证》,载《法律科学》(西北政法学院学报)2007 年第 2 期;
3. 吴学斌:《类比法律推理的性质与难题》,载《深圳大学学报》(人文社会科学版)2006 年第 4 期;
4. 韩登池:《法律推理与司法裁判》,载《河北法学》2010 年第 7 期。

14.3　法律推理运行进程

知识要点

14.3.1　法律推理过程

☆ 法律推理过程概述

我们将法律适用的过程统称为法律推理过程,并将主要的法律推理形式总结为演绎、归纳与类比三种形式。这实际上是对法律思维过程的一种静态解构,无法准确地刻画法律适用的动态过程,即法律推理运行进程。

★ 法律推理运行进程

无论何种类型的法律推理,其运行进程都包括两方面内容:(1)案件事实的确定;(2)法律判断的形成,也就是"找法"或者法律发现活动。一般地,人们常常认为,法律推理过程是寻找可资利用的法律规范在先,确定案件事实在后,其实,在实际操作过程中,这一过程正好相反,即首先确定哪些案件事实是法律上有用的事实,是法律事实,然后才依据这些事实去寻找相应的法律规范,并且,这一过程并不是单线的,而是一个"眼光在事实与规范之间往返流转"的过程。

14.3.2　法律事实的确定

☆ 法律事实的含义

法律事实,就是指能够引起法律关系产生、变更或消灭的各种事实的总称。

在法律推理过程中,法律事实非常重要,因为法律事实能够引起法律关系中权利与义务产生、变更和消灭;同时,法院在审理和裁判案件过程中,要确定当事人之间的权利和义务、判定当事人承担相应的法律责任,也需要依赖一定的法律事实。因此,法律事实直接决定权利和义务的分享和分担。

★ 法律事实的特点

(1)法律事实是一种规范性事实。这意味着法律事实不同于一般的自然事实。法律事实是法律规范的产物,如果没有相关的法律,就不会有法律事实。

自然事实,就是已经发生的客观事实。自然事实种类很多,但并不是所有的自然事实都是法律事实,只有那些能够借着法律规定而进入法律领域、具有法律意义的事实才是法律事实。

(2)法律事实是一种能用证据证明的事实。这意味着法律事实不仅是客观事实,而且它还应是能用证据证明的客观事实。许多事实也许是客观存在的,但由于各种原因拿不出证据证明,这样的事实就不能认定为法律事实(法律明确规定可以推定的除外)。

应注意,我们不能在"法律事实"与"客观事实"之间画等号。哲学上的客观事实是一种不以人的意志为转移的客观存在,而法律事实只是人们能够认识或已经认识的具有法律意义的事实。

(3)法律事实是一种具有法律意义的事实。如果某一事实没有对法律产生任何影响就不能成为法律事实。

从制定法的角度来看,只有那些为法律的事实构成所规定的、得到了证明的事实才是法律事实,无法律规定则不是。一个客观事实是否是法律事实,取决于法律本身的规定。一般地,法律对于人们普遍需要的事实予以肯定性规定;反之,法律对于那些人们不需要的事实予以否定性规定。但无论是法律对事实的肯定性规定还是否定性规定,都意味着只要相关的事实出现,就会引起法律关系产生、变更或消灭,就会导致法律主体间权利义务关系的损益。也就是说,只有能够引起法律关系产生、变更或消灭的事实才是法律事实,才有法律意义。

☆ 法律事实判断的形成

在实践中,法律事实如何认定,法官如何形成法律事实判断,并不是一个容易回答的问题。通俗地说,法律事实判断的形成过程大致经历了以下几个步骤:(1)对自然事实的梳理与认定;(2)由自然事实出发,进行想象,力图发现这一自然事实与某些法律规范之间的联系;(3)对某些法律规范所规定的事实构成进行分析;(4)将法律规范所规定的事实构成与自然事实进行比较,看这些自然事实能否涵摄到这一法律规范之下;(5)从自然事实中排除那些不具有法律意义的事实,总结出法律事实,形成有关法律事实的判断。

14.3.3 法律判断的形成

☆ 法律判断的含义

法律判断,指的是法律适用过程中,法官基于自己的职业素养以及对法律事实的认定而形成的、关于哪一个法律规范将被适用以及这一法律规范的内涵如何的一种断定。简言之,法律判断是一种"归类"活动,是一种将特定法律事实归之于某一规范的活动。

★ 法律判断的形成途径

法律适用者如何能够将特定的法律事实归之于某一规范构成之下,而形成法律判断呢?卡尔·拉伦茨对法律判断的形成途径进行了具体论述,这种描述非常直观,易于理解。因此,我们将通过它来详尽地刻画法律判断形成的具体途径。卡尔·拉伦茨认为,法律判断的形成途径有五:[1]

(1)以感知为基础的判断。判断特定法律事实适用哪一法律规范,在很多时候都需要借助于法律适用者自己的直接感知,或者告知此事之人的间接感知。法律适用者可以通过自己亲身体验来形成相关的法律判断,也可以通过对别人行为的观察而得出相关法律判断。拉伦茨提到,"为认定案件事实是法规范构成要件所指的情事,需要做的判断不只是感知以及与感知相联系的观念形象,经常还会牵涉其他——以对人类行为的解释,以社会经验乃至以评价为基础的——判断"。

(2)以对人类行为的解释为基础之判断。拉伦茨认为,感知只能接触到人类行为的外观部分,大部分人类行为都是具有目的性的行为。我们如何理解这些行为背后的内在目的呢?我们需要借助自己亲身实践所得的直接经验,即我们需要借助自己对类似情境的理解,对人类的这些行为进行解释,而这种解释显然需要以生活经验为基础。例如,假使某人在与别人争论过程中,用硬物击中其争论对手,后者应声倒地,则我们就将这一行为理解为故意的身体伤害,并联想到与身体伤害有关的法律规范,从而形成法律判断。

(3)其他借社会经验而取得的判断。拉伦茨认为,即使非关人类行为的注解,

[1] [德]卡尔·拉伦茨:《法学方法论》,陈爱娥译,商务印书馆2003年版,第161页。

判断特定事实是否为法律构成要件所指称者,经常也不仅依靠感知,更须借助社会经验。法官不需要每一个案件都借助自己的生活经验,人们通过长期实践而得出的"一般经验法则"可以帮助他们勾画好法律判断的轮廓。

(4)价值判断。如果上述途径尚不能形成法律判断,则就需要借助价值判断。拉伦茨认为,如果按照上述途径,仍然不能将特定案件事实涵摄于法律规范构成要件之下时,就需要借助价值判断。他认为,此类标准有"善良风俗"、"诚信原则"以及"必要的注意"等,不胜枚举。价值判断在法律判断形成过程中起着重要作用,实际上,价值判断贯穿于法律判断形成过程之始终。

(5)留给法官的判断余地。拉伦茨认为,如果待判断的事件正好发生在各自有不同判断之事件的边界上时,这时法官就可以自由裁量。拉伦茨认为,如果借助上述四种途径,仍然不能够形成法律判断,则法律适用者可以自由裁量。

从以上的描述中我们可以看出,法律判断的形成首先需要借助判断者的直接经验;如果直接经验不足,可以借鉴间接经验;间接经验仍不足,就需要通过价值判断形成法律判断;如果仍然不行,最终需要行使法官的自由裁量权。这体现了法律判断的形成经历了一个从感性上升到理性的认识过程。它表明,法官得出法律判断也不是凭空而来,而是借助了对法律事实的经验性认识,经过理性思维的加工而后才能形成。

拉伦茨为了描述的方便,将形成法律判断的途径进行了分解,其实,在实际的法律判断形成过程中,各个环节并不是决然分开的,而是紧密结合在一起的,各环节之间也不存在一个明确的界限。

14.3.4　事实判断与法律判断的结合

★ 法律推理的运行过程

我们可以将法律推理的运行过程(恩吉施称为法律思维过程)如图 14－2 所示。

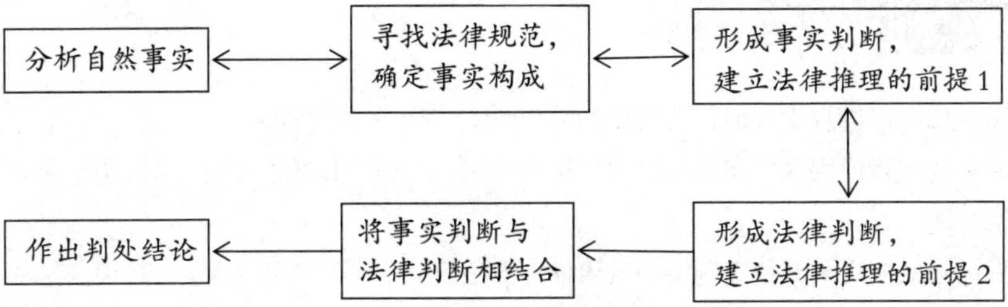

图 14－2　法律推理的运行过程

其中，“↔”表示前面说的“往返流转”，“→”表示“单向推导”。由于法律推理过程不等同于演绎推理，如果是归纳推理和类比推理，就无所谓大前提、小前提这类说法，因此，事实判断与法律判断都只是法律推理的前提之一。

以上我们不过是对法律推理的动态运行过程与静态形式进行了一些总结。其实，具体的法律适用过程非常复杂，还要借助其他法律方法，如本书说到的法律解释方法、法律论证方法，以及本书没有说到的利益衡量方法，等等。

典型案例

罗伊诉韦德案

1969 年，美国得克萨斯州一化名罗伊（Jane Roe）的女孩子因为一次意外事件而怀孕，根据当时得克萨斯州的刑法，堕胎属于犯罪行为，要受严厉的处罚。迫于无奈，罗伊将孩子生下来，并于不久之后送给他人收养，随即与收养人失去了联系，无从查找孩子的下落。罗伊对此非常伤心。当时，有两个主张堕胎自由的律师正在寻找试验案件以挑战得克萨斯州刑法，他们找到了罗伊，表示愿意为她代理本案。于是罗伊以得克萨斯州刑法违反美国宪法、剥夺了她的堕胎自由为由，将得克萨斯州政府告上了法庭。联邦最高法院开庭审理了这一广受关注的宪法案件。在案件审理同时，关于法律应否允许妇女堕胎的争议在全国如火如荼地进行，不同的团体和政治力量均对此发表了自己的看法，各地发生了支持堕胎自由的游行请愿，同时也有反对人士采取了枪击堕胎诊所的极端行为。最终，联邦最高法院在 1973 年以 6 票比 3 票的多数意见作出了裁决，认为得克萨斯州刑法禁止堕胎的规定过于宽泛地限制了妇女的选择权，侵犯了《宪法》第 14 条修正案的正当程序所保护的个人自由，构成违宪；并裁定相关条款无效。

延伸阅读

1. 罗旭:《论法律推理中大前提的构建》,载《前沿》2008 年第 6 期;
2. 葛洪义:《法律原则在法律推理中的地位和作用——一个比较的研究》,载《法学研究》2002 年第 6 期;
3. 张骐:《司法判决与其他案例中的法律推理方法研究——说理的艺术》,载《中国法学》2001 年第 5 期;
4. 孙海波:《告别司法三段论?——对法律推理中形式逻辑的批判与拯救》,载《法制与社会发展》2013 年第 4 期。

第15章 法律论证

教学目标

了解法律论证的理论渊源；

识记法律论证的含义及其特征；

了解法律解释、法理推理和法律论证三者的联系与区别；

识记法律论证的三种方法；

识记法律论证方法的各个要素。

推荐参考资料

1. 付子堂主编:《法理学进阶》(第四版),法律出版社2013年版,第十三章;
2. 张文显主编:《法理学》(第四版),高等教育出版社2011年版,第十九章;
3. 周永坤:《法理学:全球视野》(第四版),法律出版社2016年版,第十七章;
4. 焦宝乾:《法律论证及其在法律方法体系中的地位》,载《法制与社会展》2008年第3期;
5. 葛洪义:《试论法律论证的概念、意义与方法》,载《浙江社会科学》2004年第2期。

15.1 法律论证概述

知识要点

15.1.1 理论渊源

☆ 明希豪森三重困境

人们之所以要进行论证,根本上取决于理性的需要。而“法律即理性”这一至理名言更昭示着法律论证对于各种法律活动的不可或缺性。然而,一如批判理性主义者所言,任何科学命题都可能遇到“为什么”之无穷追问的挑战。具体来讲,人们可能会就任何陈述或命题的理由、基础或根基提出疑问,若以“充足理由律”为基础进行论证,这个过程将会一直进行到底,并最终导致以下三种结果:(1)无限倒退,以致无以确立任何论证根基;(2)在相互支持的论点之间进行循环论证;(3)在某个主观选择的点上(如宗教信条、政治意识形态或其他方式的“教义”等)断然中止论证的链条。这三种结果,即困扰人类智慧的一大难题:“明希豪森三重困境”。[1]

★ 法律论证的渊源

无论是启蒙时期的唯理主义还是经验主义,都已不再能够担保知识百分百的确定性。而由于找不到知识的生成之“根”,人们之间的意见交流活动就难免出现“公说公有理、婆说婆有理”或干脆“自说自话”的混乱局面,甚至会把某些毫无意义的争论无止境地进行下去,导致无限倒退的恶循环。显然,不能因为无法找到百分百的确定性,而把人类的决断变成无理性的任性。因此,寻求“正确性的”答案依然是摆在每一个认知者或决定者面前的艰巨任务。但是,由于受认识能力和时间的双重挤压,在特定时空条件下作出即时性决定时,人们又不可能通过无限回归的方式找寻那个“唯一正确的答案”或该答案的支点。应当说,这一矛盾在法律领域内,尤其是司法实践中表现得尤为尖锐,迫切需要解决。因而,在此背景下,建立在现代逻辑学、语言哲学、对话理论等基础上的法律论证理论悄然兴起。

法律的确定性本是法律的一种优良品性。而现实生活却是如此的纷繁复杂,以至于确定的法律并不能时刻切合客观情况。法律的客观性动摇了现代法律的确定性基础,神圣的“法律帝国”的主人——法官被后现代的结构理论拉下了神坛。人们必须要面对一个现实,即法律并不是完美无缺的,法官也不是法律判决的自动售货机。然而法律仍然是社会秩序构建的基础,人们需要为法律和司法裁判寻找一个可以立足的基石。法律论证理论的兴起就是这种努力的一个结果:它试图通过逻辑的、修辞的或商谈的方法,勾画出法官进行司法裁判时的思维过程,提供一个开放的、可以检验的理论模型。

---

〔1〕 18世纪,德国一名叫明希豪森的乡绅,他有一次旅行时不幸掉进一个泥潭,四周旁无所依,于是他用力抓住自己的头发把自己从泥潭中拉了出来。这个故事被德国当代批判主义法哲学家汉斯·阿尔伯特借用来批判理性主义和经验主义。在阿尔伯特看来,任何命题都可能遇到“为什么”之类无穷追问的挑战,一个人持有自己结论的理由所依赖的命题,会相应接受人们不断地发问,这个过程将会一直进行下去,直到出现上述三种结果,这三种结果被阿尔伯特称为“明希豪森三重困境”。参见[德]罗伯特·阿列克西:《法律论证理论——作为法律证立理论的理性论辩理论》,舒国滢译,法律出版社2002年版,第1~2页。

★ 法律论证理论的特点

1. 法律论证理论是实在法的实践问题。法律论证理论的存在就是为了更好地面对和解决实在法在实践中所遇到的问题。法律论证理论使法学研究的视角从法律形而上学转向对实在法的问题尤其是司法判决问题的研究。法律论证理论的核心问题就是一个法律决定(包括法官的判决)何时可以被看作合乎法律及合乎理性的。

2. 法律论证理论属于司法定向的法学理论。对法律论证不断增长的兴趣其中最主要的一个推进因素是对法官职责之看法的改变。

3. 法律论证理论强调法律论证并不是一种"独白式的证明"。法律的合理性和正确性最终都要通过法律决定的可接受性体现出来。那么法律的证成过程就变成了由众多的交谈者参与对话,商谈式的论辩来相互说服,最终达成对法律的共识的过程。

4. 法律论证具有效力的判断标准。法律论证理论能否实现其目的——达致证立法官裁判的正当性(微观层面),实现司法公正(宏观层面)——需要有相应的判断标准。

表 15－1 法律论证的进路与效力标准

法律论证的进路	法律论证的效力标准
逻辑学方法	逻辑有效性
语言学方法	可接受性
商谈(对话)方法	融贯性

15.1.2 法律论证的含义及其特征

★ 法律论证的含义

法律论证是论证法律(立法及司法过程)正当性的法律方法,它通过逻辑学、修辞学以及论辩(对话)理论等多学科交叉视野,为保障现代法律的真理性品质开辟了一条新的道路。一方面,它对法律判决的形成进行着指引;另一方面,它还要对判决的正当性、合理性和可接受性提供必要的理由。

正确理解法律论证应当由对"论证"意义的确认开始。论证"是用某些理由支持某一些结论的思维方式或思维过程"。论证有广义和狭义之分,狭义的论证相当于推理,广义的论证则要复杂得多,它通常是一连串不同推理形式的复合。一个论证同时也是一个运用逻辑方法从理性上进行的证明,它包括三个部分,即论题、论据和论证方式。论题解决的是“是什么”的问题，在一个论证中指的是论证者的观点和主张；论据，也就是论证的理由、根据，主要用来说明论题的真实性，它的核心是“用什么来证明”；论证方式，是论题与论据之间的联系方式，也就是论证者在用论据支持论题时使用什么样的推理方式。

简言之，论证乃是给出合理的理由，将某种主张正当化。鉴于“论证”跟“正当化”或“给出理由”的密切关联，“justification”（正当化、证成、证立）成为法律论证理论中常见的一个用语。[1] 因此，法律论证即是运用法律理由（说理），将某种法律主张或者法律判断予以正当化。“企图勾画出一种法律论证的理论者，其主要的考量是，在法院前面，在合议庭的评议室内以及在文献中对于法律问题的讨论。因此容易认为，法律说理乃是一些论证形态及一系列的论证。”[2]在此意义上，法律论证是对法律命题（或法律判断）的证立过程，是一个说服听众、讲法说理的过程。

☆ **阿列克西的“特殊情形命题”**

出于不同的理论背景和思想传统，法律论证理论家们对法律论证概念的界定并不一致。其中最有代表性的是阿列克西提出的“特殊情形命题”：法律论辩是普遍实践论辩之特殊情形。在《法律论证理论》一书中，他提出“理性法律论证概念的说明是通过对一系列规则和形式加以阐述来进行的，论证必须遵循这些规则并且必须采用这些形式，以使其所提出的要求得到满足。当某个论证（论辩）符合这些规则和形式时，由它所达到的结果才可以被称为是‘正确的’。由是，法律论辩的规则和形式就构成了司法判决之正确性的一个标准”。[3] 阿列克西的“特殊情形命题”基于以下三个理由：(1)法律讨论和普遍实践论辩一样，均涉及何为义务、禁止与许可等实践问题。(2)法律话语和普遍实践话语均提出了正确性主张。(3)法律论辩是个特殊情形问题，是因为法律话语中的正确性主张不同于普遍实践话语。它并不涉及何为绝对正确，而是涉及有效法律秩序框架下何为正确的问题。

阿列克西谈论的法律论证是通过一系列的规则和形式这种程序性的技术来为

---

[1] 有学者将 justification 译为论证，认为论证就是举出理由以支持某个主张或判断，argumentation 和 justification 都可译为论证；但是就“举出理由”的方式来说，justification 的内涵要比 argumentation 宽广的多。法律解释、法律推理等传统法律方法，都可归摄于 justification 这一概念之下，而 argumentation 则侧重于通过言说或论辩方法来给出理由，它本身只是 justification 的一个下位概念。参见陈林林：《裁判的进路与方法》，中国政法大学出版社 2007 年版，第 13 页。

[2] [德]卡尔·拉伦茨：《法学方法论》，陈爱娥译，商务印书馆 2003 年版，第 31 页。

[3] [德]罗伯特·阿列克西：《法律论证理论——作为法律证立理论的理性论辩理论》，舒国滢译，法律出版社 2002 年版，第 361 页。

法律决定的正确性要求提供某种普遍化的、可靠的理性基础。也就是说,通过遵循一定的论证规则和论辩形式,使规范性命题以理性的方式予以证立,由此体现出理性实践论辩理论的基本思想特征。

★ **法律论证的特征**

(1)法律论证具有目的性。追求法律活动的正当性、合理性及可接受性是法律论证的出发点,法律论证过程就是围绕这一目的展开论证和说理的过程,并最终证明自己主张的正确性和决定的合理性。

(2)法律论证具有交涉性。法律论证活动一般被表述为"论辩"、"对话"或"商谈",它强调活动中心体之间的交互作用过程。

(3)法律论证具有合理性。法律论证的合理性是人们在对法律认识理性化的过程中,引发的关于法律的确定性、正当性和可预期性的问题。

(4)法律论证具有实践性。在经验层面,法律论证活动渗透于一切法律活动当中,并通过行为者的行为过程和行为方式展现出来。

(5)法律论证具有拘束性。法律论证的拘束性是指它可以多维度形成对司法者任意司法或者主观擅断的方法上的约束。

15.1.3 法律推理、法律推理与法律论证

★ **法律解释与法律论证**

1. 法律解释与法律论证的区分

法律解释是法律发现、法律方法的核心问题。法律发现是在某一特定的制度内来发现与解决具体问题或者在具体问题上确定与案件相关的法律原则规则的意义而使用的方法。现代的法律解释理论已经说明,法官在司法裁判中并不能够直接地应用法律规范,即使是最简单的案件,法官的思想也经过了对法律规范的解释和生活事实的调整,在案件事实与法律之间做出判断。从法律中获得大前提——法律发现是法官的义务。在简单案件中,事实和规范的这种对应是常规的,法官基于其实践经验,瞬间而无反思的完成,但这一过程仍然是存在的。法律解释通过各种方法如文义解释方法、历史解释方法、目的解释方法等来实现实然与应然之间的对接。

这种对接中不可避免地掺杂了法官的主观性,正是这种主观性使人们对法官的判决会持有一种怀疑的态度。同时,裁判过程的参与人是对立的双方法官在肯定一方的同时,必然会否定另一方。那么法官通过解释而得到的结论要得到双方的认可,就必须要说服双方。这个说服的任务是不可能由法律解释来完成的,法官

要做的就是如何证立自己的结论。那么这个证立的过程就是法律论证。

2. 法律解释与法律论证的密切联系

法律解释与法律论证之间的密切关系，体现在这两种方法的具体运用上。在具体裁判中，法律解释与法律论证方法彼此相互配合，共同致力于合理法律判断或法律决定的形成。法律解释并不仅仅是对文本含义的理解和说明。从法律论证的角度看，法律解释的核心问题是，如何对在多种可能的解释当中所做出的选择进行证立。为什么是这种解释，而非其他的解释适合于待决案件？这样对法律解释的理解更合乎司法裁判实践。麦考密克认为，法律解释是法律实践论辩的特定形式。在此人们主张对权威文本和资料的某一特定理解当作证立法律判决的某种特定理由。因此法律解释应当在论辩特别是法律论辩的框架内予以理解。在这种框架中，解释只能在一种更为广泛的规范性的宪法理论与政治理论内（它们属于更为广泛的实践论证的论点）得以阐明。可见，从本质上，法律解释跟论证活动是无法同时也不允许截然分开，分别处置的。

★ 法律推理与法律论证

1. 法律推理与法律论证的密切联系

传统上，国内学者一般将法律推理理解为法官、律师等法律职业者在解决具体法律问题和纠纷的过程中，适用法律规范、查证事实情况并得出法律结论所进行的合乎逻辑的思维活动。从根本上，这种界定其实将法律推理当作形式逻辑在法律中的简单运用。其实，“重要的不是从前提到结论的推导过程，而是法官对其事实与法律上的前提进行正当化的方式。这种正当化不在于追求那种形式正确的证明，而存在于由法律适用规则所引导的论辩之中。”当今法律推理学说的发展，已经超越传统上那种将法律推理当作形式逻辑在法律中的简单运用的狭隘认识，如法律推理是一个标记导致作出法律决定的一系列思维过程的集合符号。它涉及情境识别、解释和事实评价，还包括法律（条文）查找、可适用规则的选择和辩论。这个过程还包括对可能决定的不断评价以及制定活动。由于法律理由的形成和选择被运用于作出最佳决定的辩论过程中，因此法律推理是一个十分重要的工作。一般来说，论证描述了形成理由、得出结论，并将其适用于待决情形的过程或行为。麦考密克将法律推理视为实践理性得以应用的一个分支实践理性，是人们运用理性决定在特定情形下如何正当行动。麦考密克认为，适用规则的过程是法律活动的核心，因此研究这一过程的理性结构，对于解释作为实践理性一个分支的法律推理的作用至关重要。佩策尼克曾经谈到三种意义上的法律推理，即作为对话的（as a dialogue)、作为推论的(an inference)和作为一种合理的跨越(as a reasonable jump)的法律推理。从上述观点看,人们对法律推理的界定往往与法律论证、论辩相关联。法律推理和法律论证或法律论辩往往在同一种意义上使用。这个概念包括四方面的要素,即法律理由、推导与论证、权威性以及证成方法。可见,这种对法律推理的界定已与法律论证具有密切的关联。

2. 法律推理与法律论证的明显区别

论证与推理之间的区别也是明显的:(1)从思维活动的进程来看,推理一般是由已有的观点推出新的判断,即从前提推出结论;而论证则是先有论题,然后围绕论题寻找根据,以确立论题真实性、正当性。(2)从复杂性方面看,推理有固定的逻辑形式、确定的行动路向和严密的步骤;而论证往往是各种推理的综合运用,且证明的路径没有固定不变的方向。(3)论证是有明确目的性的,是为了一定的解释目的或者说服目的而进行的活动;而推理则是在没有确定的目的指引下所进行的思维活动。(4)论证常常发生在交往活动中,常常被表述为"对话"、"商谈"或"论辩",而推理则更多地体现为个人的思考或头脑内部的推想,并不必然地发生于交往和论辩的场合,也不必然地与他人发生交互行为。

典型案例

于　欢　案[1]

【案情概述】

于欢的母亲苏某在山东省冠县工业园区经营山东源大工贸有限公司(以下简称源大公司),于欢系该公司员工。2014 年 7 月 28 日,苏某及丈夫于某 1 向吴某、赵某 1 借款 100 万元,双方口头约定月息 10%。至 2015 年 10 月 20 日,苏某共计还款 154 万元。其间,吴某、赵某 1 因苏某还款不及时,曾指使被害人郭某 1(男,时年 29 岁)等人采取在源大公司车棚内驻扎、在办公楼前支锅做饭等方式催债。2015 年 11 月 1 日,苏某、于某 1 再向吴某、赵某 1 借款 35 万元。其中 10 万元,双方口头约定月息 10%;另外 25 万元,通过签订房屋买卖合同,用于某 1 名下的一套住房作为抵押,双方约定如逾期还款,则将该住房过户给赵某 1。2015 年 11 月 2 日至 2016

[1] 参见山东省高级人民法院刑事附带民事判决书(2017)鲁刑终 151 号,有删节。

年 1 月 6 日，苏某共计向赵某 1 还款 29.8 万元。吴某、赵某 1 认为该29.8万元属于偿还第一笔 100 万元借款的利息，而苏某夫妇认为是用于偿还第二笔借款。吴某、赵某 1 多次催促苏某夫妇继续还款或办理住房过户手续，但苏某夫妇未再还款，亦未办理住房过户。

2016 年 4 月 1 日，赵某 1 与被害人杜某 2（男，殁年 29 岁）、郭某 1 等将于某 1 上述住房的门锁更换并强行入住，苏某报警。赵某 1 出示房屋买卖合同，民警调解后离去。同月 13 日上午，吴某、赵某 1 与杜某 2、郭某 1、杜某 7 等将上述住房内的物品搬出，苏某报警。民警处警时，吴某称系房屋买卖纠纷，民警告知双方协商或通过诉讼解决。民警离开后，吴某责骂苏某，并将苏某头部按入座便器接近水面位置。当日下午，赵某 1 等将上述住房内物品搬至源大公司门口。其间，苏某、于某 1 多次拨打市长热线求助。当晚，于某 1 通过他人调解，与吴某达成口头协议，约定次日将住房过户给赵某 1，此后再付 30 万元，借款本金及利息即全部结清。

同月 14 日，于某 1、苏某未去办理住房过户手续。当日 16 时许，赵某 1 纠集郭某 2、郭某 1、苗某、张某 3 到源大公司讨债。为找到于某 1、苏某，郭某 1 报警称源大公司私刻财务章。民警到达源大公司后，苏某与赵某 1 等因还款纠纷发生争吵。民警告知双方协商解决或到法院起诉后离开。李某 3 接赵某 1 电话后，伙同么某、张某 2 和被害人严某（男，时年 26 岁）、程某（男，时年 22 岁）到达源大公司。赵某 1 等人先后在办公楼前呼喊，在财务室内、餐厅外盯守，在办公楼门厅外烧烤、饮酒，催促苏某还款。其间，赵某 1、苗某离开。20 时许，杜某 2、杜某 7 赶到源大公司，与李某 3 等一起饮酒。20 时 48 分，苏某按郭某 1 要求到办公楼一楼接待室，于欢及公司员工张某 1、马某陪同。21 时 53 分，杜某 2 等进入接待室讨债，将苏某、于欢的手机收走放在办公桌上。杜某 2 用污秽语言辱骂苏某、于欢及其家人，将烟头弹到苏某胸前衣服上，将裤子褪至大腿处裸露下体，朝坐在沙发上的苏某等人左右转动身体。在马某、李某 3 劝阻下，杜某 2 穿好裤子，又脱下于欢的鞋让苏某闻，被苏某打掉。杜某 2 还用手拍打于欢面颊，其他讨债人员实施了揪抓于欢头发或按压于欢肩部不准其起身等行为。22 时 07 分，公司员工刘某打电话报警。22 时 17 分，民警朱某带领辅警宋某、郭某 3 到达源大公司接待室了解情况，苏某和于欢指认杜某 2 殴打于欢，杜某 2 等否认并称系讨债。22 时 22 分，朱某警告双方不能打架，然后带领辅警到院内寻找报警人，并给值班民警徐某打电话通报警情。于欢、苏某欲随民警离开接待室，杜某 2 等阻拦，并强迫于欢坐下，于欢拒绝。杜某 2 等卡于欢项部，将于欢推拉至接待室东南角。于欢持刃长 15.3 厘米的单刃尖刀，警告杜某 2 等人不要靠近。杜某2出言挑衅并逼近于欢，于欢遂捅刺杜某2腹部一刀，又捅刺围逼在其身边的程某胸部、严某腹部、郭某1背部各一刀。22时26分，辅警闻声返回接待室。经辅警连续责令，于欢交出尖刀。杜某2等四人受伤后，分别被杜某7等人驾车送至冠县人民医院救治。次日2时18分，杜某2经抢救无效，因腹部损伤造成肝固有动脉裂伤及肝右叶创伤导致失血性休克死亡。严某、郭某1的损伤均构成重伤二级，程某的损伤构成轻伤二级。

【争议】

1. 于欢的行为是否具有防卫性质？

案发当时杜某2等对于欢、苏某实施了限制人身自由的非法拘禁行为，并伴有侮辱和对于欢间有推搡、拍打、卡项部等肢体行为。当民警到达现场后，于欢和苏某欲随民警走出接待室时，杜某2等阻止二人离开，并对于欢实施推拉、围堵等行为，在于欢持刀警告时仍出言挑衅并逼近，实施正当防卫所要求的不法侵害客观存在并正在进行。于欢是在人身安全面临现实威胁的情况下才持刀捅刺，且其捅刺的对象都是在其警告后仍向前围逼的人，可以认定其行为是为了制止不法侵害。

2. 于欢的行为是否属于特殊防卫？

根据刑法规定，对正在进行的行凶、杀人、抢劫、强奸、绑架以及其他严重危及人身安全的暴力犯罪，公民有权进行特殊防卫。但本案并不存在适用特殊防卫的前提条件。经查，苏某、于某1系主动通过他人协调、担保，向吴某借贷，自愿接受吴某所提10%的月息。既不存在苏某、于某1被强迫向吴某高息借贷的事实，也不存在吴某强迫苏某、于某1借贷的事实，与司法解释有关强迫借贷按抢劫罪论处的规定不符。故不存在特殊防卫。

3. 于欢的防卫行为是否属于防卫过当？

根据刑法规定，正当防卫明显超过必要限度造成重大损害的，属于防卫过当，应当负刑事责任。评判防卫是否过当，应当从不法侵害的性质、手段、紧迫程度和严重程度，防卫的条件、方式、强度和后果等情节综合判定。根据本案查明的事实及在案证据，杜某2一方虽然人数较多，但其实施不法侵害的意图是给苏某夫妇施加压力以催讨债务，在催债过程中未携带、使用任何器械；在民警朱某等进入接待室前，杜某2一方对于欢母子实施的是非法拘禁、侮辱和对于欢拍打面颊、揪抓头发等行为，其目的仍是逼迫苏某夫妇尽快还款；在民警进入接待室时，双方没有发生激烈对峙和肢体冲突，当民警警告不能打架后，杜某2一方并无打架的言行；在民警走出接待室寻找报警人期间，于欢和讨债人员均可透过接待室玻璃清晰看见停在院内的警车警灯闪烁,应当知道民警并未离开;在于欢持刀警告不要逼过来时,杜某2等人虽有出言挑衅并向于欢围逼的行为,但并未实施强烈的攻击行为。即使四人被于欢捅刺后,杜某2一方也没有人对于欢实施暴力还击行为。于欢的姑母于某2证明,在民警闻声返回接待室时,其跟着走到大厅前台阶处,见对方一人捂着肚子说"没事没事,来真的了"。因此,于欢面临的不法侵害并不紧迫和严重,而其却持利刃连续捅刺四人,致一人死亡、二人重伤、一人轻伤,且其中一人即郭某1系被背后捅伤,应当认定于欢的防卫行为明显超过必要限度造成重大损害。

4. 于欢的行为是否构成故意杀人罪?

经查,虽然于欢连续捅刺四人,但捅刺对象都是当时围逼在其身边的人,未对离其较远的其他不法侵害人进行捅刺,亦未对同一不法侵害人连续捅刺。可见,于欢的目的在于制止不法侵害并离开接待室,在案证据不能证实其具有追求或放任致人死亡危害结果发生的故意。

延伸阅读

1. 葛洪义:《试论法律论证的源流与旨趣》,载《法律科学》(西北政法学院学报)2004年第5期;
2. 贾敬华:《法律论证的效能:排除专断而非达成共识》,载《环球法律评论》2008年第6期;
3. 雷磊:《法律论证何以可能?——与桑本谦先生商榷法律论证理论的基本问题》,载《政法论坛》2008年第4期;
4. 魏胜强:《法律论证的意义探析》,载《郑州大学学报》(哲学社会科学版)2010年第1期。

15.2 法律论证基本方法

知识要点

15.2.1 法律论证方法的路径

★ 逻辑学方法

现代逻辑学家已经发展出各种逻辑系统用于分析和重构各种类型的法律论证:除了传统的三段论逻辑外,还有道义逻辑(也称义务逻辑 demonic logic)、命题逻辑和谓词逻辑等。另外,近年来得到发展的对话逻辑(dialogical logic)中,不同学者扩展了既有的逻辑系统,使之更适合于用来分析和评价法律论证。

在法律论证领域,大多数学者肯定了逻辑在论证理论中的地位。“论证理论主要源于分析学,这仍为今天几乎所有的论证理论家们所确认。”如魏因贝格尔认为,作为现代法学理论的两个标志:一是以凯尔森和哈特为代表的法律结构理论;二是法律理性论证理论。二者都涉及将逻辑应用于法律的问题。逻辑论辩部分是逻辑演绎,部分是佩雷尔曼意义上的修辞论辩。在主张逻辑方法的论者看来,反对逻辑重要性的主张乃是基于对逻辑之确切作用的误解。其中首要的误解便在于,反对论者把“逻辑”当作“三段论逻辑”了。而在当代逻辑理论(诸如命题逻辑、谓词逻辑和道义逻辑)中,人们已经发展出用于分析各种类型论证的理论体系。因此,对法律论证而言,问题似乎并非法律逻辑是否无关紧要,而毋宁应当是,根据逻辑推理形式与逻辑演算,法律论证可以在多大程度上予以重建。在法律论证的逻辑分析中,隐含的成分必须予以明晰。在许多案件中,证立某一法律判决的论证仅用日常语言的形式来表现是不够完整的。为了使该论证完整并且逻辑有效,省略的前提必须予以明晰。这构成阿列克西的内部证成规则之一,即应尽最大可能陈述逻辑的展开步骤。其实阿列克西所提出的普遍实践论辩规则以及法律论辩规则中,许多都可视为逻辑规则。如普遍实践论辩的基本规则:任何一个言谈者均不得自相矛盾。在阿列克西看来,“逻辑规则应承担起最严格的论证之责。若有谁主张‘$p \rightarrow q$’,那么当其谈话伙伴提出‘$\neg q$’时,他就必须要么承认‘$\neg p$’,要么反驳‘$\neg q$’,或者放弃‘$p \rightarrow q$’”,另外,阿列克西还谈到道义逻辑在论证理论中的运用。

★ 修辞学方法

与逻辑的方法强调法律论证的形式方面相对应,修辞的方法注重的是法律论证的内容及其可接受性(acceptability)这一方面。其实,在法律论证理论产生的过程中,修辞学本身就是其重要的思想来源。法律论证理论所注重的可接受性即取决于论辩本身对听众(audience)所产生的效果。而修辞术是就每一事物觅出所有可能的说服方式的技能。“他既不是科学意义上的知识,也不是艺术,而是技能。”[1]在佩雷尔曼看来,甚至论辩术(辩证法)在亚里士多德之后亦作为一种推理技术而被等同于逻辑;黑格尔更是将辩证法视为通过“正题—反题—合题”方式来达到“客观精神”的必然性逻辑推论。佩雷尔曼虽然反对分析推理的无限扩张倾向,但却无意以论辩推理来取代分析推理,而只是认为二者具有不同的适用领域。

---

〔1〕［德］尼采:《古修辞学描述》,屠友祥译,上海人民出版社 2001 年版,第 8 页。

当代修辞学方法的杰出代表除了佩雷尔曼的“新修辞学”,还有图尔敏的论证模型和菲韦格的论题学方法。这三位学者尤其对法律论证都有所论述。

基于逻辑学与修辞学这两种论证方法的本质区别,佩雷尔曼的《新修辞学》指出方法论上“论证”(argumentation)与“证明”(demonstration)两种方法的基本差异,强调“论证”在人文学科研究上的重要性,进而主张以“论证”为基础的“非形式逻辑”取代传统的形式逻辑。在法学上,新修辞学的运用颇为广泛。“科学的发现和法律的说理两者结构上的差异,来指出法律说理不能适用科学发现之逻辑……法律说理应是社会说理的一种形式,其强度由社会上所能接受的法律论点和法律命题所决定。”因此,人们对法律过程的理解就超出了传统上所理解的单纯的形式推理,而融入了修辞论辩的成分。在佩雷尔曼看来:“法律推理是实践推理的一个非常精致的个案,它不是形式上的证明,而是一种论辩,该论辩旨在通过表明这种选择、决定或取向较之同时存在的其他各种选择、决定或取向皆更为可取来说服对方,令对方信服。”[1]

与修辞学密切相关的是论题学。在法律领域,论题学“认为法律问题的解答并非借助逻辑推论来达成,而是透过对周遭有关论据的讨论,这种想法主要是由菲韦格引介的,它导致日益增多的对法学论证的前提条件及规则的探究”。[2] 相比之下,图尔敏试图将存在本质差异的日常语言也纳入逻辑学里面,而传统形式逻辑则是通过摆脱日常语言来实现计算的准确性与思维的纯粹性。

★ 对话(辩论)方法

近年来,人们发展出一种新的法律论证方法即对话(论辩)的方法。在此,法律论证是从某一论辩程序(依据某些理性论辩规则来支持某种法律观点)的视角加以考虑的。在这种方法(亦可称作对话方法)中,法律论述被视为关于某一法律观点之可接受性的对话的一个组成部分。该论述的合理性取决于论辩程序是否符合可接受性的某些形式标准和实质标准。在法律理论中,对话方法的杰出代表是阿尔尼奥、阿列克西和佩策尼克。他们的理论直接来源于阿佩尔和哈贝马斯的论辩理论。如阿列克西的程序性合理论辩理论就是以哈贝马斯的对话理论为背景的理性论辩理论。它旨在建构理性论辩的规则与分析各种论述之逻辑结构。这种方法要求论辩依据某种程序上的理性标准。对于一个可接受的法律判决来说,重要的是:

---

〔1〕[比]佩雷尔曼:《法律推理》,朱庆育译,载陈金钊、谢晖:《法律方法》(第2卷),山东人民出版社2003年版,第139页。

〔2〕[德]伯恩·魏德士:《法理学》,丁晓春、吴越译,法律出版社2003年版,第277~278页。

参与者要遵循某些规则。这套系统的基本原则包括一致性、有效性、可检验性、融贯性、可普遍性和真实性原则。与那些以修辞学为出发点的论者不同，阿列克西认为法律讨论主要涉及“规范性陈述的正确性”，而前者认为：“讨论参与者致力于发现‘可被接受’的论据，因此其关心的不是陈述的“正确性’，而是其‘可同意性’。”

总体上看，法律论证的方法有两种类型。一如有学者所总结的论证理论中适用的两种模式：法理模式和修辞模式，并认为这两种模式是有联系的。波斯纳同样认为存在两种基本的说服方法：一种是逻辑，它不能用于决定困难和重要的案子；另一种是修辞的伎俩。“在逻辑说服和修辞说服这两个极端之间还有很多种方法可以取得合理真实的信念，这些信念仍然是理性的，尽管并不是严格的或者精确的。这就是实践理性的领地。”[1]

15.2.2　法律论证方法的要素

☆ 理论简介

如果说“一般论证理论包括论证什么（命题、结论）、依据什么论证（论据）和如何论证（方法）三方面的内容”的话，法律论证理论也概莫能外。不过，法律论证理论关注的问题并不是“结论”本身，而是如何说服他人接受该结论，即“可接受性”。由于法律论证的“可接受性”在于通过商谈达成共识，而理性“共识”的达成在实质上取决于是否遵循了合理的论证规则及程序，因此，对法律论证理论的基本要素可归纳为前提、主体、共识、规则、责任和结果。

★ 前提

在法律问题的商谈实践中，“需要证成的领域在相当程度上是加以限制的。它并不要求对一切东西都进行证成”。因为，“什么叫议论（论证），你提出一个意见或主张，我站起来反驳或者提出代替性方案，这种莫衷一是的会话状态就是议论的开端”。可见，没有对立就没有论证。既然这种“对立”意味着命题或结论之间的对立，如果没有这种对立的“命题或结论”，那就没有真正意义上的法律论证。因此，是否真正具有“对立性”，这是判定论题质量的实质标准，也是判定法律论证真与假的试金石。既然法律论证是一种对话，它导因于言说者之间的分歧，那么，法律论证将是“一体两面”的：既要“立”又要“破”，否则将难以完成使命。

在司法实践中，就大量的“常规案件”而言，不仅事实清楚，而且事实与规范的

---

〔1〕［美］理查德·A. 波斯纳：《法律与文学》，李国庆译，中国政法大学出版社 2002 年版，第 361 页。

对应关系十分清晰,对之只要按司法的三段论推理就可轻松得出结论,人们也不存在什么异议或争议。而其余案件,要么是法律规范的意思无法准确把握,要么是案件事实找不到相对应的法律规范,对这类案件的法律处断,则人言各异,歧义纷呈。在此情形下,任何一种决断的确立,都必须经过充分论证,才能具有说服力。因此,自哈特提出“简易案件”与“疑难案件”的区分以来,人们一般认为,法律论证活动主要存在于疑难案件中,它本质上属于一种“难题思维”。

★ 主体

法律论证不是“独语”而是“对话”,具有“主体间性”,是论者通过“商谈”试图说服听众的过程。只有当论证者成功地使他面对的听众接受了其主张时,该论证才是有效的。因此,“论者”与“听众”构成了法律论证理论的两个重要主体。

1. 论者

“论者”,亦称言说者,是指提出某个意见或主张并试图说服他人的人。由于只有理性的对话、商谈才能形成真正意义上的“共识”,而理性对话、商谈的进行必然要求参与这种对话、交流的人应当是理性的,这是“论者”必须具备的所谓“交往资质”,也是语言沟通得以成立的最基本的条件。为此,要求每个言说者遵守真诚性规则,即必须真诚地愿以合理方式解决争议而且当自己的观点被证明是错误时,必须接受;当他人的观点被成功辩护时,能够承认。因此,就具有“交往资质”的论者而言,“对某一论点未能成功辩护必然导致提出该论点的一方收回论点;同时,另一方对其论点的最终辩护,也必然导致对方收回他对论点的质疑”。

2. 听众

根据佩雷尔曼等的界定,这里的“听众”,泛指“言说者”在论证过程中企图影响的人。从性质上讲,既包括现实的听众也包括想象的听众;从层次上讲,可以分为三类:(1)所有的人,即普遍听众;(2)参与争论的人,即特殊听众;(3)言说者自己。由于普遍听众是指所有正常的、有理性的成年人,所以,某一命题若能受到普遍听众的接受与认同,那当然属于论证的最高层次。但是,普遍听众只不过是一个理想,只是言说者在自己经验上的一个建构而已。比如,当其言说无法获得所有人认同时,则将信服视为精英听众并进而视为“正常的、有理性的所有成年人”,而将不信服者视为异类并排斥在言说对象之外。特殊听众又叫单一听众,此类听众与普遍听众的不同之处在于:其有机会提出质疑和反对意见。所以与特殊听众的对话所达成的共识更具有说服力。当然,如果论证者想要说服他人,首先得说服自己。其他听众不会接受连言说者自己都不相信的建议。因此“任何一个言说者只许主张其本人所相信的东西”也就当然成为论者应遵守的“诚实性规则”。应当强调的是，言说者将自己当作听众的这一“思考”活动，其实是个人内心进行的思辨过程，而说服特殊听众乃至普遍听众，只不过是这一内心思辨的外化与展开而已。

★★ 共识

“共识”被分为“实在性”共识和“好恶性”共识两大类。前者主要包括事实、真理和推定。其中，为普遍听众所认同的事实与真理，因其具有较高接受程度，一般无须再强化论证。不过，当出现以下两种事态时则应进行论证：(1)听众开始对之产生合理怀疑时；(2)原有听众人数增加且新增听众具有判别能力、不再认同原有听众的“固有认同”时。“推定”与前两者有所不同，作为基于人类对既有现状的惯性心理依赖而存在的一种共识，在必要时需要用论证加以强化。后者主要包括价值判断及层级观念等。价值判断能为某种行为提供理由。价值分为抽象价值和具体价值。前者针对的是并非客观存在的、不特定性的问题；后者针对的是业已具体存在的特定事物。抽象价值具有更大的包容性，故在强调社会变革问题的论证时，多以抽象价值作为论证的出发点；反之，当强调维持现状时，多以具体价值为论证的出发点。层次观念是以价值为基础的体系化观念，它包容多元价值，因而易于被不同的特定听众所接受。当然，具体到法律问题的论证中，“出发点包括(制定法和国际条约等规定的)法律规则、一般法律原则、法律教义命题等”。总之，“共识”是论者与“听众”共有的一致性认识。要对听众进行有效的说服，就必须先适应特定的听众，接受其业已形成并存续的特定理念及预设立场。否则，论证活动就没有可资展开的平台。

作为法律论证出发点的“已有共识”仅仅是一种初期共识。借助论证程序及相关规则，并通过不同层面的交涉和商谈，将一段段、一节节的沟通过程加以衔接、递进，进而达到不断说服听众，使之接受论者提出的主张之目标。如果是这样，则意味着最终达成了新的“共识”。沟通过程而言，每个步骤都对应着一个由质疑方或批评者提出的问题：你的主张有何理由？你如何证明从理由到主张的步骤？该步骤确实是一个将要进行的可靠步骤吗？你的主张有多大证明力？推翻这种论述的可能性如何？在图尔敏看来，就所有法律问题的论证而言，一一回应并证立这些问题，从形式上讲具有“场域永恒性”。

当然，由于共识的达成，如哈贝马斯自己说的多半只能在涉及很抽象的问题时才有可能；问题越具体，越不能达成共识。因此，一方面，从已有“共识”越往前推进，论证的难度将越是加大；另一方面，也正如罗尔斯所言，当人们对具有较低普遍性认识的原则失去共识时,抽象化就是一种继续公共讨论的方式。我们应当认识到,冲突越深,抽象化的层次就应当越高;我们必须通过提升抽象化的层次来获取一种对于冲突根源的清晰而完整的认识。

★ 规则

(1)论题明确性规则。任何一方不得使用不够明确的或者模棱两可的表达方式,并且要尽量仔细、准确地解释对方的表达方式。

(2)不矛盾规则。任何一个言说者均不得自相矛盾。

(3)同一性规则。不同的言说者不许用不同的意义来做相同的表达。

(4)平等、自由、论辩规则。任何一个能够言说者均可以参加言说;任何人均可以对任何主张提出质疑;任何人均可以在言说中提出任何主张,均可以表达其态度、愿望与需求;任何言说者在行使上述权利时均不受"言说"内外的任何强制。

(5)证立义务规则。任何一个言说者,必须应他人的请求就其所主张的内容加以证立,除非他能举出理由证明自己有权拒绝给出证立。

(6)相关性论辩规则。攻击某个论点必须与对方实际已经提出的论点相关;一方只有提出与论点相关的论证,才能对其论点进行辩护。

(7)普遍性规则。任何一个言说者,当他将谓词 A 应运于对象 a 时,也必须能将 A 应用于所有相关点与 a 相同的其他任一个对象上;任何提出规范性陈述的人,必须假设当其置身于当事人之处境时,也能够接受此命题预设规则所造成的利益变动的结果(换位思考规则);任何规则造成的对他人利益变动的结果必须能为所有人接受。

★ 责任

论证责任,亦叫论证负担,是指论者对听众所应承担的论证及说服责任。这意味着,如果论者不能就该问题进行有效论证与成功说服,那么将承担该主张不能被证立的效果。论证负担的分配,其理论基础是惯性原理。所谓"惯性",是指假定在没有反证的情况下,原本所有的态度(亦即表现出来的意见以及所喜好的行为)因为对于一致性的期待,或是来自于习惯性的强制而使其在未来得以延续。"惯性原理的意思是说:过去一度被承认的观点,若没有足够的理由则不可加以抛弃。"这一原则的实质在于"同样问题同样对待"的平等精神。但凡试图对同样情况进行区别对待的人,必须为此进行证立。

因此,论证责任的分配规则包括:(1)论证责任归于批评通行状况并试图有所变化的人;(2)任何提出将某人 A 与某人 B 区别对待者,必须对这样做的理由进行证立;(3)对自己的命题或立场提出证立的人,只有在其证立被质疑时,才必须提出另外的证立;(4)提出与证立无关或没有任何证明力的命题或主张者,有责任说明为何使用这样的证立(禁止转移论题原则)。总之,一方面,为了适当减轻论证负担,不需要对一切问题都进行证立;另一方面,"只有改变者才需证成"的规则绝不意味着"凡现实存在的东西应保持不变";它只是禁止漫无边际的怀疑,只是说:"谁要是怀疑什么或批评什么,则必须告知其怀疑或批评的理由。"若不遵循这一原理,论证活动便不可能理性进行。

★ 结果

法律论证追求的是特定背景下对法律问题决断的可接受性。这种可接受性就是法律论证的结果。应当强调指出,这种"可接受性"并非绝对意义上的真理,它只是一种相对的合理性。法律论证之所以具有相对合理性,归因于诸多复杂因素:(1)历史因素,即任何一种法律论证的合理性都只是特定历史时代的合理性,不可能是被任何一个时代共同接受的、具有永久合理性的法律论证。(2)文化因素,即任何法律论证都是在特定的文化环境中进行的,文化之间的差异性,使人们在以"彼"文化的眼光来打量"此"文化中法律论证的合理性时,往往发现其合理性是有限的,甚至其"合理性"干脆就是不合理。(3)个体因素,即法律论证是由一个个活生生的不同个体带着各自不同的"前见"进行的,不仅每个个体的认识能力非常有限,而且其知识观念也在不断变化着。因此,所有的法律论证就不能不带有"暂时性"的特征,亦不可能是一种最终的证立。(4)法律自身的因素,即法律自身并非像人们长期以来所预想的那样具有确定性,事实上其运行中具有诸多不确定的因素均在起作用。因此,法律具有不确定性,这种不确定性必然导致法律论证的相对合理性。正因为法律论证只具有相对合理性,所以,在法律问题上并不存在绝对正确、一成不变的所谓"正确答案"。唯一存在的只是能为"主体间"所接受的答案,而且这个答案还必须经得起人们的反复追问。从这个意义上讲,如果说法律论证理论具有"不能保证获得一个最终结果"的固有"缺陷"的话,那么,这个"缺陷"正是该理论的特性所在。

典型案例

麦克洛克林案

1973年10月19日下午4时左右,麦克洛克林和4个小孩在英格兰的一次汽车事故中受伤。麦克洛克林夫人于6时左右在家中从一位邻居口中得知这一事故,便立刻前往医院,她在医院里得知女儿死亡并且看到丈夫和其他三个孩子受重伤。她在精神上受到沉重的打击,随后控告由于疏忽大意而酿成事故的司机,并对在不同方面涉及事故的其他当事人也进行控告,要求精神损害赔偿。她的律师指出,英国法院以前有好几次判决给予由于看见其近亲重伤而在精神上受到刺激的人以精神损害赔偿。但在所有这些案件中,原告不是在事故现场,就是在事故发生后几分钟内就赶到事故现场的(例如,在1972年的一个案件中,一位妻子因受到精神损害而获得赔偿金,因为她是在丈夫丧命后立即赶到其尸体旁边的。1967年,一位与火车撞车事故受害者并无任何关系的男子连续几小时工作,力图抢救受害者,精神上也经历了这种情况而受到严重的刺激,他获准得到精神损害赔偿金)。因此她的律师就援引这些案例作为先例,要求获得赔偿金。但是法院的判决并没有支持原告的主张,初审法院的法官认为,先例和本案是有区别的,因为其他人是在遇难者现场而受到刺激,而本案麦克洛克林夫人所遭受的精神刺激是在发生在事故两小时后现场外的另一地方,所以这种精神损害赔偿已经超出了被告的合理预见。原告不服,提出上诉,上诉法院驳回起诉,维持原判,但上诉法院不是根据初审法官的论证,不是认为原告所受到的精神损害超出合理的预见,而是认为政策的缘故,如果作出赔偿会带来一系列的问题,如会造成此类案件的增多、社会保险成本的增大等危险。原告不服上诉判决,又向上议院提起上诉,上院推翻了上诉法院的判决,要求重新审理此案。虽然上议院的法官作出了一致的判决,但是他们的理由不相一致,有的支持上诉法院的理由,有的支持初审法院的判决理由。

分析上述案例会发现,本案主要存在两个方面的问题:一个是能否适用先例?另一个是如果不适用先例,如何进行论证?当然在论证不适用先例时,又会出现一些新的命题需要论证。我们首先可以确定,由于原告方律师找出了几例与本案类似的几个先例来支持自己的主张,因此法官不能忽视这些先例,因为在普通法中的首要原则就是“先例拘束原则”,但是在本案中法官作出的判决是偏离先例的,由此他必须承担论证责任。在论证过程中,他需要运用偏离技术,并且要提出偏离理由。

一个先例是否适用本案,可以运用两种技术:一种是区别先例与本例的异同;另一种是推翻先例。在本案中,法官采用的是本案与先例的区别技术,论证先例与本案的异同。我们首先看初审法院的判决理由,法官指出先例与本案的一个重要区别是,本案中受害人所遭受的精神损害超出了肇事人的合理预见。这实际上又提出了一个需要论证的新的命题,即什么是合理预见?这个命题是在内部证成的过程中提出来的。因为内部证成和外部证成之间的关系相辅相成,互相补充,并没有绝对的先后。外部证成保证内部证成的合法性,内部证成为外部证成提供论证的对象。

延伸阅读

1. 周永坤:《高楼坠物案的法理分析——兼及主流法律论证方法批判》,载《法学》2007 年第 5 期;
2. 焦宝乾:《法律中的修辞论证方法》,载《浙江社会科学》2009 年第 1 期;
3. 桑本谦:《法律论证:一个关于司法过程的理论神话——以王斌余案检验阿列克西法律论证理论》,载《中国法学》2007 年第 3 期;
4. 王晓:《走出困境:法律论证的认识论再思考》,载《法商研究》2007 年第 6 期。

第四编　法律社会论

第 16 章　法 治 理 论

教学目标

识记关于“法治”含义的学说概述；

理解法治的内涵；

了解法制的含义并识记其与法治的关系；

了解人治的含义及其与法治的关系；

了解民主的含义并识记其与法治的关系；

了解民生的含义及建设民生法治的重要性；

识记依法治国的含义及我国依法治国的历史进程；

理解依法治国的基本要求；

识记全面推进依法治国的必要性、总体要求及建设“法治中国”的总体要求。

推荐参考资料

1. 付子堂主编:《法理学初阶》(第五版),法律出版社 2015 年版,第十二章;

2. 沈宗灵主编:《法理学》(第四版),北京大学出版社 2014 年版,第八章;

3. 张文显主编:《法理学》(第四版),高等教育出版社 2011 年版,第二十六章;

4. 朱景文主编:《法理学》(第三版),中国人民大学出版社 2015 年版,第七章;

5. 舒国滢主编:《法理学》(第四版),中国政法大学出版社 2016 年版,第十六章。

16.1 法　　治

知识要点

16.1.1 法治释义

★ 法治含义概述

• “法治”一词,在中国古代很早就出现过。但是,中国传统文化中的法治蕴意与现代意义上的法治观念和原则迥异。

• 在法治学说史上,真正对法治的基本内涵初步做出确切而较为系统界定的是亚里士多德,他坚定地认为“法治应当优于一人之治”,并给出了明晰、缜密、经典的解释:“法治应包含两重含义:已成立的法律获得普遍的服从,而大家所服从的法律又应该是良好的法律。”[1]

• 19 世纪末,英国著名宪法学家戴雪(A. V. Dicey,1825 ~ 1922 年)提出了法治的三要素说:(1)人民“唯独受法律治理”,犯罪与否皆由法律决定,“再无别物可将此人治罪”。(2)“人民在法律前之平等”,所有人都受到法律平等对待。(3)个人的权利是宪法赖以建立的基础。[2] 戴雪的这些学说后来成为西方国家自由资本主义时代法治模式的支柱。

---

〔1〕[古希腊]亚里士多德:《政治学》,吴寿彭译,商务印书馆 1965 年版,第 167 ~ 168、199 页。

〔2〕[英]戴雪:《英宪精义》,雷宾南译,中国法制出版社 2001 年版,第 244 ~ 245 页。

★★ 法治的内涵

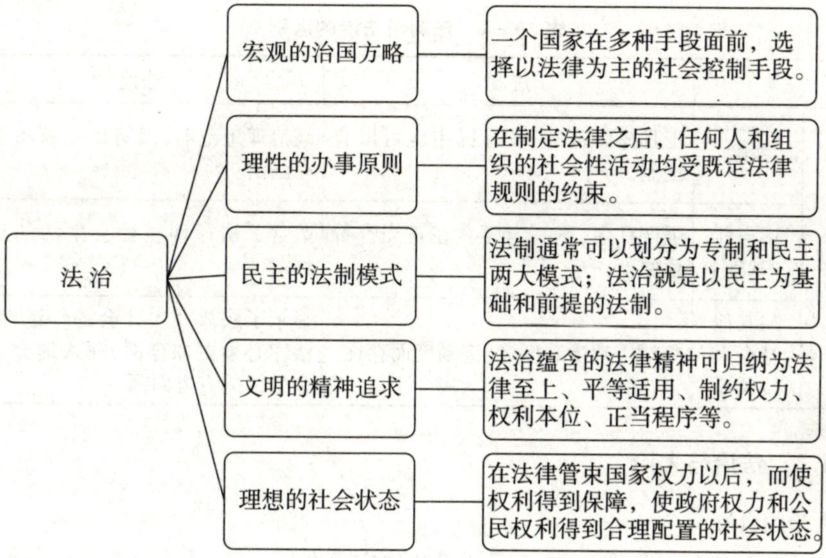

图16－1 法治内涵分解

16.1.2 法制与法治

☆ 法制的含义

● 静态的理解认为法制即法律制度。在这种法制观看来，法制就是掌握政权的社会集团按照自己的意志，通过国家权力建立起来的法律和制度。

● 动态的理解认为法制是指一切社会关系的参加者严格地、平等地执行和遵守法律，以及法律制定、法律实施和法律监督等一系列活动的过程，包括立法、守法、执法、司法和护法各环节的有机统一。

★ 法制与法治的关系

1. 法制与法治的联系

(1)只有在法治理念、法治精神的指导下，才有可能建立和健全法制。

(2)只有建立了完备的法制，才能做到有法可依，才能使依法治国方略得以实现。

(3)法制状态虽然不能直接导致法治，但法治状态必须以完备的法制作为基础。最终，通过法律制定、法律实施和法律监督，即立法、执法、司法、守法的整个环节，在以依法办事为核心的动态过程中，法治理想状态得以实现。

2. 法制与法治的区别

表 16－1 法制与法治的区别

		法制	法治
区别	范畴	工具操作范畴，没有民主也可以有法制。	政治理想范畴，没有民主就不可能有法治。
	正当性基础	强调秩序，不一定建立在正当性价值之上。	蕴含了法律调整社会生活的正当性。
	与其他社会系统关系	相对于政治制度、经济制度而存在。	显示了法律介入社会的广泛性，即法律必须更加全面、深入地介入社会生活的方方面面。

16.1.3 法治与人治

☆ **人治的含义**

- 人治不等于没有法律，而是借助法律实现专制。
- 人治通过法律建立和稳定统治秩序，但法律不是社会和权力的基础，而是国家最高权力的工具，终究权大于法。
- 大于法的权力不是一般的职权而是极权，在古代社会通常为皇权或王权以及贵族特权。

☆ **人治与法治的关系**

- 人治强调依靠统治者个人的作用来统治国家，要求把权力给予统治者个人，使之能够运用手中的权力实行对国家和人民的统治。
- 法治则强调通过法律治理国家，要求一切国家机关和各级领导者都要依法办事，在法律面前人人平等，不允许凌驾于法律之上的个人特权。

16.1.4 法治与民主

☆ **民主的含义**

所谓现代民主，即建立在服从多数、遵循程序和保护少数等基本原则基础上的现代政治制度或国家制度，并由此影响到人们的思想观念和日常行为。其核心是人民当家做主，真正享有各项权利和自由，享有管理国家和其他一切社会事务的权力。

★ **民主与法治的关系**

(1)民主和法治相互依存,相互渗透。

(2)民主政权是现代法治存在的前提,没有作为国家制度的民主事实的存在,就不可能创立法治。

(3)没有法治确认民主,人民的权利就会失去保障,民主所追求的目标就形同虚设;没有法治规定和确认民主权利的范围,行使民主权利的原则、程序和方法,社会就会混乱,民主就会成为“多数人的暴政”。

(4)民主和法治相互制约,彼此平衡。

• 民主是法治的内容和价值取向,民主权利的内容直接由法律确认和规定,行使民主权利的程序和方法也必须以法律为依据。

• 法治必须体现人民的意志和利益,必须是凝聚、引导和规范民主的力量,反映民主发展的要求,民主程序和民主程度都直接影响法治作用的范围。

总之,民主建设应在法治轨道上进行,从而实现民主的法治化;同时,法治建设也要纳入民主的轨道,从而实现法治的民主化。

16.1.5 法治与民生

☆ **民生的含义**

民生问题大致应包括以下四个方面:一是生计来源问题;二是生活质量问题;三是生存状态问题;四是生命安全问题。

我国在改善民生方面需要建立四个体系:义务教育的经费保障体系;覆盖城乡的医疗卫生服务体系;以廉租房和经济适用房为主的城市住房保障体系;包括失业、社会最低生活保障、医疗等内容在内的社会保障体系。

☆ **建设民生法治**

民生法治是解决民生问题与建设现代法治的绝佳交会点。关注民生,是现代中国法治拥有坚实基石的必然要求;建设民生法治,是法治国家目标得以实现的有效途径。

在继续完善民主立法、经济立法的同时,必须着力加强社会领域的民生立法。

在司法保障方面,要把保障和改善民生贯彻到审判和案件执行的每一个环节,要以积极的态度救济民权,以优质的服务减轻民负,以快捷的审理解除民忧,以公正的裁判保障民利,以有力的执行实现民愿。

阅读材料

材料一

有些人认为在平等人民所组成的城邦中,以一人高高凌驾于全邦人民之上是不合乎自然的[也是不相宜的],按照这些见解,凡自然而平等的人,既然人人具有同等价值,应当分配给同等权利;所以,对平等的人给予不平等的——或者相反地,对不平等的人给予平等的——名位,有如对体质不等的人们分配给同量的——或对同等的给予不同量的——衣食一样,这在大家想来总是有害(恶劣)的。依此见解所得到的结论,名位便应该轮番,同等的人交互做统治者也做被统治者,这才合乎正义。可是,这样的结论就是主张以法律为治了;建立[轮番]制度就是法律。那么,法治应当优于一人之治。遵循这种法治的主张,这里还须辨明,即便有时国政仍须依仗某些人的智虑(人治),这总得限止这些人们只能在应用法律上运用其智虑,让这种高级权力成为法律监护官的权力。应该承认邦国必须设置若干职官,必须有人执政,但当大家都具有平等而同样的人格时,要是把全邦的权力寄托于任何一个个人,这总是不合乎正义的。

或者说,对若干事例,法律可能规定得并不周详,无法作断,但遇到这些事例,个人的智虑是否一定能够作出判断,也是未能肯定的。法律训练(教导)执法者根据法意解释并应用一切条例,对于法律所没有周详的地方,让他们遵从法律的原来精神,公正地加以处理和裁决。法律也允许人们根据积累的经验,修订或补充现行各种规章,以求日臻完备。谁说应该由法律遂行其统治,这就有如说,唯独神祇和理智可以行使统治;至于谁说应该让一个个人来统治,这就在政治中混入了兽性的因素。常人既不能完全消灭兽欲,虽最好的人们(贤良)也未免有热忱,这就往往在执政的时候引起偏向。法律恰恰正是免除一切情绪影响的神祇和理智的体现。[1]

材料二

这些就是社会授与他们的委托以及上帝和自然法对于各种政体下的每一国家的立法机关的权力所加的限制:

第一,它们应该以正式公布的既定的法律来进行统治,这些法律无论贫富、无论权贵和庄稼人都一视同仁,并不因特殊情况而有出入。

---

[1] [古希腊]亚里士多德:《政治学》,吴寿彭译,商务印书馆1965年版,第167~169页。

第二，这些法律除了为人民谋福利这一最终目的之外，不应再有其他目的。

第三，未经人民自己或其代表同意，不应该对人民的财产课税。这一点当然只与这样的政府有关，那里立法机关是经常存在的，或者至少是人民没有把立法权的任何部分留给他们定期选出的代表们。

第四，立法机关不应该也不能把制定法律的权力让给任何其他人，或者把它放在不是人民所安排的其他任何地方。[1]

材料三

由此观之，法律主治实构成英宪的基本原理，共含三个指意。换言之，法律主治可由三处观察点审视。

第一，指意解作国法的至尊适与武断权力相违反。四境之内，大凡一切独裁，特权，以致宽大的裁夺威权，均被摒除。英吉利人民受法律治理，唯独受法律治理。一人犯法，此人即被法律惩戒；但除法律之外，再无别物可将此人知罪。

第二，指意解作人民在法律前之平等。换言之，四境之内，大凡一切阶级均受命于普通法律，而普通法律复在普通法院执行。当法律主治用在此项指意时，凡一切思想之含有官吏可不受治于普通法律及普通法院者皆被摒除。此故，在英格兰中无一物可符合法国所谓“行政法”(droit administratifs)或“平政院”(tribunaux administratifs)。诚以行政法有立于法律背后者一个观念，这个观念是：凡事涉政府，或案关公家仆役，应由具有多少官家性质的机关处理，唯其如是，英格兰的法律对于此项意思盖未尝前闻；他的传统思想与风习复与此项意思绝端反对。

第三，指意表示一个公式，用之以解证一件法律事实。这件法律事实是：凡宪章所有规则，在外国种，皆构成宪法条文的各部分；而在英格兰中，不但不是个人权利的渊源，而且只是由法院规定与执行个人权利后所产生之效果。申言之：英吉利法院及巴力门常用法律行为，以测定元首及公仆所有地位，即以保障个人权利。由是归纳此类法律行为便得司法的各个原理；综合此类原理便得英宪的重要成分。然则宪法在英国中只是普通法律运行于四境内所生结果。[2]

---

〔1〕［英］洛克：《政府论》(下篇)，叶启芳、瞿菊农译，商务印书馆 1964 年版，第 88～89 页。

〔2〕［英］戴雪：《英宪精义》，雷宾南译，中国法制出版社 2001 年版，第 244～245 页。

延伸阅读

1. 季卫东:《法治秩序的建构》(增补版),商务印书馆 2014 年版;
2. 苏力:《法治及其本土资源》(第三版),北京大学出版社 2015 年版;
3. 付子堂、常安:《民生法治论》,载《中国法学》2009 年第 6 期;
4. 周尚君:《地方法治试验的动力机制与制度前景》,载《中国法学》2014 年第 2 期;
5. 赵骏:《全球治理视野下的国际法治与国内法治》,载《中国社会科学》2014 年第 10 期。

16.2 依法治国

知识要点

16.2.1 依法治国释义

★ 依法治国的含义

所谓依法治国,就是依照体现人民意志和社会发展规律的法律治理国家,而不是依照个人意志、主张治理国家;要求国家的政治、经济运作以及社会各方面的活动统统依照法律进行,而不受任何个人意志的干预、阻碍或破坏。

★ 我国依法治国的历史进程

表 16－2 我国依法治国历史进程概览

时间	事件	备注
1978 年 12 月 18 日至 22 日	中共十一届三中全会举行,会议公报提出“为了保障人民民主,必须加强社会主义法制,使民主制度化、法律化,使这种制度和法律具有稳定性、连续性和极大的权威性,做到有法可依,有法必依,执法必严,违法必究”。	文革后建设社会主义法制的新起点。
1979 年 9 月 9 日	中共中央发出《关于坚决保证刑法、刑事诉讼法切实实施的指示》,强调“它们能否严格执行,是衡量我国是否实行社会主义法治的主要标志”。	第一次在党内明确使用了“社会主义法治”的概念。
1996 年 3 月 17 日	第八届全国人民代表大会第四次会议正式批准的《国民经济和社会发展“九五”计划和 2010 年远景目标纲要》第一次以国家意志形式将“依法治国,建设社会主义法制国家”作为国家的战略目标加以规定。	意味着我国治国方略的根本转变。

续表

时间	事件	备注
1999年3月15日	第九届全国人民代表大会第二次会议通过《宪法修正案》(第12～17条),其中第13条修正案规定:"中华人民国和国实行依法治国,建设社会主义法治国家。"	依法治国基本方略在国家的根本法——宪法中正式获得了确认,即"法治入宪"。
2012年11月8日	中共十八大举行,强调"全面推进依法治国",明确提出"法治是治国理政的基本方式。要推进科学立法、严格执法、公正司法、全民守法,坚持法律面前人人平等,保证有法可依,有法必依,执法必严,违法必究"。	将法治摆在了更加突出的位置。
2013年11月12日	中共十八届三中全会通过《中共中央关于全面深化改革若干重大问题的决定》,设专章论述"推进法治中国建设"。	
2014年10月23日	中共十八届四中全会通过《中共中央关于全面推进依法治国若干重大问题的决定》指出,全面推进依法治国,总目标是建设中国特色社会主义法治体系,建设社会主义法治国家。这就是,在中国共产党领导下,坚持中国特色社会主义制度,贯彻中国特色社会主义法治理论,形成完备的法律规范体系、高效的法治实施体系、严密的法治监督体系、有力的法治保障体系,形成完善的党内法规体系,坚持依法治国、依法执政、依法行政共同推进,坚持法治国家、法治政府、法治社会一体建设,实现科学立法、严格执法、公正司法、全民守法,促进国家治理体系和治理能力现代化。	第一次专题研究法治、对全面推进依法治国作出重大决定、确定全面推进依法治国总目标的中央全会。
2017年10月18日至24日	中共十九大举行,在"全面推进依法治国"的基础上,进一步要求"坚持全面依法治国"。	

★★16.2.2　依法治国的基本要求

有法可依,是指国家应当高度重视和加强立法工作,逐步建立起完备的法律体系。这是依法治国的前提。

有法必依,即普遍守法原则,指的是法律制定以后的整个实施过程,要求一切国家机关、政党、团体和公民在自己的活动中,必须严格遵守和执行国家法律,依法办事。这是依法治国的中心环节。

执法必严,是指国家机关在执行法律的过程中,必须切实依照法律规定的内容、精神和程序办事，维护法律的尊严和权威。这是依法治国的重要支撑。

违法必究，是指针对一切违反宪法和法律的行为都必须依法平等地予以追究和制裁，任何组织和个人都不能例外。

总之，上述四个方面的要求，是相互联系、相互制约的有机整体。其中，有法可依是前提，有法必依是关键或中心环节，执法必严和违法必究是对有法必依的进一步强调，都是依法治国的基本要求。

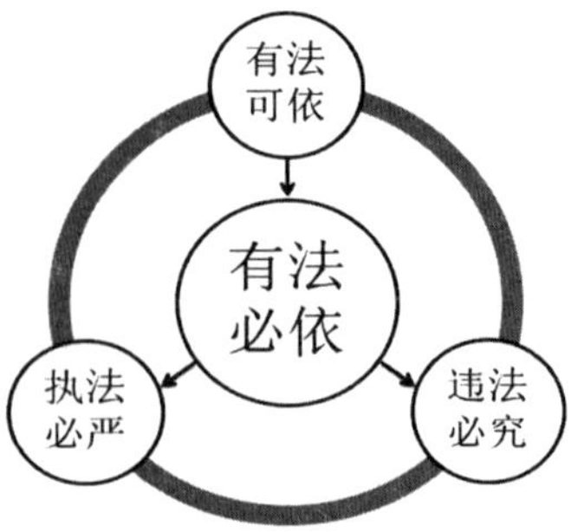

图 16－2　依法治国基本要求示意图

16.2.3　全面推进依法治国与“法治中国”建设

★ 全面推进依法治国的必要性

中共十八大强调“全面推进依法治国”，将法治正式纳入社会主义核心价值体系，并作为治国理政的基本方式，摆在了十分突出的位置。

中共十八届四中全会指出，依法治国，是坚持和发展中国特色社会主义的本质要求和重要保障，是实现国家治理体系和治理能力现代化的必然要求，事关我们党执政兴国，事关人民幸福安康，事关党和国家长治久安。

★ 全面推进依法治国的总体要求

在总体上，全面推进依法治国，要求坚持党的领导、人民当家作主、依法治国有机统一，推进科学立法、严格执法、公正司法、全民守法，切实尊重和保障人权，坚持法律面前人人平等，做到有法必依、执法必严、违法必究。

“科学立法、严格执法、公正司法、全民守法”成为依法治国、建设社会主义法治国家、实现“法治中国”伟大目标的“新十六字方针”。

★ 建设“法治中国”的总体要求

建设“法治中国”，必须坚持依法治国、依法执政、依法行政共同推进，坚持法治国家、法治政府、法治社会一体建设，从而形成中国特色社会主义法治体系。这是中国法治建设的又一次极为重要的全面提速。

阅读材料

材料一

中央人民政府对监督国家机关、国家机关工作人员和人民是否守法设有专管机关,如检察署,也还设有专门监察国家机关和国家工作人员违法现象的机关,如监察委员会。这些机关虽做了许多工作,但是组织都不健全,还不能起到它们应有的作用。将来宪法公布后,国家监督机关和政府监察机关组织虽然要健全一些,工作可能会好一些,但对国家各部门"暂行办法"的调整,一时还照顾不到,因为这些缺陷的纠正,还不是它们最迫切的任务。要清除政府工作中表现在法令性质文件上的混乱、不统一的现象,首先要我们领导政府机关工作的党和领导干部以及其他工作人员对法律的严肃性有充分的理解。

不理解法律的严肃性的另一种表现,是不懂得正确运用法律这个武器。法律是一种上层建筑,这种上层建筑的形成和发展,对摧毁旧基础、巩固新基础有巨大的作用。不知道运用法律这个武器,无形中就会削弱国家权力的作用。[1]

材料二

为了保障人民民主,必须加强法制。必须使民主制度化、法律化,使这种制度和法律不因领导人的改变而改变,不因领导人的看法和注意力的改变而改变。现在的问题是法律很不完备,很多法律还没有制定出来。往往把领导人说的话当做"法",不赞成领导人说的话就叫作"违法",领导人的话改变了,"法"也就跟着改变。所以,应该集中力量制定刑法、民法、诉讼法和其他各种必要的法律,如工厂法、人民公社法、森林法、草原法、环境保护法、劳动法、外国人投资法等,经过一定的民主程序讨论通过,并且加强检察机关和司法机关,做到有法可依,有法必依,执法必严,违法必究。国家和企业、企业和企业、企业和个人等之间的关系,也要用法律的形式来确定;它们之间的矛盾,也有不少要通过法律来解决。现在立法的工作量很大,人力很不够,因此法律条文开始可以粗一点,逐步完善。有的法规地方可以先试搞,然后经过总结提高,制定全国通行的法律。修改补充法律,成熟一条就修改补充一条,不要等待"成套设备"。总之,有比没有好,快搞比慢搞好。此外,我们还要大力加强对国际法的研究。

国要有国法,党要有党规党法。党章是最根本的党规党法。没有党规党法,国

---

〔1〕《董必武选集》,人民出版社1985年版,第350页。

法就很难保障。各级纪律检查委员会和组织部门的任务不只是处理案件，更重要的是维护党规党法，切实把我们的党风搞好。对于违反党纪的，不管是什么人，都要执行纪律，做到功过分明，赏罚分明，伸张正气，打击邪气。[1]

材料三

我国正处于社会主义初级阶段，全面建成小康社会进入决定性阶段，改革进入攻坚期和深水区，国际形势复杂多变，我们党面对的改革发展稳定任务之重前所未有、矛盾风险挑战之多前所未有，依法治国在党和国家工作全局中的地位更加突出、作用更加重大。面对新形势新任务，我们党要更好地统筹国内国际两个大局，更好地维护和运用我国发展的重要战略机遇期，更好统筹社会力量、平衡社会利益、调节社会关系、规范社会行为，使我国社会在深刻变革中既生机勃勃又井然有序，实现经济发展、政治清明、文化昌盛、社会公正、生态良好，实现我国和平发展的战略目标，必须更好发挥法治的引领和规范作用。

我们党高度重视法治建设。长期以来，特别是党的十一届三中全会以来，我们党深刻总结我国社会主义法治建设的成功经验和深刻教训，提出为了保障人民民主，必须加强法治，必须使民主制度化、法律化，把依法治国确定为党领导人民治理国家的基本方略，把依法执政确定为党治国理政的基本方式，积极建设社会主义法治，取得历史性成就。目前，中国特色社会主义法律体系已经形成，法治政府建设稳步推进，司法体制不断完善，全社会法治观念明显增强。[2]

延伸阅读

1. 王利民：《法治：良法与善治》，北京大学出版社 2015 年版；
2. 张文显：《法治中国的理论建构》，法律出版社 2016 年版；
3. 汪习根：《论法治中国的科学含义》，载《中国法学》2014 年第 2 期；
4. 付子堂、张善根：《地方法治建设及其评估机制探析》，载《中国社会科学》2014 年第 11 期；
5. 公丕祥：《中国特色社会主义法治道路的时代进程》，载《中国法学》2015 年第 5 期。

---

〔1〕《邓小平文选》（第二卷），人民出版社 1994 年版，第 146～147 页。
〔2〕《中共中央关于全面推进依法治国若干重大问题的决定》，人民出版社 2014 年版，第 2～3 页。

第 17 章　法律与经济

教学目标

识记经济的含义；

理解经济与法律的关系；

识记法律对市场经济的意义；

识记我国社会主义市场经济法律体系的特征；

理解我国社会主义市场经济法律体系的功能。

推荐参考资料

1. 付子堂主编:《法理学进阶》(第五版),法律出版社 2016 年版,第十五章;
2. 沈宗灵主编:《法理学》(第四版),北京大学出版社 2014 年版,第九章;
3. 张文显主编:《法理学》(第四版),高等教育出版社 2011 年版,第二十四章;
4. 朱景文主编:《法理学》(第三版),中国人民大学出版社 2015 年版,第九章;
5. 舒国滢主编:《法理学》(第四版),中国政法大学出版社 2016 年版,第十五章第一节。

17.1　经济与法律的关系

知识要点

17.1.1　经济释义

★ 经济的含义

经济或称经济状况,指的是整个社会的物质资料的生产和再生产;“经济活动”即社会物质的生产、分配、交换和消费活动的统称。

17.1.2 经济与法律的关系

★★ 经济与法律的关系

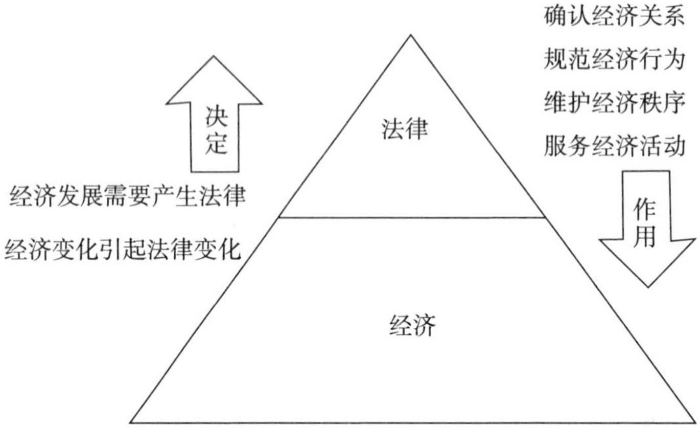

图 17－1 经济与法律关系示意图

1. 经济基础决定法律

● 法律基于经济发展的需要而产生。一定生产关系的性质以及生产力的发展水平，决定着以该生产关系为基础的法律的本质和特征。

● 社会经济基础的发展变化必然反映到上层建筑，要求上层建筑与之相适应并为其服务。因此，经济基础的发展变化必然引起法律的发展变化。

● 上层建筑中的其他部分，如社会的政治观点、法律观点、宗教观点、道德观点、风俗习惯以及阶级力量对比关系和国际环境等，都同法律发生相互影响，但经济基础对法律仍起决定性作用。

2. 法律反作用于经济

● 确认经济关系。这是指法律创建新的生产关系及改造旧的生产关系。这种确认功能使社会基本经济关系以制度形式得以合法存在。

● 规范经济行为。法律对经济的调整主要是通过民商法、经济法、行政法和程序法等加以间接调控，对经济行为加以规范，从而使经济在一定的法律秩序中运行。

● 维护经济秩序。法律对经济关系不仅作出确认、调整，而且加以维护和保障，保证其正常的发展秩序不受侵扰，以此体现法律经济功能的目的性及其本质。

● 服务经济活动。法律的经济功能不仅通过直接规定经济关系内容的法律规范体现，而且还通过服务于经济活动的各种法律制度来体现。

典型案例

侵害“庆丰”商标及不正当竞争纠纷案[1]

【案情概述】

北京庆丰包子铺(以下简称庆丰包子铺)以山东庆丰餐饮管理有限公司(以下简称庆丰餐饮公司)侵害其商标权及构成不正当竞争为由提起民事诉讼。庆丰包子铺主张庆丰餐饮公司的法定代表人徐庆丰曾在餐饮服务业工作,明知庆丰包子铺商标及字号的知名度,仍使用“庆丰”字号成立餐饮公司,并在其官网、店面门头、菜单、广告宣传上使用“庆丰”或“庆丰餐饮”标识,构成侵害庆丰包子铺的商标权及不正当竞争。庆丰餐饮公司认为其有权将公司法定代表人的名字注册为字号,且有权使用经工商部门依法注册的企业名称;庆丰包子铺的商标并非驰名商标,其使用的标识与庆丰包子铺的注册商标既不相同也不近似。

山东省济南市中级人民法院一审认为,庆丰餐饮公司使用“庆丰”与其使用环境一致,且未从字体、大小和颜色方面突出使用,属于对其字号的合理使用。庆丰包子铺在庆丰餐饮公司注册并使用其字号时的经营地域和商誉未涉及或影响到济南和山东,不能证明相关公众存在误认的可能,故不构成对庆丰包子铺商标权的侵害,判决驳回庆丰包子铺的诉讼请求。山东省高级人民法院二审维持一审判决。

庆丰包子铺向最高人民法院申请再审,最高人民法院提审后认为,庆丰餐饮公司构成侵害庆丰包子铺的商标权及不正常竞争,改判撤销一审、二审判决,庆丰餐饮公司立即停止侵害商标权的行为及停止使用“庆丰”字号并赔偿庆丰包子铺经济损失及合理费用5万元。

本案涉及商标权的行使与其他权利,如姓名权的冲突问题。最高人民法院在本案中明确,公民享有合法的姓名权,当然可以合理使用自己的姓名。但公民在将其姓名作为商标或企业字号进行商业使用时,不得违反诚实信用原则。明知他人注册商标或字号具有较高的知名度和影响力,仍注册与他人字号相同的企业字号,在同类商品或服务上突出使用与他人注册商标相同或相近似的商标或字号,具有攀附他人注册商标或字号知名度的恶意,容易使相关公众产生误认,其行为不属于

[1] 案例来源:中国法院网,http://www.chinacourt.org/article/detail/2017/04/id/2822652.shtml,最后访问日期:2017年6月7日。

对姓名的合理使用，构成侵害他人注册商标专用权和不正当竞争。最高人民法院进一步指出，如本案中的情形，在注册商标已经具有较高知名度的情况下，庆丰公司的使用方式一方面容易使相关公众对其与庆丰包子铺的关系产生混淆误认，另一方面其所创造的商誉也只能附着在“庆丰”品牌上，实则替他人做嫁衣裳，也不利于其企业自身的发展。反之，其变更企业名称后，可以通过诚信经营及广告宣传，提高企业的商誉和知名度，打造出自己的品牌，获得双赢格局。

【关键问题】

本案中最高人民法院的判决体现出法律对经济具有何种作用？

【简要评论】

1. 我国宪法规定了以公有制为主体、多种所有制经济共同发展的基本经济制度，国家保护个体经济、私营经济等非公有制经济的合法的权利和利益，明确了国家实行社会主义市场经济。这表明，庆丰包子铺和庆丰餐饮公司在法律面前处于平等地位，法律对其合法权益给予平等的保护。该事实体现了法律确认经济关系的作用，这种确认功能使社会基本经济关系以制度形式得以合法存在。

2. 最高人民法院明确，公民享有合法的姓名权，但在将其姓名作为商标或企业字号进行商业使用时，不得违反诚实信用原则。这表明，民事主体从事民事活动，应当遵循诚信原则，秉持诚实，恪守承诺。该基本原则体现了法律规范经济行为的作用，经济活动必须在一定的法律秩序中运行。

3. 最高人民法院认为，庆丰餐饮公司构成侵害庆丰包子铺的商标权及不正常竞争，判决其立即停止侵害商标权的行为及停止使用“庆丰”字号，并赔偿庆丰包子铺经济损失及合理费用5万元。该判决体现了法律维护经济秩序的作用，对经济关系加以维护和保障，保证其正常的发展秩序不受侵扰。

4. 最高人民法院进一步指出，在注册商标已经具有较高知名度的情况下，庆丰公司的使用方式一方面容易使相关公众产生混淆误认，另一方面替他人做嫁衣裳，也不利于其企业自身的发展。该意见表明，法律通过维护正当竞争秩序，营造良好市场环境，可以降低企业因恶性竞争所带来的的交易费用。这体现了法律服务经济活动的作用。

【核心知识】

经济与法律的关系。

延伸阅读

1. [美]罗纳德·H. 科斯等:《财产权利与制度变迁:产权学派与新制度学派译文集》,刘守英等译,格致出版社、上海三联书店、上海人民出版社2014年版;
2. [美]理查德·波斯纳:《超越法律》,苏力译,北京大学出版社2016年版;
3. 张乃根:《试论国际经济法律秩序的演变与中国的应对》,载《中国法学》2013年第2期;
4. 张守文:《政府与市场关系的法律调整》,载《中国法学》2014年第5期;
5. 丁利:《制度激励、博弈均衡与社会正义》,载《中国社会科学》2016年第4期。

17.2 当代中国法律与市场经济

知识要点

17.2.1 法律对市场经济发挥作用的必然性

★ 法律对市场经济的意义

市场经济是法治经济,即以法律为主要调整规范的经济。法治是市场经济的内在要求。市场经济体制下,资源配置在很大程度上是通过法律实现的,法律设定出资源配置的制度框架,并由此决定资源的流向和利用方式。总之,市场经济条件下,资源合理配置的前提是合理和完善的法律制度。

此外,市场经济下经济交往的平等特性、市场运行的稳定背景、市场交易的规模效益需求都决定了法律具有更高程度的运用价值。

市场经济体制的建立,还需要其他方面改革的协同进行,包括所有制形式、分配制度、宏观调控、民主政治、社会保障制度的改革等,若无相关法律制度,这些改革无法推进。

17.2.2 我国法律对市场经济建设的作用

★ 我国社会主义市场经济法律体系的特征

在总体框架上,它是社会主义法律体系的一个子系统,因而,它以宪法为统帅,与其他部门法和谐一致;同时,它又横跨几个法律部门,这主要是由于它把市场经济作为一个统一的调整对象。

在法律渊源上,它与其他部门法一样,以宪法有关规定、有关法律(基本法律与非基本法律)、行政法规、地方性法规以及其他具有法律效力的规范性文件为表现形式。

从市场运转机制和过程上看,它主要表现为几个主要环节,包括市场主体法、市场行为法、市场管理法、市场体系法、市场宏观调控法和社会保障法等。

★★ 我国社会主义市场经济法律体系的功能

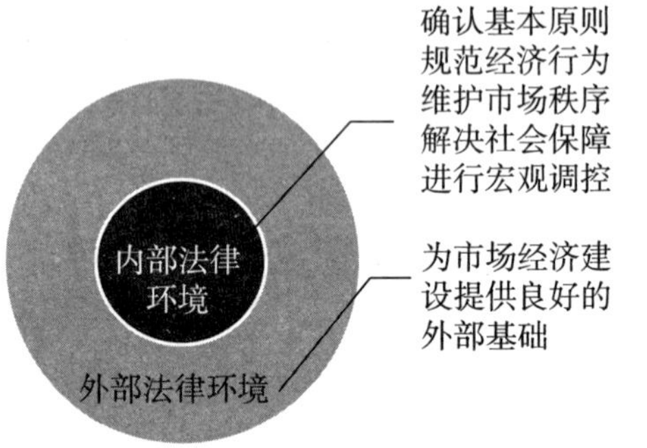

图 17－2　我国社会主义市场经济法律体系的功能示意图

我国社会主义市场经济法律体系的功能主要表现在建设市场经济外部法律环境和内部法律环境两个方面。

(1)建设市场经济外部法律环境主要包括以下方面:建设民主政治,维护政治稳定;发展科学教育事业,促进文明建设;加强社会公共事务的管理等。法律对外部环境的作用即为市场经济建设提供良好的外部基础。

(2)我国法律在建设市场经济内部法律环境方面的功能,是我国社会主义法直接作用于社会经济关系、发挥其经济功能的主要方面。这主要体现在以下五个方面:

- 确立市场经济的基本走向和基本原则。宪法和有关基本法律的经济功能主要在于,确认和维护国家的社会主义经济制度,规定各种经济成分的不同法律地位,明确经济建设的方针和原则,使市场经济建设具有合法性、合理性,从而推进市场经济的健康发展。
- 确认和维护各种市场主体的法律地位,规范市场主体微观经济行为。市场经济要求法律对各种所有制经济和公司财产给予平等的保护。有关市场行为的规则是一个庞大的规范群,通过这些法律功能的实现,市场经济主体可以明确自己在市场经营活动中的行为范围,从而自行进入市场交易。
- 通过法律培育市场体系,维护市场秩序。这类法律以公平竞争法为核心,其功能主要是为市场交易行为主体提供公平、公正、自由的经营环境和竞争机会，激励其自主地、创造性地进行经营活动，从而推进市场经济发展。对此，我们也可称为法律的微观经济调整功能。

- 运用法律解决社会保障问题。社会保障体系是否健全，相关法律是否完备，对一个国家的经济发展和社会稳定会产生直接影响。要建设市场经济，就必须不断加强社会保障的法制建设，把我国在社会保障方面长期积累的成功经验，用法律的形式固定下来。

- 运用法律对市场经济进行宏观调控。法律是国家实行宏观调控，矫正市场经济弊端，引导市场经济良性运行的有效且极其必要的手段。国家对经济的调控行为通过法律来实现，从隐性的功能看，也有利于政府机关的经济管理行为规范化，从而适应法治经济的要求。

典型事例

共享单车指导意见引热议　自行车将回归城市？[1]

【事例概述】

近年来，互联网租赁自行车（俗称共享单车）发展迅速。交通运输部的信息显示，目前全国共有互联网租赁自行车运营企业 30 多家，累计投放车辆超过 1000 万辆，注册用户超 1 亿人次，累计服务超过 10 亿人次。

互联网租赁自行车服务极大方便了公众短距离出行和公共交通接驳换乘，在更好地满足公众出行需求、有效解决城市交通出行“最后一公里”问题、缓解城市交通拥堵、构建绿色出行体系等方面发挥了积极作用。但同时也存在车辆乱停乱放、车辆运营维护不到位、企业主体责任不落实、用户资金和信息安全风险等问题。

记者了解到，《关于鼓励和规范互联网租赁自行车发展的指导意见（征求意见稿）》（以下简称《指导意见》），已于 5 月 22 日向社会公布，征求各界意见。

23 日，交通运输部运输服务司副司长蔡团结、交通运输部科学研究院城市交通研究中心研究员杨新征，对公众关心的共享单车热点问题进行了回应。

---

〔1〕 事例来源：新华网，http://news.xinhuanet.com/politics/2017－05/24/c_129617367.htm，最后访问日期：2017 年 6 月 8 日，有删节。

蔡团结向新华网记者表示,随着我国交通机动化进程的快速发展,自行车出行分担率相应下降。互联网租赁自行车的发展带动了自行车出行回归城市,政府应该提供更好的环境,让老百姓更安全、更方便的骑行。

【争议】

1. 如何保护用户个人信息?

数据显示,目前互联网租赁自行车的注册用户数量超过1亿人次。互联网租赁自行车企业掌握了大量个人敏感信息,同时也涉及市民出行、城市交通、地理信息等社会敏感信息。

杨新征介绍,《指导意见》对网络和信息安全保护提出了针对性措施:一方面,要求互联网租赁自行车运营企业履行主体责任,遵守国家网络和信息安全有关规定,将服务器设在中国境内,落实网络安全等级保护制度,建立网络安全管理制度,完善网络安全防范措施,强化系统数据安全保护;另一方面,规定了相关信息的使用范围,要求运营企业采取的信息不得侵害用户合法权益和社会公共利益,不得超越提供互联网租赁自行车服务所必需的范围。

2. 押金安全问题如何解决?

目前有1亿人次的互联网租赁自行车用户,运营企业收取的押金基本在99~299元,如果有5000万人次的用户交纳了押金,按每人次100元计算,就有50亿元的押金。一旦出现企业挪用用户押金或者企业倒闭等情况,就会给老百姓带来资金安全风险。

蔡团结说:"通过调研,我们了解到运营企业收取押金的主要目的是用来担保用户的行为,而且也关注到部分企业已经开始尝试采用信用积分等方式免押金让用户用车。针对这种情况,我们在《指导意见》里作了几项制度设计。第一,我们鼓励用免押金的方式来提供租赁服务。没有押金,用户的资金安全可以得到更好保障;第二,企业如果收取押金、预付金,一定要严格区分用户资金(包括押金、预付金)和企业自有资金,开立用户押金、预付资金专用账户,实施专款专用,接受监管等,并要求企业建立完善用户押金退还制度;第三,鼓励推行'即租即押,即还即退'模式,就是租车的时候交纳押金,还车的时候立即退还押金。我们在座谈时,发现很多企业都可以采取这种服务模式;第四,要求运营企业涉及的资金结算业务必须通过银行和非银行支付机构来提供,并与其签订协议;第五,要求运营企业实施收购、兼并、重组或者退出市场经营的,必须制定合理方案,确保用户合法权益和资金安全。"

3. 如何破解共享单车损坏问题?

车辆损坏问题给用户带来不便,也对企业的正常运营带来很多的障碍。《指导意见》充分考虑了这一问题,进行了相关的制度设计。

蔡团结主要介绍了两方面的措施。一方面,运营企业对互联网租赁自行车的安全状况负有主体责任。“我们要求运营企业加强线上线下服务能力建设,合理配备线下服务团队,加强车辆调度、停放和维护管理,提高故障车辆维修、处理效率,确保投放的车辆符合相关技术要求。运营企业要及时发现损坏车辆,并进行回收处理,避免废弃车辆乱堆乱放带来的城市治理难题。”

另一方面,也有部分用户不爱惜车辆,存在不文明用车行为。互联网租赁自行车需要用户的共同维护,用户应当自觉遵守道路交通安全、城市管理等相关法律法规及服务协议约定,做到文明用车、安全骑行、规范停放。如果损毁互联网租赁自行车的行为已构成对运营公司的财产权的侵害,情节严重的,有关部门将依法予以处罚。

至于车辆报废问题,蔡团结说:“《指导意见》里没有做出具体的规定,而是提出要加强互联网租赁自行车标准化建设,鼓励制定团体标准、地方标准、企业标准,并适时制定基础通用类国家标准,这其中包括了互联网租赁自行车的相关技术要求。将来在制定具体技术标准时,我们再和有关部门一起广泛征求意见。”

4. 如何改善骑行环境?

近年来,道路上的共享单车越来越多,汽车侵占自行车车道的问题进一步显现。蔡团结介绍,各城市自行车交通基础设施存在差异,《指导意见》引导城市政府因地制宜、因城施策,对完善自行车交通网络进行了相关的制度设计。

一是城市应当合理布局自行车交通网络和停车设施,将其纳入城市综合交通体系规划,并与城市公共交通规划相衔接;二是加快自行车道建设,提高自行车道的网络化和通达性;三是优化自行车交通组织,完善道路标志标线,纠正占用非机动车道等违法行为,保障自行车通行条件;四是要求城市规范自行车停车点位设置,对不适宜停放的区域和路段可制定负面清单实行禁停管理,对城市重要商业区域、公共交通站点、交通枢纽、居住区、旅游景区周边等场所,施划配套的自行车停车点位。

蔡团结说:“我们在停车点位设置方面,充分考虑了互联网租赁自行车‘随借随还’的特点,避免设置过多的限制,采取负面清单加正面清单的模式。要求城市通过负面清单规定在哪些地方不能停,在交通枢纽、公交场站、旅游景区周边等场所施划自行车停车点位，在停车方面寻求各方的最大平衡点，保障百姓方便安全地用车。”

延伸阅读

1. 张维迎：《市场与政府：中国改革的核心博弈》，西北大学出版社 2014 年版；
2. 吴敬琏：《当代中国经济改革教程》，上海远东出版社 2016 年版；
3. 卫兴华：《社会主义市场经济与法治》，载《经济研究》2015 年第 1 期；
4. 王利明：《全面深化改革中的民法典编纂》，载《中国法学》2015 年第 4 期；
5. 石佳友：《治理体系的完善与民法典的时代精神》，载《法学研究》2016 年第 1 期。

第18章　法律与政治

教学目标

识记政治的含义；

了解政治文明的含义；

识记法律与政治的关系；

理解法律对政治的功能；

了解关于国家的主要观点；

识记国家的含义；

理解法律与国家的关系；

了解"一国两制"与当代中国法律；

了解政党政策的含义及层次；

理解执政党政策与国家法律的差异及相互作用；

识记党内法规的含义及维度；

理解党内法规与国家法律的关系。

推荐参考资料

1. 付子堂主编:《法理学进阶》(第五版),法律出版社2016年版,第十六章;

2. 沈宗灵主编:《法理学》(第四版),北京大学出版社2014年版,第十章;

3. 张文显主编:《法理学》(第四版),高等教育出版社2011年版,第二十三章;

4. 朱景文主编:《法理学》(第三版),中国人民大学出版社2015年版,第十章;

5. 舒国滢主编:《法理学》(第四版),中国政法大学出版社2016年版,第十五章第二节。

18.1　法律与政治的关系

知识要点

18.1.1　政治与政治文明

★ 政治的含义

政治就是为了维护或反对现行国家政权而进行的,处理阶级关系、政党关系、民族关系、国家关系以及其他有关社会关系的活动。

☆ 政治文明的含义

所谓政治文明,泛指人类改造社会所获得的政治成果的总和,是一个社会健康的政治秩序的体现,是政治生活的进步状态。法治与民主乃是现代政治文明的两大基本要素。

18.1.2　法律与政治的关系

★ 法律与政治的关系

(1)法律与政治具有共生性,共生共长,共同服务于社会目标与价值。

政治优先于法律,对法律起引导作用。法律直接受政治的制约,有什么样的政治制度、政治现实,就有什么样的法律;法律随着政治制度和政治现实的变化而变化。

法律需要政治权力作为基础,特别是它的推行有赖于政治强力的支持。法律的制定、适用、遵守和监督,都是政治活动或政治活动的结果。

(2)法律与政治是基于社会结构内在需要的不同存在,具有结构性差异,这成为法律超越和规范政治的基础。

法律毕竟有其相对的独立性,法律对于政治的功能乃是不容抹杀的客观存在。

现代政治内涵对法律的需要,要通过法律规范政治过程,通过法律形成与社会的互动,实现其社会功能。

★★ 18.1.3　法律对政治的功能

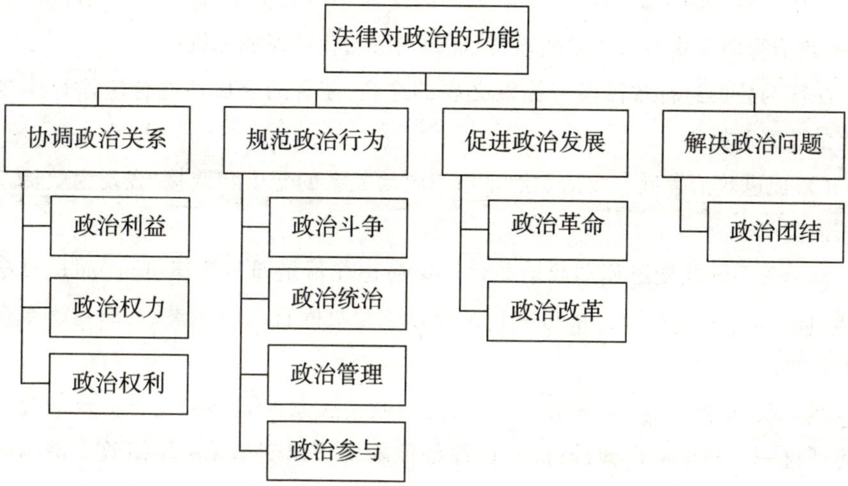

图 18－1　法律对政治的功能示意图

(1)协调政治关系。政治关系是人们在社会生活中,基于特定利益要求而形成的,以政治强制和权利分配为特征的社会关系。

政治关系的基础是政治利益,法律通过分配政治利益协调政治关系。法律是统治阶级的共同利益决定的、具有国家形式的共同意志的体现。在不危害这种共同利益的前提下,法律规定出处理同一层次上不同利益主体之间的横向矛盾及不同层次上的利益主体之间纵向利益矛盾的准则。

政治关系的一个重要内容是政治权力关系,这些权力关系都需要经由一定的法律机制加以协调。

政治关系的另一个重要内容是政治权利关系。法律把政治权利规范化,保证政治权利落到实处,同时规定剥夺危害国家安全及其他严重刑事犯罪人的政治权利。

(2)规范政治行为。政治行为是人们在特定利益基础上,围绕着政治权力的获得和运用、政治权利的获得和实现而展开的社会活动。政治行为包括政治斗争、政治统治、政治管理和政治参与等多种形式。

法律是政治斗争的产物,又是政治斗争的手段。政治斗争的类型反映着法律的历史类型,体现着法律的本质,而法律的本质也规定着政治斗争的程度和方式。

进行政治统治,离不开法律的运用,尤其在一个民主社会,政治统治就是法律统治,即形成一种法治秩序。

以市场经济为基础的现代政治管理以法律手段为根本,法律使政治权利规范化,把政治管理方式纳入法律轨道,保证政治法治化的形成和维持。

法律为公民进行政治参与提供必要的途径,使普通公民通过合法途径实现对政府的监督和控制。

(3)促进政治发展。政治发展是指对政治关系的变更和调整,表现为政治革命和政治改革。

政治关系的质变过程即政治革命。革命往往不是通过法律进行,而是直接通过暴力进行。一旦革命成功,胜利者又要以法律巩固自己的成果,法律乃是革命成果的记录。

政治改革是政治关系的量变过程,是对政治关系的调整和完善。政治改革必然是通过一系列政治措施进行的,往往都伴随着法律变革。法律使政治措施既具有合理性,又具有现实性;法律能够为政治改革指明方向,为政治改革创造良好的环境,保障政治改革的顺利进行并巩固政治改革的成果。

(4)解决政治问题。政治的核心是国家政权问题。有许多政治问题可以也能够运用法律手段来解决。

在诸多政治问题中,一个国家民族的政治团结居于突出地位,而法律恰恰能够增强民众的凝聚力。在当代,和平与发展成为世界政治生活之主题,法律正扮演着越来越重要的角色,日益发挥出特有的功能。

典型事例

英国脱欧　难舍欧盟法[1]

【事例概述】

2017 年 3 月 29 日,据英国媒体报道,英国驻欧盟大使巴罗正式向欧洲理事会主席图斯克呈交英国首相特蕾莎·梅签署的脱欧信函,英国政府引用《里斯本条约》第 50 条,正式启动脱欧程序。在信中,特蕾莎·梅 7 次向其欧盟伙伴承诺她希

[1] 事例来源:法治周末,http://www. legalweekly. cn/article_show. jsp? f_article_id = 13084,最后访问日期:2017 年 6 月 13 日,有删节。

望通过谈判与欧盟确立一种“深入特殊的伙伴关系”。

欧盟法要融入英国法

《里斯本条约》第50条指明，任何协议都需要“欧洲议会”的同意，但它没有规定脱欧国的议会是否应该有发言权。这引来一些英国议员的批评，英国下议院部门欧洲审查委员会的议员卡什2月25日就曾公开一封给英国脱欧事务负责人戴维斯的质询信。

在信中，卡什认为欧洲议会将得到比英国自己的议会更多的信息，希望政府及时向议会和委员会提供政府预期的成果、事实分析和法律安排方面的立场。“审查委员会会持续向政府质问，我们期待完整且清楚的答案。”卡什强调，“脱欧过程中英国政府应当确认议会至高无上的权力，而不是越过它”。

在脱欧白皮书中，英国政府指出，议会将担当“一个重要角色”，而且“各部长将会继续向议会提供定期的跟进，而政府会继续确保两院有充分的机会就脱欧的各个核心议题进行辩论”。

3月30日，英国政府官网公布了《废除条例草案》。早在2016年保守党会议上，特蕾莎·梅就介绍这一草案将结束欧盟法在英国拥有最高效力的现状，是英国脱欧至关重要的一步。

该草案将会出现在下一次的女王演讲中，并在4月或5月开始的议会中进行投票，并通过上下议院辩论进行审查，上下议院均赞成才可通过。草案投票通过后会在2019年3月29日英国正式脱欧后生效。

草案内容主要包括：废除《1972欧洲共同体法》，《1972欧洲共同体法》确立了欧盟法与英国国内法具有同样效力的地位，法案一旦通过这一现象在脱欧后便不复存在。

草案还指明应该怎样将欧盟法转为英国法，即怎样修改完善这些欧盟法使其被写入英国法规，确保一旦离欧这些法律仍可以发挥作用。

有分析认为，欧盟法律涵盖环境保护、劳工权利以及金融服务等领域，如果没有《废除条例草案》，当英国脱欧后，欧盟法律法规会立刻在英国失去法律地位，给英国制造一个法律上的“黑洞”，不确定与混乱随之出现。

通过将欧盟法有机融入进英国法，脱欧可以平稳有序，也可以给英国政府和议会足够时间来审查、修订或废除这些法律。

英国与欧盟脱欧谈判要谈什么

目前，英国智库“政府研究所”总结英国与欧盟接下来的谈判主要有两方面：第一，就退欧协定进行谈判；第二，就英欧未来关系进行谈判。

具体谈判的第一个问题是侨民问题，双方需在300万欧盟公民继续留在英国和100万英国公民继续留在欧盟国家这一问题上达成共识，有分析认为在这一点上双方争议较少，但解决也需要时间。

其次就是北爱尔兰边界线问题，避免北爱尔兰与爱尔兰之间可能出现的强硬边界线。这个问题很棘手，因为英国打算脱离单一市场和关税同盟，边境控制自然会加强。

英国将退出欧洲单一市场，自由贸易与主权是谈判的重头戏，英国要寻求与欧盟建立新的关税安排与自由贸易协定。在英国设立的欧盟机构需关闭与重新部署，处理在英国国内法中发挥作用的欧盟机构（如欧洲药品管理局）以及安排根据欧盟法起草生效的合同协议。

还有一个焦点问题就是脱欧的费用问题。欧盟委员会表示，根据过去的承诺和谈判期间英国仍作为欧盟成员应承担的义务，英国需要向欧盟支付600亿欧元（约500亿英镑）“分手费”，这一债务可由国际法院执行。

特蕾莎·梅在信中就这笔“分手费”只是间接提及。戴维斯试图援引英国上议院一份报告中的法律意见，表明英国脱欧不欠欧盟一分钱。而欧盟方面负责脱欧事务的首席谈判代表并不认同。

欧盟委员会派出的巴尼尔与戴维斯在20世纪90年代共同为欧盟担任大臣时就曾有过激烈争辩。

英国媒体表示，英国政府需要好好做才能不低估这位代表，双方关于“分手费”的谈判必将是一场鏖战。

3月29日递交书面正式通知后当晚，特蕾莎·梅接受了媒体采访，她表示启动《里斯本条约》第50条，与欧盟正式就脱欧开始谈判是一个历史性的时刻，去年6月的公投结果已经表明人民希望掌控自己的边境，掌握自己的法律，更重要的是为了国家的改变。

对于欧盟要求的一次性脱欧费，特蕾莎·梅表示，脱欧公投时，英国民众的选择表明离欧后不用再向欧盟支付相关费用，但只要还是欧盟成员，英国就会尽到自己的责任与义务，正式离欧前，英国会继续缴费。

【关键问题】

本例中英国脱欧所衍生出的法律问题，反映了法律与政治之间存在何种关系？又体现出法律对政治具有何种功能？

【简要评论】

政治优先于法律,法律随着政治制度和政治现实的变化而变化;法律的制定、适用、遵守和监督,都是政治活动或政治活动的结果;法律通过分配政治利益协调政治关系;法律为政治改革指明方向,为政治改革创造良好的环境,促进政治发展;法律能解决部分政治问题。

【核心知识】

法律与政治的关系;法律对政治的功能。

延伸阅读

1. [德]卡尔·施米特:《合法性与正当性》,冯克利等译,上海人民出版社 2014 年版;
2. 任东来等:《美国宪政历程:影响美国的 25 个司法大案》,中国法制出版社 2015 年版;
3. 姚建宗:《法律的政治逻辑阐释》,载《政治学研究》2010 年第 2 期;
4. 伍德志:《欲拒还迎:政治与法律关系的社会系统论分析》,载《法律科学》2012 年第 2 期;
5. 周祖成:《法律与政治:共生中的超越和博弈》,载《现代法学》2012 年第 6 期。

18.2　法律与国家的关系

知识要点

18.2.1　国家的概念

☆ **国家观概览**

古代的国家观素重权力。

现代社会,流行的国家观主要有以下几种:

- 国家是达到某种目的的工具。
- 国家是一种政治制度。
- 国家是一种有机体。
- 国家是政治上组织起来的人民。此说在西方国家很流行。
- 国家是一种工团的联合,国家至上。此说为法西斯理论。
- 国家是表示社会文化特征的地区单位和行政单位。

★ 国家释义

在研究法律与国家的关系问题时,我们主要是把“国家”的概念理解为一种政治制度,一种具有合法管理权力的、特殊的政治组织。

一般来说,“国家”一词是指国家政权和行使政权的国家机构体系,是由军队、警察、法庭、监狱和官僚集团组成的一套机构,是来自社会又凌驾于社会之上的特殊公共权力。

★★18.2.2 法律与国家的关系

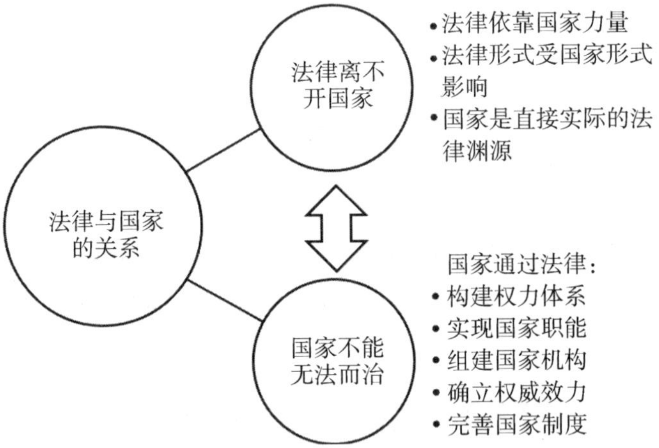

图18-2 法律与国家的关系示意图

法律与国家都是在社会出现私有制和分裂为阶级的过程中,为了控制个人之间、阶级之间的利益冲突而产生的。两者在社会结构中都是上层建筑的最重要的组成部分,都由社会的经济基础决定并对经济基础发生着最直接、最明显的反作用。两者在阶级本质上是相同的,都具有为统治阶级服务的职能。法律与国家的一致性决定着两者之间内在的、必然的联系。

(1)法律离不开国家,从属于国家,国家是法律存在与发展的政治基础。

法律是国家意志的体现,依靠的是国家的力量,法律的立、改、废离不开国家行为。任何历史类型的法律的产生、存在和发展都以一定国家的存在和发展为前提,没有国家就没有法律。法律必须以国家强制力为后盾才能在实际生活中生效,才能在国家权力管辖的范围内要求社会成员一体遵行。

法律形式受国家形式影响。国家形式分为国家管理形式和国家结构形式。国家管理形式即政体,是国家的政权组织形式,对法律形式和法律制度有直接影响。

国家结构形式指的是国家的整体和部分之间、中央机关和地方机关之间的相互关系问题，它也影响着法律。

国家是法律规则和原则的直接的、实际的渊源。在一国境内发生效力的法律制度和法律体系是由国家确立的，同时立法机关对国家直接制定的法律不断进行修改和变更，行政机关的授权立法以及司法机关的司法解释和判例等也能对一般法律进行修改和变革，其效力渊源均来自国家。

（2）国家不能无法而治，国家在依赖法律的同时应当服从法律，按法律的授权和程序行使法律赋予的权力，这是政治法治化最基本的要求，是现代政治的重要特色。

国家通过法律构建起对社会的管理性权力体系。法律是反映国家本质的一种重要形式，是国家权力的一种经常的系统表现。统治阶级运用法律形式使国家权力具体化、普遍化、经常化，保障本阶级系统地行使国家权力，从而顺利实现其对整个社会的领导和管理。

国家通过法律实现其职能。法律制度和法律体系是国家的构成要素之一，法律是实现国家职能的工具。国家要实现其对内和对外的各种职能，需要通过法律来反映国家活动的各项基本内容，保障国家活动的基本方向。

法律是组建国家机构的有效工具。国家需要用法律规定国家机关的组织形式和体系，确定国家机关的组织和活动原则以及各机关的职责权限和相互关系等，从而使整个庞大而复杂的国家机器能有效地运转。

国家通过法律确立其对社会统治的权威和效力。法律是一种公开的、具有普遍强制力的社会规范，国家运用法律打击违法犯罪，维护国家主权，调整社会关系，维护社会秩序，保证公民权利等，这些均显示出国家权力的权威性。

国家通过法律建构和完善相关国家制度，推进社会变革和发展。国家可以通过制定或修改法律来调整和完善国家制度，进行体制改革，弥补国家制度的缺陷，适应新的情况。

18.2.3　“一国两制”与当代中国法律

☆“一国两制”与“一国两法”

在当代中国，研究国家与法律的关系，必然涉及“一国两制”的问题。“一国两制”就是指在坚持“一国”的前提下，允许在一些特殊地区长期存在不同的制度。“一国两制”以祖国统一、一个中国为前提。

实现“一国两制”后，也就相应地出现了“一国两法”的独特情况，这是世界历史上少有的一种政治现象。“一国两制”对中国当代法律体系、法律渊源、法律创制、法律实施、法律解释等方面已经和正在带来多方面的影响。

☆ **对台政策与《反分裂国家法》**

2005年3月14日,中华人民共和国第十届全国人民代表大会第三次会议以赞成2896票、弃权2票的结果,高票通过了《反分裂国家法》。

《反分裂国家法》将执政党长期以来所坚持的对台方针、政策,以国家法律的形式明确、完整地固定下来,不仅表达了追求和平统一、反对“台独”分裂、维护台海和平的国家意志,体现了国家主权和领土完整神圣不可侵犯的宪法精神,同时也体现了“依法治国”的执政理念。对台政策的法律化,将有利于保持政策的稳定和落实,也将有利于推动两岸关系的稳定与发展。

典型事例

全国人大常委会对《香港特别行政区基本法》的五次释法[1]

【事例概述】

第1次释法:1999年对居留权问题的释法

1999年1月29日,香港终审法院就“吴嘉玲案”宣判,指出所有香港人在内地所生的子女均可行使居港权。这判决令香港人在内地所生的非婚生子女都享有居港权,包括私生子女在内。当时的保安局局长叶刘淑仪估计在10年内会有167万人可从中国内地移居到香港,将给香港社会带来沉重的人口压力。因此,叶刘淑仪联同当时的香港律政司司长梁爱诗到北京寻求人大释法。

同年6月,人大常委会对《香港特别行政区基本法》(以下简称《基本法》)作出解释,指出只有香港人在内地所生的婚生子女才享有居港权,非婚生子女及出生时父或母仍未成为香港居民的则没有居港权,而使有权来香港的人数减至20万。

第2次释法:2004年就普选问题的释法

2003年年末,第三届行政长官的产生办法成为一个争拗话题。根据《基本法》第45条,特首的产生办法最终会由普选产生,但并未明确的订立具体的方案和时间

---

〔1〕 黄凌志:《全国人大常委会对〈香港基本法〉的五次释法》,载东方法眼,http://www.dffyw.com/sifashijian/ziliao/201611/41649.html,最后访问日期:2017年6月14日,有删节。

表。不过,基本法附件 1 第 7 节亦说明了选举条例可以在 2007 年或以后被修改。

全国人大常委会在 2004 年 4 月 6 日通过关于对香港基本法附件 1 及附件 2 的解释,并明确表示在基本法的框架下修改选举条例的建议必须得到人大的支持。同年 4 月 26 日,全国人大常委会否决了于 2007 年行政长官选举及 2008 年立法会选举中实行普选。

第 3 次释法:2005 年就新行政长官任期的释法

2005 年 3 月,时任行政长官董建华因病辞职。各界为下一任行政长官的任期而争论不休。建制派提出下一任行政长官应该继续董建华余下任期,并提出基本法中有相关立法原意。而反对派则认为下一任行政长官应开展新一个五年任期及要求 2005 年特首选举全面普选。

2005 年 4 月 6 日,香港特别行政区署理行政长官曾荫权请求国务院提请全国人大提出就《基本法》第 53 条有关新的行政长官的任期,作出解释。4 月 27 日,人大常委会对释法问题进行表决,全体委员一致通过补选的行政长官任期为前任余下的任期。

第 4 次释法:2011 年就国家豁免问题的释法

刚果民主共和国[简称刚果(金)]向中国中铁批出开矿权,期望换取中国中铁对国家的基建投资,却被一间美国基金公司以债权人身份,要求截取中国中铁投资的 1.02 亿美元作为抵债。刚果(金)以"绝对外交豁免权"为由意图阻止基金公司追债,却被香港法院上诉庭裁定败诉,因香港依照普通法继续实行 1997 年的"有限度豁免权"。刚果(金)不服判决,要求终审法院就外交豁免权提请人大释法。释法请求获终院同意,本次释法是首次由司法机构提出的。

2011 年 8 月 26 日,第十一届全国人大常委会第二十二次会议通过决议,因香港对外事务由中央人民政府负责,故此香港特区须跟从中央人民政府,对刚果民主共和国实施"绝对外交豁免权"。

第 5 次释法:2016 年就宣誓制度的释法

2016 年以来,在香港第六届立法会选举和议员宣誓过程中,一些参选人以及候任议员公然煽动"港独"以及具有"港独"性质的主张,公开声称要利用立法会平台推动"港独"活动。其中,有个别候任议员在宣誓仪式上公然侮辱国家和民族,严重破坏宣誓仪式,严重干扰立法会的正常运作。本次释法由全国人大常委会主动进行,并于 2016 年 11 月 7 日全票通过。

附：全国人民代表大会常务委员会关于《中华人民共和国香港特别行政区基本法》第一百零四条的解释

（2016年11月7日第十二届全国人民代表大会常务委员会第二十四次会议通过）

第十二届全国人民代表大会常务委员会第二十四次会议审议了委员长会议提请审议《全国人民代表大会常务委员会关于〈中华人民共和国香港特别行政区基本法〉第一百零四条的解释（草案）》的议案。经征询全国人民代表大会常务委员会香港特别行政区基本法委员会的意见，全国人民代表大会常务委员会决定，根据《中华人民共和国宪法》第六十七条第四项和《中华人民共和国香港特别行政区基本法》第一百五十八条第一款的规定，对《中华人民共和国香港特别行政区基本法》第一百零四条"香港特别行政区行政长官、主要官员、行政会议成员、立法会议员、各级法院法官和其他司法人员在就职时必须依法宣誓拥护中华人民共和国香港特别行政区基本法，效忠中华人民共和国香港特别行政区"的规定，作如下解释：

一、《中华人民共和国香港特别行政区基本法》第一百零四条规定的"拥护中华人民共和国香港特别行政区基本法，效忠中华人民共和国香港特别行政区"，既是该条规定的宣誓必须包含的法定内容，也是参选或者出任该条所列公职的法定要求和条件。

二、《中华人民共和国香港特别行政区基本法》第一百零四条规定相关公职人员"就职时必须依法宣誓"，具有以下含义：

（一）宣誓是该条所列公职人员就职的法定条件和必经程序。未进行合法有效宣誓或者拒绝宣誓，不得就任相应公职，不得行使相应职权和享受相应待遇。

（二）宣誓必须符合法定的形式和内容要求。宣誓人必须真诚、庄重地进行宣誓，必须准确、完整、庄重地宣读包括"拥护中华人民共和国香港特别行政区基本法，效忠中华人民共和国香港特别行政区"内容的法定誓言。

（三）宣誓人拒绝宣誓，即丧失就任该条所列相应公职的资格。宣誓人故意宣读与法定誓言不一致的誓言或者以任何不真诚、不庄重的方式宣誓，也属于拒绝宣誓，所作宣誓无效，宣誓人即丧失就任该条所列相应公职的资格。

（四）宣誓必须在法律规定的监誓人面前进行。监誓人负有确保宣誓合法进行的责任，对符合本解释和香港特别行政区法律规定的宣誓，应确定为有效宣誓；对不符合本解释和香港特别行政区法律规定的宣誓，应确定为无效宣誓，并不得重新安排宣誓。

三、《中华人民共和国香港特别行政区基本法》第一百零四条所规定的宣誓,是该条所列公职人员对中华人民共和国及其香港特别行政区作出的法律承诺,具有法律约束力。宣誓人必须真诚信奉并严格遵守法定誓言。宣誓人作虚假宣誓或者在宣誓之后从事违反誓言行为的,依法承担法律责任。

【关键问题】

本例中人大释法反映了法律与国家之间存在何种关系?

【简要评论】

法律形式受国家形式影响,国家是法律直接实际的渊源;国家通过法律实现职能,法律是组建国家机构的有效工具,国家通过法律确立其统治的权威和效力,国家通过法律建构和完善相关国家制度。

【核心知识】

法律与国家的关系。

延伸阅读

1. [法]让·博丹:《主权论》,李卫海等译,北京大学出版社 2008 年版;
2. [美]弗朗西斯·福山:《政治秩序的起源:从前人类时代到法国大革命》,毛俊杰译,广西师范大学出版社 2014 年版;
3. 张志铭、于浩:《共和国法治认识的逻辑展开》,载《法学研究》2013 年第 3 期;
4. 苏力:《大国及其疆域的政制构成》,载《法学家》2016 年第 1 期;
5. 周尚君:《地方法治竞争范式及其制度约束》,载《中国法学》2017 年第 3 期。

18.3 执政党政策、党内法规与国家法律

知识要点

18.3.1 政党政策的层次性

☆ 政党政策的含义

所谓政党政策,就是指一定的政党在一定历史时期,为调整特定的社会关系和实现特定的任务而规定的路线、方针、规范和措施等行动准则的统称。

在我国,政党政策的范围不仅包括执政党(中国共产党)的政策,而且也包括参

政党(各民主党派)的政策;既包括中央的政策,也包括地方的政策。我们一般所讲的“党的政策”一词,通常是指执政党的中央政策。

☆ **执政党政策的层次**

政策的内容结构可以分为三个层次:总政策、基本政策和具体政策。

(1)执政党的总政策,就是指规定执政党在某一个历史时期根本的、全局性的总路线,它决定着执政党的各项基本政策和具体政策,在国家生活中起主导作用。

(2)执政党的基本政策,是指执政党在某一领域或某一方面,为实现总任务、总政策所规定的重大决策和基本原则。

(3)执政党的具体政策,主要是指在总政策和基本政策的指导下,执政党为了解决某一类或某一个具体问题,或者为了完成某一项具体工作所规定的具体行动准则。

18.3.2 执政党政策和国家法律的关系

★★ **执政党政策和国家法律的差异**

执政党政策和国家法律是两种不同的社会规范,各有其特殊性和特殊作用,既不能以党的政策去代替国家法律,否定法律的特殊作用,也不能用法律去否定党的政策,取消政策的指导作用。

表 18-1 执政党政策和国家法律的差异对比

	执政党政策	国家法律
意志属性	本身仅仅是党的主张,不具有国家意志的属性。	由国家制定或认可,通过国家机构所反映的人民的意志,具有国家意志的属性。
表现形式	以纲领、宣言、声明、指示、建议等形式出现,内容相对来说规定得比较原则,带有号召性和指导性;有时可能是“秘密”甚至是“机密”的。	以条文形式公开颁布施行,以宪法、法律、行政法规、地方性法规等形式出现,具有确定性和规范性的特征;必须是公开的。
实施方式	主要靠宣传教育和深入细致的思想工作,以党员干部和广大党员的带头作用,特别是党的领导干部的模范作用来保证实施。	由国家强制力保证实施。
调整范围	不断地渗透到社会生活的各个领域并发挥积极作用。与国家法律调整的社会关系有交错,有重合,但也有区别。	一般是调整那些对社会整体状况有直接和重大影响的社会关系。政策并不都要上升为法律,法律也并非都是从政策而来。

★★ 执政党政策和国家法律的相互作用

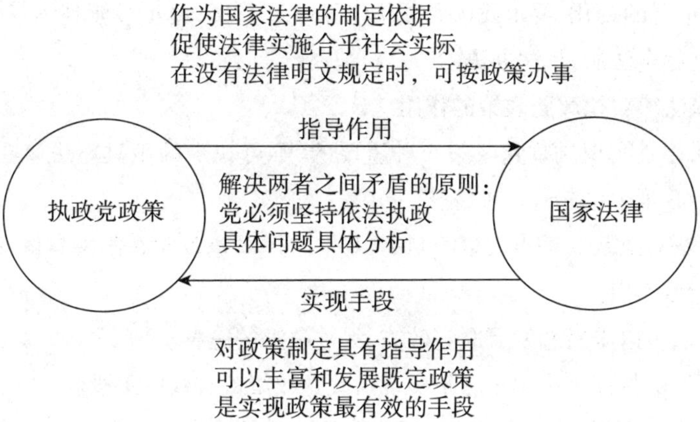

图18－3　执政党政策和国家法律的相互作用示意图

在我国，执政党政策和国家法律都是人民意志的体现，都是社会上层建筑的重要组成部分，共同为自己的经济基础服务，都是现代化建设所不可缺少的。在国家社会生活中，它们相辅相成、相互补充、同步发展，谁也离不开谁，谁也代替不了谁。具体来说，二者的关系主要可以从三个方面来说明。

1. 执政党的政策对国家法律的作用

从总体上说，党的政策对国家的一切活动都有重要的指导作用，有关法律的活动当然也离不开政策的指导。

（1）执政党的政策，特别是党的总政策和基本政策是制定国家法律的依据。

把党的政策上升为法律，是指把经过实践检验证明的、行之有效的、符合人民利益和客观规律，需要较长时期贯彻实行的政策，通过国家用法律的形式固定下来，使之定型化、条文化、规范化，并不是一切党的政策都需要制定为法律。

在制定法律时要贯彻党的政策精神，并不是原封不动地照搬党的政策，而是以党的政策为指导，把政策的精神贯穿于法律条文之中。

（2）在实施法律中也不能脱离党的政策的指导，党的政策特别是具体政策，有助于法的执行和适用与形式相适应，促使法律实施合乎社会实际。

但是，政策对执法、司法工作的指导是一种思想性、原则性的指导，是在法律规定的范围以内，把适用法律与政策精神有机地结合起来，而不是不顾法律的规定，甚至借口执行政策而违反法律规定。

(3)在没有法律明文规定的情况下,可以按执政党政策办事。

但是,情况的变化,要求我国必须从依靠政策办事,逐步过渡到不仅依靠政策,还必须建立健全法制,依法办事。

2. 国家法律对执政党政策的作用

国家法律是实现执政党政策一种重要的、不可缺少的工具。法律在制定和贯彻执政党的政策中也起着一种特殊的作用。

(1)宪法对执政党基本政策的制定,基本法律对执政党在某些具体政策的制定上都具有指导作用。

(2)立法可以丰富和发展既定政策,促进政策的完善。

(3)法律的特征也决定了它是实现执政党政策最有效的手段。

国家法律以国家意志的属性保证执政党政策的实现。政策一旦通过国家机关制定为法律,便获得了国家意志的属性,从而具有了普遍约束力,就使政策在整个社会范围内得以实现。

国家法律以国家强制的属性保证执政党政策的实现。法律的国家强制性使它具有最高的权威性和效力,政策一旦转化为法律,就应当得到坚决执行,不许触犯其权威,从而保证政策有效地实现。

国家法律以国家规范的属性保证执政党政策的实现。政策一旦法律化,便成为规定人们可以做什么、应该做什么、不应该做什么的行为规则,就转化为具体的权利义务,从而有利于政策的实现。

3. 解决执政党的政策和国家现行法律矛盾的原则

从整体上说,执政党政策和国家法律是统一的。但是,在实际生活中,由于客观形势的发展变化,原来与法律相一致的执政党的政策已经发生了变化,而应该及时修改的法律还来不及修改,这时两者就可能发生矛盾;也可能是由于某些具体政策不够正确而与某些法律规定相矛盾。

(1)执政党领导人民制定了宪法和法律,党必须在宪法和法律的范围内活动,必须坚持依法执政。从理论原则上说,当政策和法律出现矛盾时,应当按照法律办事,不能只强调政策对法律的指导作用,而忽视法律对政策的制约作用。

依法执政作为一种执政方式,是指执政党依照宪法和法律规定的国家政权运作方式来掌握国家政权。

(2)在具体问题的处理上,从实际出发,区别对待,既要避免只强调政策的作用,不讲依法办事,也要避免夸大法律的作用,只讲依法办事,忽视政策在国家社会生活中的重要作用。

如果实践证明,是执政党政策失误或者不当,就必须及时改变政策。

如果是某项法律或某个法律条文确实已经过时,不能适应形势发展的需要,则应及时地通过法定程序对法律加以修改补充或另立新法。在应该修改的法律尚未修改之前,一方面,必须遵循依法办事的原则,不能简单地以政策取代法律;另一方面,又要根据新的政策精神来恰当地适用法律,使二者很好地结合起来。

如果不是政策规定错误,也不是法律过时,而是现实生活中的矛盾,则应根据法律和政策的精神进行深入细致的思想教育,在此基础上贯彻依法办事的原则,使现实生活中存在的矛盾得到有效的解决。

18.3.3　党内法规与国家法律

★ 党内法规的含义

党内法规是党内具有一定级别的组织制定的,为规范党组织工作、活动和党员行为的成文形式的党内规章制度的总称。

★ 党内法规的维度

对中国共产党党内法规体系架构的探析,主要可以从横向和纵向两个维度加以考察。

(1)横向维度的党内法规体系,主要反映了党内法规在规范内容上的差异性。可以细分为以下部分:

- 综合性的党内法规;
- 党的思想建设方面的党内法规;
- 党的组织人事建设方面的党内法规;
- 党的作风建设方面的党内法规;
- 党的反腐倡廉方面的党内法规;
- 党的民主集中制建设方面的党内法规;
- 党的军事方面的党内法规。

(2)纵向维度的党内法规体系,主要反映了党内法规在效力位阶上的差异性。

- 党章。党章对党的性质和宗旨、路线和纲领、指导思想和奋斗目标、组织原则和组织机构、党员义务和权利以及党的纪律等作出根本性规定。
- 准则。准则对全党政治生活、组织生活和全体党员行为作出基本规定,在党内法规体系中的效力仅次于党章。
- 条例。条例对党的某一领域重要关系或者某一方面重要工作作出全面规定，在党内法规体系中的效力低于准则。

- 规则、规定、办法、细则。其对党的某一方面重要工作或者事项作出具体规定，效力在准则以下，内容最具体、运用最普遍。

★★ 党内法规与国家法律的关系

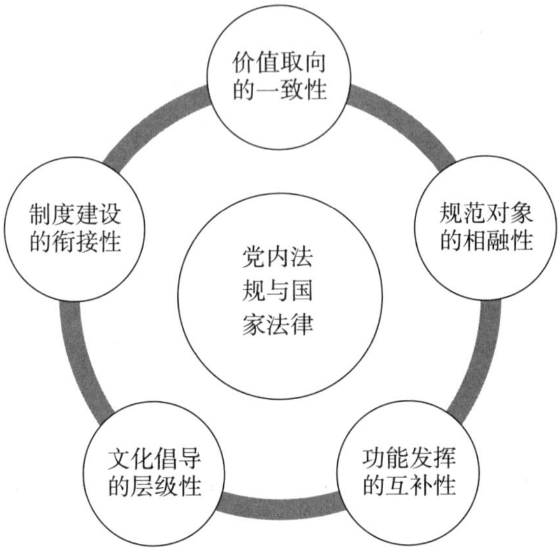

图 18－4　党内法规与国家法律的关系示意图

（1）价值取向的一致性。两者共存于中国特色社会主义法治体系中，在根本价值指向上一致，统一于人民利益福祉这一最高目标之下。

（2）规范对象的相融性。党内法规着眼于全体党员，国家法律着眼于全体公民，二者并不相互排斥，反而相互支撑、相互融洽。作为执政党的党员应当是公民中的优秀分子，对党员的更加严格甚至苛刻的要求对于其他公民的向善向上具有示范意义。

（3）功能发挥的互补性。在国家治理体系中，党内法规与国家法律发挥着具体而不同的功能。党内法规在制定主体和规范对象上要严格符合相关规定，实现党内法规规范党内事务，国家法律规范国家事务，明确二者在所规范的事务上的分野性。

（4）文化倡导的层级性。党内法规在制度标准上要严于国家法律。可以说，党内法规体现了“愿望的道德”，是社会高标准的道德；国家法律则体现了“义务的道德”，是社会最低限度的道德。两种道德的背后都关涉人与人之间的社会关系。

(5)制度建设的衔接性。党内法规是中国共产党内部的规范,国家的宪法和法律为党内法规进行了制度意义上的托底。以宪法为遵循,就是要保证党内法规体现宪法和法律的精神和要求,保证党内法规制度体系与中国特色社会主义法律体系内在统一;以党章为根本,就是要按照党章确定的基本原则、要求和任务,推进党内法规制定工作。

典型事例

劳教废止了　法治进步了[1]

【事例概述】

全国人大常委会于 2013 年 12 月 28 日通过废止劳教制度的决定,延续半个多世纪的劳教制度走到尽头。从中央决定提出废止劳动教养制度,到今天全国人大常委会正式废止劳教制度,短短一个多月时间,中央重行践诺的改革魄力体现了对社会民意的尊重,彰显了我国人权司法保障制度的进步。

劳动教养制度是我国在特殊时期出台的一项行政处罚措施,随着社会的发展和司法制度的完善,这一制度已越来越不适用。劳教制度本身因缺乏法律授权和规范、劳动教养对象不明确、处罚程序不正当等弊端日益受到诟病,在一些地方甚至演变成相关部门滥用权力、非法剥夺公民人身自由的一种手段,呼吁改革劳教制度呼声强烈。

废止劳教制度体现了中央推进法制建设的决心和力度。劳教制度是由公安机关决定并执行的一种行政处罚,本是针对屡教不改的小偷、卖淫嫖娼、吸毒人员等,但在实践中经常被扩大化。中央顺应民意废止劳教制度,回应了民众期待。

废止劳教制度彰显了我国人权司法保障制度的进步。由于劳教制度可以不经过法院审理宣判,没有辩护救济制度,缺乏透明度,往往一些被劳教人员没有收到任何法律文书就已经被劳教,处罚有的十分严厉。这一制度极容易侵害人权,更违背社会主义法制体系的权威和尊严。适时废止之,对弘扬法治精神具有积极意义。

法治的根基在于公民发自内心的拥护,法治的力量来源于公民坚定的法治信

---

〔1〕 事例来源:新华网,http://news. xinhuanet. com/politics/2013 - 12/28/c_118749455. htm,最后访问日期:2017 年6 月14 日。

仰。公民对司法公正的信心和信仰从来不是凭空而生，而是源于一个个案件的公正判决，来源于司法制度的公正可信。废止劳教制度，是中国司法改革的重大进步，期待有更多新举措，让中国人不断坚定对法治的信仰。

附：全国人民代表大会常务委员会关于废止有关劳动教养法律规定的决定

（2013 年 12 月 28 日第十二届全国人民代表大会常务委员会第六次会议通过）

第十二届全国人民代表大会常务委员会第六次会议决定：

一、废止 1957 年 8 月 1 日第一届全国人民代表大会常务委员会第七十八次会议通过的《全国人民代表大会常务委员会批准国务院关于劳动教养问题的决定的决议》及《国务院关于劳动教养问题的决定》。

二、废止 1979 年 11 月 29 日第五届全国人民代表大会常务委员会第十二次会议通过的《全国人民代表大会常务委员会批准国务院关于劳动教养的补充规定的决议》及《国务院关于劳动教养的补充规定》。

三、在劳动教养制度废止前，依法作出的劳动教养决定有效；劳动教养制度废止后，对正在被依法执行劳动教养的人员，解除劳动教养，剩余期限不再执行。

本决定自公布之日起施行。

【关键问题】

本例中劳动教养制度的废止体现了执政党政策与国家法律存在何种相互作用？

【简要评论】

执政党政策指导国家法律，是制定国家法律的依据；法律是实现执政党政策最有效的手段；当执政党政策与法律在现实中发生矛盾时，在具体问题的处理上，由于某项法律已经过时，应及时地通过法定程序对法律加以修改补充或另立新法。

【核心知识】

执政党政策与法律的相互作用。

延伸阅读

1. 王奇生：《党员、党权与党争：1924—1949 年中国国民党的组织形态》，华文出版社 2010 年版；
2. 郭道晖、刘永艳：《政党与宪制》，法律出版社 2016 年版；
3. 付子堂：《法治体系内的党内法规探析》，载《中共中央党校学报》2015 年第 3 期；
4. 王若磊：《依规治党与依法治国的关系》，载《法学研究》2016 年第 6 期；
5. 马长山：《全面从严治党的法治之维》，载《当代世界与社会主义》2017 年第 1 期。

第19章　法律与社会

教学目标

了解关于社会本质的理论；

理解法律以社会为基础的内涵；

了解法律对社会产生影响的方式；

了解不同历史时期法律与社会需求的变化；

了解法律演进的三种主要动因以及不同时期的法律制度；

理解法律如何影响社会发展进程；

理解法律如何对社会进行控制；

了解法律对社会利益的确认和调整。

推荐参考资料

1. 付子堂主编:《法理学进阶》(第五版),法律出版社2013年版,第九章、第十四章;
2. 周永坤:《法理学:全球视野》(第四版),法律出版社2016年版,第八章;
3. [美]史蒂文·瓦戈:《法律与社会》(第九版),梁坤、邢朝国译,中国人民大学出版社2011年版,第五章、第七章;
4. 舒国滢主编:《法理学导论》,北京大学出版社2006年版,第十六章、第十七章;
5. 葛洪义主编:《法理学》(第四版),中国人民大学出版社2003年版,第五章、第二十章;
6. 瞿同祖:《中国法律与中国社会》,中华书局2003年版;
7. 季卫东:《宪政新论:全球化时代的法与社会变迁》,北京大学出版社2005年版;
8. [美]R. M. 昂格尔:《现代社会中的法律》,吴玉章、周汉华译,译林出版社2008年版;
9. [美]唐·布莱克:《社会学视野中的司法》,郭星华译,法律出版社2002年版;
10. 朱景文:《现代西方法社会学》,法律出版社1994年版。

19.1 法律与社会的一般关系

知识要点

19.1.1 社会

☆ “社会”释义

“社会”一词在中国出现得很早。如《孝经·纬》上便有所谓“社，土地之主也，土地阔不可尽孝，故封土为社，以报功也”。这里的“社”是用来祭神的一块地方。《旧唐书·玄宗上》中记载有：“礼部奏请千秋节休假三日，及村间社会”；《二程全书》中也载有“乡民为社会”。所谓“社会”意为村民集会。中国古时的“社”，也指志同道合者集会之场所，如“文社”、“诗社”等；有时还指一种地区单位，如“二十五家为社”。“会”则为“聚集”之意。因此，两词连用，就表示在民间在一定地方举行的演艺集会、祭神庆祝活动；或者指许多人为了一个共同的目的聚集在一个地方进行某种活动。

今天汉语里的“社会”一词是中西方文化交流和融合的结果。英语中的“society”和法语中的“societe”，均源出自于拉丁语“socius”，意为“伙伴”。日本学者在明治年间最先将英文“society”一词译为汉字“社会”。近代中国学者在翻译日本社会学著作时，袭用此词。

☆ 关于社会本质的理论分类

社会学者们对社会的解释多种多样，概括起来，主要有两大派别：一派叫作社会唯实派或实体派；另一派叫作社会唯名派。在经典社会学时代，这样一种对立的普遍存在，既造成了社会学家之间的巨大鸿沟，又成为推动社会学发展的内在动力。这种对立和动力至今仍存在于宏观社会学和微观社会学的分歧之中。[1]

---

〔1〕 周晓虹：《唯名论与唯实论之争：社会学内部的对立与动力——有关经典社会学发展的一项考察》，载《南京大学学报》（哲学、人文科学、社会科学版）2003年第4期。

表 19-1 关于社会本质的理论分类对比

学说	代表人物和思想	主要内容
社会唯实论	斯宾诺莎、孟德斯鸠、黑格尔等欧陆理性主义思想	认为社会不仅仅是个人的集合,而且是一个客观存在的实体
社会唯名论	霍布斯、亚当·斯密等英国功利主义思想	认为社会是代表具有同样特征的许多人的名称,是一个空名而非实体,真实存在的只是个人

★★ 马克思主义关于社会本质的理论

人的本质是一切社会关系的总和,社会是人们交互作用的产物。正如马克思所说,"因为只有在社会中,自然界对人来说才是人与人联系的纽带,才是他为别人的存在和别人为他的存在,只有在社会中,自然界才是人自己的人的存在的基础,才是人的现实的生活要素。只有在社会中,人的自然的存在对他来说才是自己的人的存在,并且自然界对他来说才成为人"。[1] 社会确是由一群人所组成的,但这群人中存在一种相互关系,即社会关系。社会关系乃是由各种社会活动所形成的,没有社会活动,没有人们之间的交往,便没有社会。同时,人们的交往首先是在生产、分配和交换过程中的经济交往,社会存在和人们一切活动的基础以及社会同动物群体的根本区别就是人们进行的物质资料的生产活动。社会是以共同的物质生活为基础而相互联系的人类生活共同体,是人们相互作用的结果。

人类要从事政治、法律、文学、艺术、宗教、科技等活动,首先就必须能够维持生存。人要生存,就必须进行物质资料的生产和再生产,这样,人们必须通过使用劳动工具去改造世界。人类的这种改造自然的能力,就是社会生产力。同时,人们在物质资料生产和再生产过程中,除了要同自然界发生联系外,他们彼此之间也会形成各种各样的社会联系,这就是生产关系。这些生产关系的总和,就构成所谓社会。

☆ 其他关于社会本质的理论

社会达尔文主义是将达尔文进化论中自然选择的思想应用于人类社会的一种社会理论,其代表是英国哲学家赫伯特·斯宾塞。社会达尔文主义曾被其拥护者用来为社会不平等、种族主义和帝国主义正名,理由是赫伯特·斯宾塞所说的"适者生存"。至此,赫伯特·斯宾塞对社会和道德机制进化的理解被异化为与其哲学思想相对立的东西。社会达尔文主义本身并不是一种政治倾向。有的社会达尔文

[1] 《马克思恩格斯全集》(第 3 卷),人民出版社 2002 年版,第 301 页。

主义者用这一思想说明社会进步和变革的不可避免，也有的社会达尔文主义者认为人类的退化不可避免。社会达尔文主义和进化论一样，经常被卷入关于优生学的争论。

法国社会学派创始人爱米尔·涂尔干认为社会有其独特的存在，它存在于构成它的个人之外。也就是说除了众多的个人构成社会之外，包括人们的理念、价值、心意等主观因素也是形塑社会的因子。社会不但是一个物化的概念，有其独立自存之特色，对个人还有控制、干预、影响的作用。[1]

法国社会学家加布里埃尔·塔尔德认为一切社会活动都是个人之间的互动，最基本的社会关系是模仿，社会由相互模仿的个体组成。不同的模仿方式使冲突不可避免，冲突的结果是双方的调节以互相适应，达到社会平衡。另外，德国社会学家格奥尔格·齐美尔认为，社会的分化与发展是各种社会形式相互作用的结果。20世纪后，美国社会学家塔尔科特·帕森斯等主张把社会看作系统；美国社会学家赖特·米尔斯等人倾向于从社会冲突的角度理解社会；乔治·霍曼斯开创的社会交换理论和布卢默提出的符号互动理论，都注重人的社会行为研究。[2]

【小知识】涂尔干与其学说

爱米尔·涂尔干(Emile Durkheim,1858～1917年)，法国社会学家，社会学的学科奠基人之一。1858年4月15日出生于法国孚日省埃皮纳尔一个小城镇的犹太教教士家庭。涂尔干的社会学说一般称为社会功能论(Functional Theory)，也就是比拟生物器官虽然各自独立运作，却能共同发挥生物体维持生命的功能。社会不但趋向团结一致，本身也在变化、改变当中。就在社会变迁中，整个社会维持相当的稳定与进步。[3]

19.1.2 法律以社会为基础

★★ 法律是社会的产物

社会是法律的基础。如果认为法律是社会的基础，实质上就是强迫社会接受那些已经被这一社会生活条件及物质生产本身宣判为无效的法律，把法律看作永恒不变的东西。马克思说："社会不是以法律为基础的。那是法学家们的幻想。相反，法律应该以社会为基础。法律应该是社会共同的、由一定物质生产方式所产生

---

〔1〕 洪镰德：《涂尔干的法律社会学之简介》，载《法令月刊》2000年第51卷第11期。

〔2〕 葛洪义主编：《法理学》(第4版)，中国人民大学出版社2003年版，第81页。

〔3〕 洪镰德：《涂尔干的法律社会学之简介》，载《法令月刊》2000年第51卷第11期。

的利益和需要的表现,而不是单个的个人恣意横行。"[1]马克思还以实例说明了这一基本的法学原理:"现在我手里拿着的这本拿破仑法典并没有创立现代的资产阶级社会。相反,产生于十八世纪并在十九世纪继续发展的资产阶级社会,只是在这本法典中找到了它的法律的表现。这一法典一旦不再适应社会关系,它就会变成一本不值钱的废纸。你们不能使旧法律成为新社会发展的基础,正像这些旧法律不能创立旧社会关系一样。"[2]

法律是社会的产物,是社会的一种制度。社会性质决定法律性质,社会物质生活条件在最终意义上决定着法律的本质。不同的社会有不同的法律。即使是同一性质的社会,在其不同的发展阶段上,法律的内容、特点和表现形式也往往不尽相同。正如瞿同祖先生所指出的,"法律是社会产物,是社会制度之一,它与风俗习惯有密切的关系,它维护现存的制度和道德、伦理等价值观念,它反映某一时期、某一社会的社会结构,法律与社会的关系极为密切。因此,我们不能像分析法学派那样将法律看作一种孤立的存在,而忽略其与社会的关系。任何社会的法律都是为了维护并巩固其社会制度和社会秩序而制定的,只有充分了解产生某一种法律的社会背景,才能了解这些法律的意义和作用"。[3] 例如,我国由传统社会向现代社会转型的过程中,曾经发生三次革命性巨变。这三次历史性巨变深刻影响着 20 世纪中国法律制度和法律生活的变迁进程与发展走向,也催生了 20 世纪中国法律制度和法律生活的三次历史性变革:1911 年辛亥革命的成功,引发了中国从专制主义法律向近代民主主义法律的历史转变;1949 年中华人民共和国的建立,推动了中国半封建半殖民地法律向新民主主义和社会主义法律的历史更替;1978 年年底开始的改革开放,更使中国处于又一个伟大前程的起点,将实现由传统计划经济体制下的人治型法律,向现代市场经济体制下的法治型法律的历史性变革。中国当前正处于一个社会迅速变革的时期,这一伟大变革必然带来对于新的法律的巨大需求。

★ 法律的发展以社会为基础

用霍姆斯(Oliver Wendell Holmes, Jr.)铿锵有力的话来说,"法律包含着一个民族数个世纪的发展故事",[4]每项法律制度都与社会的观念、目的、需要紧密相连。

---

[1] 《马克思恩格斯全集》(第 6 卷),人民出版社 1961 年版,第 291~292 页。

[2] 同上注,第 292 页。

[3] 瞿同祖:《中国法律与中国社会》,中华书局 2003 年版,导论第 1 页。

[4] Holmes, Oliver Wendell: *The Common Law*, Mark D. Howe (ed.), MA, Harvard University Press, Originally Published in 1881, p. 5. 转引自[美]史蒂文·瓦戈:《法律与社会》(第 9 版),梁坤、邢朝国译,中国人民大学出版社 2011 年版,第 2 页。

法律与利益、目标以及协议不可分离，这些因素会形塑或平衡社会经济生活。[1]

新的法律不可能产生于旧的社会基础之上，旧的法律也不可能长期在新的社会基础上生存。旧的法律是从旧的社会关系中产生的，它不可避免地要随着生活条件的变化而变化，也必然同旧的社会关系一起消亡，因此不能使旧的法律成为新社会发展的基础。如果保存那些属于前一个社会时代的、由已经消失或正在消失的社会利益的代表人物们所创立的法律，这种法律肯定会同新的社会共同利益发生矛盾，从而容易导致滥用国家权力、强迫大多数人的利益服从少数人利益的结果。法律以社会为基础的另外一层含义，就是由于国家以社会为基础，国家权力以社会力量为基础，所以，国家法以社会法为基础，“纸上的法”以“活法”为基础。

19.1.3　法律反作用于社会

★ 法律对社会的反作用

法律也如上层建筑的其他组成部分一样，并不仅仅是消极地反映社会，而是对社会起着强大的反作用，或者对社会发展起促进作用，或者对社会发展起阻碍作用。“法律能够独立地（虽然总是在特定时空条件下）参与和影响社会进程。比如，没有法律就不会有在西方文明史上具有重大意义的城市的出现。同样，没有在所谓封建主义之下发展起来的财产法、契约法和宪法性法律等，后来所谓资本主义就是难以想象的。”[2]尤其在社会大变革的时代更能体现这一点。法律的使命即在于协调各种社会关系，其社会功能主要表现为对经济、政治、文化等社会领域的调整和规范功能。

☆ 社会建设的法治保障

在依法治国已经成为基本治国方略的今天，无论是经济建设、政治建设、文化建设、生态文明建设，还是社会建设，都必须遵循法治化的轨道，而也只有在法治的强有力保障下，社会建设才能真正落到实处。

以民生问题这一社会建设的重中之重为例。解决民生问题，无疑需要多种社会调控机制的通力合作，如经济方式、行政方式，但如果仅仅依靠其他调控机制，而缺乏法治的有效监督与制约，则很难实现解决民生的初衷，甚至有可能成为腐败工程的温床，这在现实中已有不少事例可循。因此解决民生问题，必须要有制度保障，

---

〔1〕［美］史蒂文·瓦戈：《法律与社会》（第9版），梁坤、邢朝国译，中国人民大学出版社2011年版，第2页。

〔2〕梁治平：《书斋与社会之间》，法律出版社1998年版，第149页。

而最坚实的制度保障，则莫过于法治的保障。民生问题从表面上看是一个社会、经济问题，但其实质，则是一个典型的权利问题。权利，正是法治的要义所在，法治赋予了人民参政权、教育权、劳动与社会保障权等广泛的基本权利，并通过立法、执法、司法等环节给予"民之生计"以全方位的保障；破解民生难题，离不开法治的深入，即通过法治保障民生、构建民生法治。民生法治，要求立法反映人民的意愿、代表人民的利益，充分体现"民之生计"。只有人民的利益通过法律文件的方式确定下来，才是对民生之计最坚实、最庄重的保障。

社会管理创新，同样必须在宪法和法律的范围内进行，更离不开法治的有力保障。法治，是我国的基本治国方略。现行《宪法》第2条第3款规定："人民依照法律规定，通过各种途径和形式，管理国家事务，管理经济和文化事业，管理社会事务。"社会管理创新，作为我国当前为推动社会建设而实现的管理体制的创新，也必须在法治化的轨道中进行。实际上，当前社会管理领域出现的很多矛盾，本身即是未能遵循法治化的路径所致，而也只有遵循法治化路径的社会管理创新，才能具有足够的权威性和长久的生命力。

实践证明，在民生问题凸显、利益观念多元的今天，无论是改善、保障民生，还是化解社会矛盾、优化社会管理体制，法治都是最优选择。因此，只有树立法律至上、规则面前人人平等的法治思维，才能真正保障公民的基本权益和民生福祉，才能营造一个和谐、稳定的社会秩序，才能真正实现中华民族伟大复兴的"中国梦"。

典型事例

"审判"虐猫狗者〔1〕

微信昵称叫"给流浪猫狗一份爱"的小丽，和同学小云都是热爱小动物的好朋友。出于对小动物的热爱，他们俩和其他四个男女青年都加入了这个"爱护流浪猫狗"的微信群，成为群里的忠实粉丝，同时也成了好朋友。今年4月初，网上流传着两段虐杀猫狗的视频，他们看到后异常气愤，在微信群里声讨这些虐猫狗之人。

"这太可恶了，惨无人道啊……"小丽在群里说，"这种人就要给他点教训，否则还有多少小动物给他们虐杀了呀！"随后，小丽、小云这六人就在微信群里进行谋

〔1〕 节选自刘赟：《"审判"虐猫狗者》，载《检察风云》2016年第22期。

划,决定给这两个虐猫狗者一点颜色看看,为被虐杀的猫狗们“报仇”。就这样,一场暴力伤害就此展开了。

小丽和小云先是在网上仔细查看了虐猫虐狗的视频,通过一些零星资料,他们找到了一个叫“干掉猫狗”的 QQ 群。经过一系列人肉搜索,他们定位到了琳琳、伊江同就是网上流传的虐杀猫狗之人。4 月 30 日晚上,由小丽以领养宠物狗为借口,将琳琳和伊江同带到浦东西南角的一个小树林。碰面后,小丽先是和琳琳、伊江同聊了几句,可小丽发现琳琳和伊江同说的和自己得到的信息不太一致。随即,小丽通过微信告知了其他人,“他俩不像是虐杀猫狗的,我们大概找错人了。”“但是虽然他们不是这次虐猫狗的人,可他们却是虐杀猫狗团体中的成员,他们很可能还虐待了其他的小猫小狗,所以我们不能轻易放过他们。”群里的好朋友这样坚持道。小丽、小云和随后赶来的四个好朋友没有放弃“教训”琳琳和伊江同,不仅对他们两人进行肆意殴打,剪头发,还将猫粪塞到他们的嘴里,把对虐猫狗人士的全部愤怒发泄到了他们两个人身上。这时,平常看上去外表斯文的六个人已经成了实施暴力犯罪的行凶者。事发后,小丽在案发现场被接警后的民警抓获,其他两人至公安派出所投案,另外几人也至公安派出所接受调查。

“我很喜欢小动物,平时也会在高架道路上救猫,然后带它们去看病,免费找领养人,都是无偿的援助行为。”法庭上,六名被告人表示,他们都十分喜欢小动物,平时一直参与保护小动物的公益活动。虽然如此,小丽和小云对自己的冲动行为也是非常后悔。他们一开始以为两名被害人真的是在虐狗,便希望阻止他们以后再从别的地方领养狗做活体虐杀。“我们的本意还是出于爱护小动物,不希望别人虐杀它们。”小云说。然而,小丽等这次却打错了人。其实在动手之前,他们已发现两名被害人并非网上流传的虐杀猫狗人员,但对方言行疑点很多,而且也有成员证实两名受害人也曾出现在虐杀猫狗的社交群中,于是怀疑他们可能也参与了虐杀猫狗,所以干脆将错就错,这一错便触及了法律的底线。

经法医鉴定,六名被告人的暴力行为已造成两名被害人轻微伤。六人对自己行为供认不讳,并深表后悔。“我知道打错人了,我内疚,保护动物也应该保护人,动物有权利人更有权利。”站上刑事被告席的小丽如今悔恨不已。

思考:2017 年 4 月 11 日,我国台湾地区“立法院”三读通过修改“动物保护法”部分条文,对虐杀动物者加重刑罚,未来可处 2 年以下的有期徒刑或拘役,且最高可罚款 200 万元(新台币,下同);同时也明定禁止吃狗与猫肉,违者最高可处 25 万元的罚款。对此如何以法律与社会关系的视角进行评价?

延伸阅读

1. 费孝通:《乡土中国》,北京大学出版社2012年版;
2. [美]本尼迪克特·安德森:《想象的共同体》,吴叡人译,上海人民出版社2005年版;
3. 周永坤:《社会的法律与国家的法律——从国家与社会的关系看中西法律的差异》,载《法商研究》2003年第2期;
4. 张文显:《构建社会主义和谐社会的法律机制》,载《中国法学》2006年第1期;
5. 喻中:《实现公平正义的法律机制》,载《新视野》2012年第3期。

19.2 法律与社会变迁

知识要点

19.2.1 法律反映社会需求的变化

☆ 传统社会的需求及其法律

人类社会从奴隶制走来,习惯、习俗乃至礼法是法律规则的主体,纠纷的解决方式是由当事人进行协商,或者由具有名望的、有权威的第三者来裁决。只要是社会,就有对秩序的追求,传统社会为了维系社会生产、规制社会个体的行为,需要一套社会规范。传统社会的同质化意味着传统社会的社会关系简单而直接,人们的生活范围和变化都很小,因此关系密切、利益具有极大的一致性,由聚居的小型社会自身来解决争议并规制人的行为较之由国家权力来深入乡土显得更为有效。

在一个小规模孤立的同质性社会中,劳动分工程度低,社会整合程度很高,非正式的约束已经足够使人们循规蹈矩。[1] 例如,在变化很少的中国传统社会里,文化是稳定的,很少有新的问题,生活是一套传统的办法,如果我们能想象一个完全由传统所规定下的社会生活,这社会可以说是没有政治的,有的只有教化。[2]

☆ 近代社会的需求及其法律

伴随社会规模不断扩大,社会的复杂性和现代性逐渐提高,社会的异质性将超

[1] [美]史蒂文·瓦戈:《法律与社会》(第9版),梁坤、邢朝国译,中国人民大学出版社2011年版,第32页。

[2] 费孝通:《乡土中国》,北京大学出版社2012年版,第110页。

过同质性并成为主导，这使社会成员之间的共同利益逐渐减少，特殊利益逐渐增多，亲密关系的重要性也愈益降低（亲属关系也不例外）。物质必需品的获取变得更加间接，难度增大，分配的不公平性增加。这些都大大提高了社会冲突和纠纷发生的可能性。因此，社会越发需要一套精细的规则及其执行机制来应对这些问题。另外，贸易和工业的发展需要一种正式的普遍性法律规则来规范商业组织和贸易活动，而这些领域则不在习惯法、宗教法常规的调控范围之内。此类商业行为同样需要保障、可预期性、持续性以及更为有效的纠纷解决方法，而不是神明裁判、角斗判或元老会的决议。[1]

在分工高度发达的社会，正式的规范和约束对于行为控制非常必要，它们能确保社会向功能有序、可预期的方向运行。当今的一些法律和法律制度对于社会秩序的维系意义重大。[2]

19.2.2 法律的演进

★ 法律演进的经济动因

社会经济条件，即生产力条件和物质生活水平，是法律演进的决定性因素。社会经济条件的变化，引起社会上层建筑的变化，法律的内容、形式也随之变化。

在原始社会中，习惯这一社会规范调整着人与人之间的关系，维护社会生产秩序。当社会生产、社会分工进一步发展，财产私有制、阶级、国家产生，为了维护统治阶级的利益，国家就必须要赋予习惯以强制力，法律由此形成。

随着资本主义经济的产生和发展，西方逐步确立了维护资本生产方式的法律，如确立财产神圣不可侵犯的原则、保障公民权利和人权以及权力的分立制衡。

生产力与生产关系的矛盾、经济基础与上层建筑的矛盾推动着法律不断演进，适应社会生产力的需要。因此社会基本矛盾是法律演进的根本动因。

☆ 法律演进的政治动因

法律演进的形式和方向，很大程度上受政治制度变化的影响。政治制度的变迁带来法律制度跳跃性的演变。例如，中国在辛亥革命后，废除封建帝制的法律，确定民主共和的宪法法律。孟德斯鸠曾论述道，在共和政体中，划分选举权拥有者的法是一条基本法，因此，赋予选举权的方式便是另一条基本法。在君主政体中，基本

---

〔1〕［美］史蒂文·瓦戈：《法律与社会》（第9版），梁坤、邢朝国译，中国人民大学出版社2011年版，第2页。

〔2〕同上注，第32页。

法是没有君主就没有贵族,没有贵族就没有君主而只有暴君。而在专制政体中,设置宰相就是一条基本法。[1]

一定地域和历史时期的政治关系的变化也会直接影响法律的演进。疆域的变化、战争和统治能在很大程度上打破法律演进的线性发展。高度发达的罗马法伴随罗马帝国的征服,而直接在许多原始社会上确立起来,使之法律呈现跳跃发展的形态。

☆ **法律演进的文化动因**

法律的演进与每一地域、国家和文化的发展相联系。萨维尼指出,每个民族都逐渐形成了一些传统和习惯,而通过这些传统和习惯的不断运用,它们逐渐变成了法律规则。法律随着民族的成长而成长,随着民族的加强而加强,最后将随着民族个性的消灭而消灭。[2]

在古代东方农业型奴隶制文化的基础之上,只能产生埃及法、巴比伦法、希伯来法等比较原始、简陋的法律形态。而随着希腊、罗马社会文明程度的提高、文化的繁荣,古代希腊尤其是罗马的法律也达到了一个前所未有的高度。到了近代,随着资产阶级的崛起,资本主义的哲学、文学、美学、艺术、历史以及其他科学文化事业的繁荣,资产阶级法律也达到了一个新高度。[3]

★ **不同类型的法律制度**

法律的演进受到一定时期社会经济、政治和文化的影响,多种因素共同起作用,而非单一因素促成了法律制度的演进。同时,法律的演进也和人类有意识、有目的的社会活动有关。在重要的社会变革时期,法律制度往往呈现出快速和本质上的变化。

基于社会政治、经济和文化制度之间的复杂关系,以及这些制度与法律之间的互相影响,我们得以总结不同历史时期法律制度的不同类型。这些法律制度的类型并不会贴合一个地区、一个时期的历史现实,而是从综合性的角度来抽象法律制度普遍的、盖然性的特征。

---

〔1〕 [法]孟德斯鸠:《论法的精神》,许明龙译,商务印书馆2015年版,第21、26、29页。

〔2〕 [美]E.博登海默:《法理学:法律哲学和法律方法》,邓正来译,中国政法大学出版社2004年版,第92~93页。

〔3〕 葛洪义主编:《法理学》(第4版),中国人民大学出版社2003年版,第298页。

表 19-2 不同类型的法律制度对比

特点	传统法律制度	过渡性法律制度	现代法律制度
法律的经济基础	狩猎采集社会和简单的农耕社会	高级农耕社会和早期工业社会	发达工业社会
法律确立的社会制度	(1)政治组织基于血缘展开,由首领、族长和长老组成。 (2)审判组织非常设,而随着纠纷的产生和解决而组织起来或者解散。 (3)政治领袖即为审判中的最高法官,并且可以任意修改、废除社会规范。	(1)社会经济、政治和文化系统与血缘关系开始分离。 (2)立法、执法和司法机构的界限明确起来,现代法律制度初具雏形。 (3)审判中出现更加多样的主体,如代表人、律师、法庭行政官等。 (4)法律规范的创设和废除难度增加,政治精英开始把握立法。	(1)立法权、行政权、司法权明显分离。 (2)立法活动成为调整社会生活的有效形式。 (3)以立法取代缓慢变化的习惯法。 (4)法律职业高度专门化,并且从业人数激增。
法律的本体特征	(1)不成文法为主体。 (2)法体现在习俗、传统和宗教信条中。	(1)法律开始法典化、成文化,法律规则开始形成体系。 (2)私法和公法的界限开始明确。	(1)公法内容激增,成文法成为主要形式。 (2)法律形成一套可预测的"理性系统"。
法律的功能	(1)保护社会赖以存在的文化和意识形态。 (2)确认并维护统治阶级的权力和特权,将不平等合法化。 (3)调整纠纷、规范社会成员的行为。 (4)规范交易行为。		

19.2.3 法律影响社会发展

★★ 法律影响社会发展的进程

1. 法律的演进既可能促进,也可能阻碍社会发展。

2. 法律既可以对现存社会关系予以确认,维护社会制度的稳定,又能为新的社会关系的生成创造条件,引领社会变迁。在旧的制度中往往已经蕴含了新制度的种子,旧制度"具备了晚近时代全套的规章制度,它们也能正视平等,这些规章制度在新的社会中很容易确立起来"。[1]

3. 当生产关系适应生产力时,法律维护这种生产力,促进社会发展;当生产关系

〔1〕 [法]托克维尔:《旧制度与大革命》,何守源、赵飒译,中华工商业联合出版社 2013 年版,第 196 页。

不适应生产力时，维护生产关系的法律阻碍社会进步。

4. 法律与社会其他因素共同形成合力影响社会变迁。

典型事例

密苏里妥协案[1]

1820年美国南部奴隶主同北部资产阶级在国会中就密苏里地域成立新州是否采取奴隶制问题最终通过了妥协议案。在加入联邦以前，密苏里地域是路易斯安那购买地的一部分。大多数居民是自由白人。1818年，密苏里居民人数达到6.6万人，符合建立新州的条件，当地政府申请加入联邦。当时自由州和蓄奴州的数目相等，双方在参议院的席位也相等，密苏里作为自由州或者蓄奴州加入联邦，将直接影响双方力量的对比。为此，南部奴隶主和北部资产阶级展开了激烈的争论。

1820年3月6日，南北双方达成了暂时的妥协，国会最后通过"密苏里妥协案"。该法案允许从马萨诸塞州划出的缅因地区作为自由州加入联邦，授权密苏里制定不禁止奴隶制的宪法，规定北纬36°30′线作为自由州和蓄奴州的分界线。1821年3月2日，国会作出有条件接纳密苏里加入联邦的决议。8月10日，密苏里作为蓄奴州加入联邦；同时，从马萨诸塞州划出的缅因州作为自由州加入合众国。北纬36°30′线以南的领土允许奴隶制存在，线以北的领土禁止奴隶制。这个协议表明，北部的资产阶级向南部的种植园奴隶主做了让步，因此该协议被称为"密苏里妥协案"。通过"密苏里妥协案"，南部奴隶主的土地要求得到满足，南北双方在参议院的席位也保持平衡。

虽然密苏里妥协暂时解决了密西西比河以西奴隶制度的存废问题，但无法根本弥合南北双方在社会经济制度上的巨大歧异，反而使双方的竞争更趋激烈。三年后，在斯科特诉桑福德案（Dred Scott v. Sandford）中，联邦最高法院以"制定《密苏里妥协案》超出了国会的宪法权力"为理由判决其违宪。这样一来，生效三十多年的密苏里妥协便被正式宣告违宪，而这一判决也使南北矛盾白热化，最终爆发了南北战争。

---

〔1〕 事例来源：http://old.pep.com.cn/rjwk/bmls/bmls2011/056/lszh/201109/t20110927_1071616.htm，最后访问日期：2017年6月12日，有删改。

思考:密苏里妥协案对美国社会变迁所具有的影响,以及为什么密苏里妥协案所确立的规则最终没有延续下去。

延伸阅读

1. 霍贝尔:《原始人的法》,严存生译,法律出版社2006年版;
2. [美]诺内特、塞尔兹尼克:《转变中的法律与社会》,张志铭译,中国政法大学出版社2004年版;
3. [日]滋贺秀三:《明清时期的民事审判与民间契约》,王亚新等译,法律出版社1998年版;
4. 肖瑛:《从"国家与社会"到"制度与生活":中国社会变迁研究的视角转换》,载《中国社会科学》2014年第9期;
5. 赵碧涛:《民间法与国家法的冲突与整合研究》,载《法制与社会》2013年第31期。

19.3　法律与社会控制

知识要点

19.3.1　社会控制概说

★ 社会控制的概念

"社会控制"一词是西方社会学的一个重要概念,20世纪60年代以前在美国曾流行一时。所谓社会控制,在广义上是指使人们接受社会价值、原则或规范的全部过程,包括使人们社会化的所有措施;狭义上的社会控制则总是与异常行为相联系,是指人们如何确定异常行为并对异常行为做出反应。社会学家们往往把风俗、习惯、宗教、法律等视为社会控制的工具和实现社会和谐的手段。庞德把"社会控制"一词纳入了自己的理论体系;他不仅认为法律是"社会工程"的工具,而且认为法律是"自然秩序"的基础,是维护社会文明,对社会实行有效控制的一种高度的专门形式。

社会控制有两种基本的程序:群体规范的内在化和通过外部压力进行控制。在第一种情形下,社会控制是社会化的结果,这是一个由特定的社会群体学习行为规则的过程。人们在早年的时候会被教授在特定的情况下何为适当的、何为期望的或者何为可取的,以此形成自我控制,人们不顾外部的压力如何而获得了遵从规范的动机。大多数学生不会作弊，这是因为他们害怕被发现；同理，大多数人在多数时候也都会上缴自己的赋税。人们对规范的遵守是由于他们经历了社会化的过程从而相信自己应当遵守，而不顾并且独立于其他任何人的期望。[1]

★ 社会控制的分类

实现社会控制的社会规范，分为正式规范和非正式规范两类。前者是指国家法，后者是指法社会学意义上的与“国家法”并列的“活法”，包括道德、风俗、习惯、舆论、宗教等。与此对应，社会控制也分为正式的社会控制和非正式的社会控制。

非正式的社会控制体现在习惯、民俗中，故而其调整和进行社会控制主要是作用于亲密的人际关系中。在劳动分工简单、社会同质化程度高、社会规模小、更趋传统的社会中，非正式的社会更加有效。

当仅仅依靠非正式的社会控制不再足以维系人们服从特定的规范的时候，正式的社会控制便随之产生。正式的社会控制通常都具有如下的特色：劳动分工更为细化、更加复杂的社会、人口的多样性、相互冲突的价值以及各不相同的民德与意识形态。正式的社会控制具有的特征包括：专门化的机构系统、标准的技术、制裁的可预测性。正式的社会控制的两种类型分别是：由国家所实施并且授权使用武力；由专门机构而非国家所实施，比如教堂、商业和劳动组织、大学、俱乐部。[2]

★★ 通过法律的社会控制

为什么必须通过法律对社会进行控制？在庞德看来，社会控制的目的在于其有可能为大多数人做更多的事情。法律通过调节社会上各种冲突的利益，以求满足人们最大的利益要求。庞德指出，只有通过科学的发展才能实现对外在自然的控制，保证人类过富裕的生活。

而对人类本性的控制就要实行社会控制。实行社会控制的手段有三，即法律、道德和宗教。在法律出现伊始，这三者是很难分开的。但是，自16世纪以来，法律已逐渐成为社会控制的首要工具。社会的政治组织就随之成为主要的社会控制主体，它保持着一种对强力的垄断。社会控制首先表现为通过法律行使国家的职能。法律有赖于强力，没有强力就实现不了社会控制的职能，法律把强力的行使加以组织化、系统化。因此，所有其他的社会控制手段的行使只能从属于法律，并在法律确定的范

---

〔1〕［美］史蒂文·瓦戈：《法律与社会》（第9版），梁坤、邢朝国译，中国人民大学出版社2011年版，第151页。

〔2〕同上注，第153页。

围内行使。当然，法律作为社会控制的主要手段，仍需其他社会控制手段的配合。

法律控制社会，还表现为通过法律对社会机体的疾病进行治疗。正是在此意义上，人们往往将法学与医学相提并论，认为正如医学的任务是研究如何给人治病，法学的使命则在于诊断和治疗“社会病”。具体而言，就是运用法律解决经济、政治、文化、科技、道德以及宗教等方面的各种社会问题，由此实现法律价值，发挥法律功能。比如，作为社会细胞的家庭，一旦由于种种原因而出现了裂痕，这时就可通过法律的渠道或者对这个裂痕进行弥补，或者彻底地使那个已经无法继续存在下去的有病的家庭消失，而另行产生新的健康的社会细胞。又如，吏治腐败问题攸关国家政权的生死存亡，所以，吏治清明就是一个政治问题，必须及时地依靠法律控制加以解决，从而使人民拥有一个健康的政治生活。

【小知识】罗斯科·庞德简介

罗斯科·庞德(Roscoe Pound)是20世纪美国著名法学家，他是“社会学法学”运动的奠基人，也是美国法律现实主义运动的早期代表人物。该运动主张更加实用地并依据公共利益来解释法律，并侧重于实际发生的法律过程，反对当时美国法学界盛行的法律实证主义。他有力批判了当时美国最高法院以 Lochner v. New York(1905)案为代表的有关“合同自由”的判例。庞德后来反对该运动，并在其生命的后期成了对法律现实主义的著名批判者。

★ 通过法律进行社会控制的局限

法律作为社会规范体系的一种，在任何时代都不会是包治百病、无所不能的，总是存在固有的缺陷或局限。法律的局限性首先表现在：有些领域，法律不宜介入；有些情况，法律无力介入。对于这些领域和情况，法律的控制不是唯一的手段，或者说不是最佳的手段。如果一定要以法律进行控制，就可能导致社会成本过大，得不偿失，甚至造成法律的暴政。历史上不乏此类教训。如“秦法繁于秋荼，而密于凝脂”，[1]结果招致天下仇怨。另外，法律的局限性还表现在每一个社会个体身上。“徒善不足以为政，徒法不能以自行。”[2]即使法律再完备，如果社会公众无动于衷，则法律仍旧游离于社会机体之外，难以发挥作用。当然，一个社会中不同地区、不同阶层的人对不同的法律认知程度及使用能力参差不齐，必定会使不同的法律在不同地区、不同阶层中有着不同的实现效果。所以，普及法律知识，提高全民法律

---

〔1〕《后汉书·杜林传》。

〔2〕《孟子·离娄上》。

意识,其意义绝不仅仅在于号召民众守法,更重要的还在于教育民众"用法"。人人都善于使用法律,法律的作用才能得以充分发挥。

影响法律局限性的社会因素,除了公众对法律的认知及其使用能力之外,尚有其他。如某一法律并非在任何情况下都能很好地实现,都能发挥积极的或建设性功能。这可能并非由于该法律本身有严重的内在矛盾,或者人们不会运用它,而可能是由于法律应有的功能因其所处人事或环境之变迁而有所差异或失效,故而其调整功能无法如预期的那样被实现。如梅因所言,"社会的需要和社会的意见常常是或多或少走在'法律'的前面的。我们可能非常接近地达到它们之间缺口的接合处,但永远存在的趋向是要把这缺口重新打开来"。[1] 为了使法律功能得以充分地发挥,就必须使法律与社会不断地相协调。

除了法律之外,还存在其他社会规范,即其他资源分配系统,诸如宗教、道德、政策等。为了有效地通过法律控制社会,就必须使法律与这些其他的资源分配系统进行配合。按照现代德国机能主义法学的观点,社会乃是由人们有秩序的交往所构成的规范世界。[2] 只有当规范支配着人们的交往时。也就是说,只有当规范成为人们行动的标准性解释模式时,社会才是真实的。正是规范使人和社会变得可以把握、可以理解。

19.3.2 法律的利益调控机制

★ 利益与社会控制的关系

法律对社会的控制离不开对利益的调整,而法律对利益的调整机制主要又是通过将利益要求转化为一定权利(权利主张、自由、特权、权力),并把它们及相对应的义务归诸于法律主体,以及通过设置权利和义务的补救办法——惩罚、赔偿等来实现的。"我们主要是通过把我们所称的法律权利赋予主张各种利益的人来保障这些利益的。"[3]

★ 法律表达利益要求

"天下熙熙,皆为利来;天下攘攘,皆为利往。"[4]法律恰是为适应利益调节的需要而产生的,法律的变化和发展根源于利益关系的变化和发展,归根结底源于人

---

[1] [英]梅因:《古代法》,沈景一译,商务印书馆1959年版,第15页。

[2] [德]格·雅科布斯:《行为·责任·刑法》,冯军译,中国政法大学出版社1997年版,第15页。

[3] [美]罗斯科·庞德:《通过法律的社会控制·法律的任务》,沈宗灵、董世忠译,商务印书馆1984年版,第42页。

[4] 《史记·货殖列传》。

们利益要求的变化发展。在这个意义上，利益规律是法律的基础，法律制度实质上是一种利益制度。社会上占统治地位的那部分人，总是要把现状作为法律加以神圣化。法律并不创造或发明利益，而只是对于社会中的利益关系加以选择，对特定的利益予以承认或者拒绝，这种选择表现在两个方面：利益主体与利益内容。

在任何法律社会中，都不能产生为社会所有成员一致同意的法律规范。把法律视为"公意"的体现，这只是一种对应然状态的理想追求。社会是由人构成的，人们相互之间构成各色各类的利益主体。"抽象的利益并不构成法。构成法的是要求，即真正施加的社会力量。"〔1〕法律只对部分利益主体予以保护，或者主要表达部分利益主体的利益。"他们个人的权力的基础就是他们的生活条件，这些条件是作为对许多个人共同的条件而发展起来的，为了维护这些条件，他们作为统治者，与其他的个人相对立，而同时却主张这些条件对所有的人都有效。由他们的共同利益所决定的这种意志的表现，就是法。"〔2〕

法律不可能对某一具体利益主体的所有利益都加以反映或都不加以反映。法律通过对权利和义务的规定既要记录下得到有效承认和保护的利益，又要忠实记录下遭受拒绝的利益以及某种利益所获承认的限度。"利益支配着我们对于各种行为所下的判断，使我们根据这些行为对于公众有利、有害或者无所谓，把它们看成道德的、罪恶的或可以容许的。"〔3〕法律表达利益的过程，同时也是对利益选择的过程。

☆ **法律平衡利益冲突**

法律的利益平衡功能表现为，对各种利益重要性作出估价或衡量以及为协调利益冲突提供标准。法律无法选择确认每一主体的每一项利益，但必须对各种利益冲突加以平衡，从而尽可能避免使人类社会在无谓的利益纷争中毁灭，失去继续发展的可能。20 世纪以来西方"法律的社会化"的倾向，其实就是法律对个人利益与社会利益的关系的一种平衡。

法律对利益关系的协调、对利益冲突的平衡一般是通过某些基本原则规定和制度设计体现的。比如，民法中的诚信原则，就能够维持民事活动当事人双方及社会三者利益的平衡。再如，对于公益性强而利润较低的公共交通企业实行国有国营，即是通过国家平衡利益关系。在改革中，许多法律措施都可以说是各个利益集

〔1〕［美］弗里德曼：《法律制度》，李琼英、林欣译，中国政法大学出版社 1994 年版，第 359 页。

〔2〕《马克思恩格斯全集》（第三卷），人民出版社 1960 年版，第 378 页。

〔3〕苏宏章：《利益论》，辽宁大学出版社 1991 年版，第 9 页。

团相互冲突、相互制约和相互妥协的结果。总之,市场经济条件下的利益冲突通常需要靠法律来调控。

☆ **法律重整利益格局**

在人类历史上,革命或改良其实都是对利益格局的调整或重新安排。所谓“变法”无不是改变既有利益格局。法律正是在利益格局的不断被打破和重整过程中逐步地向前发展的。比如,“利益的多元化迫使美国社会中的各利益集团之间、部分利益集团与公共利益之间、所有利益集团与公共利益之间始终就各自利益的定义和定位进行着一种多层次的、多方位的和连续不停的‘谈判’,‘谈判’的过程也就是美国宪法循序渐进、调整改革、追求现实的完善的历史过程……其结果是,宪法的生命力不断得以更新,成为一部‘活着的宪法’(A Living Constitution)”。[1]

在政治领域,法律要对国家权力结构加以固定化;当权力结构发生变动时,往往相伴宪法的修改或更新。其实,任何一种权力也都是受利益支配的,并且是为实现一定的利益而服务的权力斗争实质上就是利益斗争,权力集团实质上代表了一定的利益集团。权力斗争的结果导致利益格局的重整,此时,法律便担当着重整利益格局的功能。

典型事例

同姓“鸳鸯”命丧宗族魔掌[2]

十多年前,湖北孝感市发生了一起罕见的悲剧,一对刘姓青年男女相爱日久,却因为同族辈分不同,被族里人用“家法”处死,直到十多年后,才在一次偶然的机会被发现。

事发地湖北孝感市刘河村共有615户,2514人。除两户外姓外,其余的住户均是刘姓。1988年冬天,这村里有一对刘姓年轻人相爱已久,已到了谈婚论嫁的地步。男的叫刘元新,23岁;女的叫刘荣,22岁。在得知他们恋爱的消息后,双方的父母和村里人着实大吃一惊。因为按辈分,刘荣要比刘元新长一辈。也就是说,刘元

〔1〕 王希:《活着的宪法》,载《读书》2000年第1期。

〔2〕 转载刘作翔:《具体的“民间法”——一个法律社会学视野的考察》,载《浙江社会科学》2003年第4期。原载《滇池晨报》2000年3月3日,彭建国文。

新要叫刘荣为"小姑"。尽管从血缘关系讲,两人已出了"五服",自由恋爱、结婚既合理又合法。但是双方父母和村里不少人一听说他们还要准备登记结婚,顿时感到如五雷轰顶。在刘河村的刘姓村民眼中,刘元新、刘荣二人要结合在一起,违背了刘氏宗族的所谓"族规",实属"大逆不道"。

1989年春节前后,刘元新和刘荣在刘河村突然间消失了……

光阴似箭,转眼到了1999年,县委派驻工作组对该村进行综合整治。整治过程中,一位神秘的举报人提供了一条令人震惊的线索,十多年前村里刘荣和刘元新相恋并怀有身孕,遭族人反对双双被捂死掩埋!一起沉埋日久的惨案自此开始显山露水,办案人的目光很快集中在当年任村支书的刘继朝身上,他几年前被招干后当上四姑镇副镇长。被族人敬畏的"刘伯"曾任刘河村支部书记长达10年,在被请到专案组后他交代了实情。

1989年春节刚过,刘元新和刘荣还在试图做通双方老人的工作时,一场让这两位恋人猝不及防的暴行,像魔鬼一样张牙舞爪地袭来。参与这场暴行的全是村里刘姓的自家人。时任村支书的刘继朝亲自出马通知村主任刘泽善、村副书记刘世荣、村副主任刘世凤、村民兵连长刘世攀、村会计刘祖年开会。刘继朝让与会者对如何处理两人一个个发言,其实大家说来说去都是围绕着"刘伯"的话转。于是,刘继朝沉着脸说:"那就按讨论的意见办吧!"随后,刘元新的亲哥写下"捂死与村委会无关"的字据,由其母捺印,交刘元新的亲哥保管。

在麻木、冷漠的气氛中,定下毒计的人们有条不紊地开始实施杀人计划。尤其让人感到悲哀和愤怒的是,刘元新的母亲怕弄出动静被外人听见,竟从家里抱出一床棉被捂住了刘元新。刘元新身单力寡,挣扎了几下便不动弹了。在场的人只愣了几分钟,便把刘元新背到预定的地点——村边山上的古墓冲杨树洼掩埋。愚昧的村干部,还跟随到现场"验明正身",监督执行。返回村里后,村支书刘继朝叮嘱所有参与者一定要守口如瓶,不得有丝毫泄露。他还对刘荣的父亲刘世同说:"女伢儿的事由你们家自己处理好了!"自此,两个正当恋爱的同姓男女,外人还以为"私奔"了。

四姑镇的副镇长刘继朝招供后,专案组立即查找证据,抓捕犯罪嫌疑人。经过近一个星期的努力,日夜搜寻的公安民警终于找到了掩埋两人的准确地点,只见刘元新的脖子上仍套着绳索,刘荣当年穿的红外套棉絮还没腐烂,专案组由此获得了有力的证据。参加搜寻的人员发现:刘元新被埋在一个山包背阳的位置,刘荣却被隔了一道山坡埋在一条上山的小道边。村里人的意思是让他们"生不能同床,死不能同穴”。

思考:传统中国社会中的社会控制规范与现代社会中的法治规范有何冲突?

延伸阅读

1. [美]庞德:《通过法律的社会控制》,沈宗灵译,商务印书馆 2010 年版;
2. [美]E. 博登海默:《法理学:法律哲学和法律方法》,邓正来译,中国政法大学出版社 2004 年版;
3. [意]切萨雷·贝卡利亚:《论犯罪与刑罚》,黄风译,北京大学出版社 2008 年版;
4. [法]米歇尔·福柯:《规训与惩罚》,刘北成、杨远婴译,三联书店 2001 年版;
5. 张旻:《浅议我国法律规范冲突及其解决方式》,载《法制与社会》2009 年第 2 期。

第 20 章　法律与文化

教学目标

了解文化的概念；
理解法律文化的概念和特点；
理解法律文化的多样性；
掌握当代中国法律文化的构成；
掌握法律和文化的关系；
了解道德的概念；
理解法律与道德的联系与区别；
了解宗教的概念和产生；
了解宗教与法律的分离和区别；
理解宗教与法律的一般关系。

推荐参考资料

1. 周永坤:《法理学:全球视野》(第四版),法律出版社 2016 年版,第八章;
2. 刘作翔:《法律文化理论》,商务印书馆 1999 年版;
3. 舒国滢主编:《法理学导论》,北京大学出版社 2006 年版,第十六章、第十七章;
4. 葛洪义主编:《法理学》(第四版),中国人民大学出版社 2003 年版,第二十三章;
5. 武树臣:《中国传统法律文化词典》,北京大学出版社 1999 年版;
6. 钱穆:《文化学大义》,台湾中正书局 1981 年版。

20.1　文化与法律文化

知识要点

20.1.1　文化

☆“文化”词义

“文化”一词很早就见诸中国古籍。例如,《易经》中的“观乎人文,以化成天下”;汉人刘向又在其《说苑》中将其发挥成“凡武之兴,为不服也。文化不改,然后加诛”,从而初步完成对“文化”一词的构造;晋人束皙也有“文化内辑,武功外悠”[1]之语。但这里“文化”一词的含义显然与我们如今在学术研究中使用的“文化”一词有较大差异,它更强调的是“文治教化”,以与“武功”和“加诛”相对应。

现代意义上的文化概念,系由西文“culture”转译而来。从词源学的角度考察,“culture”一词最早来源于拉丁文“colere”,在中古英语中常有“耕耘”和“掘种土地”的意思,并进而引申为“为增进某种东西的质量所作的广泛努力,如 the culture of arts(工艺的改进)”。[2] 古罗马哲学家西塞罗首次使用拉丁文“cultura animi”定义文化,原意是“灵魂的培养”,意即生物在自身发展过程中不断积累生活知识和经验,共同生活的人类互相适应,在相同自然环境和生产活动中形成的约定俗成的潜意识,就是文化。

欧洲文艺复兴时代,人们将农业、手工业、商业以及教育等活动都归入文化的范畴,认为凡是与自然状态、天然状态相对立的都属于文化现象。德国学者普芬道夫(1632 ~1694 年)曾这样定义文化概念:文化是社会人的活动所创造的东西和有赖于人和社会而存在的东西的总和。按照这个定义,文化既包括物质因素也包括非物质因素。但也有学者认为,文化不包括物质因素,只包括精神因素。

“文化”一词真正成为一个较为技术化的学术概念,还得归功于人类学学者。在 1871 年,享有人类学之父美誉的英国学者泰勒对“文化”一词作出如下定义:“所

〔1〕 王筑生、杨慧:《人类学的文化概念与人类学理论的发展》,载《广西民族学院学报》(哲学社会科学版)1998 年第 4 期。

〔2〕 [法]菲利普 · 巴格比:《文化、历史的投影》,夏克、李天纲、陈江岚译,上海人民出版社 1987 年版,第 87 页。

谓文化，即是包括知识、信仰、艺术、道德、法律、习惯以及其他人类作为社会成员而获得的种种能力、习性在内的一种复合整体。”[1]这个概念也可以说迄今为止最为经典的文化概念。虽然后来的学者对泰勒的文化概念进行了程度不等的修订和补充，以使之更符合时代发展和学术研究的要求，但都遵循了泰勒的这种将文化视为一复杂整体的基本构建思路。[2]

☆ **对“文化”的具体阐释**

文化是人的创造物，具有较强的社会性和实践性。然而，在对文化作为实践产物的具体理解上，又存在不同意见：

(1)文化仅是精神生产的产物。文化是由知识、信仰、哲学、法律、道德、艺术、风俗、习惯等组成的观念形态。这种看法并不否认文化要通过语言文字与其他物质载体才能发挥作用，但其价值在于观念，离开观念的载体就无文化可言。

(2)文化不仅是精神生产的产物，而且是物质生产的产物。文化和人的关系既然建立在实践基础上，那么人的一切创造物都是文化，人创造了文化，同时文化塑造了人；对文化的内涵应当着重从人本身作为历史主体发展的角度给予界定，并由此从多方面考察文化的本质，比如把文化当作创造价值的活动，体现为人类的自我创造、自我发展、自我发现、自我实现等。

(3)蕴含在实践活动中的人的素质、能力与价值取向是文化的核心，即“文化核”。这种文化观表明，以人格为内核的文化不应局限于观念形态，而应扩展到全部社会活动。

综上所述，所渭“文化”，就是与自然现象不同的人类社会劳动的全部成果，包括人类所创造的一切物质的成果和非物质的成果。

20.1.2 法律文化

★ **法律文化的概念**

法学界对法律文化没有得出普遍认同的解释，甚至还有人认为法律文化这一概念不准确。梁治平认为，实际上，大多数人在使用这个词时似乎更愿意采取某种不甚严格的态度，因为它给人们提供了一种方便，即可以笼统和含混地用它来指与法律有关的历史、传统、习惯、制度、学理和其他任何东西。法律文化其实是一种立

---

[1] [英]泰勒：《文化之定义》，顾晓鸣译，载《多维视野中的文化理论》，浙江人民出版社 1987 年版，第 98 页。

[2] 刘作翔：《法律文化理论》，商务印书馆 1999 年版，第 14 页。

场和方法,实际上是"法律的文化解释"。所以,他认为,使用"法文化"的概念去取代法律文化的概念,其优点是显而易见的,"法文化"概念比较完整,也比较确定和明晰。更重要的是,这个概念包含了某种方法论上的思考,因而颇具启发性。[1]

从总的方面来看,法律文化的概念的确五花八门,不仅仅是在中国法学界,国外法学界也是如此。有人认为,法律文化核心乃是法学家群体及其派生物:法学教育、法律思想、法律知识体系及其传统。美国的法学界有人把法律文化说成是关涉法律价值和态度之网。也有法学家倾向于把法律文化的概念确定在人们对待法和法律制度的态度、信仰、评价、思想和期待上。原苏联的法学家倾向于把法律文化理解为"一种特殊的精神财富""社会精神文明",即法律制度、法律设施、法律运行和法律意识达到的"某种"状态。有些日本学者将法律文化理解为以法律意识为核心,包括法律制度和设施在内的社会文化现象。

对法律文化的概念,可以这样理解:法律文化是指一个共同体在长期的共同生活过程中所认同的、相对稳定的、与法和法律现象有关的制度、意识和传统学说以及由此产生的与法律活动相关的器物的全部内容。

★ 法律文化的多样性

法律文化首先是把法律作为一种文化现象来研究。人类法律史告诉我们,"法律一开始就明显不仅仅是法律问题,而同时也是政治问题、社会问题、历史问题和文化问题"。[2] 法律文化的形成是由某一个共同体。准确地说,是由某一个民族的社会背景、物质基础、价值标准所决定的。法律文化是对这些因素的真实反映。这也就是为什么法律文化从其发端就呈现出多元状况的重要原因。

法律文化在不同的时代、不同的民族具有不同的表现形式,而且,从不同的研究角度,可以对法律文化进行不同的划分。

(1)以马克思主义的历史唯物观来划分,法律文化可以分为奴隶制法律文化、封建制法律文化、资本主义法律文化、社会主义法律文化。

(2)从宗教信仰的角度划分,法律文化可以分为非宗教法律文化和宗教法律文化。

而宗教法律文化又可以分为:

- 基督教法律文化;

---

[1] 梁治平:《法律的文化解释》,三联书店1994年版,第2~5页。

[2] 同上注,第6页。

- 儒家法律文化；
- 伊斯兰教法律文化；
- 佛教法律文化。

(3)根据不同的法律学说、观念，可以基于不同的社会理论划分法律文化：儒家法律文化、法家法律文化、道家法律文化等。

(4)根据时空顺序，可以将法律文化分为传统法律文化和现代法律文化。

★★ 当代中国的法律文化

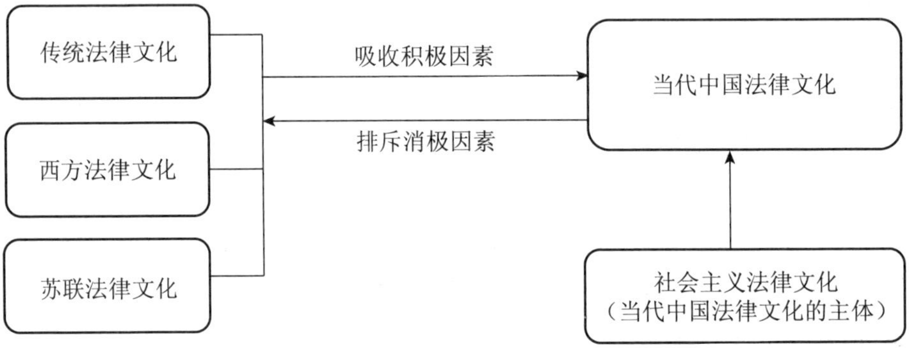

图 20－1　当代中国法律文化的产生

☆ 法律文化与相关概念辨析

1. 法律文化与法律意识

一些日本学者如川岛武宜、大木雅夫即认为法律文化就是法律意识，我国有学者也是持此种观点。[1] 对此，张文显认为，法律文化概念虽然是以法律意识为其基本内容的，但是，如果把法律文化与法律意识画上等号，除了词语上的区别外，没有实质意义。而且老实说，在这种等意义上，还不如使用法律意识概念更符合中国人的习惯，无论对法律文化作广义的理解还是作狭义的理解，法律文化对法律意识都是一种包容关系。[2] 另外，法律意识一般主要指人们对法律现象的感觉、知觉、观念、态度和情感等心理观念方面的因素；法律文化作为一种文化形态，其外延显然比这大得多；法律文化概念的构建思路可以说是基于一种整体主义的构建思路，即使在法律文化系统内部的亚法律文化，仍然是一种整体性的理论抽象，虽然这种整

〔1〕 慕槐：《法律文化随感录》，载《比较法研究》1989 年第 2 期。

〔2〕 张文显：《法律文化的释义》，载《法学研究》1992 年第 5 期。

体的范围往往随着时间、地点而转移;法律意识概念的运用则既可以是整体主义的,也可以是个体主义的,比如,我们可以说某某的法律意识,也可以说中国人的法律意识,法律文化概念则不同,它只能是整体主义的。

2. 法律文化与法律传统

与法律意识相比,法律传统概念与法律文化概念内涵更为接近:同样是基于一种整体主义的概念构建思路,同样具有高度的包容性。也正因如此,在法律研究尤其是法律史学研究中,这两个概念经常被不加区分或者转化使用。但是,我们认为,这两个概念尽管具有千丝万缕的联系,但毕竟还是两个不能等值的概念。一般来说,法律传统是指"一个社会从传统的社会生活和法律实践中长期累积而成的,经由世代传承、演化,至今仍发生持久影响的有关法律的知识、习惯和做法"[1]等,着重强调的是从传统社会中长期积累至今仍然发生影响的一面,可以说是一个历时性概念。法律文化概念既是历时性的,也是截面性的,我们可以从长时段研究法律文化的渊源流变,也可以就某一特定时段的法律文化特点进行分析。同时,传统作为一个学术概念,是相对于现代而言的,而文化则是一个连接传统、现代的延续性概念。而且,传统往往偏重于文化中的心理状态,即那些定势化的因素;文化的内涵则相对而言要丰富得多。法律文化与法律传统的关系也是如此,我们可以说传统法律文化、当代法律文化,却不能说当代法律传统。

因此,法律文化的外延大于法律传统,它既包含着法律传统,也包含着社会发展中新近形成的因素和对外吸收的因素。[2]

☆ 法律文化与其他文化相互交融

在法律文化的演进过程中,法律文化与其他文化的区别是明显的。法律文化独立于其他文化并不是说法律文化与其他文化在形成以后就没有任何的联系。在法律文化的演进过程中,其他文化对法律文化的影响依然存在,反过来,法律文化对其他文化同样具有影响力。

20.1.3　法律与文化的一般关系

★★ 法律受文化的巨大影响

"法律的生命不在于逻辑,而在于经验",法律的发展也无法完全脱离于特定社会的文化、历史背景。所以,18 世纪的思想家孟德斯鸠的巨著《论法的精神》中,就

---

〔1〕 严存生、宋海滨:《法律传统的理论解析》,载《华东政法学院学报》2000 年第 2 期。

〔2〕 张文显主编:《法理学》(第 4 版),高等教育出版社、北京大学出版社 1999 年版,第 324 页。

强调,“法律应该与国家的自然状态产生联系;与气候的冷、热、温和宜人相关还与土壤的品质、位置和面积有关;法律与诸如农夫、猎人或者牧民等各种人民的生活方式息息相关。法律必须与政体所能承受的自由度相适应;还要以居民的宗教、性癖、财富、人口、贸易风俗以及言谈举止发生关系”。而这种法律与社会文化结构中其他元素之间的具体关系分析,就被孟德斯鸠称为对“法的精神”的研讨。[1] 实际上,这种“法的精神”,虽然没有用法律文化或者法律与文化之类的说法,但已经是在用一种文化立场来分析法律现象。

法律的发展,法律制度的建构、巩固,也会受到一个国家固有文化的影响。托克维尔在论述美国民主共和制度的维系与巩固时,就特别强调“民情”的作用:“我在前面说过,我认为民情是使美国得以维护民主共和制度的重大原因之一。我在这里使用的“民情”(moeurs)一词,其含义与其拉丁文原字 mores 一样。它不仅指通常所说的心理习惯一面的东西,而且包括人们拥有的各种见解和社会上流行的不同观点,以及人们的生活习惯所遵循的全部思想。”[2]托克维尔这里所指的民情之于民主共和制度维护的关系,实际上说的就是法律制度的运行、巩固必须有一个坚实的文化基础。甚至,在历史法学派看来,法律本身植根于一个民族的民族精神之中,法和语言、风俗、政治制度一样,都是一个民族的普遍精神的自发的直接产物。[3]

★★ 法律对文化的积极影响

强调法律无法脱离于特定时空背景下的文化结构,或者说法律是整个文化系统中的一个子系统,并不意味着法律之于文化是消极地被制约、被决定。例如,法律至上、契约神圣,即是西方文化传统中的重要组成部分,世界文化史中一些重要的事件本身即是法律事件,如梭伦立法、美国制宪,都对世界文化发展进程产生了重要影响。通过法律的社会治理,不但是社会治理模式的一种概括,同时也是文化模式的一种宣示。

另外,法律制度的建构,对一个国家文化的发展、变迁,也会起到积极作用。例如,自 1986 年开始的普法宣传教育,尤其是 1999 年宪法修正案中“依法治国”的载入,尊重法律、通过法律的社会治理,业已成为我国公民文化的重要内容。

同时,法律以国家意志的方式,对一个国家的主流社会文化价值起到强化、巩固、保障的作用。在大多数国家的立法中,“公序良俗”本身,即是一种重要的法律

[1] [法]孟德斯鸠:《论法的精神》(上册),张雁深译,商务印书馆 1996 年版,第 7 页。
[2] [法]托克维尔:《论美国的民主》,董果良译,商务印书馆 1995 年版,第 374 页。
[3] 朱景文:《现代西方法社会学》,法律出版社 1994 年版,第 150 页。

原则,以国家强制力的方式,在对特定社会文化进行保障的同时,也是对这种社会文化价值的强化和宣示。

☆ **法律制度与文化**

每个社会中占主导地位的文化与这一社会的法律制度当然是密切联系的,后者是前者的载体。对法律制度可以从两方面来理解,一个方面是指反映国家意志、具有法律效力的现象,另一个方面是指作为一种精神文明或文化知识现象。[1] 文化,是一个国家法律制度的重要观念基础,没有崇尚法治的文化,就难以形成讲求法治的法律制度。

典型事例

"正当防卫"之辨[2]

清末《修订刑律草案》提出后,随着立法进程的加快,有关新刑律的论战,其范围缩小,而往来交锋的频次则愈密。在劳乃宣同沈家本的往复论辩中,讨论由十恶、亲属相为容隐、干名犯义、犯罪存留养亲、亲属相奸、亲属相盗、亲属相殴、发冢、犯奸、子孙违犯教令诸条,最后集中于无夫奸和子孙违反教令两条。待草案经宪政编查馆考订后提交资政院审核、议决,论争焦点则主要集中于"子孙对于尊长侵害之正当防卫"和"无夫奸"两条,激辩的程度更达于白热化。

实际上,在此前的一系列论辩中,这些条款也一直是法理派与礼教派关注之所在。它们之所以如此牵动人心,并非因为其本身为刑法中最基本最重要的内容,而是因为它们所自出的两个范畴,男女和长幼,在传统道德、法律和政治上均有着特殊的重要性,以至针对这些条款所作的任何修改,都可能触动和改变传统中国的某些核心价值。也因为如此,当日围绕这些问题的论辩,无论深入程度怎样,都直接间接地牵涉出近现代诸多重大理论问题。

宣统二年十二月初六日资政院会议表决通过草案第十五条,涉及正当防卫的概念是否应适用于子孙受到尊亲属侵害的场合。

---

〔1〕 沈宗灵主编:《法理学》(第4版),北京大学出版社2014年版,第324页。

〔2〕 节选自梁治平:《礼法之争:清末修律的敏感论题》,载《东方早报》,转引自 http://history.people.com.cn/GB/205396/15108045.html,最后访问日期:2017年7月16日。

中国法律之有“正当防卫”概念，自新刑律始，然而草案当初引入此概念，并未区分加害人身份，这意味着，子孙亦得援用正当防卫概念对抗尊亲属的侵害。这与传统上子孙对尊亲属不得违逆，“小杖则受，大杖则走”的原则全然相悖。对此，部院及督抚大臣签注时颇多异议。作为妥协，《修正刑律草案》“附则”中有“凡对尊亲属有犯不得适用正当防卫之例”一条，以此限制草案第十五条正当防卫加害人的范围。宪政编查馆为核订时，此条列为《暂行章程》第五条。劳乃宣等不满于此，提出修正案，主张将之加入正条，终未通过。

延伸阅读

1. 梁治平:《法律的文化解释》，三联书店1994年版；
2. [日]千叶正士:《法律多元:从日本法律文化迈向一般理论》，强世功等译，中国政法大学出版社1997年版；
3. 米健:《法律文化交织与文化的主体意识》，载《中国法学》2012年第2期；
4. 傅鹤鸣:《道德:法律阐释的根据》，载《伦理学研究》2012年第2期；
5. 慕槐:《法律文化随感录》，载《比较法研究》1989年第2期；
6. 张文显:《法律文化的释义》，载《法学研究》1992年第5期；
7. [英]泰勒:《文化之定义》，顾晓鸣译，载《多维视野中的文化理论》，浙江人民出版社1987年版。

20.2　法律与道德

知识要点

20.2.1　道德释义

☆“道德”词义

汉语“道德”一词最早是哲学的一对范畴。“道”原指人们行走的道路，引申为自然规律和社会发展规律；“德”和“得”意义相近，意指由“道”而得的规律或性质，通过对“道”的认识和修养而有得于己，老子因此有“道生之，德畜之”的说法。我们今天将道德理解为一种社会意识形态，是一定社会调整人与人之间和人与社会之间关系的行为规范的总和。“道德”一词在西文中源于拉丁语 mos，moris，即习俗、习惯，在这一词根的基础上演变成为moralis,即道德的,再后来,有"道德"一词,morality。

☆ 道德与习俗的关系

道德作为一个完整的概念出现,其内容远不限于习俗和习惯。习俗和习惯产生于禁忌、风俗、礼仪,而禁忌、风俗、礼仪又是与原始巫术交织而生的远古时期人类活动的痕迹。在原始社会,人们生活在以血缘关系为纽带的氏族单位中,氏族成员之间、氏族与氏族之间的关系由习俗、习惯调整。从氏族首领的产生、生活用品的分配、婚姻、服饰、饮食到以什么样的手段来惩治违反习俗和习惯的行为等,习俗和习惯对个人及集体利益的保护起到了积极作用。正如恩格斯所说,在大多数情况下,历来的习俗就把一切调整好了"。[1]

虽然没有系统地采用暴力和拥有暴力机构,但习俗和习惯是人们合意的表现,是大家公认的,主要以人们认可的强制力作为后盾。

随着社会生活的复杂化,社会关系日趋复杂,习俗和习惯已不可能完全调整社会中的全部关系,一些带有全局性的、牵扯人们生活根本利益的社会关系就由从习俗和习惯中上升出来的道德进行调整。

20.2.2 法律与道德的关系

★ 法律与道德的一般关系

我们可以这样概括法律和道德的一般关系:

(1)道德所禁止或许可的,也为法律所禁止或许可。在日常生活中,如杀人、盗窃、合同违约、欺诈等行为是违反道德的,在法律上也是禁止的,而诚实信用、尊老爱幼、见义勇为等是道德上许可的,法律上也是许可的。

(2)道德上不许可,但法律上是许可的。如法律规定某一些民事权利的诉讼时效为1年,超过了诉讼时效,民事权利即不再受法律保护。因为超过诉讼时效而失去胜诉权,法律是许可的。但从道德上来讲,这种权利是不可能失效的,应当得以实现。

(3)道德许可的,但法律上是不许可的。如前所述,如果超过了诉讼时效,权利方仍然要提起诉讼,在道德上是可以的,但在法律上会丧失胜诉权。再如复仇,在法律上是禁止的,而在道德意义上却是许可的。

(4)进入法治社会,道德和法律的价值取向产生了巨大的差异,道德已由其渊

---

[1] 《马克思恩格斯选集》(第4卷),人民出版社2012年版,第109页。

源——习俗和习惯甚至从其本身"认可"的法律中完全超然出来,形成一种理想化的价值,其指向是高标准的。一般来说,道德以他人利益为基点,强调他人和集体利益高于个人利益。因此当个人利益与他人利益发生矛盾时,道德通常都是以个人利益为他人或集体利益做出一定牺牲的方式来解决冲突。

★ 法律与道德的共性

随着生产力的发展,以习俗、习惯和道德去调整全部社会关系已不可能,社会需要更强有力、更广泛、更普遍的标准去规范人们的行为,法律也就应运而生。法律的出现,并非由此结束道德的历史使命,道德仍然有自己广袤的存在空间,道德仍然在人们的社会生活中对人们的行为起着不可忽视的规范作用。道德规范和法律规范都在人们的社会生活中对社会重大的、带全局性的关系进行规范调整,它们在这方面是一致的,如法律对犯罪行为的惩罚、对守法行为的奖励,道德对善的褒扬和对恶的评价。犯罪行为一般是违反道德的,守法行为一般也是符合道德的。

★★ 法律与道德的区别

1. 产生的方式、产生背景不同

道德产生于社会观念中并存在于人们的信念里,是自发的;法律却是由国家制定或认可的,并以特定的形式表现出来。道德与法律的产生方式的不同可以通过图 20-2 来表示:

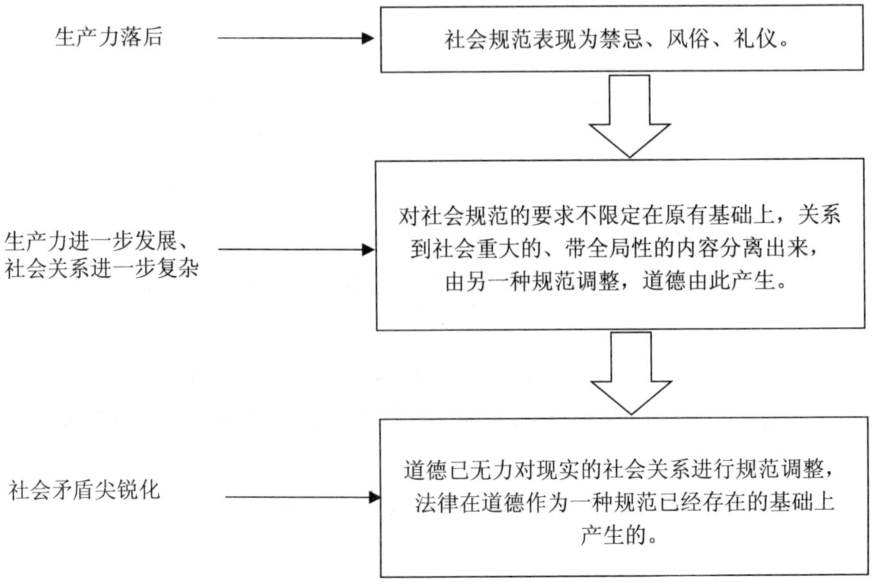

图 20-2 道德与法律的产生方式

2. 表现形式不同

由于道德与禁忌、风俗、礼仪等一样，是人们在长久的社会生活中逐渐形成的，是一种自发的过程和结果，所以它往往不以文字或条文的形式表现出来，也不需要专门的机构和人员制定和颁布。它存在于人们的社会意识中，存在于社会流动的观念和人们的信念中。法律则不同，它必须有专门的形式和制定程序。当然，有些法律并不由一定的机关制定或认可，而仅仅是一种口头表示。如中国古代的皇帝常常发布一些"口谕"或"敕令"，这种"口谕"或"敕令"仍然会采用文字形式记载下来，并由专门机构进行编纂。例如，我国宋朝的"编敕"就是一种立法活动。道德和法律的表现形式并不简单区分为是否形成文字或典章，而在于体系化和制度化。例如，英美法系的判例法，虽然不以条文的形式出现，却是具有严谨的内在体系、规范的制度。无论是成文法还是不成文法，从形成之日起就走上了日益制度化、系统化的发展道路。而道德规范的产生虽然远比法律早，但至今仍是一种非制度化、非系统化的形式。不成文法尽管带有明显自发的、约定俗成的痕迹，但在制度化方面，其系统化和明确性仍然是道德所不能比拟的。

3. 所规范的内容不完全相同

道德和法律虽然在调整社会重大的、带全局性的关系方面是一致的，但所规范的内容不完全相同。在没有法律之前，社会重大的带全局性关系的规范调整，主要由道德来完成。法律出现后，将道德的一部分内容分离出来，改由法律规范调整。违反了法律规范，一般也违反了道德规范，而违反了道德规范并不一定违反法律规范。道德在规范人们行为时更多的是强调义务和禁令，而法律在规范人们行为时不但强调义务，同时还要强调权利。

4. 实施方式不同

道德的实施主要是靠人们自觉遵守，其次靠舆论的强制、内心信念的约束等。而法律的实施，虽也需要人们自觉遵守，但却具有道德所不具有的强制实施力量——国家强制力。

5. 违反道德和法律所产生的后果不同

违反道德引起两种后果：一是惩罚；二是自我良心的谴责和社会舆论的压力。作为道德本源的习俗、习惯的遵守，靠人们的严格自我抑制，以及历代传承的习惯势力。在古代社会，先民们视违反禁忌为罪孽，所以对违反者往往施以各种处罚，如忏悔、献祭，严重的被驱除出群体。社会舆论是来自外界的不确定的压力，这种压力只有为个人的良心所承受，才能产生压迫感。因此，自我良心的承受能力在道德中起到主要作用。每个人的良心承受能力是不一致的,如果个人不存在自我良心,蔑视甚至无视社会舆论,道德规范自然失效。例如,面对一个落水者,一个人有能力抢救而又不去实施抢救,如果他认为自己的行为并无不妥,道德对他是无能为力的。道德规范的外在要求一定要经良心的转换才起作用。有时候个人的良心不能意识到自己的行为是不道德的,而在另一时期又意识到自己的行为是不道德的,这就是通常所谓"良心发现"。

法律则不同,由于法律的确定性和以国家的强制力作为后盾,当违法行为出现时,法律不考虑违法主体的承受能力,法律确定行为违法与否的准则就是法律本身。依法律指引办事,将获得肯定性后果;反之则承担否定性后果。

典型事例

特丽·夏沃安乐死案〔1〕

1990 年,26 岁的美国妇女特丽·夏沃(Terri Schiavo)因体内钾元素失衡而成了植物人。15 年来,她一直依靠人工进食管道维持生命。特丽的丈夫麦克尔说,特丽在事故发生前曾明确说过如果成为植物人就愿意安乐死,但特丽的父母和一些生命权保护团体激烈地反对结束特丽的生命,为此引发了长达 7 年的官司。

2001 年 4 月,佛罗里达州当地法院批准麦克尔的申请,特丽身上的进食管第一次被允许拔去。两天后,另一家法院作出相反的判决,特丽被重新接上进食管。2003 年,经法院裁决特丽的进食管再次被拔掉。她的父母随即向佛罗里达州州长杰布·布什也就是美国总统布什的弟弟求援。6 天之后,州议会通过了一项名为"特丽法律"的法案,授权给杰布·布什恢复特丽的生命权。杰布·布什立即签署了恢复特丽生命的命令。"特丽案件"甚至惊动了美国总统布什、美国联邦最高法院,他们都直接或间接地插手此案。2005 年 3 月 21 日,美国众议院以多数票通过紧急议案,允许特丽的父母要求联邦法官延长女儿的生命,要求联邦法院重审此案。2005 年 3 月 22 日,美国联邦法院的法官作出裁决,驳回议会的要求,特丽的进食管终于被拔掉。同年 3 月 31 日,在拔掉进食管 13 天后,特丽死亡,终年 41 岁。至此,一场惊动全美的官司暂时告一段落。

---

〔1〕 载 http://news. sina. com. cn/w/2005 - 03 - 18/16306125948. shtml,最后访问日期:2017 年 7 月 16 日。

延伸阅读

1. [英]哈特:《法律的概念》,许家馨、李冠宜译,法律出版社 2011 年版;
2. [英]哈特:《法律、自由与道德》,支振锋译,法律出版社 2006 年版;
3. [美]富勒:《法律的道德性》,郑戈译,商务印书馆 2005 年版;
4. [英]拉兹:《法律的权威:法律与道德论文集》,朱峰译,法律出版社 2005 年版;
5. 郭忠:《论冲突中的道德与法律》,载《法律科学》2000 年第 2 期;
6. 孙笑侠、麻鸣:《法律的道德性:法律,抑或道德?》,载《法制与社会发展》2008 年第 4 期;
7. 刘璐、韩娟:《由"恶法非法"分析法律与道德关系中的尖锐问题》,载《法制与经济》2014 年第 14 期。

20.3　法律与宗教

知识要点

20.3.1　宗教释义

☆ 宗教的概念

宗教是一种文化现象,是人类社会发展到一定阶段的历史现象。长期以来,宗教给人们的印象是远离现实、玄虚莫测。其实,宗教是人类文化的一个重要组成部分,它不但有其存在的独立性,而且在其自身的发展过程中,形成了一套系统。我们仍然能够在社会的存在中找出宗教的反应物。"一切宗教都不过是支配着人们日常生活的外部力量在人们头脑中的幻想的反映,在这种反映中,人间的力量采取了超人间的力量的形式。"[1]宗教作为社会意识形态的一种表现形式,由社会存在所决定,并和其他意识形态一样,对社会存在产生影响。

☆ 宗教的产生

宗教观念的产生,是原始先民对自然现象的神秘、不可知的心理反应。由于自然现象对人们是如此的神秘和不可知,因此自然崇拜、图腾崇拜、祖先崇拜也就出现了。这也反映了当时的社会物质生活条件,他们所崇拜的物和现象,一定是他们所接触和感受到的。他们或是对这种物或现象的强大力量感到畏惧或是认为自

---

〔1〕《马克思恩格斯选集》(第 3 卷),人民出版社 2012 年版,第 70 页。

己、自己的祖先与这种物和现象存在某种密不可分的关系，因此，将它们奉若神灵，对其崇拜。例如，原始先民若以狩猎为生，他们所崇拜的一定是他们所接触的野兽、自然物、植物。若生活在江河边以捕捞为生，往往崇拜他们所接触到的鱼类、自然物、植物。随着社会生产力的发展，社会生活不断改变，人们的崇拜对象也随之改变，但是，宗教的真正形成是人们对于苦难不可知的感受。这种苦难一部分来自自然，但更多的是来自社会中无知的异己力量。他们对这种无知的异己力量无能为力，并对这种力量所带来的巨大苦难感到恐惧和绝望，希望通过自己的一时苦难以获取赦免，或是通过今生的修行以获得今生的平安或在肉体死亡以后灵魂进入天堂得到来生的幸福。

由于地理、经济、政治、文化的原因，没有形成一个全人类统一的宗教。宗教最早是部落的，后来演变成民族的，最后演变成世界性的。目前世界上传播最广的宗教是基督教(包括天主教、东正教和新教等)、佛教和伊斯兰教。

20.3.2 法律与宗教的关系

☆ 古代的宗教与法律

梅因在《古代法》中写道，在东方和西方，在古希腊、古罗马和古印度，法典“不管它们的主要性质是如何的不同，它中间都混杂着宗教的、民事的以及仅仅是道德的各种命令；而这是和我们从其他来源所知道的古代思想完全一致的，至于把法律与宗教从道德中分离出来，则非常明显是属于智力发展的较后阶段的事”。[1]

在人类社会早期，我们很难区分何为法律规范，何为宗教规范。如《圣经》中最早编辑成册时有五卷就叫《律法书》，它奠定了《圣经》中《旧约全书》的基础，又被称为“摩西五经”或“摩西十诫”，内容是从世界的起源到摩西率领以色列人逃出埃及最后来到迦南边境的神话与传说。“摩西五经”中很多内容都具有社会约束力。如“人若向邻舍借什么，所借的或受伤、或死、本主没有同在一处，借的人总要赔还”(《出埃及记》第22章)，这很显然是对借贷行为的规范。再如，“不可随伙布散谣言，不可与恶人联手妄作见证”(《出埃及记》第23章)，这里规定的是对他人人身权利的保护。《律法书》从分类的角度来看，属于宗教的戒律，但从规范的内容角度来看，即使在今天，也不能简单地归为宗教的戒条。古印度文明《摩奴法典》就是古印度有关宗教、哲学和法律的汇编，包括按照婆罗门教戒条规定的印度在个人生活和社会生活中的行为规范，也包括有关管理国家和诉讼程序的训谕。两河文明的《汉

〔1〕［英］梅因：《古代法》，沈景一译，商务印书馆1959年版，第9～10页。

谟拉比法典》同样是集王权与神权、法律与宗教为一体。我国古代同样有法律与宗教合为一体的情况。祭神时的祭礼,就包括有媚神的诗歌、测神意的占卜及神的命令。中世纪的欧洲,法律与宗教在观念上融为一体,宗教作为至高无上的力量,统治着整个欧洲大陆。教会的权力大大高于世俗皇权,教会法无论是对于宗教信徒,还是对于非宗教信徒,都具有绝对的权威。一切人,只要是在思想上不能和宗教保持一致就被认为是犯罪。"宗教裁判所"对异端邪说进行审判,审判的对象已经超出教徒的范围。

★ 法律与宗教的分离

宗教与法律在发展过程中相互伴生、互为促进,但由于法律仍然是宗教的表现形式,内容仍然是宗教的,或宗教是法律的表现形式,而内容是法律的,所以,早期的宗教和法律长时期保持一种互为表里的关系,不存在影响与否的问题。

法律真正从宗教中分离出来是11世纪的事,也就是基督教在西方得到巨大发展的时期。法律从宗教中分离之时,宗教对法律的影响被深深地铭刻在法律之中。由于宗教和法律都是意识形态和社会规范,两者虽各为独立的系统,分属不同的范畴,但其观念和具体规范的相互影响是深远并具根本性的。在法律中,仍然保留了许多宗教的痕迹,比如现在西方法庭上常常见到的证人宣誓制度,当证人作证时,必须将手放在《圣经》上,以表示其证言以《圣经》的名义保证真实,否则,将受到上帝的惩罚。

★ 法律与宗教的区别

随着西方资本主义的兴起,宗教的社会影响受到了很大的削弱,没有了中世纪的辉煌,法律和宗教分离为各不相干的两大系统。但是,宗教仍然作为一种社会现象普遍存在。法律和宗教教规作为意识形态和社会规范,有着许多共通之处并在发展过程中相互影响,但两者由于价值取向的不同,区别也是显而易见的:

1. 产生方式不同

法律是社会规范系统化、制度化的产物,是国家意志的表现,具有国家意义。法律是人们在对自己认识的过程中产生出来的具有普遍约束力的社会规范,是人们自我认识、自觉规范的结果,是一种行为规范。宗教教规则不同,它是社会规范的一种特殊表现形式,是人们对自己认识的异化结果。

2. 内容不同

法律是一定社会物质生活条件的反映,法律的内容是基于一定的社会物质生活条件所建立起来的特定的权利义务关系,起着规范社会关系、维持社会秩序的作用。宗教从最终意义上讲仍受制于社会物质生活条件,但相对于法律,则是远离社会物质生活条件,具有较大的相对独立性。作为一种社会规范,宗教教规对社会关系和社会秩序的调节与维护，是通过人对神的义务的中介来实现的，具有间接性。

3. 适用范围不同

法律主要是“属地”的，在一国领域内的主体大都是法律适用的对象。一般来说，宗教教规存在于一定的社会范围之内，某一宗教规范只能适用于某一教派的教徒。如果没有宗教信仰或不信仰某一教派而信仰另一教派，某一宗教教规或某一教派的规范对他就不起作用。从这个意义上来讲，宗教具有“属人”的性质，哪怕是不在同一国家的某一教派教徒，其宗教规范同样有效。

4. 实施保障不同

法律是国家意志的体现，并通过一定的国家机关，依据专门的程序制定或认可。所以，法律是以国家的强制力来保障实施的。一般来说，宗教教规不具有国家意志的属性，它的产生通常是以某一创始人业已形成的某种信仰为基础整理提炼而形成的。宗教教规的实施一般依靠存在于教徒内心的对超常力量的敬畏信念，但有时也依靠某种外在的力量来保障。

20.3.3 法律与宗教的关系

★ 宗教对法律的影响

1. 对观念的影响

在观念上，宗教对法律的最大影响莫过于人人平等的思想。在早期，法律把人分为很多等级，严格地规定了一个人一旦出生，他的社会地位就永远不再变。如《摩奴法典》就以种姓制度严格地规定了每一个人的社会等级。佛教在批判种姓等级制度上提出了众生平等学说，对后世一直具有非常大的影响。基督教的传播，使基督教的教义深入人心。而基督教教义关心所有的人，只要信上帝，无论是女人或男人、奴隶或自由人、穷人或富人、儿童或成年人，在上帝面前都是平等的。虽然西方人人平等的概念在古希腊时期早就有之，但如此广泛的传播，如此深刻地为人们接受，却应归功于基督教的传播。在以后的法律制度中，人人平等观念被完全接受，并成为法治的一个重要原则。这一理念在法律上的反映就是，法律作为具有普遍性的社会行为规范，对于每一个人都应予以平等的对待。

2. 对司法程序的影响

早期司法活动具有随意性，例如，审判方式保留神明裁判制度和仪式宣誓裁判。神明裁判常见的有水神明裁判、火神明裁判或吃食神明裁判等。仪式宣誓主张一方首先以宣誓的仪式要求相对一方给予权利补偿等，而相对一方则同样以仪式的形式宣誓否认其主张。最终结果是：谁能流畅地、重复地在仪式中完成其宣誓，谁就是胜者。法律制度中对程序的注重缘于中世纪时宗教对法律的影响。宗教裁判所的裁判官在审判时要求对被告的控诉必须有证据证明。虽然他们所审判的被告往往被认为思想上犯罪,而证明思想犯罪的最好证据是获得被告的思想,思想的表达一定是通过言行完成的,所以“口供”在中世纪的宗教裁判所中就成了“证据之王”。但是,如果不提供“口供”,宗教裁判所则无法对被告定罪。在法律程序不断完善的过程中,对证据的要求成为审判中不可缺少的重要组成部分,这其中就有宗教对法律的影响因素。

3. 对汇编方式、概念术语的界定完善等的影响

例如,以前的汇编都是按时间的先后进行,在宗教的影响下,法律开始以分类的形式进行汇编。

★ 法律对宗教的影响

(1)观念上,权利概念被引进了宗教教规,并大量运用,使之与宗教形成一个整体。如《天主教法典》第220条规定:“不准任何人非法损害他人既得的良好名誉;亦不得侵犯个人维护自己的隐私权。”第229条规定:“信徒亦有权利在教会大学、院系或自己学院获得更深的圣学知识,上课并考取学位。”

(2)体系上,法律对宗教的影响表现在宗教法典的系统化、规范化,形成一套严格、完整的法典体系。

(3)概念和术语上,法律也对宗教产生了巨大的影响。自然人、法人、无行为能力人、成年人、未成年人等概念被大量运用。例如,《天主教法典》第97条规定:“年满18岁者为成年人,18岁以下者视为未成年人。未成年而未满7岁者,为婴儿,视为无行为能力之人;年满7岁者,推定为有辨别能力之人。”第113条规定:“在教会内除自然人外,亦有法人,即依教会法符合其性质,作为义务及权利的主体。”

典型事例

巴基斯坦一女子被“荣誉谋杀”[1]

2014年5月27日,巴基斯坦男子穆罕默德·伊克巴尔(Mohammad Iqbal)的妻

---

〔1〕 载http://www.guancha.cn/Neighbors/2014_05_30_233980.shtml,最后访问日期:2017年7月16日,有改编。

子帕尔文被包括她的哥哥和父亲在内的数十人“荣誉谋杀”——用石头砸死。据英国《每日电讯报》5月29日报道，死者的姐姐也是被家人“荣誉谋杀”的，时间是在4年前。伊克巴尔表示，他因为与帕尔文相爱，把自己的第一任妻子掐死，但他并未被判入狱，因为儿子原谅了他。根据人权组织统计，巴基斯坦2013年约有900名女子死于“荣誉谋杀”。

“荣誉谋杀”是指凶手谋杀家庭成员以达到挽回家族荣誉的目的，受害者几乎都是女性，被杀害的原因主要是“失贞”和“举止不检点”，常见的情况有被强奸，被怀疑通奸，打扮时髦举止轻浮，拒绝被指定的婚姻，想要离婚等，除此之外也有一些更极端的情况。凶手多为几个人，绝大多数为男性，多和受害者有较近的血缘关系。“荣誉谋杀”在南亚、西亚国家较多。

被砸死时旁边有多名警察　警察称无力阻止

据悉，25岁的死者法尔扎纳·帕尔文（Farzana Parveen）被“荣誉谋杀”的原因是与自己相爱的男子结婚，地点是在拉合尔（Lahore）高级法院前。当时多名警察在旁边。但拉合尔警察局长沙菲克·艾哈迈德（Shafiq Ahmad）辩称，警察无力阻止惨剧。

警方已经逮捕帕尔文的父亲穆罕默德·亚森（Muhammad Azeem），后者承认杀死令家族蒙羞的女儿。亚森称自己不后悔，希望女儿去死，因为她未经家人同意嫁人是对全家的侮辱。

巴基斯坦总理谢里夫（Nawaz Sharif）称，他对此感到愤怒，已经下令警方提交详细报告。他称：“警察在场的情况下遭到荣誉谋杀，令人无法容忍。”

死者姐姐曾被“荣誉谋杀”　死者丈夫曾掐死第一任妻子

帕尔文的继子奥朗扎布（Aurangzaib）称，帕尔文的姐姐蕾哈娜（Rehana）4年前也被家人“荣誉谋杀”。奥朗扎布说：“蕾哈娜结婚后与丈夫一起生活，两人是包办婚姻。但随后其家人与婆家发生争执，并要求蕾哈娜离开丈夫。遭到蕾哈娜拒绝后，蕾哈娜的家人假意邀请其回家，并将她毒死。”

帕尔文的丈夫穆罕默德·伊克巴尔（Mohammad Iqbal）日前发表声明，承认曾为了娶帕尔文而谋杀首任妻子。伊克巴尔说：“我与帕尔文相爱，为此我掐死了自己第一任妻子。”伊克巴尔未被判入狱，因为儿子原谅了他。

伊克巴尔还透露，在帕尔文被谋杀前，其哥哥曾向他索要1000英镑（约合人民币10436元）买帕尔文的命。

延伸阅读

1. [美]伯尔曼:《法律与宗教》,梁治平译,中国政法大学出版社2003年版;
2. 张永和:《信仰与权威》,法律出版社2006年版;
3. [美]E.博登海默:《法理学:法律哲学和法律方法》,邓正来译,中国政法大学出版社2004年版;
4. 郑文龙:《宗教的法律定义》,载《香港社会科学学报》2005年秋季号;
5. 殷啸虎:《法律与宗教规范关系的冲突与协调》,载《东方法学》2015年第1期;
6. 高全喜:《法律、政治与宗教》,载《太平洋学报》2007年第5期;
7. 范进学:《"法律信仰":一个被过度误解的神话——重读伯尔曼〈法律与宗教〉》,载《政法论坛》2012年第2期。

附录:司法考试真题

年份	题号	题目	官方标准答案
2016 年	2016 年卷一第 1 题	1. 全面依法治国,必须坚持人民的主体地位。对此,下列哪一理解是错误的? A. 法律既是保障人民自身权利的有力武器,也是人民必须遵守的行为规范 B. 人民依法享有广泛的权利和自由,同时也承担应尽的义务 C. 人民通过各种途径直接行使立法、执法和司法的权力 D. 人民根本权益是法治建设的出发点和落脚点,法律要为人民所掌握、所遵守、所运用	C
	2016 年卷一第 2 题	2. 相传,清朝大学士张英的族人与邻人争宅基,两家因之成讼。族人驰书求助,张英却回诗一首:“一纸书来只为墙,让他三尺又何妨?万里长城今犹在,不见当年秦始皇。”族人大惭,遂后移宅基三尺。邻人见状亦将宅基后移三尺,两家重归于好。根据上述故事,关于依法治国和以德治国的关系,下列哪一理解是正确的? A. 在法治国家,道德通过内在信念影响外部行为,法律的有效实施总是依赖于道德 B. 以德治国应大力弘扬“和为贵、忍为高”的传统美德,不应借诉讼对利益斤斤计较 C. 道德能够令人知廉耻、懂礼让、有底线,良好的道德氛围是依法治国的重要基础 D. 通过立法将“礼让为先”“勤俭节约”“见义勇为”等道德义务全部转化为法律义务,有助于发挥道德在依法治国中的作用	C

续表

年份	题号	题目	官方标准答案
2016 年	2016 年卷一第 3 题	3. 全面依法治国要求加强和改进立法工作,完善立法体制。下列哪一做法不符合上述要求? A. 改进法律起草机制,重要的法律草案由有关部门组织全国人大专门委员会、全国人大常委会法工委起草 B. 完善立法协调沟通机制,对于部门间争议较大的重要立法事项,引入第三方评估 C. 完善法规、规章制定程序和公众参与政府立法机制 D. 加强法律解释工作,及时明确法律规定含义和适用法律依据	A
	2016 年卷一第 4 题	4. 深入推进依法行政,要求健全依法决策机制。下列哪一做法不符合上述要求? A. 甲省推行“重大决策风险评估”制度,将风险评估作为省政府决策的法定程序 B. 乙市聘请当地知名律师担任政府法律顾问,对重大决策进行事前合法性审查 C. 丙区因发改局长立下“军令状”保证某重大项目不出问题,遂直接批准项目上马 D. 丁县教育局网上征求对学区调整、学校撤并等与群众切身利益相关事项的意见	C
	2016 年卷一第 5 题	5. 某法院完善人民陪审员选任方式,在增加陪审员数量的基础上建立“陪审员库”,随机抽选陪审员参与案件审理。关于人民陪审员制度,下列哪一说法是错误的? A. 应避免陪审员选任的过度“精英化” B. 若少数陪审员成为常驻法院的“专审员”,将影响人民陪审员制度的公信力 C. 完善人民陪审员制度的主要目的是让人民群众通过参与司法养成守法习惯 D. 陪审员的大众思维和朴素观念能够弥补法官职业思维的局限性	C

续表

年份	题号	题目	官方标准答案
2016 年	2016 年卷一第 6 题	6. 中国古代有“厌讼”传统，老百姓万不得已才打官司。但随着经济社会发展，我国司法领域却出现了诉讼案件激增的现象。对此，下列哪一说法是错误的？ A. 相比古代而言，法律在现代社会中对保障人们的权利具有更重要的作用 B. 从理论上讲，当诉讼成本高于诉讼可能带来的收益时，更易形成“厌讼”的传统 C. 案件激增从一个侧面说明人民群众已逐渐树立起遇事找法、解决问题靠法的观念 D. 在法治社会，诉讼是解决纠纷的唯一合法途径	D
	2016 年卷一第 7 题	7. 法治社会建设要求健全依法维权和化解纠纷机制，杜绝“大闹大解决、小闹小解决、不闹不解决”现象。下列哪一做法无助于消除此现象？ A. 甲市将信访纳入法治轨道，承诺对合理合法的诉求依法及时处理 B. 乙区通过举办“群众吐槽会”建立群众利益沟通机制 C. 丙县通过地方戏等形式普及“即使有理也要守法”观念 D. 丁市律协要求律师不得代理群体性纠纷案件	D
	2016 年卷一第 8 题	8.《治安管理处罚法》第 115 条规定：“公安机关依法实施罚款处罚，应当依照有关法律、行政法规的规定，实行罚款决定与罚款收缴分离；收缴的罚款应当全部上缴国库。”关于该条文，下列哪一说法是正确的？ A. 表达的是禁止性规则 B. 表达的是强行性规则 C. 表达的是程序性原则 D. 表达了法律规则中的法律后果	B

续表

年份	题号	题目	官方标准答案
2016年	2016年卷一第9题	9. 全兆公司利用提供互联网接入服务的便利,在搜索引擎讯集公司网站的搜索结果页面上强行增加广告,被讯集公司诉至法院。法院认为,全兆公司行为违反诚实信用原则和公认的商业道德,构成不正当竞争。关于该案,下列哪一说法是正确的? A. 诚实信用原则一般不通过"法律语句"的语句形式表达出来 B. 与法律规则相比,法律原则能最大限度实现法的确定性和可预测性 C. 法律原则的着眼点不仅限于行为及条件的共性,而且关注它们的个别性和特殊性 D. 法律原则是以"全有或全无"的方式适用于个案当中	C
	2016年卷一第10题	10. 甲和乙系夫妻,因外出打工将女儿小琳交由甲母照顾两年,但从未支付过抚养费。后甲与乙闹离婚且均不愿抚养小琳。甲母将甲和乙告上法庭,要求支付抚养费2万元。法院认为,甲母对孙女无法定或约定的抚养义务,判决甲和乙支付甲母抚养费。关于该案,下列哪一选项是正确的? A. 判决是规范性法律文件 B. 甲和乙对小琳的抚养义务是相对义务 C. 判决在原被告间不形成法律权利和义务关系 D. 小琳是民事诉讼法律关系的主体之一	B
	2016年卷一第11题	11. 有法谚云:"法律为未来作规定,法官为过去作判决。"关于该法谚,下列哪一说法是正确的? A. 法律的内容规定总是超前的,法官的判决根据总是滞后的 B. 法官只考虑已经发生的事实,故判案时一律选择适用旧法 C. 法律绝对禁止溯及既往 D. 即使案件事实发生在过去,但"为未来作规定"的法律仍然可以作为其认定的根据	D

续表

年份	题号	题目	官方标准答案
2016 年	2016 年卷一第 12 题	12. 在宋代话本小说《错斩崔宁》中,刘贵之妾陈二姐因轻信刘贵欲将她休弃的戏言连夜回娘家,路遇年轻后生崔宁并与之结伴同行。当夜盗贼自刘贵家盗走 15 贯钱并杀死刘贵,邻居追赶盗贼遇到陈、崔二人,因见崔宁刚好携带 15 贯钱,遂将二人作为凶手捉拿送官。官府当庭拷讯二人,陈、崔屈打成招,后被处斩。关于该案,下列哪一说法是正确的? A. 话本小说《错斩崔宁》可视为一种法的非正式渊源 B. 邻居运用设证推理方法断定崔宁为凶手 C. “盗贼自刘贵家盗走 15 贯钱并杀死刘贵”所表述的是法律规则中的假定条件 D. 从生活事实向法律事实转化需要一个证成过程,从法治的角度看,官府的行为符合证成标准	B
	2016 年卷一第 13 题	13.《全国人民代表大会常务委员会关于〈中华人民共和国刑法〉第一百五十八条、第一百五十九条的解释》中规定:“刑法第一百五十八条、第一百五十九条的规定,只适用于依法实行注册资本实缴登记制的公司。”关于该解释,下列哪一说法是正确的? A. 效力低于《刑法》 B. 全国人大常委会只能就《刑法》作法律解释 C. 对法律条文进行了限制解释 D. 是学理解释	C

续表

年份	题号	题目	官方标准答案
2016 年	2016 年卷一第 14 题	14. 王某参加战友金某婚礼期间,自愿帮忙接待客人。婚礼后王某返程途中遭遇车祸,住院治疗花去费用 1 万元。王某认为,参加婚礼并帮忙接待客人属帮工行为,遂将金某诉至法院要求赔偿损失。法院认为,王某行为属由道德规范的情谊行为,不在法律调整范围内。关于该案,下列哪一说法是正确的? A. 在法治社会中,法律可以调整所有社会关系 B. 法官审案应区分法与道德问题,但可进行价值判断 C. 道德规范在任何情况下均不能作为司法裁判的理由 D. 一般而言,道德规范具有国家强制性	B
	2016 年卷一第 51 题	51. 我国于 2015 年公布了全面实施一对夫妇可生育两个孩子的政策,《人口与计划生育法》随即作出修改。对此,下列哪些说法是正确的? A. 在我国,政策与法律具有共同的指导思想和社会目标 B. 立法在实践中总是滞后的,只能“亡羊补牢”而无法适度超越和引领社会发展 C. 越强调法治,越要提高立法质量,通过立法解决改革发展中的问题 D. 修改《人口与计划生育法》有助于缓解人口老龄化对我国社会发展的压力	ACD
	2016 年卷一第 52 题	52. 法治政府建设要求行政部门不得任意扩权、与民争利,避免造成“有利争着管、无利都不管”的现象。下列哪些做法有助于避免此现象的发生? A. 某省政府统筹全省基本公共服务均等化职能,破除地方保护主义 B. 某市要求行政审批部门与中介服务机构脱钩,放宽中介服务机构准入条件 C. 某区依法纠正行政不作为、乱作为,坚决惩处失职、渎职人员 D. 某县注重提高行政效能,缩短行政审批流程,减少行政审批环节	ABCD

续表

年份	题号	题目	官方标准答案
2016年	2016年卷一第53题	53. 全面依法治国要求加强人权的司法保障，下列哪些做法体现了这一要求？ A. 最高法院、公安部规定在押刑事被告人、上诉人应穿着正装或便装出庭受审 B. 某省扩大法律援助的覆盖面，将与民生密切相关的事项纳入援助范围 C. 某中级法院加大对生效判决的执行力度，确保当事人的胜诉权益及时兑现 D. 某基层法院设立“少年法庭”，对开庭审理时不满16周岁的未成年人刑事案件一律不公开审理	ABCD
	2016年卷一第54题	54. 某村通过修订村规民约改变“男尊女卑”“男娶女嫁”的老习惯、老传统，创造出“女娶男”的婚礼形式，以解决上门女婿的村民待遇问题。关于村规民约，下列哪些说法是正确的？ A. 是完善村民自治、建设基层法治社会的有力抓手 B. 是乡村普法宣传教育的重要媒介，有助于在村民中培育规则意识 C. 具有“移风易俗”功能，既传承老传统，也创造新风尚 D. 可直接作为法院裁判上门女婿的村民待遇纠纷案件的法律依据	ABC
	2016年卷一第55题	55. 人民调解制度是我国的创举，被西方国家誉为法治的“东方经验”。关于人民调解，下列哪些说法是正确的？ A. 人民调解员不属于法治工作队伍，但仍然在法治建设中起着重要作用 B. 法院应当重视已确认效力的调解协议的执行，防止调解过的纠纷再次涌入法院 C. 人民调解制度能够缓解群众日益增长的司法需求与国家司法资源不足之间的矛盾 D. 人民调解组织化解纠纷的主要优势是不拘泥于法律规定，不依赖专业法律知识	BC

续表

年份	题号	题目	官方标准答案
2016 年	2016 年卷一第 56 题	56. 林某与所就职的鹏翔航空公司发生劳动争议,解决争议中曾言语威胁将来乘坐鹏翔公司航班时采取报复措施。林某离职后在选乘鹏翔公司航班时被拒载,遂诉至法院。法院认为,航空公司依《合同法》负有强制缔约义务,依《民用航空法》有保障飞行安全义务。尽管相关国际条约和我国法律对此类拒载无明确规定,但依航空业惯例航空公司有权基于飞行安全事由拒载乘客。关于该案,下列哪些说法是正确的? A. 反映了法的自由价值和秩序价值之间的冲突 B. 若法无明文规定,则法官自由裁量不受任何限制 C. 我国缔结或参加的国际条约是正式的法的渊源 D. 不违反法律的行业惯例可作为裁判依据	ACD
	2016 年卷一第 57 题	57. 耀亚公司未经依法批准经营危险化学品,2003 年 7 月 14 日被区工商分局依据《危险化学品安全管理条例》罚款 40 万元。耀亚公司以处罚违法为由诉至法院。法院查明,《安全生产法》规定对该种行为的罚款不得超过 10 万元。关于该案,下列哪些说法是正确的? A.《危险化学品安全管理条例》与《安全生产法》的效力位阶相同 B.《安全生产法》中有关行政处罚的法律规范属于公法 C. 应适用《安全生产法》判断行政处罚的合法性 D. 法院可在判决中撤销《危险化学品安全管理条例》中与上位法相抵触的条款	BC

续表

年份	题号	题目	官方标准答案
2016年	2016年卷一第58题	58. 特别法优先原则是解决同位阶的法的渊源冲突时所依凭的一项原则。关于该原则，下列哪些选项是正确的？ A. 同一机关制定的特别规定相对于同时施行或在前施行的一般规定优先适用 B. 同一法律内部的规则规定相对于原则规定优先适用 C. 同一法律内部的分则规定相对于总则规定优先适用 D. 同一法律内部的具体规定相对于一般规定优先适用	ABCD
	2016年卷一第59题	59. 李某向王某借款200万元，由赵某担保。后李某因涉嫌非法吸收公众存款罪被立案。王某将李某和赵某诉至法院，要求偿还借款。赵某认为，若李某罪名成立，则借款合同因违反法律的强制性规定而无效，赵某无须承担担保责任。法院认为，借款合同并不因李某犯罪而无效，判决李某和赵某承担还款和担保责任。关于该案，下列哪些说法是正确的？ A. 若李某罪名成立，则出现民事责任和刑事责任的竞合 B. 李某与王某间的借款合同法律关系属于调整性法律关系 C. 王某的起诉是引起民事诉讼法律关系产生的唯一法律事实 D. 王某可以免除李某的部分民事责任	BD
	2016年卷一第60题	60. 王某向市环保局提出信息公开申请，但未在法定期限内获得答复，遂诉至法院，法院判决环保局败诉。关于该案，下列哪些说法是正确的？ A. 王某申请信息公开属于守法行为 B. 判决环保局败诉体现了法的强制作用 C. 王某起诉环保局的行为属于社会监督 D. 王某的诉权属于绝对权利	ABC

续表

年份	题号	题目	官方标准答案
2016年	2016年卷一第86题	86. 全面依法治国,需要解决法治建设不适应、不符合推进国家治理体系和治理能力现代化目标的问题。下列有助于解决上述问题的措施是: A. 增强法律法规的针对性和可操作性,避免立法部门化倾向 B. 改进行政执法体制,消除多头执法、选择性执法现象 C. 大力解决司法不公和司法腐败问题,提高司法公信力 D. 增强社会成员依法维权意识和国家工作人员依法办事观念	ABCD
	2016年卷一第87题	87. 某检察院改革内部管理体制,将原有的多个内设处(室)统一整合,消除内部职能行政化、碎片化的弊端。关于上述改革,下列说法正确的是: A. 完善内部管理体制有利于保证司法公正,提高检察机关公信力 B. 检察官独立行使检察权不应受任何组织和个人的监督 C. 将检察官等同于一般公务员的管理体制不利于提高检察官的专业素质和办案质量 D. 内部管理体制改革为完善检察官职业保障体系创造了条件	ACD
	2016年卷一第88题	88. "法律只是在自由的无意识的自然规律变成有意识的国家法律时,才成为真正的法律。哪里法律成为实际的法律,即成为自由的存在,哪里法律就成为人的实际的自由存在。"关于该段话,下列说法正确的是: A. 从自由与必然的关系上讲,规律是自由的,但却是无意识的,法律永远是不自由的,但却是有意识的 B. 法律是"人的实际的自由存在"的条件 C. 国家法律须尊重自然规律 D. 自由是评价法律进步与否的标准	BCD

续表

年份	题号	题目	官方标准答案
2016 年	2016 年卷一第 89 题	89. 王某在未依法取得许可的情况下购买氰化钠并存储于车间内，被以非法买卖、存储危险物质罪提起公诉。法院认为，氰化钠对人体和环境具有极大毒害性，属于《刑法》第125 条第 2 款规定的毒害性物质，王某未经许可购买氰化钠，虽只有购买行为，但刑法条文中的“非法买卖”并不要求兼有买进和卖出的行为，王某罪名成立。关于该案，下列说法正确的是： A. 法官对“非法买卖”进行了目的解释 B. 查明和确认“王某非法买卖毒害性物质”的过程是一个与法律适用无关的过程 C. 对“非法买卖”的解释属于外部证成 D. 内部证成关涉的是从前提到结论之间的推论是否有效	ACD
	2016 年卷一第 90 题	90. 在莎士比亚喜剧《威尼斯商人》中，安东尼与夏洛克订立契约，约定由夏洛克借款给安东尼，如不能按时还款，则夏洛克将在安东尼的胸口割取一磅肉。期限届至，安东尼无力还款，夏洛克遂要求严格履行契约。安东尼的未婚妻鲍西娅针锋相对地向夏洛克提出：可以割肉，但仅限一磅，不许相差分毫，也不许流一滴血，唯其如此，方符合契约。关于该故事，下列说法正确的是： A. 夏洛克主张有约必践，体现了强烈的权利意识和契约精神 B. 夏洛克有约必践（即使契约是不合理的）的主张本质上可以看作是“恶法亦法”的观点 C. 鲍西娅对契约的解释运用了历史解释方法 D. 安东尼与夏洛克的约定遵循了人权原则而违背了平等原则	AB

续表

年份	题号	题目	官方标准答案
2015 年	2015 年卷一第 1 题	1. 全面推进依法治国,总目标是建设中国特色社会主义法治体系,建设社会主义法治国家。关于对全面推进依法治国的重大意义和总目标的理解,下列哪一选项是不正确的? A. 依法治国事关我们党执政兴国,事关人民的幸福安康,事关党和国家的长治久安 B. 依法治国是实现国家治理体系和治理能力现代化的必然要求 C. 总目标包括形成完备的法律规范体系和高效的法律实施体系 D. 通过将全部社会关系法律化,为建设和发展中国特色社会主义法治国家提供保障	D
	2015 年卷一第 2 题	2. 东部某市是我国获得文明城市称号且犯罪率较低的城市之一,该市某村为了提高村民的道德素养,建有一条“爱心互助街”,使其成为交换和传递爱心的街区。关于对法治和德治相结合的原则的理解,下列哪一选项是错误的? A. 道德可以滋养法治精神和支撑法治文化 B. 通过公民道德建设提高社会文明程度,能为法治实施创造良好的人文环境 C. 坚持依法治国和以德治国相结合,更要强调发挥道德的教化作用 D. 道德教化可以劝人向善,也可以弘扬公序良俗,培养人们的规则意识	C
	2015 年卷一第 3 题	3. 完善以宪法为核心的中国特色社会主义法律体系,要求推进科学立法和民主立法。下列哪一做法没有体现这一要求? A. 在《大气污染防治法》修改中,立法部门就处罚幅度听取政府部门和专家学者的意见 B. 在《种子法》修改中,全国人大农委调研组赴基层调研,征求果农、种子企业的意见 C. 甲市人大常委会在某社区建立了立法联系点,推进立法精细化 D. 乙市人大常委会在环境保护地方性法规制定中发挥主导作用,表决通过后直接由其公布施行	D

续表

年份	题号	题目	官方标准答案
2015 年	2015 年卷一第 4 题	4. 建设法治政府必然要求建立权责统一、权威高效的依法行政体制。关于建设法治政府,下列哪一观点是正确的? A. 明晰各级政府事权配置的着力点,强化市县政府宏观管理的职责 B. 明确地方事权,必要时可以适当牺牲其他地区利益 C. 政府权力清单制度是促进全面履行政府职能、厘清权责、提高效率的有效制度 D. 推行政府法律顾问制度的主要目的是帮助行政机关摆脱具体行政事务,加强宏观管理	C
	2015 年卷一第 5 题	5. 对领导干部干预司法活动、插手具体案件处理的行为作出禁止性规定,是保证公正司法的重要举措。对此,下列哪一说法是错误的? A. 任何党政机关让司法机关做违反法定职责、有碍司法公正的事情,均属于干预司法的行为 B. 任何司法机关不接受对司法活动的干预,可以确保依法独立行使审判权和检察权 C. 任何领导干部在职务活动中均不得了解案件信息,以免干扰独立办案 D. 对非法干预司法机关办案,应给予党纪政纪处分,造成严重后果的依法追究刑事责任	C
	2015 年卷一第 6 题	6. 推进严格司法,应统一法律适用标准,规范流程,建立责任制,确保实现司法公正。据此,下列哪一说法是错误的? A. 最高法院加强司法解释和案例指导,有利于统一法律适用标准 B. 全面贯彻证据裁判规则,可以促进法庭审理程序在查明事实、认定证据中发挥决定性作用 C. 在司法活动中,要严格遵循依法收集、保存、审查、运用证据,完善证人、鉴定人出庭制度 D. 司法人员办案质量终身负责制,是指司法人员仅在任职期间对所办理的一切错案承担责任	D

续表

年份	题号	题目	官方标准答案
2015年	2015年卷一第7题	7. 增强全民法治观念,推进法治社会建设,使人民群众内心拥护法律,需要健全普法宣传教育机制。某市的下列哪一做法没有体现这一要求? A. 通过《法在身边》电视节目、微信公众号等平台开展以案释法,进行普法教育 B. 印发法治宣传教育工作责任表,把普法工作全部委托给人民团体 C. 通过举办法治讲座、警示教育报告会等方式促进领导干部带头学法、模范守法 D. 在暑期组织"预防未成年人违法犯罪模拟法庭巡演",向青少年宣传《未成年人保护法》	B
	2015年卷一第8题	8. 近年来,一些党员领导干部利用手中权力和职务便利收受巨额贿赂,根据党内法规和法律被开除党籍和公职,并依法移送司法机关处理。对此,下列哪一说法是错误的? A. 这表明党员领导干部在行使权力、履行职责时要牢记法律底线不可触碰 B. 依照党内法规惩治腐败,有利于督促党员领导干部运用法治思维依法办事 C. 要注重将党内法规与国家法律进行有效衔接和协调,以作为对党员违法犯罪行为进行法律制裁的依据 D. 党规党纪严于国家法律,对违反者必须严肃处理	C
	2015年卷一第9题	9. 临产孕妇黄某由于胎盘早剥被送往医院抢救,若不尽快进行剖宫产手术将危及母子生命。当时黄某处于昏迷状态,其家属不在身边,且联系不上。经医院院长批准,医生立即实施了剖宫产手术,挽救了母子生命。该医院的做法体现了法的价值冲突的哪一解决原则? A. 价值位阶原则 B. 自由裁量原则 C. 比例原则 D. 功利主义原则	A

续表

年份	题号	题目	官方标准答案
2015 年	2015 年卷一第 10 题	10.《刑事诉讼法》第五十四条规定:“采取刑讯逼供等非法方法收集的犯罪嫌疑人、被告人供述和采用暴力、威胁等非法方法收集的证人证言、被害人陈述,应当予以排除。”对此条文,下列哪一理解是正确的? A. 运用了规范语句来表达法律规则 B. 表达的是一个任意性规则 C. 表达的是一个委任性规则 D. 表达了法律规则中的假定条件、行为模式和法律后果	A
	2015 年卷一第 11 题	11. 律师潘某认为《母婴保健法》与《婚姻登记条例》关于婚前检查的规定存在冲突,遂向全国人大常委会书面提出了进行审查的建议。对此,下列哪一说法是错误的? A.《母婴保健法》的法律效力高于《婚姻登记条例》 B. 如全国人大常委会审查后认定存在冲突,则有权改变或撤销《婚姻登记条例》 C. 全国人大相关专门委员会和常务委员会工作机构须向潘某反馈审查研究情况 D. 潘某提出审查建议的行为属于社会监督	B
	2015 年卷一第 12 题	12. 张某到某市公交公司办理公交卡退卡手续时,被告知:根据本公司公布施行的《某市公交卡使用须知》,退卡时应将卡内 200 元余额用完,否则不能退卡,张某遂提起诉讼。法院认为,公交公司依据《某市公交卡使用须知》拒绝张某要求,侵犯了张某自主选择服务方式的权利,该条款应属无效,遂判决公交公司退还卡中余额。关于此案,下列哪一说法是正确的? A. 张某、公交公司之间的服务合同法律关系属于纵向法律关系 B. 该案中的诉讼法律关系是主法律关系 C. 公交公司的权利能力和行为能力是同时产生和同时消灭的 D.《某市公交卡使用须知》属于地方规章	C

续表

年份	题号	题目	官方标准答案
2015 年	2015 年卷一第 13 题	13. 赵某因涉嫌走私国家禁止出口的文物被立案侦查,在此期间逃往 A 国并一直滞留于该国。对此,下列哪一说法是正确的? A. 该案涉及法对人的效力和空间效力问题 B. 根据我国法律的相关原则,赵某不在中国,故不能适用中国法律 C. 该案的处理与法的溯及力相关 D. 如果赵某长期滞留在 A 国,应当适用时效免责	A
	2015 年卷一第 14 题	14. 卡尔·马克思说:"法官是法律世界的国王,法官除了法律没有别的上司。"对于这句话,下列哪一理解是正确的? A. 法官的法律世界与其他社会领域(政治、经济、文化等)没有关系 B. 法官的裁判权不受制约 C. 法官是法律世界的国王,但必须是法律的奴仆 D. 在法律世界中(包括在立法领域),法官永远是其他一切法律主体(或机构)的上司	C
	2015 年卷一第 15 题	15. 关于法的适用,下列哪一说法是正确的? A. 在法治社会,获得具有可预测性的法律决定是法的适用的唯一目标 B. 法律人查明和确认案件事实的过程是一个与规范认定无关的过程 C. 法的适用过程是一个为法律决定提供充足理由的法律证成过程 D. 法的适用过程仅仅是运用演绎推理的过程	C

续表

年份	题号	题目	官方标准答案
2015 年	2015 年卷一第 51 题	51. 关于对全面推进依法治国基本原则的理解,下列哪些选项是正确的? A. 要把坚持党的领导、人民当家做主、依法治国有机统一起来 B. 坚持人民主体地位,必须坚持法治建设以保障人民根本利益为出发点 C. 要坚持从中国实际出发,并借鉴国外法治有益经验 D. 坚持法律面前人人平等,必须以规范和约束公权力为重点	ABCD
	2015 年卷一第 52 题	52. 备案审查是宪法监督的重要内容和环节。根据中国特色社会主义法治理论有关要求和《立法法》规定,对该项制度的理解,下列哪些表述是正确的? A. 建立规范性文件备案审查机制,要把所有规范性文件纳入审查范围 B. 地方性法规和地方政府规章应纳入全国人大常委会的备案审查范围 C. 全国人大常委会有权依法撤销和纠正违宪违法的规范性文件 D. 提升备案审查能力,有助于提高备案审查的制度执行力和约束力	ACD
	2015 年卷一第 53 题	53. 十二届全国人大作出了制定二十余部新法律、修改四十余部法律的立法规划,将为经济、政治等各领域一系列重大改革提供法律依据。关于加强重点领域立法,下列哪些观点是正确的? A. 修订《促进科技成果转化法》,能够为科技成果产业化提供法治保障 B. 推进反腐败立法,是完善惩治和预防腐败的有效机制 C. 为了激发社会组织活力,加快实施政社分开,应当加快社会组织立法 D. 用严格的法律制度保护生态环境,大幅度提高环境违法成本,会对经济发展带来不利影响	ABC

续表

年份	题号	题目	官方标准答案
2015 年	2015 年卷一第 54 题	54. 2015 年 1 月,最高法院巡回法庭先后在深圳、沈阳正式设立,负责审理跨行政区域重大行政和民商事案件。关于设立巡回法庭的意义,下列哪些理解是正确的? A. 有利于保证公正司法和提高司法公信力 B. 有助于消除审判权运行的行政化问题 C. 有助于节约当事人诉讼成本,体现了司法为民的原则 D. 有利于就地化解纠纷,减轻最高法院本部办案压力	ABCD
	2015 年卷一第 55 题	55. 培养高素质的法治专门队伍,旨在为建设社会主义法治国家提供强有力的组织和人才保障。下列哪些举措体现了这一要求? A. 从符合条件的律师中招录立法工作者、法官、检察官 B. 实行招录人才的便捷机制,在特定地区,政法专业毕业生可直接担任法官 C. 建立检察官逐级遴选制度,初任检察官由省级检察院统一招录,一律在基层检察院任职 D. 将善于运用法治思维和法治方式推动工作的人员优先选拔至领导岗位	ACD
	2015 年卷一第 56 题	56. 2011 年,李某购买了刘某一套房屋,准备入住前从他处得知该房内两年前曾发生一起凶杀案。李某诉至法院要求撤销合同。法官认为,根据我国民俗习惯,多数人对发生凶杀案的房屋比较忌讳,被告故意隐瞒相关信息,违背了诚实信用原则,已构成欺诈,遂判决撤销合同。关于此案,下列哪些说法是正确的? A. 不违背法律的民俗习惯可以作为裁判依据 B. 只有在民事案件中才可适用诚实信用原则 C. 在司法判决中,诚实信用原则以全有或全无的方式加以适用 D. 诚实信用原则可以为相关的法律规则提供正当化基础	AD

续表

年份	题号	题目	官方标准答案
2015年	2015年卷一第57题	57. 某法院在一起疑难案件的判决书中援引了法学教授叶某的学说予以说理。对此,下列哪些说法是正确的? A. 法学学说在当代中国属于法律原则的一种 B. 在我国,法学学说中对法律条文的解释属于非正式解释 C. 一般而言,只能在民事案件中援引法学学说 D. 参考法学学说有助于对法律条文作出正确理解	BD
	2015年卷一第58题	58. 徐某被何某侮辱后一直寻机报复,某日携带尖刀到何某住所将其刺成重伤。经司法鉴定,徐某作案时辨认和控制能力存在,有完全的刑事责任能力。法院审理后以故意伤害罪判处徐某有期徒刑10年。关于该案,下列哪些说法是正确的? A. “徐某作案时辨认和控制能力存在,有完全的刑事责任能力”这句话包含对事实的法律认定 B. 法院判决体现了法的强制作用,但未体现评价作用 C. 该案中法官运用了演绎推理 D. “徐某被何某侮辱后一直寻机报复,某日携带尖刀到何某住所将其刺成重伤”是该案法官推理中的大前提	AC
	2015年卷一第59题	59. 张某出差途中突发疾病死亡,被市社会保障局认定为工伤。但张某所在单位认为依据《工伤保险条例》,只有“在工作时间和工作岗位突发疾病死亡”才属于工伤,遂诉至法院。法官认为,张某为完成单位分配任务,须经历从工作单位到达出差目的地这一过程,出差途中应视为工作时间和工作岗位,故构成工伤。关于此案,下列哪些说法是正确的? A. 解释法律时应首先运用文义解释方法 B. 法官对条文作了扩张解释 C. 对条文文义的扩张解释不应违背立法目的 D. 一般而言,只有在法律出现漏洞时才需要进行法律解释	ABC

续表

年份	题号	题目	官方标准答案
2015年	2015年卷一第60题	60.《最高人民法院关于适用〈中华人民共和国合同法〉若干问题的解释(二)》第十九条规定:"对于合同法第七十四条规定的'明显不合理的低价',人民法院应当以交易当地一般经营者的判断,并参考交易当时交易地的物价部门指导价或者市场交易价,结合其他相关因素综合考虑予以确认。"关于该解释,下列哪些说法是正确的? A. 并非由某个个案裁判而引起 B. 仅关注语言问题而未涉及解释结果是否公正的问题 C. 具有法律约束力 D. 不需报全国人大常委会备案	AC
	2015年卷一第86题	86. 全面推进依法治国,要求深入推进依法行政,加快建设法治政府。下列做法符合该要求的是: A. 为打击医药购销领域商业贿赂,某省对列入不良记录逾期不改的药品生产企业,取消所有产品的网上采购资格 B. 某市建立行政机关内部重大决策合法性审查机制,未经审查的,不得提交讨论 C. 某省交管部门开展校车整治行动时,坚持以人为本,允许家长租用私自改装的社会运营车辆接送学生 D. 某市推进综合执法,为减少市县两级政府执法队伍种类,要求无条件在所有领域实现跨部门综合执法	AB
	2015年卷一第87题	87. 2015年4月,最高法院发布了《关于人民法院推行立案登记制改革的意见》。关于立案登记制,下列理解正确的是: A. 有利于做到有案必立,保障当事人诉权 B. 有利于促进法院案件受理制度的完善 C. 法院对当事人的起诉只进行初步的实质审查,当场登记立案 D. 适用于民事起诉、强制执行和国家赔偿申请,不适用于行政起诉	AB

续表

年份	题号	题目	官方标准答案
2015 年	2015 年卷一第 88 题	88. 张某因其妻王某私自堕胎,遂以侵犯生育权为由诉至法院请求损害赔偿,但未获支持。张某又请求离婚,法官调解无效后依照《婚姻法》中"其他导致夫妻感情破裂的情形"的规定判决准予离婚。对此,下列选项中正确的是: A. 王某与张某婚姻关系的消灭是由法律事件引起的 B. 张某主张的生育权属于相对权 C. 法院未支持张某的损害赔偿诉求,违反了"有侵害则有救济"的法律原则 D. "其他导致夫妻感情破裂的情形"属于概括性立法,有利于提高法律的适应性	BD
	2015 年卷一第 89 题	89. 李某因热水器漏电受伤,经鉴定为重伤,遂诉至法院要求厂家赔偿损失,其中包括精神损害赔偿。庭审时被告代理律师辩称,一年前该法院在审理一起类似案件时并未判决给予精神损害赔偿,本案也应作相同处理。但法院援引最新颁布的司法解释,支持了李某的诉讼请求。关于此案,下列认识正确的是: A. "经鉴定为重伤"是价值判断而非事实判断 B. 此案表明判例不是我国正式的法的渊源 C. 被告律师运用了类比推理 D. 法院生效的判决具有普遍约束力	BC
	2015 年卷一第 90 题	90. "法学作为科学无力回答正义的标准问题,因而是不是法与是不是正义的法是两个必须分离的问题,道德上的善或正义不是法律存在并有效力的标准,法律规则不会因违反道德而丧失法的性质和效力,即使那些同道德严重对抗的法也依然是法。"关于这段话,下列说法正确的是: A. 这段话既反映了实证主义法学派的观点,也反映了自然法学派的基本立场 B. 根据社会法学派的看法,法的实施可以不考虑法律的社会实效 C. 根据分析实证主义法学派的观点,内容正确性并非法的概念的定义要素 D. 所有的法学学派均认为,法律与道德、正义等在内容上没有任何联系	C

续表

年份	题号	题目	官方标准答案
2014 年	2014 年卷一第 1 题	1. 关于依法治国,下列哪一认识是错误的? A. 依法治国要求构建科学完善的权力制约监督机制 B. 依法治国要求坚持"法律中心主义",强调法律在治理和管理国家中的作用 C. 实施依法治国基本方略,必须坚持法治国家、法治政府、法治社会一体建设 D. 依法治国要求党必须坚持依法执政,正确领导立法、保证执法、带头守法	B
	2014 年卷一第 2 题	2. 某省政府向社会公布了政府在行政审批领域中的权力清单。关于该举措,下列哪一说法是错误的? A. 旨在通过政务公开约束政府权力 B. 有利于保障行政相对人权利 C. 体现了比例原则 D. 符合法治原则	C
	2014 年卷一第 3 题	3. 实施依法治国方略,要求各级领导干部善于运用法治思维思考问题,处理每项工作都要依法依规进行。下列哪一做法违反了上述要求? A. 某市环保部门及时发布大型化工项目的环评信息,回应社会舆论质疑 B. 某市法院为平息来访被害人家属及群众情绪签订保证书,根据案情承诺加重处罚被告人 C. 某市人大常委会就是否在地方性法规中规定"禁止地铁内进食"举行立法听证 D. 某省推动建立涉法涉诉信访依法终结制度	B

续表

年份	题号	题目	官方标准答案
2014年	2014年卷一第4题	4. 依法行政是依法治国的一个关键环节，是法治国家对政府行政活动的基本要求。依法行政要求行政机关必须诚实守信。下列哪一行为违反了诚实守信原则? A. 某县发生煤矿重大安全事故，政府部门通报了相关情况，防止了现场矛盾激化 B. 某市政府在招商引资过程中承诺给予优惠，因国家政策变化推迟兑现 C. 某县政府因县内其他民生投资导致资金紧张，未按合同及时支付相关企业的市政工程建设款项 D. 某区政府经过法定程序对已经公布的城建规划予以变更	C
	2014年卷一第5题	5. 执法为民要求立法、行政、司法等机关的工作要反映群众的愿望和根本利益。下列哪一做法没有准确体现执法为民的基本要求? A. 某市公安局借助网络开展执法满意度调查并将调查结果作为评判执法公正的唯一标准 B. 某市法院通过优化人民法庭区域布置、开展巡回审判等方式，减少当事人讼累 C. 某市政府出台《市政管理检查行为规范》，规范城管队员执法行为 D. 某县检察院设立未成年人案件办公室，探索完善未成年人所在社区、学校、家庭、派出所与检察院五位一体的跟踪帮教机制	A
	2014年卷一第6题	6. 社会主义法治把公平正义作为一切法治实践活动的价值追求。下列哪一说法正确体现了公平正义理念的基本要求? A. 在法律实施中为维护法律的权威性和严肃性，应依据法理而不是考虑情理 B. 在法治实践活动中，仅仅保证程序公正 C. 迟到的正义是非正义，法治活动应同时兼顾公正与效率 D. 法律是全社会平等适用的普遍性规范，为维护法制统一，对特殊地域和特殊群体应一视同仁，不作任何区别化对待	C

续表

年份	题号	题目	官方标准答案
2014 年	2014 年卷一第 7 题	7. 下列哪一做法不符合服务大局理念的要求? A. 某省法院审理案件时发现该省地方性法规与全国人大常委会制定的法律相抵触,最终依据法律作出裁判 B. 某市工商局规定收取查询费,拒绝法院无偿查询被强制执行企业的登记信息 C. 某市律师协会组织律师就已结案件进行回访,如案结事未了则为当事人免费提供法律服务 D. 在应对当地自然灾害中,某市检察院积极发挥职能作用,着力保障特殊时期社会稳定	B
	2014 年卷一第 8 题	8. 坚持党对法治事业的领导,是我国社会主义法治的主要特色,也是我国社会主义法治的根本保证。关于党的领导的理念,下列哪一理解是错误的? A. 坚持党对社会主义法治事业的领导是当代中国社会发展的必然结果 B. 我国法治事业,从总体部署到决策的具体实施,都是在党的大力推动下实现的 C. 只要抓住立法环节,把党的各项政治主张和要求上升为法律,就能全面实现党对社会主义法治事业的政治领导 D. 党带头遵守宪法和法律与坚持党对法治事业的领导是不矛盾的	C
	2014 年卷一第 9 题	9. 法律格言说:“法律不能使人人平等,但在法律面前人人是平等的。”关于该法律格言,下列哪一说法是正确的? A. 每个人在法律面前事实上是平等的 B. 在任何时代和社会,法律面前人人平等都是一项基本法律原则 C. 法律可以解决现实中的一切不平等问题 D. 法律面前人人平等原则并不禁止在立法上作出合理区别的规定	D

续表

年份	题号	题目	官方标准答案
2014 年	2014 年卷一第 10 题	10. 关于法的规范作用,下列哪一说法是正确的? A. 陈法官依据诉讼法规定主动申请回避,体现了法的教育作用 B. 法院判决王某行为构成盗窃罪,体现了法的指引作用 C. 林某参加法律培训后开始重视所经营企业的法律风险防控,反映了法的保护自由价值的作用 D. 王某因散布谣言被罚款 300 元,体现了法的强制作用	D
	2014 年卷一第 11 题	11. 尹老汉因女儿很少前来看望,诉至法院要求判决女儿每周前来看望 1 次。法院认为,根据《老年人权益保障法》第十八条规定,家庭成员应当关心老年人的精神需求,不得忽视、冷落老年人;与老年人分开居住的家庭成员,应当经常看望或问候老年人。而且,关爱老人也是中华传统美德。法院遂判决被告每月看望老人 1 次。关于此案,下列哪一说法是错误的? A. 被告看望老人次数因法律没有明确规定,由法官自由裁量 B.《老年人权益保障法》第十八条中没有规定法律后果 C. 法院判决所依据的法条中规定了积极义务和消极义务 D. 法院判决主要是依据道德作出的	D

续表

年份	题号	题目	官方标准答案
2014 年	2014 年卷一第 12 题	12. 原告与被告系亲兄弟,父母退休后与被告共同居住并由其赡养。父亲去世时被告独自料理后事,未通知原告参加。原告以被告侵犯其悼念权为由诉至法院。法院认为,按照我国民间习惯,原告有权对死者进行悼念,但现行法律对此没有规定,该诉讼请求于法无据,判决原告败诉。关于此案,下列哪一说法是错误的? A. 本案中的被告侵犯了原告的经济、社会、文化权利 B. 习惯在我国是一种非正式的法的渊源 C. 法院之所以未支持原告诉讼请求,理由在于被告侵犯的权利并非法定权利 D. 在本案中法官对判决进行了法律证成	A
	2014 年卷一第 13 题	13. 张林遗嘱中载明:我去世后,家中三间平房归我妻王珍所有,如我妻今后嫁人,则归我侄子张超所有。张林去世后王珍再婚,张超诉至法院主张平房所有权。法院审理后认为,婚姻自由是宪法基本权利,该遗嘱所附条件侵犯了王珍的婚姻自由,违反《婚姻法》规定,因此无效,判决张超败诉。对于此案,下列哪一说法是错误的? A. 婚姻自由作为基本权利,其行使不受任何法律限制 B. 本案反映了遗嘱自由与婚姻自由之间的冲突 C. 法官运用了合宪性解释方法 D. 张林遗嘱处分的是其财产权利而非其妻的婚姻自由权利	A

续表

年份	题号	题目	官方标准答案
2014 年	2014 年卷一第 14 题	14.《最高人民法院、最高人民检察院关于办理赌博刑事案件具体应用法律若干问题的解释》第二条规定:“以营利为目的,在计算机网络上建立赌博网站,或者为赌博网站担任代理,接受投注的,属于刑法第三百零三条规定的‘开设赌场’。”关于该解释,下列哪一说法是不正确的? A. 属于法定解释 B. 对刑法条文做了扩大解释 C. 应当自公布之日起 30 日内报全国人大常委会备案 D. 运用了历史解释方法	D
	2014 年卷一第 15 题	15. 关于法与人权的关系,下列哪一说法是错误的? A. 人权不能同时作为道德权利和法律权利而存在 B. 按照马克思主义法学的观点,人权不是天赋的,也不是理性的产物 C. 人权指出了立法和执法所应坚持的最低的人道主义标准和要求 D. 人权被法律化的程度会受到一国民族传统、经济和文化发展水平等因素的影响	A
	2014 年卷一第 51 题	51.《侵权责任法》第八十七条规定:从建筑物中抛掷物品或者从建筑物上坠落的物品造成他人损害,难以确定具体侵权人的,除能够证明自己不是侵权人的外,由可能加害的建筑物使用人给予补偿。关于该条文,下列哪些说法是正确的? A. 规定的是责任自负原则的例外情形 B. 是关于法律解释方法位阶的规定 C. 规定的是确定性规则 D. 是体现司法公正原则的规定	AC

续表

年份	题号	题目	官方标准答案
2014 年	2014 年卷一第 52 题	52. 新郎经过紧张筹备准备迎娶新娘。婚礼当天迎亲车队到达时,新娘却已飞往国外,由其家人转告将另嫁他人,离婚手续随后办理。此事对新郎造成严重伤害。法院认为,新娘违背诚实信用和公序良俗原则,侮辱了新郎人格尊严,判决新娘赔偿新郎财产损失和精神抚慰金。关于本案,下列哪些说法可以成立? A. 由于缺乏可供适用的法律规则,法官可依民法基本原则裁判案件 B. 本案法官运用了演绎推理 C. 确认案件事实是法官进行推理的前提条件 D. 只有依据法律原则裁判的情形,法官才需提供裁判理由	ABC
	2014 年卷一第 53 题	53. 王某恋爱期间承担了男友刘某的开销计 20 万元。后刘某提出分手,王某要求刘某返还开销费用。经过协商,刘某自愿将该费用转为借款并出具了借条,不久刘某反悔,以不存在真实有效借款关系为由拒绝还款,王某诉至法院。法院认为,"刘某出具该借条系本人自愿,且并未违反法律强制性规定",遂判决刘某还款。对此,下列哪些说法是正确的? A. "刘某出具该借条系本人自愿,且并未违反法律强制性规定"是对案件事实的认定 B. 出具借条是导致王某与刘某产生借款合同法律关系的法律事实之一 C. 因王某起诉产生的民事诉讼法律关系是第二性法律关系 D. 本案的裁判是以法律事件的发生为根据作出的	ABC

续表

年份	题号	题目	官方标准答案
2014年	2014年卷一第54题	54. 关于我国司法解释,下列哪些说法是错误的? A. 林某认为某司法解释违背相关法律,遂向全国人大常委会提出审查建议,这属于社会监督的一种形式 B. 司法解释的对象是法律、行政法规和地方性法规 C. 司法解释仅指最高法院对审判工作中具体应用法律、法令问题的解释 D. 全国人大法律委员会和有关专门委员会经审查认为司法解释同法律规定相抵触的,可以直接撤销	BCD
	2014年卷一第55题	55. 甲骑车经过乙公司在小区内的某施工场地时,由于施工场地湿滑摔倒致骨折,遂诉至法院请求赔偿。由于《民法通则》对"公共场所"没有界定,审理过程中双方对施工场地是否属于《民法通则》中的"公共场所"产生争议。法官参考《刑法》《集会游行示威法》等法律和多个地方性法规对"公共场所"的规定后,对"公共场所"作出解释,并据此判定乙公司承担赔偿责任。关于此案,下列哪些选项是正确的? A. 法官对"公共场所"的具体含义的证成属于外部证成 B. 法官运用了历史解释方法 C. 法官运用了体系解释方法 D. 该案表明,同一个术语在所有法律条文中的含义均应作相同解释	AC
	2014年卷一第91题	91. 下列构成法律责任竞合的情形是: A. 方某因无医师资格开设诊所被卫生局没收非法所得,并被法院以非法行医罪判处3年有期徒刑 B. 王某通话时,其手机爆炸导致右耳失聪,可选择以侵权或违约为由追究手机制造商法律责任 C. 林某因故意伤害罪被追究刑事责任和民事责任 D. 戴某用10万元假币购买一块劳力士手表,其行为同时触犯诈骗罪与使用假币罪	BD

续表

年份	题号	题目	官方标准答案
2014年	2014年卷一第92题	92."法律人适用法律的最直接目标就是要获得一个合理的决定。在法治社会,所谓合理的法律决定就是指法律决定具有可预测性和正当性。"对于这一段话,下列说法正确的是: A. 正当性是实质法治的要求 B. 可预测性要求法律人必须将法律决定建立在既存的一般性的法律规范的基础上 C. 在历史上,法律人通常借助法律解释方法缓解可预测性与正当性之间的紧张关系 D. 在法治国家,法律决定的可预测性是理当崇尚的一个价值目标	ABCD
	2014年卷一第93题	93. 关于法的发展、法的传统与法的现代化,下列说法正确的是: A. 中国的法的现代化是自发的、自下而上的、渐进变革的过程 B. 法律意识是一国法律传统中相对比较稳定的部分 C. 外源型法的现代化进程带有明显的工具色彩,一般被要求服务于政治、经济变革 D. 清末修律标志着中国法的现代化在制度层面上的正式启动	BCD
2013年	2013年卷一第1题	1. 依法治国是社会主义法治的核心内容。关于依法治国的理解,下列哪一选项是正确的? A. 只需建成完备的社会主义法律体系即可实现依法治国 B. 依法治国仅要求运用法律约束国家机关和官员的权力,而无须约束公民的权利和自由 C. 依法治国要求在解决社会问题时应将法律作为主要的、排他性的手段 D. 依法治国就是人民群众在党的领导下,依照宪法和法律的规定,通过各种途径和形式管理国家事务、经济文化事务、社会事务,保证国家各项工作都依法进行,逐步实现社会主义民主的制度化、法律化	D

续表

年份	题号	题目	官方标准答案
2013年	2013年卷一第2题	2. 关于贯彻依法治国理念的基本要求，下列哪一说法是不正确的？ A. 社会成员要知法、信法、守法、用法，这是依法治国方略实施的社会基础 B. 依法治国需要与我国不同发展阶段的主要实践结合起来 C. 实现依法治国的首要目的是运用法律手段加快解决公共卫生保障、文化教育、保障性住房等领域的现实问题 D. 依法治国要求领导干部善于运用法治思维和法治方式深化改革、推动发展、化解矛盾和维护稳定	C
	2013年卷一第3题	3. 某市实行电视问政，市领导和政府部门负责人以电视台开设的专门栏目为平台，接受公众质询，以此“治庸问责”，推动政府积极解决市民关心的问题。对此，下列哪一说法是不正确的？ A. 社会主义法治是“治权之治”，电视问政有利于强化人民群众对官员的监督 B. 电视问政体现了高效便民的原则 C. 电视问政是“治庸问责”的有效法律手段 D. 电视问政有助于引导市民规范有序地参与国家和社会事务管理	C
	2013年卷一第4题	4. 执法为民是社会主义法治的本质要求。下列哪一做法不符合执法为民的理念？ A. 某市公安局为派出所民警制作“民警联系牌”，悬挂在社区居民楼入口处，以方便居民联系 B. 某省为及时化解社会矛盾，积极推进建立人民调解、行政调解、司法调解联动的多元化解矛盾纠纷机制 C. 某县政府通过中介机构以有偿方式提供政府信息 D. 某区法院为减少当事人的诉讼成本，推行“网上立案”“社区开庭”等措施	C

续表

年份	题号	题目	官方标准答案
2013 年	2013 年卷一第 5 题	5. 某市检察院运用电子设备双路监控,同步录音录像,监督检察官办案过程,推动理性文明执法。关于理性文明执法,下列哪一说法是不正确的? A. 体现了以人为本的原则和精神 B. 有助于树立法治的权威 C. 有助于实现保障人权与打击犯罪的双重目标 D. 要求执法机关从有利于群众的实际利益出发,讲究执法方法。为此,可突破法律规则和程序的要求办案	D
	2013 年卷一第 6 题	6. 公平正义理念是社会主义法治的价值追求。下列哪一选项体现了公平正义理念? A. 某市公安局对年纳税过亿的企业家的人身安全进行重点保护 B. 某法官审理一起医疗纠纷案件,主动到医院咨询相关的医学知识,调查纠纷的事实情况,确保案件及时审结 C. 某法院审理某官员受贿案件时,考虑其在工作上有重大贡献,给予从轻处罚 D. 某县李法官因家具质量问题与县城商场争执并起诉商场,法院审理后认为无质量问题,判决李法官败诉	D
	2013 年卷一第 7 题	7. 服务大局是社会主义法治的重要使命。下列哪一做法符合服务大局的理念? A. 某市规定只有本地企业生产的汽车才可申请出租车牌照 B. 某省工商局开展为本省旅游岛建设保驾护航的执法大检查活动 C. 某县环保局为避免工人失业,未关停污染企业 D. 某县法院拒绝受理外地居民起诉本地企业的案件	B

续表

年份	题号	题目	官方标准答案
2013 年	2013 年卷一第 8 题	8. 关于党对法治事业的领导,下列哪一说法是不正确的? A. 党的领导理念可以追溯到列宁关于无产阶级专政与社会主义法治的思想 B. 应将党所倡导的政治文明充分体现在对法治实践活动的领导之中 C. 党对法治事业的领导,集中体现在思想领导、政治领导和组织领导三个方面 D. 党对法治事业的组织领导,主要是指党在宏观上把握好法治发展和运行的方向,而不是通过组织建设对法治实践活动进行监督	D
	2013 年卷一第 9 题	9. 法律谚语:"平等者之间不存在支配权。"关于这句话,下列哪一选项是正确的? A. 平等的社会只存在平等主体的权利,不存在义务;不平等的社会只存在不平等的义务,不存在权利 B. 在古代法律中,支配权仅指财产上的权利 C. 平等的社会不承认绝对的人身依附关系,法律禁止一个人对另一个人的奴役 D. 从法理上讲,平等的主体之间不存在相互的支配,他们的自由也不受法律限制	C
	2013 年卷一第 10 题	10.《婚姻法》第十九条第一款规定:"夫妻可以约定婚姻关系存续期间所得的财产以及婚前财产归各自所有、共同所有或部分各自所有、部分共同所有。约定应当采用书面形式。没有约定或约定不明确的,适用本法第十七条、第十八条的规定。"关于该条款规定的规则(或原则),下列哪一选项是正确的? A. 任意性规则 B. 法律原则 C. 准用性规则 D. 禁止性规则	A

续表

年份	题号	题目	官方标准答案
2013 年	2013 年卷一第 11 题	11. 韩某与刘某婚后购买住房一套,并签订协议:“刘某应忠诚于韩某,如因其婚外情离婚,该住房归韩某所有。”后韩某以刘某与第三者的 QQ 聊天记录为证据,诉其违反忠诚协议。法官认为,该协议系双方自愿签订,不违反法律禁止性规定,故合法有效。经调解,两人离婚,住房归韩某。关于此案,下列哪一说法是不正确的? A. 该协议仅具有道德上的约束力 B. 当事人的意思表示不能仅被看作是一种内心活动,而应首先被视为可能在法律上产生后果的行为 C. 法律禁止的行为或不禁止的行为,均可导致法律关系的产生 D. 法官对协议的解释符合“法伦理性的原则”	A
	2013 年卷一第 12 题	12. 赵某与陈女订婚,付其 5000 元彩礼,赵母另付其 1000 元“见面礼”。双方后因性格不合解除婚约,赵某诉请陈女返还该 6000 元费用。法官根据《婚姻法》和最高人民法院《关于适用〈婚姻法〉若干问题的解释(二)》的相关规定,认定该现金属彩礼范畴,按照习俗要求返还不违反法律规定,遂判决陈女返还。对此,下列哪一说法是正确的? A. 法官所提及的“习俗”在我国可作为法的正式渊源 B. 在本案中,法官主要运用了归纳推理技术 C. 从法理上看,该判决不符合《婚姻法》第十九条“夫妻可以约定婚姻关系存续期间所得的财产”之规定 D.《婚姻法》和《关于适用〈婚姻法〉若干问题的解释(二)》均属于规范性法律文件	D

续表

年份	题号	题目	官方标准答案
2013 年	2013 年卷一第 13 题	13. 李某在某餐馆就餐时，被邻桌互殴的陌生人误伤。李某认为，依据《消费者权益保护法》第 7 条第 1 款中“消费者在购买、使用商品和接受服务时享有人身、财产安全不受损害的权利”的规定，餐馆应负赔偿责任，据此起诉。法官结合该法第 7 条第 2 款中“消费者有权要求经营者提供的商品和服务，符合保障人身、财产安全的要求”的规定来解释第 7 条第 1 款，认为餐馆对商品和服务之外的因素导致伤害不应承担责任，遂判决李某败诉。对此，下列哪一说法是不正确的？ A. 李某的解释为非正式解释 B. 李某运用的是文义解释方法 C. 法官运用的是体系解释方法 D. 就不同解释方法之间的优先性而言，存在固定的位阶关系	D
	2013 年卷一第 14 题	14. 2012 年，潘桂花、李大响老夫妇处置房产时，发现房产证产权人由潘桂花变成其子李能。原来，早在七年前李能就利用其母不识字骗其母签订合同，将房屋作价过户到自己名下。二老怒将李能诉至法院。法院查明，潘桂花因精神障碍，被鉴定为限制民事行为能力人。据此，法院认定该合同无效。对此，下列哪一说法是不正确的？ A. 李能的行为违反了物权的取得应当遵守法律、尊重公德、不损害他人合法权益的法律规定 B. 从法理上看，法院主要根据“法律家长主义”原则（即，法律对于当事人“不真实反映其意志的危险选择”应进行限制，使之免于自我伤害）对李能的意志行为进行判断，从而否定了他的做法 C. 潘桂花被鉴定为限制民事行为能力人是对法律关系主体构成资格的一种认定 D. 从诉讼“争点”理论看，本案争执的焦点不在于李能是否利用其母不识字骗其母签订合同，而在于合同转让的效力如何认定	B

续表

年份	题号	题目	官方标准答案
2013年	2013年卷一第15题	15. 范某参加单位委托某拓展训练中心组织的拔河赛时,由于比赛用绳断裂导致范某骨折致残。范某起诉该中心,认为事故主要是该中心未尽到注意义务引起,要求赔偿10万余元。法院认定,拔河人数过多导致事故的发生,范某本人也有过错,判决该中心按40%的比例承担责任,赔偿4万元。关于该案,下列哪一说法是正确的? A. 范某对案件仅做了事实描述,未进行法律判断 B. "拔河人数过多导致了事故的发生"这一语句所表达的是一种裁判事实,可作为演绎推理的大前提 C. "该中心按40%的比例承担责任,赔偿4万元"是从逻辑前提中推导而来的 D. 法院主要根据法律责任的效益原则作出判决	C
	2013年卷一第51题	51. "近现代法治的实质和精义在于控权,即对权力在形式和实质上的合法性的强调,包括权力制约权力、权利制约权力和法律的制约。法律的制约是一种权限、程序和责任的制约。"关于这段话的理解,下列哪些选项是正确的? A. 法律既可以强化权力,也可以弱化权力 B. 近现代法治只控制公权,而不限制私权 C. 在法治国家,权力若不加限制,将失去在形式和实质上的合法性 D. 从法理学角度看,权力制约权力、权利制约权力实际上也应当是在法律范围内的制约和法律程序上的制约	ACD

续表

年份	题号	题目	官方标准答案
2013年	2013年卷一第52题	52.公元前399年,在古雅典城内,来自社会各阶层的501人组成的法庭审理了一起特别案件。被告人是著名哲学家苏格拉底,其因在公共场所喜好与人辩论、传授哲学而被以"不敬神"和"败坏青年"的罪名判处死刑。在监禁期间,探视友人欲帮其逃亡,但被拒绝。苏格拉底说,虽然判决不公正,但逃亡是毁坏法律,不能以错还错。最后,他服从判决,喝下毒药而亡。对此,下列哪些说法是正确的? A.人的良知、道德感与法律之间有时可能发生抵牾 B.苏格拉底服从判决的决定表明,一个人可以被不公正地处罚,但不应放弃探究真理的权利 C.就本案的事实看,苏格拉底承认判决是不公正的,但并未从哲学上明确得出"恶法非法"这一结论 D.从本案的法官、苏格拉底和他的朋友各自的行为看,不同的人对于"正义"概念可能会有不同的理解	ABCD
	2013年卷一第53题	53.一外国电影故事描写道:五名探险者受困山洞,水尽粮绝,五人中的摩尔提议抽签吃掉一人,救活他人,大家同意。在抽签前摩尔反悔,但其他四人仍执意抽签,恰好抽中摩尔并将其吃掉。获救后,四人被以杀人罪起诉并被判处绞刑。关于上述故事情节,下列哪些说法是不正确的? A.其他四人侵犯了摩尔的生命权 B.按照功利主义"最大多数人之福祉"的思想,"一命换多命"是符合法理的 C.五人之间不存在利益上的冲突 D.从不同法学派的立场看,此案的判决存在"唯一正确的答案"	CD

续表

年份	题号	题目	官方标准答案
2013 年	2013 年卷一第 54 题	54.《老年人权益保障法》第 18 条第 1 款规定:“家庭成员应当关心老年人的精神需求,不得忽视、冷落老年人。”关于该条款,下列哪些说法是正确的? A. 规定的是确定性规则,也是义务性规则 B. 是用“规范语句”表述的 C. 规定了否定式的法律后果 D. 规定了家庭成员对待老年人之行为的“应为模式”和“勿为模式”	ABD
	2013 年卷一第 55 题	55. 法是以国家强制力为后盾,通过法律程序保证实现的社会规范。关于法的这一特征,下列哪些说法是正确的? A. 法律具有保证自己得以实现的力量 B. 法律具有程序性,这是区别于其他社会规范的重要特征 C. 按照马克思主义法学的观点,法律主要依靠国家暴力作为外在强制的力量 D. 自然力本质上属于法的强制力之组成部分	ABC
	2013 年卷一第 86 题	86. 关于适用法律过程中的内部证成,下列选项正确的是: A. 内部证成是给一个法律决定提供充足理由的活动 B. 内部证成是按照一定的推理规则从相关前提中逻辑地推导出法律决定的过程 C. 内部证成是对法律决定所依赖的前提的证成 D. 内部证成和外部证成相互关联	ABD
	2013 年卷一第 87 题	87. 关于我国立法和法的渊源的表述,下列选项不正确的是: A. 从法的正式渊源上看,“法律”仅指全国人大及其常委会制定的规范性文件 B. 公布后的所有法律、法规均以在《国务院公报》上刊登的文本为标准文本 C. 行政法规和地方性法规均可采取“条例”“规定”“办法”等名称 D. 所有法律议案(法律案)都须交由全国人大常委会审议、表决和通过	BD

续表

年份	题号	题目	官方标准答案
2013 年	2013 年卷一第 88 题	88. 关于实证主义法学和非实证主义法学,下列说法不正确的是: A. 实证主义法学认为,在“实际上是怎样的法”与“应该是怎样的法”之间不存在概念上的必然联系 B. 非实证主义法学在定义法的概念时并不必然排除社会实效性要素和权威性制定要素 C. 所有的非实证主义法学都可以被看作是古典自然法学 D. 仅根据社会实效性要素,并不能将实证主义法学派、非实证主义法学派和其他法学派(比如社会法学派)在法定义上的观点区别开来	C
2012 年	2012 年卷一第 1 题	1. 社会主义法治理念是以社会主义为本质属性的系统化的法治意识形态。关于社会主义法治理念的意识形态属性,下列哪一说法不能成立? A. 是新中国成立以来长期遵循的指导思想 B. 是马克思主义法律思想中国化进程中的重大突破 C. 为中国走独特的社会主义法治道路创造了理论前提 D. 是建立于我国社会发展阶段的正确判断	A
	2012 年卷一第 2 题	2. 依法治国方略的实施是一项浩瀚庞大、复杂而艰巨的系统工程,要全面发挥各种社会规范的调整作用,综合协调地运用多元化的手段和方法实现对国家的治理和管理。关于依法治国理念的基本要求,下列哪一说法是不准确的? A. 在指导思想上,要坚持党的领导、人民当家作主和依法治国三者有机统一 B. 在评价尺度上,要坚持法律效果与政治效果、社会效果有机统一 C. 在法的作用上,要构建党委调解、行政调解、司法调解三位一体纠纷解决机制 D. 在法的成效上,要实现依法治国与以德治国的结合与统一	C

续表

年份	题号	题目	官方标准答案
2012 年	2012 年卷一第 3 题	3. 某培训机构招聘教师时按星座设定招聘条件,称:“处女座、天蝎座不要,摩羯座、天秤座、双鱼座优先。”据招聘单位解释,因处女座和天蝎座的员工个性强势,容易跳槽,故不愿招聘,并认为按星座招录虽涉嫌就业歧视,但目前法律没有明文禁止。对此,应聘者向劳动监察部门投诉。劳动监察部门的下列哪一做法符合社会主义法治理念要求? A. 将《劳动法》“劳动者就业,不因民族、种族、性别、宗教信仰不同而受歧视”的规定直接适用于本案,形成判例,弥补法律漏洞 B. 根据《劳动法》的平等就业原则,对招聘单位进行法治教育,促使其改变歧视性做法 C. 应聘者投诉缺乏法律根据,可对其批评教育或不予答复 D. 通知招聘方和应聘方参加听证,依据国外相关法律规定或案例,对招聘机构的行为作出行政处罚决定	B
	2012 年卷一第 4 题	4. 关于公平正义,下列哪一说法是正确的? A. 人类一切法律都维护公平正义 B. 不同的时代秉持相同的正义观 C. 公平正义是一个特定的历史范畴 D. 严格执法等于实现了公平正义	C
	2012 年卷一第 5 题	5. 作为创新社会管理的方式之一,社区网格化管理是根据各社区实际居住户数、区域面积大小、管理难度等情况,将社区划分数个网格区域,把党建、维稳、综治、民政、劳动和社会保障、计划生育、信访等社会管理工作落实到网格,形成了“网中有格、格中定人、人负其责、专群结合、各方联动、无缝覆盖”的工作格局,以此建立社情民意收集反馈机制和社会矛盾多元调解机制。关于充分运用法律手段创新社会管理,下列哪一说法是不准确的? A. 社会管理创新主要针对社会管理领域的重点人群、重点区域和重点行业 B. 大调解格局是一种社会矛盾多元调解机制 C. 社会管理创新要求建立以法律手段为主体,多种手段协调配合的管理和控制体系 D. 社区网格与村民委员会、居民委员会的法律地位一样,属于基层群众性自治组织	D

续表

年份	题号	题目	官方标准答案
2012 年	2012 年卷一第 6 题	6. 改革开放以来,我国司法机关始终围绕党的中心工作积极开展司法审判活动,特别是近年来,各级司法机关自觉服务于“保增长、保民生、保稳定”的工作大局,成效显著。关于法治服务于大局,下列哪一说法是不准确的? A. 服务大局是从我国社会主义法治建设实践中得出的结论 B. 服务大局是法治服务于党和国家的中心任务和大政方针 C. 服务大局是把法律作为解决转型时期社会矛盾的唯一手段 D. 服务大局体现了社会主义法治的政治属性及重要使命	C
	2012 年卷一第 7 题	7. 某地公安、检察机关通过传统媒体和新兴网络平台“微博”、短信和 QQ,提醒“微信”用户尤其是女性用户提高警惕,切勿轻信陌生“微友”,以免遭受不必要的伤害。关于执法机关的上述做法,下列哪一说法是准确的? A. 执法机关通过网络对妇女和网民的合法权益给予特殊保护,目的在于保证社会成员均衡发展 B. 执法机关利用网络平台自觉接受社会监督,切实减轻了群众负担 C. 执法机关采取利民措施,寓管理于主动服务之中,体现了执法为民的理念 D. 执法机关从实际出发,主要是为了引导群众理性表达自己的社会主张和利益诉求	C
	2012 年卷一第 8 题	8. 党对法治工作的领导体现为思想领导、政治领导和组织领导。下列哪一说法是不正确的? A. 党中央将“忠诚、为民、公正、廉洁”作为政法干警的核心价值观 B. 党的地方组织决定相关层级司法机关的案件处理 C. 司法机关要按照党中央关于和谐社会的总体要求,落实宽严相济的刑事政策 D. 党对国家法治事业的发展作出总体战略部署并推动决策实施	B

续表

年份	题号	题目	官方标准答案
2012 年	2012 年卷一第 9 题	9. 卡尔·马克思说:“在民主的国家里,法律就是国王;在专制的国家里,国王就是法律。”关于马克思这段话的理解,下列哪一选项是错误的? A. 从性质上看,有民主的法律,也有专制的法律 B. 在实行民主的国家,君主或者国王不可以参与立法 C. 在实行专制的国家,国王的意志可以上升为法律 D. 实行民主的国家,也是实行法律至上原则的国家	B
	2012 年卷一第 10 题	10.《中华人民共和国民法通则》第 6 条规定:“民事活动必须遵守法律,法律没有规定的,应当遵守国家政策。”从法官裁判的角度看,下列哪一说法符合条文规定的内容? A. 条文涉及法的渊源 B. 条文规定了法与政策的一般关系 C. 条文直接规定了裁判规则 D. 条文规定了法律关系	A

续表

年份	题号	题目	官方标准答案
2012 年	2012 年卷一第 11 题	11. 2003 年 7 月,年过七旬的王某过世,之前立下一份“打油诗”遗嘱:“本人已年过七旬,一旦病危莫抢救;人老病死本常事,古今无人寿长久;老伴子女莫悲愁,安乐停药助我休;不搞哀悼不奏乐,免得干扰邻和友;遗体器官若能用,解剖赠送我原求;病体器官无处要,育树肥花环境秀;我的一半财产权,交由老伴可拥有;上述遗愿能实现,我在地下乐悠悠。” 对于王某遗嘱中“我的一半财产权”所涉及的住房,指的是“整个房子的一半”,还是“属于父亲份额的一半”,家人之间有不同的理解。儿子认为,父亲所述应理解为母亲应该继承属于父亲那部分房产的一半,而不是整个房产的一半。王某老伴坚持认为,这套房子是其与丈夫的共同财产,自己应拥有整个房产(包括属于丈夫的另一半房产)。关于该案,下列哪一说法是正确的? A. 王某老伴与子女间的争议在于他们均享有正式的法律解释权 B. 王某老伴与子女对遗嘱的理解属于主观目的解释 C. 王某遗嘱符合意思表示真实、合法的要求 D. 遗嘱中的“我的一半财产权”首先应当进行历史解释	C
	2012 年卷一第 12 题	12. 中学生小张课间打篮球时被同学小黄撞断锁骨,小张诉请中学和小黄赔偿 1.4 万余元。法院审理后认为,虽然 2 被告对原告受伤均没有过错,不应承担赔偿责任,但原告毕竟为小黄所撞伤,该校的不当行为也是伤害事故发生的诱因,且原告花费 1.3 万余元治疗后尚未完全康复,依据公平原则,法院酌定被告各补偿 3000 元。关于本案,下列哪一判断是正确的? A. 法院对被告实施了法律制裁 B. 法院对被告采取了不诉免责和协议免责的措施 C. 法院做出对被告有利的判决,在于对案件事实与规范间关系进行了证成 D. 被告承担法律责任主要不是因为行为与损害间存在因果关系	C

续表

年份	题号	题目	官方标准答案
2012 年	2012 年卷一第 13 题	13. 张老太介绍其孙与马先生之女相识,经张老太之手曾给付女方“认大小”钱 10100 元,后双方分手。张老太作为媒人,去马家商量退还“认大小”钱时发生争执。因张老太犯病,马先生将其送医,并垫付医疗费 1251.43 元。后张老太以马家未返还“认大小”钱为由,拒绝偿付医药费。马先生以不当得利为由诉至法院。法院考虑此次纠纷起因及张老太疾病的诱因,判决张老太返还马先生医疗费 1000 元。关于本案,下列哪一理解是正确的? A. 我国男女双方订婚前由男方付“认大小”钱是通行的习惯法 B. 张老太犯病直接构成与马先生之医药费返还法律关系的法律事实 C. 法院判决时将保护当事人的自由和效益原则作为主要的判断标准 D. 本案的争议焦点不在于事实确认而在于法律认定	D
	2012 年卷一第 14 题	14. 某商场促销活动时宣称:“凡购买 100 元商品均送 80 元购物券。对因促销活动产生的纠纷,本商场有最终解释权。”刘女士在该商场购买了 1000 元商品,返回 800 元购物券。刘女士持券买鞋时,被告知鞋类商品 2 天前已退出促销活动,必须现金购买。刘女士遂找商场理论,协商未果便将商场告上法庭。关于本案,下列哪一认识是正确的? A. 从法律的角度看,“本商场有最终解释权”是一种学理解释权的宣称 B. 本案的争议表明,需要以公平正义去解释合同填补漏洞 C. 当事人对合同进行解释,等同于对合同享有法定的解释权 D. 商场的做法符合“权利和义务相一致”的原则	B

续表

年份	题号	题目	官方标准答案
2012年	2012年卷一第15题	15. 苏某和熊某毗邻而居。熊某在其居住楼顶为50只鸽子搭建了一座鸽舍。苏某以养鸽行为严重影响居住环境为由,将熊某诉至法院,要求熊某拆除鸽棚,赔礼道歉。法院判定原告诉求不成立。关于本案,下列哪一判断是错误的? A. 本案涉及的是安居权与养鸽权之间的冲突 B. 从案情看,苏某的安居权属于宪法所规定的文化生活权利 C. 从判决看,解决权利冲突首先看一个人在行使权利的同时是否造成对他人权利的实际侵害 D. 本案表明,权利的行使与义务的承担相关联	B
	2012年卷一第51题	51. "社会的发展是法产生的社会根源。社会的发展,文明的进步,需要新的社会规范来解决社会资源有限与人的欲求无限之间的矛盾,解决社会冲突,分配社会资源,维持社会秩序。适应这种社会结构和社会需要,国家和法这一新的社会组织和社会规范就出现了。"关于这段话的理解,下列哪些选项是正确的? A. 社会不是以法律为基础,相反,法律应以社会为基础 B. 法律的起源与社会发展的进程相一致 C. 马克思主义的法律观认为,法律产生的根本原因在于社会资源有限与人的欲求无限之间的矛盾 D. 解决社会冲突,分配社会资源,维持社会秩序属于法的规范作用	AB

续表

年份	题号	题目	官方标准答案
2012 年	2012 年卷一第 52 题	52.《中华人民共和国刑法》第八条规定："外国人在中华人民共和国领域外对中华人民共和国国家或者公民犯罪，而按本法规定的最低刑为三年以上有期徒刑的，可以适用本法，但是按照犯罪地的法律不受处罚的除外。"关于该条文，下列哪些判断是正确的？ A. 规定的是法的溯及力 B. 规定的是法对人的效力 C. 体现的是保护主义原则 D. 体现的是属人主义原则	BC
	2012 年卷一第 53 题	53. 张某与王某于 2000 年 3 月登记结婚，次年生一女小丽。2004 年 12 月张某去世，小丽随王某生活。王某不允许小丽与祖父母见面，小丽祖父母向法院起诉，要求行使探望权。法官在审理中认为，我国《婚姻法》虽没有直接规定隔代亲属的探望权利，但正确行使隔代探望权有利于儿童健康成长，故依据《民法通则》第 7 条有关"民事活动应当尊重社会公德"的规定，判决小丽祖父母可以行使隔代探望权。关于此案，下列哪些说法是正确的？ A. 我国《婚姻法》和《民法通则》均属同一法律部门的规范性文件，均是"基本法律" B."民事活动应当尊重社会公德"的规定属于命令性规则 C. 法官对判决理由的证成是一种外部证成 D. 法官的判决考虑到法的安定性和合目的性要求	ACD
	2012 年卷一第 54 题	54. 下列有关"国法"的理解，哪些是不正确的？ A."国法"是国家法的另一种说法 B."国法"仅指国家立法机关创制的法律 C. 只有"国法"才有强制性 D. 无论自然法学派，还是实证主义法学派，都可能把"国法"看作实在法	ABC

续表

年份	题号	题目	官方标准答案
2012 年	2012 年卷一第 55 题	55. 杨某与刘某存有积怨,后刘某服毒自杀。杨某因患风湿病全身疼痛,怀疑是刘某阴魂纠缠,遂先后 3 次到刘某墓地掘坟撬棺,挑出刘某头骨,并将头骨和棺材板移埋于自家责任田。事发后,检察院对杨某提起公诉。一审法院根据《中华人民共和国刑法》第三百零二条的规定,认定杨某的行为构成侮辱尸体罪。杨某不服,认为坟内刘某已成白骨并非尸体,随后上诉。杨某对“尸体”的解释,属于下列哪些解释? A. 任意解释 B. 比较解释 C. 文义解释 D. 法定解释	AC
	2012 年卷一第 86 题	1995 年颁布的《保险法》第 91 条规定:“保险公司的设立、变更、解散和清算事项,本法未作规定的,适用公司法和其他有关法律、行政法规的规定。”2009 年修订的《保险法》第 94 条规定:“保险公司,除本法另有规定外,适用《中华人民共和国公司法》的规定。”请回答第 86—88 题。86. 根据法的渊源的知识,关于《保险法》上述二条规定之间的关系,下列理解正确的是: A.“前法”与“后法”之间的关系 B.“一般法”与“特别法”之间的关系 C.“上位法”与“下位法”之间的关系 D. 法的正式渊源与法的非正式渊源之间的关系	A
	2012 年卷一第 87 题	87. 关于二条文规定的内容,下列理解正确的是: A. 均属委任性规则 B. 均属任意性规则 C. 均属准用性规则 D. 均属禁止性规则	C

续表

年份	题号	题目	官方标准答案
2012年	2012年卷一第88题	88. 根据法的渊源及其效力原则,下列理解正确的是: A. 相对于《公司法》规定而言,《保险法》对保险公司所作规定属于"特别法" B.《保险法》对保险公司的规定不同于《公司法》的,优先适用《保险法》 C.《保险法》对保险公司没有规定的,适用《公司法》 D. 根据2009年修订的《保险法》第94条规定,对于保险公司的设立、变更、解散和清算事项,《保险法》没有规定的,可以优先适用其他有关法律、行政法规的规定	ABC
2011年	2011年卷一第1题	1. 社会主义法治理念借鉴了中国传统法律文化中的"民为邦本""法不阿贵""和为贵"和西方法治思想中的"人民主权""基本人权""法律面前人人平等"等文化资源。关于借鉴中体现的社会主义法治理念基本特征,下列哪一说法是准确的? A. 本质的同源性 B. 彻底的人民性 C. 充分的开放性 D. 实践基础的相同性	C
	2011年卷一第2题	2. 近年来,政法机关通过"大接访""大走访""大下访"等做法,通过开门评警、回访信访当事人等形式,倾听群众呼声,了解群众疾苦,为群众排忧解难。关于这些做法的意义,下列哪一表述是不恰当的? A. 政法机关既是执法司法机关,也是群众工作机关 B. 政法干警既是执法司法工作者,也是群众工作者 C. 人民群众是执法主体,法治建设要坚持群众运动 D. 司法权必须坚持专门机关工作与群众路线相结合	C

续表

年份	题号	题目	官方标准答案
2011 年	2011 年卷一第 3 题	3. 法律面前人人平等是公平正义的首要内涵。关于它的具体内容,下列哪一选项是不准确的? A. 社会成员享有相同的立法表决权 B. 法律以同样的标准对待所有社会成员 C. 反对任何在宪法和法律之外的特殊权利 D. 禁止歧视任何在社会关系中处于弱势的社会成员	A
	2011 年卷一第 4 题	4. 2011 年 6 月 15 日,全国人大常委会法工委公布《个人所得税法》修正案草案征求意见结果,30 多天收到 82707 位网民的 237684 条意见,181 封群众来信,11 位专家和 16 位社会公众的意见。据此,草案对个人所得税的起征点进行了调整。关于这种“开门立法”“问法于民”的做法,下列哪一说法是准确的? A. 这体现了立法平等原则 B. 这体现了立法为民、增强立法主体自身民主性的要求 C. 这表现了执法为民的理念 D. 这体现了国家权力的相互制约	B
	2011 年卷一第 5 题	5. 某高校司法研究中心的一项研究成果表明:处于大城市“陌生人社会”的人群会更多地强调程序公正,选择诉诸法律解决纠纷;处于乡村“熟人社会”的人群则会更看重实体公正,倾向以调解、和解等中国传统方式解决纠纷。据此,关于人们对“公平正义”的理解与接受方式,下列哪一说法是不准确的? A. 对公平正义的理解具有一定的文化相对性、社会差异性 B. 实现公平正义的方式既应符合法律规定,又要合于情理 C. 程序公正只适用于“陌生人社会”,实体公正只适用于“熟人社会” D. 程序公正以实体公正为目标,实体公正以程序公正为基础	C

续表

年份	题号	题目	官方标准答案
2011 年	2011 年卷一第 6 题	6. 马克思主义关于“人民主权”的论述是社会主义法治理念的理论渊源之一。下列哪一宪法原则准确体现了人民主权思想? A. 国家尊重和保障人权 B. 中华人民共和国的一切权力属于人民 C. 中华人民共和国公民在法律面前一律平等 D. 中华人民共和国实行依法治国,建设社会主义法治国家	B
	2011 年卷一第 7 题	7. 1943 年,马锡五任陕甘宁边区高等法院陇东分庭庭长,他深入基层,依靠群众,就地办案,形式灵活,手续简便,被总结为“马锡五审判方式”。关于“马锡五审判方式”体现的法治意义,下列哪一说法是准确的? A. 是不断提高依法行政能力和职业道德水平的典范 B. 是努力树立司法权威及司法为民的典范 C. 是从我国国情出发,借鉴国外法治经验的典范 D. 是立足我国国情,坚持科学立法、维护法制统一的典范	B
	2011 年卷一第 8 题	8. 2011 年 7 月,某市公安机关模仿诗歌《见与不见》的语言和风格,在官方网站上发布信息,敦促在逃人员投案自首:“你逃,或者不逃,事就在那,不改不变。你跑,或者不跑,网就在那,不撤不去。你想,或者不想,法就在那,不偏不倚。你自首,或者不自首,警察就在那,不舍不弃。早日去投案,或者,惶惶终日,潜逃无聊,了结真好。”关于某市公安机关的做法,下列哪一说法是恰当的? A. 公安机关有权减轻或免除对自首人员的处罚 B. 公安机关应以社会管理职能代替政治统治职能 C. 公安机关可以从实际工作出发,对法律予以行政解释 D. 公安机关可以创新工作手段、利用有效宣传形式,促进全面充分履职	D

续表

年份	题号	题目	官方标准答案
2011 年	2011 年卷一第 9 题	9. 关于法律要素,下列哪一说法是错误的? A.《反垄断法》第三十七条:“行政机关不得滥用行政权力,制定含有排除、限制竞争内容的规定。”这属于义务性规则 B.《行政处罚法》第三十七条第三款:“执法人员与当事人有直接利害关系的,应当回避。”这既不属于法律原则,也不属于法律规则 C.《政府信息公开条例》第三十七条:“教育、医疗卫生、计划生育、供水、供电、供气、供热、环保、公共交通等与人民群众利益密切相关的公共企事业单位在提供社会公共服务过程中制作、获取的信息的公开,参照本条例执行,具体办法由国务院有关主管部门或机构制定。”这属于委任性规则 D.《婚姻法》第二十二条:“子女可以随父姓,可以随母姓。”这属于确定性规则	B
	2011 年卷一第 10 题	10. 某市政府为缓解拥堵,经充分征求广大市民意见,做出车辆限号行驶的规定。但同时明确,接送高考考生、急病送医等特殊情况未按号行驶的,可不予处罚。关于该免责规定体现的立法基本原则,下列哪一选项是不准确的? A. 实事求是,从实际出发 B. 民主立法 C. 注重效率 D. 原则性与灵活性相结合	C
	2011 年卷一第 11 题	11.《合同法》第一百二十二条规定:“因当事人一方的违约行为,侵害对方人身、财产权益的,受损害方有权选择依照本法要求其承担违约责任或者依照其他法律要求其承担侵权责任。”该条款规定了下列哪一类法律现象的处理原则? A. 法律位阶的冲突 B. 法律责任的免除 C. 法律价值的冲突 D. 法律责任的竞合	D

续表

年份	题号	题目	官方标准答案
2011年	2011年卷一第12题	12. 甲、乙分别为某有限责任公司的自然人股东,后甲在乙知情但不同意的情况下,为帮助妹妹获取贷款,将自有股份质押给银行,乙以甲侵犯其股东权利为由向法院提起诉讼。关于本案,下列哪一判断是正确的? A. 担保关系是债权关系的保护性法律关系 B. 债权关系是质押关系的第一性法律关系 C. 诉讼关系是股权关系的隶属性法律关系 D. 债权关系是质押关系的调整性法律关系	B
	2011年卷一第13题	13. 宽严相济是我国的基本刑事政策,要求法院对于危害国家安全、恐怖组织犯罪、“黑恶”势力犯罪等严重危害社会秩序和人民生命财产安全的犯罪分子,尤其对于极端仇视国家和社会,以不特定人为侵害对象,所犯罪行特别严重的犯罪分子,该依法重判的坚决重判,该依法判处死刑立即执行的绝不手软。对于解决公共秩序、社会安全、犯罪分子生命之间存在的法律价值冲突,该政策遵循下列哪一原则? A. 个案平衡原则 B. 比例原则 C. 价值位阶原则 D. 自由裁量原则	C
	2011年卷一第14题	14. 甲法官处理一起伤害赔偿案件,耐心向被告乙解释计算赔偿数额的法律依据,并将最高法院公报发布的已生效同类判决提供乙参考。乙接受甲法官建议,在民事调解书上签字赔偿了原告损失。关于本案,下列哪一判断是正确的? A. 法院已生效同类判决具有普遍约束力 B. 甲法官在该案调解时适用了判例法 C. 甲法官提供的指导性案例具有说服力 D. 民事调解书经乙签署后即具有行政强制执行力	C

续表

年份	题号	题目	官方标准答案
2011年	2011年卷一第15题	15. 下列哪一表述说明人权在本原上具有历史性？ A.“根据自然法，一切人生而自由，既不知有奴隶，也就无所谓释放” B.“没有无义务的权利，也没有无权利的义务” C.“人人生而平等，他们都从他们的‘造物主’那里被赋予某些不可转让的权利” D.“权利永远不能超出社会的经济结构以及由经济结构所制约的文化发展”	D
	2011年卷一第51题	51. 关于法的渊源和法律部门，下列哪些判断是正确的？ A. 自治条例和单行条例是地方国家权力机关制定的规范性文件 B. 行政法部门就是由国务院制定的行政法规构成的 C. 国际公法是中国特色社会主义法律体系的组成部分 D. 划分法律部门的主要标准是法律规范所调整的社会关系	AD
	2011年卷一第52题	52. 下列哪些选项属于法律意识的范畴？ A. 法国大革命后制定的《法国民法典》 B. 西周提出的“以德配天，明德慎罚” C. 中国传统的“和为贵”“少讼”“厌讼” D. 社会主义法治理念	BCD
	2011年卷一第53题	53. 1983年3月1日，全国人大常委会通过的《商标法》生效；2002年9月15日，国务院制定的《商标法实施条例》生效；2002年10月16日，最高法院制定的《关于审理商标民事纠纷案件适用法律若干问题的解释》施行。对此，下列哪些说法是正确的？ A.《商标法实施条例》是部门规章 B.《关于审理商标民事纠纷案件适用法律若干问题的解释》是司法解释 C.《商标法实施条例》的效力要低于《商标法》 D.《商标法实施条例》是《关于审理商标民事纠纷案件适用法律若干问题的解释》的母法	BC

续表

年份	题号	题目	官方标准答案
2011 年	2011 年卷一第 54 题	54. 近年来,我国部分地区基层法院在民事审判中试点“小额速裁”,对法律关系单一、事实清楚、争议标的额不足 1 万元的民事案件,实行一审终审制度。关于该审判方式改革体现出的价值取向,下列哪些说法是正确的? A. 节约司法成本 B. 促进司法民主 C. 提高司法效率 D. 推行司法公开	AC
	2011 年卷一第 55 题	55. 下列哪些选项属于积极义务的范畴? A. 子女赡养父母 B. 严禁刑讯逼供 C. 公民依法纳税 D. 紧急避险	AC
	2011 年卷一第 89 题	2011 年 7 月 5 日,某公司高经理与员工在饭店喝酒聚餐后表示:别开车了,“酒驾”已入刑,咱把车推回去。随后,高经理在车内掌控方向盘,其他人推车缓行。记者从交警部门了解到,如机动车未发动,只操纵方向盘,由人力或其他车辆牵引,不属于酒后驾车。但交警部门指出,路上推车既会造成后方车辆行驶障碍,也会构成对推车人的安全威胁,建议酒后将车置于安全地点,或找人代驾。鉴于我国对“酒后代驾”缺乏明确规定,高经理起草了一份《酒后代驾服务规则》,包括总则、代驾人、被代驾人、权利与义务、代为驾驶服务合同、法律责任等共六章二十一条邮寄给国家立法机关。请回答第 89—91 题。 89. 关于高经理和公司员工拒绝“酒驾”所体现的法的作用,下列说法正确的是: A. 法的指引作用 B. 法的评价作用 C. 法的预测作用 D. 法的强制作用	A

续表

年份	题号	题目	官方标准答案
2011 年	2011 年卷一第 90 题	90. 关于交警部门的推车前行不属于“酒驾”的解释，下列判断不正确的是： A. 属于司法解释 B. 属于行政解释 C. 直接运用了类比推理 D. 运用了演绎推理	ABC
	2011 年卷一第 91 题	91. 关于高经理起草的《酒后代驾服务规则》，下列说法不正确的是： A. 属于民法商法规则 B. 是立法议案 C. 是法的正式渊源 D. 是规范性法律文件	ABCD
2010 年	2010 年卷一第 1 题	1. 司法公正是司法工作的灵魂，是依法治国的重要标志。社会主义法治理念要求司法机关必须“严格公正司法”。下列哪一选项不符合社会主义法治理念的精神和要求？ A. 司法机关必须坚持实体公正和程序公正相结合，做到法律效果、政治效果和社会效果相统一 B. 司法机关必须进一步提高办案效率，坚持公正与效率兼顾 C. 司法机关为了保障判决有效执行，应对当事人实行“一站式服务”，即谁立案谁审判谁执行 D. 司法机关为了加强审判监督，可主动邀请人大代表、政协委员和新闻媒体旁听重大疑难案件审判	C

续表

年份	题号	题目	官方标准答案
2010 年	2010 年卷一第 2 题	2. 为了落实司法便民,检察院开设了网上举报、申诉和信息查询系统,法院实现网上预约立案和电子签章,公民对国家机关实行网上监督收效明显。关于网络技术在法治建设中的作用,下列哪一选项是不正确的? A. 社会主义法治理念的落实要与现代科学技术的发展相结合 B. 社会主义法治理念的落实也体现于对网络依法进行管理 C. 司法机关是否贯彻社会主义法治理念,其衡量的根本指标即是否采用现代科技手段 D. 司法机关采用网络技术落实司法便民,是在工作中做到执法为民的具体表现	C
	2010 年卷一第 3 题	3. 社会主义法治理念的核心内容是“依法治国”。关于“依法治国”,下列哪一选项是错误的? A. 依法治国以国家法律体系的健全、完善、规范、系统、协调为必要条件 B. 依法治国依赖于法制完备,法律健全完备了,法治就实现了 C. 依法治国应当树立宪法法律的权威 D. 依法治国的实现,必须以规范和制约公权力为前提,做到职权法定、有权必有责、用权受监督、违法受追究	B
	2010 年卷一第 4 题	4. 执法为民是社会主义法治的本质要求。对此,下列哪一选项是不正确的? A. 执法为民要求尊重和保障人权,这是宪法规定的一项基本原则 B. 执法为民强调以人为本,这是科学发展观的核心 C. 执法为民表明执法机关存在的目的在于合法地行使人民赋予的权力 D. 执法为民说明执法活动以“及时”“高效”作为最根本的出发点	D

续表

年份	题号	题目	官方标准答案
2010年	2010年卷一第5题	5. 关于社会主义法治理念及其特征的表述，下列哪一选项是错误的？ A. 社会主义法治理念重在强调行政执法和司法工作应遵守一定的原则，与立法没有直接关系 B. 社会主义法治理念反映和坚持了人民民主专政的国体 C. 社会主义法治理念反映了社会主义法治的性质、功能、价值取向和实现途径 D. 社会主义法治理念中的法治建设根本目标是实现好、维护好、发展好最广大人民的利益	A
	2010年卷一第6题	6. 法律格言说："不知自己之权利，即不知法律。"关于这句法律格言含义的阐释，下列哪一选项是正确的？ A. 不知道法律的人不享有权利 B. 任何人只要知道自己的权利，就等于知道整个法律体系 C. 权利人所拥有的权利，既是事实问题也是法律问题 D. 权利构成法律上所规定的一切内容，在此意义上，权利即法律，法律亦权利	C
	2010年卷一第7题	7. 张女穿行马路时遇车祸，致两颗门牙缺失。交警出具的责任认定书认定司机负全责。张女因无法与肇事司机达成赔偿协议，遂提起民事诉讼，认为司机虽赔偿3000元安装假牙，但假牙影响接吻，故司机还应就她的"接吻权"受到损害予以赔偿。关于本案，下列哪一选项是正确的？ A. 张女与司机不存在产生法律关系的法律事实 B. 张女主张的"接吻权"属于法定权利 C. 交警出具的责任认定书是非规范性法律文件，具有法律效力 D. 司机赔偿3000元是绝对义务的承担方式	C

续表

年份	题号	题目	官方标准答案
2010年	2010年卷一第8题	8.我国某省人大常委会制定了该省的《食品卫生条例》,关于该地方性法规,下列哪一选项是不正确的? A.该法规所规定的内容主要属于行政法部门 B.该法规属于我国法律的正式渊源,法院审理相关案件时可直接适用 C.该法规的具体应用问题,应由该省人大常委会进行解释 D.该法规虽仅在该省范围适用,但从效力上看具有普遍性	C
	2010年卷一第9题	9.谢某、阮某与曾某在曾某经营的"皇太极"酒吧喝酒,离开时谢某从楼梯摔下,被扶起后要求在酒吧休息,第二天被发现已死亡。经鉴定,谢某系"醉酒后猝死"。该案审理中,合议庭对"餐饮经营者对醉酒者是否负有义务"产生争议。刘法官认为,我国相关法律对此没有明确规定,但根据德国、奥地利、芬兰等国判例,餐饮经营者负有确保醉酒顾客安全的义务,认定曾某负赔偿责任符合法律保护弱者的立法潮流。依据法学原理,下列哪一说法是正确的? A.刘法官的解释属于我国正式法律解释体制中的司法解释 B.刘法官在该案的论证中运用了有关法的非正式渊源的知识 C.从法律推理角度看,"经鉴定,谢某系'醉酒后猝死'"是推理的大前提 D.从德国、奥地利、芬兰等国家存在判例的情形看,这些国家的法律属于判例法系	B
	2010年卷一第10题	10.法律解释是法律适用中的必经环节。关于法律解释及其方法,下列哪一说法是错误的? A."欲寻词句义,应观上下文",描述的是体系解释方法 B.文义解释是首先考虑的解释方法,相对于其他解释方法具有优先性 C.历史解释的对象主要是法律问题中的历史事实,与特定解决方案中的法律后果无关 D.客观目的解释中,一些法伦理性的原则可以作为解释的根据	C

续表

年份	题号	题目	官方标准答案
2010 年	2010 年卷一第 11 题	11. 2000 年 6 月,最高法院决定定期向社会公布部分裁判文书,在汇编前言中指出:“最高人民法院的裁判文书,由于具有最高的司法效力,因而对各级人民法院的审判工作具有重要的指导作用,同时还可以为法律、法规的制定和修改提供参考,也是法律专家和学者开展法律教学和研究的宝贵素材。”对于此段文字的理解,下列哪一选项是正确的? A. 最高法院的裁判文书可以构成法的渊源之一 B. 最高法院的裁判文书对各级法院审判工作具有重要指导作用,属于规范性法律文件 C. 最高法院的裁判文书具有最高的普遍法律效力 D. 最高法院的裁判文书属于司法解释范畴	A
	2010 年卷一第 12 题	12. 甲、乙签订一份二手房房屋买卖合同,约定:“本合同一式三份,经双方签字后生效。甲、乙各执一份,留见证律师一份,均具有同等法律效力。”关于该条款,下列哪一选项是正确的? A. 是有关法律原则之适用条件的规定 B. 属于案件事实的表述 C. 是甲乙双方所确立的授权性规则 D. 关涉甲乙双方的行为效力及后果	D
	2010 年卷一第 51 题	51. 关于法律规则、法律条文与语言的表述,下列哪些选项是正确的? A. 法律规则以“规范语句”的形式表达 B. 所有法律规则都具语言依赖性,在此意义上,法律规则就是法律条文 C. 所有表述法律规则的语句都可以带有道义助动词 D.《中华人民共和国民法通则》第十五条规定:“公民以他的户籍所在地的居住地为住所,经常居住地与住所不一致的,经常居住地视为住所。”从语式上看,该条文表达的并非一个法律规则	AC

续表

年份	题号	题目	官方标准答案
2010年	2010年卷一第52题	52. 司法审判中,当处于同一位阶的规范性法律文件在某个问题上有不同规定时,法官可以依据下列哪些法的适用原则进行审判? A. 特别法优于一般法 B. 上位法优于下位法 C. 新法优于旧法 D. 法溯及既往	ABC
	2010年卷一第53题	53. 2007年,张某请风水先生选了块墓地安葬亡父,下葬时却挖到十年前安葬的刘某父亲的棺木,张某将该棺木锯下一角,紧贴着安葬了自己父亲。后刘某发觉,以故意损害他人财物为由起诉张某,要求赔偿损失以及精神损害赔偿。对于此案,合议庭意见不一。法官甲认为,下葬棺木不属于民法上的物,本案不存在精神损害。法官乙认为,张某不仅要承担损毁他人财物的侵权责任,还要因其行为违背公序良俗而向刘某支付精神损害赔偿金。对此,下列哪些说法是正确的? A. 下葬棺木是否属于民法上的物,可以通过"解释学循环"进行判断 B. "入土为安,死者不受打扰"是中国大部分地区的传统,在一定程度上可以成为法律推理的前提之一 C. "公序良俗"属伦理范畴,非法律规范,故法官乙推理不成立 D. 当地群众对该事件的一般看法,可成为判断刘某是否受到精神损害的因素之一	ABD
	2010年卷一第54题	54. 关于法律论证中外部证成的说法,下列哪些选项是错误的? A. 外部证成是对内部证成中所使用的前提本身之合理性的证成 B. 外部证成是法官在审判中根据法条直接推导出判决结论的过程 C. 外部证成与案件事实的法律认定无关 D. 外部证成本身也是一个推理过程	BC

续表

年份	题号	题目	官方标准答案
2010年	2010年卷一第55题	55.贾律师在一起未成年人盗窃案件辩护意见中写到:"首先,被告人刘某只是为了满足其上网玩耍的欲望,实施了秘密窃取少量财物的行为,主观恶性不大;其次,本省盗窃罪的追诉限额为800元,而被告所窃财产评估价值仅为1050元,社会危害性较小;再次,被告人刘某仅从这次盗窃中分得200元,收益较少。故被告人刘某的犯罪情节轻微,社会危害性不大,主观恶性小,依法应当减轻或免除处罚。"关于该意见,下列哪些选项是不正确的? A.辩护意见既运用了价值判断,也运用了事实判断 B."被告人刘某的犯罪情节轻微,社会危害性不大,主观恶性小,依法应当减轻或免除处罚",属于事实判断 C."本省盗窃罪的追诉限额为800元,而被告人所窃取财产评估价值仅为1050元",属于价值判断 D.辩护意见中的"只是""仅为""仅从"这类词汇,属于法律概念	BCD
	2010年卷一第56题	56.《中华人民共和国畜禽遗传资源进出境和对外合作研究利用审批办法》第三条规定:"本办法所称畜禽,是指列入依照《中华人民共和国畜牧法》第十一条规定公布的畜禽遗传资源目录的畜禽。本办法所称畜禽遗传资源,是指畜禽及其卵子(蛋)、胚胎、精液、基因物质等遗传材料。"对此,下列哪些表述是错误的? A.《中华人民共和国畜牧法》是《中华人民共和国畜禽遗传资源进出境和对外合作研究利用审批办法》的上位法 B.《中华人民共和国畜牧法》和《中华人民共和国畜禽遗传资源进出境和对外合作研究利用审批办法》均属于行政法规 C.该条款内容属于技术规范 D.该条款规定属于任意性规则	BCD

续表

年份	题号	题目	官方标准答案
2010 年	2010 年卷一第 91 题	91.“一般来说,近代以前的法在内容上与道德的重合程度极高,有时浑然一体……近现代法在确认和体现道德时大多注意二者重合的限度,倾向于只将最低限度的道德要求转化为法律义务,注意明确法与道德的调整界限。”据此引文及相关法学知识,下列判断正确的是: A. 在历史上,法与道德之间要么是浑然一体的,要么是绝然分离的 B. 道德义务和法律义务是可以转化的 C. 古代立法者倾向于将法律标准和道德标准分开 D. 近现代立法者均持“恶法亦法”的分析实证主义法学派立场	B
	2010 年卷一第 92 题	92. 2008 年修订的《中华人民共和国残疾人保障法》第五十条规定:“县级以上人民政府对残疾人搭乘公共交通工具,应当根据实际情况给予便利和优惠。残疾人可以免费携带随身必备的辅助器具。盲人持有效证件免费乘坐市内公共汽车、电车、地铁、渡船等公共交通工具。盲人读物邮件免费寄递。国家鼓励和支持提供电信、广播电视服务的单位对盲人、听力残疾人、言语残疾人给予优惠。”对此,下列说法错误的是: A. 该规定体现了立法者在残疾人搭乘公共交通工具问题上的价值判断和价值取向 B. 从法的价值的角度分析,该规定的主要目的在于实现法的自由价值 C. 该规定对于有关企业、政府及残疾人均具有指引作用 D. 该规定在交通、邮政、电信方面给予残疾人的优待有悖于法律面前人人平等原则	BD

续表

年份	题号	题目	官方标准答案
2009 年	2009 年卷一第 1 题	1. 2007 年 12 月 26 日，中共中央总书记胡锦涛提出“党的事业至上、人民利益至上、宪法法律至上”的重要观点。有关“三个至上”中“宪法法律至上”的理解，下列哪一选项是正确的？ A. “宪法法律至上”是指宪法和法律在效力上地位相同，都具有最高效力 B. “宪法法律至上”仅仅强调实现法律效果，是增强全社会法律意识的价值指引 C. 肯定“宪法法律至上”是执政党在思想认识上的一个重大转变 D. “宪法法律至上”是我国宪法明确规定的原则，一切国家机关、武装力量、各政党和各社会团体、各企业事业组织都必须遵守	C
	2009 年卷一第 2 题	2. 下列哪一选项不属于社会主义法治理念的理论渊源？ A. 马克思主义的人民主权思想 B. 马克思主义有关法的本质和作用的思想 C. 研究社会主义法治理念的方法论 D. 新中国成立 60 年来的社会主义法治建设	D
	2009 年卷一第 3 题	3. 关于社会主义法治理念的理解，下列哪一选项是正确的？ A. 社会主义法治理念与中国传统法律文化有本质区别，它与后者之间不存在继承关系 B. 社会主义法治理念主要以马克思主义的剩余价值学说为基础 C. 社会主义法治理念是建设社会主义法治文化的价值指引 D. 社会主义法治理念本身属于社会主义法治的制度体系	C

续表

年份	题号	题目	官方标准答案
2009 年	2009 年卷一第 4 题	4. 社会主义法治理念是马克思主义法律观中国化的最新成果。有关这一表述,下列哪一说法是不成立的? A. 社会主义法治理念是马克思主义法律观同中国国情和现代化建设实际逐渐结合的产物 B. 马克思主义法律观的中国化进程从新中国成立以后才开始 C. 1954 年《中华人民共和国宪法》的制定实现了马克思主义法律观中国化的第一次重大创新 D. 社会主义法治理念的提出,解决了建设什么样的法治国家、如何建设社会主义法治国家的重大问题	B
	2009 年卷一第 5 题	5. 社会主义法治理念是中国特色社会主义理论体系的组成部分,这个理论体系包含邓小平理论。20 世纪 70 年代末至 90 年代初,中共中央领导集体的主要代表邓小平曾创造性地提出一系列具体的法律思想。判断下列哪一项不是邓小平理论法律思想的重要内容? A. "有法可依、有法必依、执法必严、违法必究"的十六字方针 B. 一手抓建设和改革,一手抓法制 C. 用法律措施维护安定团结的政治局面 D. 明确提出"依法治国,建设社会主义法治国家"的基本方略	D
	2009 年卷一第 6 题	6. 法律格言说:"紧急时无法律。"关于这句格言含义的阐释,下列哪一选项是正确的? A. 在紧急状态下是不存在法律的 B. 人们在紧急状态下采取紧急避险行为可以不受法律处罚 C. 有法律,就不会有紧急状态 D. 任何时候,法律都以紧急状态作为产生和发展的根本条件	B

续表

年份	题号	题目	官方标准答案
2009年	2009年卷一第7题	7. 奥地利法学家埃利希在《法社会学原理》中指出:"在当代以及任何其他的时代,法的发展的重心既不在立法,也不在法学或司法判决,而在于社会本身。"关于这句话含义的阐释,下列哪一选项是错误的? A. 法是社会的产物,也是时代的产物 B. 国家的法以社会的法为基础 C. 法的变迁受社会发展进程的影响 D. 任何时代,法只要以社会为基础,就可以脱离立法、法学和司法判决而独立发展	D
	2009年卷一第8题	8.《摩奴法典》是古印度的法典,《法典》第五卷第一百五十八条规定:"妇女要终生耐心、忍让、热心善业、贞操,淡泊如学生,遵守关于妇女从一而终的卓越规定。"第一百六十四条规定:"不忠于丈夫的妇女生前遭诟辱,死后投生在豺狼腹内,或为象皮病和肺痨所苦。"第八卷第四百一十七条规定:"婆罗门贫困时,可完全问心无愧地将其奴隶首陀罗的财产据为己有,而国王不应加以处罚。"第十一卷第八十一条规定:"坚持苦行,纯洁如学生,凝神静思,凡十二年,可以偿赎杀害一个婆罗门的罪恶。"结合材料,判断下列哪一说法是错误的? A.《摩奴法典》的规定表明,人类早期的法律和道德、宗教等其他规范是浑然一体的 B.《摩奴法典》规定苦修可以免于处罚,说明《法典》缺乏强制性 C.《摩奴法典》公开维护人和人之间的不平等 D.《摩奴法典》带有浓厚的神秘色彩,与现代法律精神不相符合	B

续表

年份	题号	题目	官方标准答案
2009年	2009年卷一第9题	9. 关于法律解释和法律推理,下列哪一说法可以成立? A. 作为一种法律思维活动,法律推理的根本目的在于发现绝对事实和真相 B. 法律解释和法律推理属于完全不同的两种思维活动,法律推理完全独立于法律解释 C. 法官在进行法律推理时,既要遵守和服从法律规则又要在不同利益冲突间进行价值平衡和选择 D. 法律推理是严格的形式推理,不受人的价值观影响	C
	2009年卷一第10题	10.《劳动争议调解仲裁法》第五条规定:"发生劳动争议,当事人不愿协商、协商不成或者达成和解协议后不履行的,可以向调解组织申请调解;不愿调解、调解不成或者达成调解协议后不履行的,可以向劳动争议仲裁委员会申请仲裁;对仲裁裁决不服的,除本法另有规定的外,可以向人民法院提起诉讼。"关于这一规定,下列哪一说法是错误的? A. 从法的要素角度看,该规定属于任意性规则 B. 从法的适用角度看,该规定在适用时不需要法官进行推理 C. 从法的特征角度看,该规定体现了法的可诉性特点 D. 从法的作用角度看,该规定为行为人提供了不确定的指引	B

续表

年份	题号	题目	官方标准答案
2009年	2009年卷一第11题	11.《物权法》第一百一十六条规定:“天然孳息,由所有权人取得;既有所有权人又有用益物权人的,由用益物权人取得。当事人另有约定的,按照约定。法定孳息,当事人有约定的,按照约定取得;没有约定或者约定不明确的,按照交易习惯取得。”关于这一规定,下列哪一说法是错误的? A. 该规定属于法律要素中的确定性法律规则 B. 该规定对于具有物权孳息关系的当事人可以起到很明确的指引作用和预测作用 C. 该规定事实上允许法官可以在一定条件下以习惯作为司法审判的依据 D. 对“天然孳息”和“法定孳息”重要法律概念含义的解释应该首先采用客观目的解释的方法	D
	2009年卷一第12题	12.《集会游行示威法》第四条规定:“公民在行使集会、游行、示威的权利的时候,必须遵守宪法和法律,不得反对宪法所确定的基本原则,不得损害国家的、社会的、集体的利益和其他公民的合法的自由和权利。”关于这一规定,下列哪一说法是正确的? A. 该条是关于权利的规定,因此属于授权性规则 B. 该规定表明法律保护人的自由,但自由也应受到法律的限制 C. 公民在行使集会、游行、示威的权利的时候,不得损害国家的、社会的、集体的利益,因此国家利益是我国法律的最高价值 D. 该规定的内容比较模糊,因而对公民不具有指导意义	B

续表

年份	题号	题目	官方标准答案
2009 年	2009 年卷一第 51 题	51. 2004 年《全国人民代表大会常务委员会关于〈中华人民共和国刑法〉有关信用卡规定的解释》规定:“刑法规定的‘信用卡’,是指由商业银行或者其他金融机构发行的具有消费支付、信用贷款、转账结算、存取现金等全部功能或者部分功能的电子支付卡。”对此,下列哪些说法是正确的? A. 该解释是学理解释 B. 该解释属于有权解释 C. 该解释和刑法本身具有同等效力 D. 该解释所采用的是文理解释	BCD
	2009 年卷一第 52 题	52.“法的继承体现时间上的先后关系,法的移植则反映一个国家对同时代其他国家法律制度的吸收和借鉴,法的移植的范围除了外国的法律外,还包括国际法律和惯例。”据此,下列哪些说法是正确的? A. 1804 年《法国民法典》是对罗马法制度、原则的继承 B. 国内法不可以继承国际法 C. 法的移植不反映时间关系,仅体现空间关系 D. 法的移植的范围除了制定法,还包括习惯法	ABD
	2009 年卷一第 53 题	53. 2007 年,某国政府批准在实验室培育人兽混合胚胎,以用于攻克帕金森症等疑难疾病的医学研究。该决定引发了社会各界的广泛关注和激烈争议。对此,下列哪些评论是正确的? A. 目前人兽混合胚胎研究在法律上尚未有规定,这是成文法律局限性的具体体现 B. 人兽混合胚胎研究有可能引发严重的社会问题,因此需要及时立法给予规范和调整 C. 如因该研究成果发生了民事纠纷而法律对此没有规定,则法院可以依据道德、习惯或正义标准等非正式法律渊源进行审理 D. 如该国立法机关为此制定法律,则制定出的法律必然是该国全体公民意志的体现	ABC

续表

年份	题号	题目	官方标准答案
2009年	2009年卷一第54题	54. 2007年8月30日,我国制定了《反垄断法》,下列说法哪些可以成立? A.《反垄断法》的制定是以我国当前的市场经济为基础的,没有市场经济,就不会出现市场垄断,也就不需要《反垄断法》,因此可以说,社会是法律的母体,法律是社会的产物 B. 法对经济有积极的反作用,《反垄断法》的出台及实施将会对我国市场经济发展产生重要影响 C. 我国市场经济的发展客观上需要《反垄断法》的出台,这个事实说明,唯有经济才是法律产生和发展的决定性因素,除经济之外法律不受其他社会因素的影响 D. 为了有效地管理社会,法律还需要和其他社会规范(道德、政策等)积极配合,《反垄断法》在管理市场经济时也是如此	ABD
	2009年卷一第55题	55. 关于法与道德的论述,下列哪些说法是正确的? A. 法律规范与道德规范的区别之一就在于道德规范不具有国家强制性 B. 按照分析实证主义法学的观点,法与道德在概念上没有必然联系 C. 法和道德都是程序选择的产物,均具有建构性 D. 违反法律程序的行为并不一定违反道德	ABD
	2009年卷一第56题	56. 关于法的适用与法律论证,下列哪些说法是错误的? A. 法的适用所处理的问题,既包括法律事实问题也包括法律规范问题,还包括法律语言问题 B. 法的适用通常采用逻辑中的三段论推理 C. 法的适用只要有外部证成即可,毋需内部证成 D. 法律论证是一个独立的过程,与法律推理、法律解释没有关系	CD

续表

年份	题号	题目	官方标准答案
2009年	2009年卷一第91题	91."在法学家们以及各个法典看来,各个个人之间的关系,例如缔结契约这类事情,一般是纯粹偶然的现象,这些关系被他们看作是可以随意建立或不建立的关系,它们的内容完全取决于缔约双方的个人意愿。每当工业和商业的发展创造出新的交往形式,例如保险公司等的时候,法便不得不承认它们是获得财产的新方式。"据此,下列表述正确的是: A. 契约关系是人们有意识、有目的地建立的社会关系 B. 各个时期的法都不得不规定保险公司等新的交往形式和它们获得财产的新方式 C. 法律关系作为一种特殊的社会关系,既有以人的意志为转移的思想关系的属性,又有物质关系制约的属性 D. 法律关系体现的是当事人的意志,而不可能是国家的意志	AC
	2009年卷一第92题	92. 周某半夜驾车出游时发生交通事故致行人鲁某重伤残疾,检察院以交通肇事罪起诉周某。法院开庭,公诉人和辩护人就案件事实和证据进行质证,就法的适用展开辩论。法庭经过庭审查实,交通事故致鲁某重伤残疾并非因周某行为引起,宣判其无罪释放。依据法学原理,下列判断正确的是: A. 法院审理案件目的在于获得正确的法律判决,该判决应当在形式上符合法律规定,具有可预测性,还应当在内容上符合法律的精神和价值,具有正当性 B. 在本案中,检察院使用了归纳推理的方法 C. 法院在庭审中认定交通事故致鲁某重伤残疾并非因周某行为引起,这主要解决的是事实问题 D. 法庭主持的调查和法庭辩论活动,从法律推理的角度讲,是在为演绎推理确定大小前提	AD

续表

年份	题号	题目	官方标准答案
2008 年	2008 年全国卷卷一第 1 题	1. 西方法律格言说:“法律不强人所难”。关于这句格言含义的阐释,下列哪一选项是正确的? A. 凡是人能够做到的,都是法律所要求的 B. 对人所不知晓的事项,法律不得规定为义务 C. 根据法律规定,人对不能预见的事项,不承担过错责任 D. 天灾是人所不能控制的,也不是法律加以调整的事项	C
	2008 年全国卷卷一第 2 题	2. 关于法律与自由,下列哪一选项是正确的? A. 自由是至上和神圣的,限制自由的法律就不是真正的法律 B. 自由对人至关重要,因此,自由是衡量法律善恶的唯一标准 C. 从实证的角度看,一切法律都是自由的法律 D. 自由是神圣的,也是有限度的,这个限度应由法律来规定	D
	2008 年全国卷卷一第 3 题	3. 我国《刑法》第二十一条规定,为了使国家、公共利益、本人或者他人的人身、财产和其他权利免受正在发生的危险,不得已采取的紧急避险行为,造成损害的,不负刑事责任。紧急避险超过必要限度造成不应有的损害的,应当负刑事责任,但是应当减轻或者免除处罚。该条文中的价值平衡,适用的是下列哪一项原则? A. 价值位阶原则 B. 个案平衡原则 C. 比例原则 D. 功利原则	C

续表

年份	题号	题目	官方标准答案
2008年	2008年全国卷卷一第4题	4. 市民张某在城市街道上无照销售食品，在被城市综合管理执法人员查处过程中暴力抗法，导致一名城市综合管理执法人员受伤。经媒体报道，人们议论纷纷。关于此事，下列哪一说法是错误的？ A. 王某指出，城市综合管理执法人员的活动属于执法行为，具有权威性 B. 刘某认为，城市综合管理机构执法，不仅要合法，还要强调公平合理，其执法方式应让一般社会公众能够接受 C. 赵某认为，如果老百姓认为执法不公，就有奋起反抗的权利 D. 陈某说，守法是公民的义务，如果认为城市综合管理机构执法不当，可以采用行政复议、行政诉讼的方式寻求救济，暴力抗法显然是不对的	C
	2008年全国卷卷一第5题	5. 张某过马路闯红灯，司机李某开车躲闪不及将张某撞伤，法院查明李某没有违章，依据《道路交通安全法》的规定判李某承担10%的赔偿责任。关于本案，下列哪一选项是错误的？ A.《道路交通安全法》属于正式的法的渊源 B. 违法行为并非是承担法律责任的唯一根源 C. 如果李某自愿支付超过10%的赔偿金，法院以民事调解书加以确认，则李某不能反悔 D. 李某所承担的是一种竞合的责任	D
	2008年全国卷卷一第6题	6. 在一起案件中，主审法官认为，生产假化肥案件中的“假化肥”不属于《刑法》第一百四十条规定的“生产者、销售者在产品中掺杂、掺假，以假充真，以次充好或者以不合格产品冒充合格产品”中的“产品”范畴，因为《刑法》第一百四十七条对“生产假农药、假兽药、假化肥”有专门规定。关于该案，法官采用的法律解释方法属于下列哪一种？ A. 比较解释 B. 历史解释 C. 体系解释 D. 目的解释	C

续表

年份	题号	题目	官方标准答案
2008年	2008年全国卷卷一第7题	7. 孙某的狗曾咬伤过邻居钱某的小孙子，钱某为此一直耿耿于怀。一天，钱某趁孙某不备，将孙某的狗毒死。孙某掌握了钱某投毒的证据之后，起诉到法院，法院判决钱某赔偿孙某600元钱。对此，下列哪一选项是正确的？ A. 孙某因对其狗享有所有权而形成的法律关系属于保护性法律关系 B. 由于孙某起诉而形成的诉讼法律关系属于第二性的法律关系 C. 因钱某毒死孙某的狗而形成的损害赔偿关系属于纵向的法律关系 D. 因钱某毒死孙某的狗而形成的损害赔偿关系中，孙某不得放弃自己的权利	B
	2008年全国卷卷一第51题	51. 关于法律原则的适用，下列哪些选项是错误的？ A. 案件审判中，先适用法律原则，后适用法律规则 B. 案件审判中，法律原则都必须无条件地适用 C. 法律原则的适用可以弥补法律规则的漏洞 D. 法律原则的适用采取“全有或全无”的方式	ABD
	2008年全国卷卷一第52题	52. 关于法律论证中的内部证成和外部证成，下列哪些选项是错误的？ A. 法律论证中的内部证成和外部证成之间的区别表现为，内部证成是针对案件事实问题进行的论证，外部证成是针对法律规范问题进行的论证 B. 无论内部证成还是外部证成都不解决法律决定的前提是否正确的问题 C. 内部证成主要使用演绎方法，外部证成主要使用归纳方法 D. 无论内部证成还是外部证成都离不开支持性理由和推理规则	ABC

续表

年份	题号	题目	官方标准答案
2008 年	2008 年全国卷卷一第 53 题	53. 青年男女在去结婚登记的路上被迎面驶来的卡车撞伤,未能登记即被送往医院抢救。女方伤势过重成为植物人,男方遂悔婚约。女方父母把男方告到法院,要求男方对女方承担照顾抚养的责任。法院以法无明文规定为由,裁定不予受理。关于本案,下列哪些评论是错误的? A. 支持不受理,因为法官面对的是法律不调整的“法外空间”事项 B. 支持不受理,因为法官正确运用了类比推理而没有采用设证推理 C. 反对不受理,因为法官违反了“禁止拒绝裁判原则” D. 反对不受理,因为法官没有发挥法律在社会中的创造作用	ABD
	2008 年全国卷卷一第 54 题	54. 关于法律规则的逻辑结构与法律条文,下列哪些选项是正确的? A. 假定部分在法律条文中不能省略 B. 行为模式在法律条文中可以省略 C. 法律后果在法律条文中不能省略 D. 法律规则三要素在逻辑上缺一不可	BD
	2008 年全国卷卷一第 55 题	55. 法系是法学上的一个重要概念。关于法系,下列哪些选项是正确的? A. 法系是一个比较法学上的概念,是根据法的历史传统和外部特征的不同对法所作的分类 B. 历史上曾经存在很多个法系,但大多都已经消亡,目前世界上仅存的法系只有民法法系和普通法系 C. 民法法系有编纂成文法典的传统,因此,有成文法典的国家都属于民法法系 D. 法律移植是一国对外国法的借鉴、吸收和摄取,因此,法律移植是法系形成和发展的重要途径	AD

续表

年份	题号	题目	官方标准答案
2008 年	2008 年全国卷卷一第 56 题	56. 根据我国《立法法》的规定，关于不同的法律渊源之间出现冲突时的法律适用，下列哪些选项是错误的？ A. 自治条例、单行条例与地方性法规不一致的，适用地方性法规 B. 地方性法规和部门规章之间的效力没有高下之分，发生冲突时由国务院决定如何适用 C. 公安部的部门规章与民政部的部门规章不一致时，按照新法优于旧法的原则处理，直接选择后颁布的部门规章加以适用 D. 某市经授权制定的劳动法规与我国《劳动法》的规定不一致，不能确定如何适用时，由全国人大常委会裁决	ABC
	2008 年全国卷卷一第 91 题	91. “现今的很多法律格言都是在古罗马时期形成的，‘法律仅仅适用于将来’就是一例。这一思想后来被古典自然法学派所推崇，并体现在法国人权宣言和美国宪法之中，形成了法不溯及既往原则”。根据此引文以及相关法学知识，下列正确的表述是： A. 古罗马时期的法律是用法律格言的形式表现的 B. “法律仅仅适用于将来”已经成为现代社会的法律效力原则 C. 只有古典自然法学派强调法不溯及既往的原则 D. 法不溯及既往仅仅是人权宣言和宪法通行的效力原则	B

续表

年份	题号	题目	官方标准答案
2008年	2008年全国卷卷一第92题	92. 某国跨国甲公司发现中国乙公司申请注册的域名侵犯了甲公司的商标权,遂起诉要求乙公司撤销该域名注册。乙公司称,商标和域名是两个领域的完全不同的概念,网络域名的注册和使用均不属中国《商标法》的调整范围。法院认为,两国均为《巴黎公约》成员国,应当根据中国法律和该公约处理注册纠纷。法院同时认为,对驰名商标的权利保障应当扩展到网络空间,故乙公司的行为侵犯了甲公司的商标专用权。据此,下列表述正确的是: A. 法律应该以社会为基础,随着社会的发展而变化 B. 科技的发展影响法律的调整范围,而法律可以保障科技的发展 C. 国际条约可以作为我国法的渊源 D. 乙公司的辩称和法院的判断表明:法律决定的可预测性与可接受性之间存在一定的紧张关系	ABCD
	2008年四川卷卷一第1题	1. 西方法律格言说:"任何人不得因为自己的错误而获得利益。"关于这个格言的理解,下列哪一选项是错误的? A. 错误不是构成合法利益的前提 B. 任何时候,行为人只要没有错误,就应获得利益 C. 任何人只要行为正确,其利益就应得到保护 D. 利益的获得在一定程度上取决于行为的正确与错误	B
	2008年四川卷卷一第2题	2. 某法院法官在审理案件中推理如下:《刑法》规定,故意伤害他人身体的,处三年以下有期徒刑、拘役或者管制;张某殴打他人造成轻伤,所以对其判处二年有期徒刑。这位法官所用的是下列哪一种推理? A. 类比法律推理 B. 归纳法律推理 C. 演绎法律推理 D. 设证法律推理	C

续表

年份	题号	题目	官方标准答案
2008 年	2008 年四川卷卷一第 3 题	3. 关于法定继承,《继承法》第十条规定,“第一顺序:配偶、子女、父母。”第七条第三款规定,“遗弃被继承人的,或者虐待被继承人情节严重的”,丧失继承权。甲作为法定继承人,被乙告上法庭,声称甲虐待被继承人,不应享有继承权。本案审理法官查明甲虐待行为未达到情节严重,依法驳回乙的诉讼请求。关于本案,下列哪一选项是错误的? A. 本案体现了法律的可诉性 B. “遗弃被继承人的,或者虐待被继承人情节严重的”规定是本案审理法官推理的大前提之一 C. “第一顺序:配偶、子女、父母。”这样的规定不是法律规范 D.《继承法》第十条和第七条第三款均可作为法律论证中的内部证成的支持性理由	C
	2008 年四川卷卷一第 4 题	4. 随着科技的发展,人体器官移植成为可能,产生了自然人享有对自己的器官进行处理的权利。美国统一州法律全国督查会议起草的《统一组织捐献法》规定:“任何超过 18 岁的个人可以捐献他的身体的全部或一部分用于教学、研究、治疗或移植的目的”;“如果个人在死前未作出捐献表示,他的近亲可以如此做”;“如果个人已经作出这种捐献表示的,不能被亲属取消。”之后,美国所有的州和哥伦比亚特区采取了这个法令。关于这一事例,下列哪一选项是错误的? A. 科技进步对法律制度的变迁有较大的影响 B. 人权必须法律化才能获得更大程度的保障 C. 人权归根结底来源于国家的承认 D. 器官捐献是一种自由处分的权利,而不是义务	C

续表

年份	题号	题目	官方标准答案
2008年	2008年四川卷卷一第5题	5.《劳动合同法》第十九条规定:“劳动合同期限三个月以上不满一年的,试用期不得超过一个月;劳动合同期限一年以上不满三年的,试用期不得超过二个月;三年以上固定期限和无固定期限的劳动合同,试用期不得超过六个月。”关于这个条文,下列哪一选项是错误的? A. 该条规定不属于法律原则 B. 该条规定属于法律规则中的授权性规则 C. 该条规定对于签订劳动合同的劳动者与用人单位具有指引作用 D. 审理劳动合同纠纷的仲裁员可以该条规定判断劳动合同的相关条款合法还是违法、有效还是无效,就此而言,该条规定具有评价作用	B
	2008年四川卷卷一第6题	6. 甲与乙因琐事发生口角,甲冲动之下将乙打死。公安机关将甲逮捕,准备移送检察机关提起公诉。这时,甲因病而亡。公安机关遂做出撤销案件的决定。公安机关是基于下列哪一种原因撤销案件的? A. 法律行为 B. 违法行为 C. 事实构成 D. 自然事件	D
	2008年四川卷卷一第7题	7. 从1999年11月1日起,对个人在中国境内储蓄机构取得的人民币、外币储蓄存款利息,按20%税率征收个人所得税。某居民2003年4月1日在我国境内某储蓄机构取得1998年4月1日存入的5年期储蓄存款利息5000元,若该居民被征收了1000元的个人所得税,则这种处理违背了下列哪一项法的效力原则? A. 法律优位原则 B. 新法优于旧法原则 C. 法不溯及既往原则 D. 特别法优于普通法原则	C

续表

年份	题号	题目	官方标准答案
2008 年	2008 年四川卷卷一第 51 题	51. 关于法的作用,下列哪些选项是错误的? A. 法是由人创制的,人们在立法时受社会条件的制约 B. 法律人在处理法律问题时没有自己的价值立场 C. 法具有概括性,能够涵盖社会生活的所有方面 D. 法律不能要求人们去从事难以做到的事情	BC
	2008 年四川卷卷一第 52 题	52. 关于非正式法源,下列哪些选项是正确的? A. 它具有一定的说服力 B. 它可以弥补正式法源的漏洞 C. 它没有正式的法律效力,司法机关不能以它作为裁判案件的理由 D. 它具有法律意义	ABD
	2008 年四川卷卷一第 53 题	53. 最高人民法院、最高人民检察院联合公布了《关于执行刑法确定罪名的补充规定(三)》,对适用刑法的部分罪名进行了补充或修改,取消了原来的"公司、企业人员受贿罪"罪名,修改为"非国家工作人员受贿罪"。对此,下列哪些选项是正确的? A. 该规定属于立法解释 B. 该规定没有正式的法的效力 C. 该规定的效力低于宪法 D. 该规定属于正式解释	CD

续表

年份	题号	题目	官方标准答案
2008 年	2008 年四川卷卷一第 54 题	54.《民法通则》第七条规定:“民事活动应当尊重社会公德。”《合同法》第七条规定:“当事人订立、履行合同,应当遵守法律、行政法规,尊重社会公德。”某县法院的法官在审理一起合同纠纷时认为该合同内容违反了社会公德,因此判定该合同无效。关于本案,下列哪些选项是正确的? A. 法律、行政法规、社会公德都是法的渊源 B. 在本案审判中,法官的解释具有一定的价值取向性 C. 判决的可接受性是法官在判案过程所考量的因素 D. 违反公共道德的民事行为也可能被法院判为无效,这说明在司法审判中,道德规范具有和法律规则同等的法律效力	ABC
	2008 年四川卷卷一第 55 题	55. 杜某委托装修公司装修新婚用房。装修公司的一个员工在杜某的房屋里自缢身亡。杜某认为,按照民间传统,死过人的房屋不宜作新房,遂起诉装修公司,要求为自己另购新房,并承担违约责任和精神损害赔偿。法院驳回了原告的诉讼请求。关于本案,下列哪些选项是正确的? A. 风俗习惯没有法律上的意义 B. 法律的正当性与风俗习惯的正当性不能等同 C. 该民间传统属于宗教信仰的范畴,应当受到法律的保护 D. 法律与人们的传统观念之间存在冲突	BD

续表

年份	题号	题目	官方标准答案
2008 年	2008 年四川卷卷一第 56 题	56. 刘某与房地产公司签订拆迁安置协议，约定将刘某安置到另一小区。刘某迁入新居后，日常生活受到高速公路严重噪声干扰。刘某要求房地产公司解决噪声问题，该公司称高速公路是由市公路局投资建设的，应由公路局解决；公路局称该高速公路多年来一直由市发展公司管理经营，应由发展公司解决；发展公司则称房地产公司选址建房，发生问题应自行解决。刘某向法院提起诉讼。法院判定由房地产公司和发展公司承担责任。根据法理学有关原理，下列哪些选项是正确的？ A. 处理该纠纷的法律依据是我国的社会保障法 B. 房地产公司承担的法律责任不因与刘某之间的协议而加以免除 C. 发展公司承担法律责任是基于法律责任的竞合 D. 房地产公司和发展公司承担责任与它们的义务没有直接关系	BCD
	2008 年四川卷卷一第 91 题	91. “在中国法的发展历史上，追求‘民族化’显然是一个主线，形成了‘尚古主义’取向的具有保守性格的中华法系。只是到了清末出现一批主张借鉴西方法律制度的学者和政治家如沈家本之后，法的民族化受到部分冲击。西方近代以后两大法系基本形成，两大法系的发达程度之高已被国际公认，其原因不得不归结为法的民族化与国际化的协调一致。”基于这段引文，下列表述正确的是： A. 无论中华法系还是西方的两大法系都包含各自的法律文化 B. 中华法系具有保守性格，追求“民族化”，与其他法系的文化之间没有形成交流与融合 C. 西方的两大法系在历史发展的过程中逐渐实现了与国际化的协调一致，但与中华法系相比，却又失去了“民族化”特色 D. 沈家本是倾向于法律移植的法学家	AD

续表

年份	题号	题目	官方标准答案
2008 年	2008 年四川卷卷一第 92 题	92. 张某有祖传的玉雕一尊，委托德龙拍卖公司进行拍卖，最终被一家文化公司以 140 万元的价格买到。对此，下列表述正确的是： A. 这个事件中只有一种法律关系 B. 在拍卖过程中，拍卖公司和竞拍者的关系属于隶属性的法律关系 C. 在该案件涉及的法律关系中，法律关系的主体既有自然人也有法人 D. 在本案中，导致拍卖成交的客观情况是法律事件	C
2007 年	2007 年卷一第 1 题	1. 马克思曾说："社会不是以法律为基础，那是法学家的幻想。相反，法律应该以社会为基础。法律应该是社会共同的，由一定的物质生产方式所产生的利益需要的表现，而不是单个人的恣意横行。"根据这段话所表达的马克思主义法学原理，下列哪一选项是正确的？ A. 强调法律以社会为基础，这是马克思主义法学与其他派别法学的根本区别 B. 法律在本质上是社会共同体意志的体现 C. 在任何社会，利益需要实际上都是法律内容的决定性因素 D. 特定时空下的特定国家的法律都是由一定的社会物质生活条件所决定的	D
	2007 年卷一第 2 题	2. 我国《宪法》第 26 条第 1 款规定："国家保护和改善生活环境和生态环境，防治污染和其他公害。"下列哪一选项是正确的？ A. 该条文体现了国家政策，是典型的法律规则 B. 该条文既是法律原则，也体现了国家政策的要求 C. 该条文是授权性规则，规定了国家机关的职权 D. 该条文没有直接规定法律后果，但仍符合法律规则的逻辑结构	B

续表

年份	题号	题目	官方标准答案
2007 年	2007 年卷一第 3 题	3. 关于法律概念、法律原则、法律规则的理解和表述，下列哪一选项不能成立？ A. 法律规则并不都由法律条文来表述，并非所有的法律条文都规定法律规则 B. 法律原则最大程度地实现法律的确定性和可预测性 C. 法律概念是解决法律问题的重要工具，但是法律概念不能单独适用 D. 法律原则可以克服法律规则的僵硬性缺陷，弥补法律漏洞	B
	2007 年卷一第 4 题	4. 关于法律与人权关系的说法，下列哪一选项是错误的？ A. 人权的法律化表明人权只能是一种实有权利 B. 保障人权是法治的核心内容之一 C. 人权可以作为判断法律善恶的标准 D. 法律可以保障人权的实现，但是法律并不能根除侵犯人权的现象	A
	2007 年卷一第 5 题	5. 2005 年 8 月全国人大常委会对《妇女权益保障法》进行了修正，增加了“禁止对妇女实施性骚扰”的规定，但没有对“性骚扰”予以具体界定。2007 年 4 月，某省人大常委会通过《实施〈中华人民共和国妇女权益保障法〉办法》，规定“禁止以语言、文字、电子信息、肢体等形式对妇女实行骚扰”。关于该《办法》，下列哪一选项可以成立？ A.《办法》对构成“性骚扰”具体行为所作的界定，属于对《妇女权益保障法》的立法解释 B.《办法》属于《妇女权益保障法》的下位法，按照法律高于法规的原则其效力较低 C.《办法》属于对《妇女权益保障法》的变通或补充规定 D.《办法》对“性骚扰”进行了体系解释	B

续表

年份	题号	题目	官方标准答案
2007 年	2007 年卷一第 6 题	6. 关于法律语言、法律适用、法律条文和法律渊源,下列哪一选项不成立? A. 法律语言具有开放性,因此法律没有确定性 B. 法律适用并不是适用法律条文自身的语词,而是适用法律条文所表达的意义 C. 法律适用的过程并不是纯粹的逻辑推理过程,而有法律适用者的价值判断 D. 社会风俗习惯作为非正式的法律渊源,可以支持对法律所作的解释	A
	2007 年卷一第 7 题	7. 下列哪一选项体现了法律的可诉性特征? A. 下一级的规范性法律文件因与上一级的规范性法律文件冲突而被宣布无效 B. 公民和法人可以利用法律维护自己的权利 C. "一国两制"原则体现在《香港特别行政区基本法》的制定过程中 D. 道德规范上升为法律规范	B
	2007 年卷一第 51 题	51. 关于社会主义法治理念,下列哪些选项是正确的? A. 社会主义法治理念体现了中国共产党领导、人民当家作主和依法治国的有机统一 B. 社会主义法治理念是在总结我国法治建设实践经验、借鉴世界法治文明成果的基础上提出的 C. 社会主义法治理念是真正符合人民利益和需要的法治理念 D. 通过社会主义法治理念教育,切实提高法律职业人员维护社会主义法治的能力	ABCD

续表

年份	题号	题目	官方标准答案
2007 年	2007 年卷一第 52 题	52. 关于法与道德的共同点,下列哪些选项是正确的? A. 法律和道德都是一种社会规范,都具有规范性 B. 法律和道德都具有强制性,都是人们应该遵循的规范 C. 法律和道德都是历史的产物,都是不断变化的 D. 法律和道德都是建立在一定物质生产方式之上的	ABCD
	2007 年卷一第 53 题	53. 某日,陈某因生活琐事将肖某打伤。当地公安局询问了双方和现场目击者并做了笔录,但未做处理。两年后,该公安局对陈某做出了拘留 10 日的处罚。陈某申诉,上一级公安局维持了原处罚决定。陈某提起诉讼。法官甲认为该公安局违反了《人民警察法》关于对公民报警案件应当及时查处的规定,因此应当撤销其处罚决定。法官乙认为,如果因公安局的迟延处理而撤销其处罚,就丧失了对陈某的违法行为进行再处理的可能,因此不应当撤销。依据法理学的有关原理,下列哪些选项是正确的? A. 陈某与该公安局之间不存在法律关系 B. 法官甲的观点说明法律具有程序性的特征 C. 法官甲的推理属于形式推理 D. 法官乙的观点属于司法解释	BC
	2007 年卷一第 54 题	54. 关于司法的表述,下列哪些选项可以成立? A. 司法的依据主要是正式的法律渊源,而当代中国司法原则“以法律为准绳”中的“法律”则需要作广义的理解 B. 司法是司法机关以国家名义对社会进行全面管理的活动 C. 司法权不是一种决策权、执行权,而是一种判断权 D. 当代中国司法追求法律效果与社会效果的统一	ACD

续表

年份	题号	题目	官方标准答案
2007 年	2007 年卷一第 55 题	55. 关于法律溯及力，下列哪些选项是正确的？ A. 刑事法律若具有溯及力可能导致国家权力的滥用和扩张，也违反正义的原则 B. 法治社会要求法律具有可预测性和确定性，而法不溯及既往原则符合这一要求 C. 在某些现代民事法律中，为了保障公民权利，一定程度上承认法律有溯及力 D. 法不溯及既往原则属于法律责任的归责原则	ABC
	2007 年卷一第 56 题	56. 关于法律发展、法律传统、法律现代化，下列哪些选项可以成立？ A. 中国法律的现代化的启动形式是立法主导型 B. 进入 20 世纪以后，各国、各民族法律的特殊性逐渐受到普遍关注，民族历史传统可能构成现实法律制度的组成部分 C. 在当今经济全球化的背景下，对各国法律进行法系划分已失去了意义 D. 法的继承体现时间上的先后关系，法的移植反映一个国家对同时代其他国家法律制度的吸收和借鉴	ABD
	2007 年卷一第 91 题	91. 我国《婚姻法》第三十三条规定：现役军人的配偶要求离婚，须得军人的同意，但军人一方有重大过错的除外。依据法理学的有关原理，下列正确的表述是： A. 该条中所规定的军人的配偶在离婚方面所承担的义务没有相应的权利存在 B. 现役军人与其配偶之间的权利义务是不一致的 C. 该条所规定的法律义务是一种对人义务或相对义务 D. 该法律条文完整地表达了一个法律规则的构成要素	C

续表

年份	题号	题目	官方标准答案
2007 年	2007 年卷一第 92 题	92.《最高人民法院关于审理盗窃案件具体应用法律若干问题的解释》规定：各地高级人民法院可根据本地区经济发展状况，并考虑社会治安状况，在本解释规定的数额幅度内，分别确定本地区执行“数额较大”“数额巨大”“数额特别巨大”的标准。依据法理学的有关原理，下列正确的表述是： A. 该规定没有体现法的普遍性特征 B. 该规定违反了“法律面前人人平等”的原则 C. 该规定说明：法律内容的决定因素是社会经济状况 D. 该规定说明：政治对法律没有影响	C
	2007 年卷一第 93 题	93. 某省人大常务委员会认为一项法律的个别条款在适用上存在某些困难，并认为有必要对该条款作出法律解释。根据我国宪法和立法法规定，该省人大常委会正确的做法是： A. 对该条款直接作出法律解释 B. 提请全国人民代表大会常务委员会就该条款作出法律解释 C. 提请最高人民法院就该条款作出司法解释 D. 提请全国人民代表大会就该条款作出法律解释	B
2006 年	2006 年卷一第 1 题	1. 我国《合同法》第 41 条规定：“对格式条款的理解发生争议的，应当按照通常理解予以解释。对格式条款有两种以上解释的，应当作出不利于提供格式条款一方的解释。格式条款和非格式条款不一致的，应当采用非格式条款。”对该法律条文的下列哪种理解是错误的？ A. 该法律条文规定的内容是法律原则 B. 格式条款本身追求的是法的效率或效益价值，该法律条文规定的内容追求的是法的正义价值 C. 该法律条文是对法的价值冲突的一种解决 D. 该法律条文规定了法律解释的方法和遵循的标准	A

续表

年份	题号	题目	官方标准答案
2006年	2006年卷一第2题	2. 关于法与宗教的关系,下列哪种说法是错误的? A. 法与宗教在一定意义上都属于文化现象 B. 法与宗教都在一定程度上反映了特定人群的世界观和人生观 C. 法与宗教在历史上曾经是浑然一体的,但现代国家的法与宗教都是分离的 D. 法与宗教都是社会规范,都对人的行为进行约束,但宗教同时也控制人的精神	C
	2006年卷一第3题	3. 某地法院在审理案件过程中发现,该省人民代表大会所制定的地方性法规规定与国家某部委制定的规章规定不一致,不能确定如何适用。在此情形下,根据我国《宪法》和《立法法》,下列哪种处理办法是正确的? A. 由国务院决定在该地方适用部门规章 B. 由全国人民代表大会决定在该地方是适用地方性法规还是适用部门规章 C. 由最高人民法院通过司法解释加以决定 D. 由国务院决定在该地方适用地方性法规,或者由国务院提请全国人民代表大会常务委员会裁决在该地方适用部门规章	D
	2006年卷一第4题	4. 关于法与社会相互关系的下列哪一表述不成立? A. 按照马克思主义的观点,法的性质与功能决定于社会,法与社会互相依赖、互为前提和基础 B. 为了实现法对社会的有效调整,必须使法律与其他的资源分配系统进行配合 C. 构建和谐社会,必须强调理性、正义和法律统治三者间的有机联系 D. 建设节约型社会,需要综合运用经济、法律、行政、科技和教育等多种手段	A

续表

年份	题号	题目	官方标准答案
2006 年	2006 年卷一第 5 题	5. 某医院确诊张某为癌症晚期,建议采取放射治疗,张某同意。医院在放射治疗过程中致张某伤残。张某向法院提起诉讼要求医院赔偿。法院经审理后认定,张某的伤残确系医院的医疗行为所致。但法官在归责时发现,该案既可适用《医疗事故处理条例》的过错原则,也可适用《民法通则》第 123 条的无过错原则。这是一种法律责任竞合现象。对此,下列哪种说法是错误的? A. 该法律责任竞合实质上是指两个不同的法律规范可以同时适用于同一案件 B. 法律责任竞合往往是在法律事实的认定过程中发现的 C. 法律责任竞合是法律实践中的一种客观存在,因而各国在立法层面对其作出了相同的规定 D. 法律解释是解决法律责任竞合的一种途径或方法	C
	2006 年卷一第 6 题	6. 生物科技和医疗技术的不断发展,使器官移植成为延续人的生命的一种手段。近年来,我国一些专家呼吁对器官移植进行立法,对器官捐献和移植进行规范。对此,下列哪种说法是正确的? A. 科技作为第一生产力,其发展、变化能够直接改变法律 B. 法律的发展和变化也能够直接影响和改变科技的发展 C. 法律既能促进科技发展,也能抑制科技发展所导致的不良后果 D. 科技立法具有国际性和普适性,可以不考虑具体国家的伦理道德和风俗习惯	C

续表

年份	题号	题目	官方标准答案
2006 年	2006 年卷一第 7 题	7. 下列关于法律解释的哪一表述是正确的？ A. 法律解释作为法律职业技术的核心在任何有法律职业的国家中，其规则和标准没有不同 B. 法律解释方法是多种多样的，解释者往往只使用其中的一种方法 C. 法律解释不是可有可无的，而是必然存在于法律适用之中 D. 法律解释具有一定的价值取向性，因此，它是一种纯主观的活动，不具有客观性	C
	2006 年卷一第 51 题	51. 汪某和范某是邻居，某天，双方因生活琐事发生争吵，范某怒而挥刀砍向汪某，致汪某死亡。事后，范某与汪某的妻子在中间人的主持下，达成"私了"。后汪某父母得知儿子身亡，坚决不同意私了，遂向当地公安部门告发。公安部门立案侦查之后，移送检察院。最后，法院判处范某无期徒刑，同时判决范某向汪某的家属承担民事责任。就本案而言，下列哪些说法是错误的？ A. 该案件形成多种法律关系 B. 引起范某与司法机关之间的法律关系的法律事实属于法律事件 C. 该案件中，范某与检察院之间不存在法律关系 D. 范某与汪某的家属之间不形成实体法律关系	BCD
	2006 年卷一第 52 题	52. 20 世纪 90 年代初，传销活动在中国大陆流行时，法律法规对此没有任何具体规定。当时，执法机关和司法机关对这类案件的处理往往依据《民法通则》第 7 条。该条规定："民事活动应当尊重社会公德，不得损害社会公共利益，破坏国家经济计划，扰乱社会经济秩序。"这说明法律原则具有哪些作用？ A. 法律原则具有评价作用 B. 法律原则具有裁判作用 C. 法律原则具有预测作用 D. 法律原则具有强制作用	ABCD

续表

年份	题号	题目	官方标准答案
2006年	2006年卷一第53题	53. 村民姚某育有一子一女,其妻早逝。在姚某生前生活不能自理的5年时间里,女儿对其日常生活进行照顾。姚某去世之后留有祖传贵重物品若干,女儿想分得其中一部分,但儿子认为,按照当地女儿无继承权的风俗习惯,其妹不能继承。当地大部分村民也指责姚某的女儿无理取闹。对此,下列哪些说法可以成立? A. 在农村地区,应该允许风俗习惯优先于法律规定 B. 法与习俗的正当性之间存在一定的紧张关系 C. 中国法的现代化需要处理好国家的制定法与“民间法”之间的关系 D. 中国现行法律与中国人的传统观念有一定的冲突	BCD
	2006年卷一第54题	54. 孙某早年与妻子吕某离婚,儿子小强随吕某生活。小强15岁时,其祖父去世,孙某让小强参加葬礼。小强与祖父没有感情,加上吕某阻挡,未参加葬礼。从此,孙某就不再支付小强的抚养费用。吕某和小强向当地法院提起诉讼,请求责令孙某承担抚养费。在法庭上,孙某提出不承担抚养费的理由是,小强不参加祖父葬礼属不孝之举,天理难容。法院没有采纳孙某的理由,而根据我国相关法律判决吕某和小强胜诉。根据这个事例,下面哪些说法是正确的? A. 一个国家的法与其道德之间并不是完全重合的 B. 法院判决的结果表明:一个国家的立法可以不考虑某些道德观念 C. 法的适用过程完全排除道德判断 D. 法对人们的行为的评价作用应表现为评价人的行为是否合法或违法及其程度	ABD

续表

年份	题号	题目	官方标准答案
2006 年	2006 年卷一第 55 题	55. 小丽是陈某的养女,在 22 岁时准备与其结识半年的男朋友结婚。陈某以小丽岁数小、与男朋友认识时间太短等为由,不同意两人结婚,并禁止他们来往。从此,陈某只要发现小丽与男朋友来往,就对她拳脚相加,而且不允许她周末外出。小丽忍无可忍,向当地法院提起诉讼。该法院根据我国《刑法》第二百五十七条第一款的规定(即"以暴力干涉他人婚姻自由的,处二年以下有期徒刑或者拘役"),判处陈某拘役 2 个月。根据该案,下列哪些说法是正确的? A. 法院所引用的刑法条款所规定的内容属于任意性法律规则 B. 该刑法条款对小丽的起诉行为起到了一种确定性的指引作用 C. 法院在该案件中适用的法律推理属于演绎推理 D. 法院在认定案件事实的过程中不需要运用价值导引的思考方式	BC

续表

年份	题号	题目	官方标准答案
2006年	2006年卷一第56题	56.《刑法》第二百六十三条规定,持枪抢劫是抢劫罪的加重理由,应处10年以上有期徒刑、无期徒刑或者死刑。冯某抢劫了某出租车司机的钱财。法院在审理过程中确认,冯某抢劫时使用的是仿真手枪,因此,法官在对冯某如何量刑上发生了争议。法官甲认为,持仿真手枪抢劫系本条款规定的持枪抢劫,而且立法者的立法意图也应是这样。因为如果立法者在制定法律时不将仿真手枪包括在枪之内,就会在该条款作出例外规定。法官乙认为,持仿真手枪抢劫不是本条款规定的持枪抢劫,而且立法者的意图并不是法律本身的目的;刑法之所以将持枪抢劫规定为抢劫罪的加重事由,是因为这种抢劫可能造成他人伤亡因而其危害性大,而持仿真手枪抢劫不可能造成他人伤亡,因而其危害性并不大。对此,下列哪些说法是正确的? A. 法官甲对《刑法》第二百六十三条规定的解释是一种体系解释 B. 法官乙对《刑法》第二百六十三条规定的解释是一种目的解释 C. 法官对仿真手枪是不是枪的判断是一种纯粹的事实判断 D. 法官的争议说明:法律条文中所规定的“词”的意义具有一定的开放性,需要根据案件事实通过“解释学循环”来确定其意义	BD

续表

年份	题号	题目	官方标准答案
2006 年	2006 年卷一第 91 题	91. 杨某是某省高速公路建设指挥部的处长,为某承包商承建的某段高速公路立交桥绿化工程结算问题向该工程的建设指挥部打招呼,使该承包商顺利地拿到了工程款,然后收受了该承包商的 10 万元人民币。一审法院依据上述事实认为杨某的行为触犯了《刑法》第三百八十五条的规定,构成受贿罪,判处杨某有期徒刑 10 年。杨某不服,提出上诉。二审法院经审理认为杨某的上述行为不构成受贿罪,撤销一审判决,宣告杨某无罪。理由是,该工程的建设指挥部是一个独立的单位,其人、财、物均归该省所管辖的某市的人民政府管理,因此,该省高速公路建设指挥部与该工程建设指挥部之间不存在直接的领导关系。另外,该承包商的工程结算款不属于不正当利益,杨某的行为不具备"为请托人谋取不正当利益"的受贿罪要件。关于法院在法律适用中所运用的法律推理,下列何种说法是不正确的? A. 一审法院运用的是一种辩证推理 B. 二审法院运用的是一种类比推理 C. 一审法院运用的是一种演绎推理 D. 二审法院运用的是一种辩证推理	A

续表

年份	题号	题目	官方标准答案
2006 年	2006 年卷一第 92 题	92. 甲公司是瑞士一集团公司在中国的子公司。该公司将 SNS 柔性防护技术引入中国，在做了大量的宣传后，开始被广大用户接受并取得了较大的经济效益。原甲公司员工古某利用工作之便，违反甲公司保密规定，与乙公司合作，将甲公司的 14 幅摄影作品制成宣传资料向外散发，乙公司还在其宣传资料中抄袭甲公司的工程设计和产品设计图、原理、特点、说明，由此获得一定的经济利益。甲公司起诉后，法院根据《中华人民共和国著作权法》《伯尔尼保护文学艺术作品公约》的有关规定，判决乙公司立即停止侵权、公开赔礼道歉、赔偿损失 5 万元。针对本案和法院的判决，下列何种说法是错误的？ A. 一切国际条约均不得直接作为国内法适用 B.《伯尔尼保护文学艺术作品公约》可以视为中国的法律渊源 C.《伯尔尼保护文学艺术作品公约》不是我国法律体系的组成部分，法院的判决违反了“以法律为准绳”的司法原则 D.《中华人民共和国著作权法》和《伯尔尼保护文学艺术作品公约》分属不同的法律体系，法院在判决时不应同时适用	ACD

图书在版编目(CIP)数据

法理学入门笔记 / 周尚君主编. -- 北京 : 法律出版社, 2018(2020.12 重印)
ISBN 978 - 7 - 5197 - 2607 - 2

Ⅰ. ①法… Ⅱ. ①周… Ⅲ. ①法理学 Ⅳ. ①D90

中国版本图书馆 CIP 数据核字(2018)第 192519 号

法理学入门笔记
FALIXUE RUMEN BIJI

周尚君 主编

策划编辑 谢清平
责任编辑 谢清平
装帧设计 李 瞻 臧晓飞

出版 法律出版社
总发行 中国法律图书有限公司
经销 新华书店
印刷 三河市龙大印装有限公司
责任印制 张建伟

编辑统筹 独立项目策划部
开本 720 毫米×960 毫米 1/16
印张 27.75
字数 445 千
版本 2018 年 11 月第 1 版
印次 2020 年 12 月第 2 次印刷

法律出版社/北京市丰台区莲花池西里 7 号(100073)
网址/www. lawpress. com. cn
投稿邮箱/info@ lawpress. com. cn
举报维权邮箱/jbwq@ lawpress. com. cn
销售热线/400 - 660 - 8393
咨询电话/010 - 63939796

中国法律图书有限公司/北京市丰台区莲花池西里 7 号(100073)
全国各地中法图分、子公司销售电话:
统一销售客服/400 - 660 - 8393/6393
第一法律书店/010 - 83938432/8433　西安分公司/029 - 85330678　重庆分公司/023 - 67453036
上海分公司/021 - 62071639/1636　深圳分公司/0755 - 83072995

书号:ISBN 978 - 7 - 5197 - 2607 - 2　**定价**:58.00 元